KB073993

도쿄재판

전범 일본을 재판하다

연구총서 49
도쿄재판 - 전범 일본을 재판하다

지은이 청자오치(程兆奇)
옮긴이 정동매 · 오림홍
감 수 최윤곤
펴낸이 오정혜
펴낸곳 예문서원

편집 유미희
인쇄 및 제책 주) 상지사 P&B

초판 1쇄 2023년 4월 10일

출판등록 1993년 1월 7일(제307-2010-51호)
주소 서울시 성북구 안암로 9길 13, 4층
전화 925-5913~4 | 팩스 929-2285
전자우편 yemoonsw@empas.com

ISBN 978-89-7646-480-4 93910
YEMOONSEOWON 13, Anam-ro 9-gil, Seongbuk-Gu, Seoul, KOREA 02857
Tel) 02-925-5913~4 | Fax) 02-929-2285

값 20,000원

연구총서 49

도쿄재판

전범 일본을 재판하다

청자오치(程兆奇) 지음 ㅣ 정동매·오림홍 옮김 ㅣ 최윤곤 감수

예문서원

서문

　지금까지 인류가 겪은 인위적인 피해 중 전쟁으로 인한 피해가 가장 크다는 것은 엄연한 사실이다. 20세기에 들어 유례없는 세계대전이 연이어 일어났고, 과학기술의 발전과 더불어 산과 바다가 더 이상 전쟁을 저지하는 방패 역할을 하지 못하게 되면서 전쟁의 파괴력은 인류문명을 훼멸할 정도에 달했다. 따라서 전쟁기획자의 책임 추궁 문제, 전쟁 선동자에 대한 응징을 통하여 전쟁의 재발발을 미연에 방지하는 문제 등이 인류가 시급히 해결해야 할 중대한 과제로 제기되었다.

　전쟁범죄는 19세기 말부터 국제사회의 주목을 받기 시작했다. 1899년 헤이그국제평화회의에서는 '육상의 전쟁법 및 관습에 관한 조약'이 제정되었고, 1907년 제2회 헤이그국제평화회의에서는 이 협약의 내용이 일부 수정된 '헤이그 육지 전쟁법 및 관습을 존중하는 조약'이 확정되었다. 국제적십자위원회에서도 1864년에 부상자와 포로 대우에 관한 조약을 만들고 수정과 보완을 거쳐 마침내 1929년에 '포로의 대우에 관한 협약'을 발표한 바 있다. 이러한 조약과 법규는 포로 대우, 부상자 구조, 무기 사용 및 전쟁의 수단과 방법 등에 관한 상세한 규정을 통하여 군인과 민간인에 대한 잔혹행위를 명확히 금지시켰으며, 전쟁의 악성 결과를 제한하고, 위반자를 응징하는 등의 면에서 적극적인 역할을 하였다.

　전쟁법규의 제정은 인류 이성의 큰 발전을 의미한다. 하지만 전쟁법규의 제정보다 전쟁의 발발을 미연에 방지하는 것이 더욱 중요하다. 왜냐하면 전쟁으로 인한 재난이 전쟁범죄에 비해 훨씬 심각하고 치명적이기 때문이다. 그러나 입법을 통해 전쟁의 발발을 제한하는 것 또한 통상의 전쟁범죄 규범화 작업 못지않게 어렵다. 예를 들어 침략이란 무엇인가? 침략과 자위를 어떻게 구별해야 하는가? 자위권에는 한계가 있는가? 있다면 그 한계는 어디까지인가? 교전 쌍방 중 침략자를 판정하는 방법과 기준은 무엇인가? 이러한 난제가 지금까지도 원만히 해결되지 못한 점을 감안하면 그 어려움을 가히 짐작할 수 있다.

　제1차 세계대전으로 인한 엄청난 재난은 국제사회가 이러한 난제 해결의 필요성을 인지하게 되는 계기가 되었다. 제1차 세계대전 이후, 파리강화회의 준비회의인 '전쟁 선동자 책임 및 형벌 위원회'에 국가원수의 전쟁 선동 책임을 기소한다는 내용이 포함된 보고서가 제출되었다. 이 보고서가 본 회의에서 부결되자 연합국은 '베르사유조약' 제227조 '국제 도덕과 조약의 신성성에 대한 최고의 범죄'(supreme offence against international morality and the sanctity of treaties)라는 조항을 근거로 독일제국 황제 빌헬름 2세를 기소했지만 네덜란드에서 빌헬름 2세의 인도를 거부하는 바람에 무산되고 말았다. 세계에 널리 알려진 이 재판이 무산된 아쉬움은 빌헬름 2세를 응징하지 못한 데 있는 것이 아니라, 전쟁 선동자의 책임을 추궁할 수 있는 최초의 선례를 놓쳤다는 데 있다. 이는 전쟁 선동자 처벌에 뒤따르는 어려움을 입증하는 상징적인 사건이라고 할 수 있다.

　그 후 국제사회는 전쟁을 막기 위해 끊임없는 노력을 해 왔다. 그중 가장 중요한 성과가 바로 1928년에 제정된 일명 '켈로그-브리앙조약'이라고 불리는 국제조약으로, 공식 명칭은 '파리부전공약'이다. 이 조약은 국제분쟁의 해결을 위한 전쟁을 금지하고 평화적 수단으로 해결할 것을 요구하였다. 1928년 8월 27일, 미국, 영국, 프랑스, 독일, 일본, 이탈리아 등 15개국이 파리에서 '켈로그-브리앙조약'을 체결하였다. 조약 체결 후, 소련 등이 잇달아 서명에 동참하면서 63개국이 비준했다. 역사적 관점에서 살펴보면 파리부전조약이 '부전(不戰)'을 선도한 것과 전 세계적으로 공감대를 형성한 것은 자못 중요한 의의를 지닌다. 후세 사람들은 '침략'에 대해 명확한 정의를 내리지 못한 점을 이 조약이 지닌 한계로 지적하고 있지만, 시각을 달리하면 조약이 정의하기 어려운 부분을 회피하고 쉽게 공조를 이끌어 낼 수 있는 부분만 다루었기 때문에 전 세계 63개국이 '부전'에 대한 합의를 이루는 것이 가능했다고 할 수 있다. 하지만 조약의 규정을 위반한 경우, 이에 대한 제재 규정이 없었으므로 실질적인 효과를 거두지 못했다. 그 후 유라시아대륙 곳곳에서 전쟁이 일어났는데 그 파괴력은 제2차 세계대전으로 인한 피해를 훨씬 웃돌았다. 이는 강력한 제재 규정 없이 단순한 조약만으로는 전쟁을 막을 수 없다는 것을 여실히 증명해 주고 있다.

제2차 세계대전 후, 새로운 국제질서를 구축하는 과정에서 연합국은 과거의 뼈아픈 실패를 교훈 삼아 온갖 어려움을 극복하고 마침내 인류문명의 파괴를 막기 위한 기반을 마련하기 시작했다. 제2차 세계대전 종전 후의 70년간 전 세계적으로 크고 작은 전쟁이 끊이지 않았지만 통제가 불가능한 강대국 간의 전쟁은 일어나지 않았으며 세계대전도 다시 일어나지 않았다. 세계평화의 시대가 도래했다고 말할 수는 없지만 평화가 주된 흐름이 된 것만은 부인할 수 없는 사실이다. 도쿄재판과 뉘른베르크재판은 제2차 세계대전 후 세계평화 기반을 마련하는 중요한 초석이 되었다.

뉘른베르크재판에서 '평화에 반하는 범죄'와 '인도에 반하는 범죄'를 동일시한 것과 달리 도쿄재판에서는 '평화에 반하는 범죄'에 주목했다. 도쿄재판에서 가장 많이 적용된 죄목이 '평화에 반하는 범죄'이고, 모든 피고인에게 '평화에 반하는 범죄'가 적용된 것을 보면 '평화에 반하는 범죄'가 도쿄재판에서 얼마나 중요한 죄목으로 다루어졌는지를 미루어 짐작할 수 있다. 도쿄재판에서는 '극동국제군사재판헌장'의 'a평화에 반하는 범죄'를 'A급 재판=평화에 반하는 범죄' 재판으로 정의하고, 피고인을 A급 전범으로 지칭하였다. 이에 반해 뉘른베르크재판에서는 'c인도에 반하는 범죄'를 'a평화에 반하는 범죄'보다 더욱 중요하게 다루었기 때문에 A급 재판과 A급 전범이 없었다.

도쿄재판 키넌 수석검사는 개정사開庭辭에서 '인류', '문명', '평화'를 수차례 언급하면서 '우리가 오늘 하려고 하는 재판은 평범한 재판이 아니라, 인류문명을 파괴의 위기에서 구하기 위한 전쟁'이라고 거듭 주장했다. 또한 개정사를 하기 전에 변호인 측의 관할권 문제에 대한 질의에 답할 때에도 도쿄재판의 '사명은 '평화를 수호하는 것'이라고 거듭 강조했다. 연합국이 도쿄재판을 진행한 근본 목적이 세계평화를 수호하기 위한 것이었기 때문이다. 도쿄재판 초기부터 지속된 관할권 논쟁과 심문 과정에서 검사 측(판사들도 마찬가지였다.)은 '일반재판'의 '진행 절차'를 엄수했다. 전후 재판 관련 논의를 통해 기존의 사법공정성을 지키는 과정에 직면할 수 있는 어려움(소위 '사후법' 등 문제)에 대해 충분히 인지하고 있었기에 연합국은 전범들을 현지에서 바로 극형에 처하거나 간이군사재판소를 설립하여 신속히 재판하고 신속히 처벌하는 방식을 채택하지 않고 연합국국제재판소를 창설하여 신중하게 재판하는 방식을 택했다. 이는 재판의 정당성을 인정받고 평화 수호의 귀감이 되려는 연합국의 확고한 의지를 보여 준 것이다.

오늘날 일본 아베 총리가 국회 하원에서 공개적으로 '도쿄재판은 승리자의 재판'이라고 주장하고 있고, 일본 자민당은 전문기관을 설립하여 도쿄재판을 '검토'하고 있다. 일본이 이렇게 역사를 왜곡하면서 도쿄재판을 기반으로 하여 전후 동아시아 질서를 개편하고자 하는 시점에, 도쿄재판의 전반적인 진행 과정에 대한 정리 작업은 특별한 의미를 지닌다고 하겠다. 이는 또한 도쿄재판의 성과를 수호하는 데에도 중요한 의의를 갖는다.

청자오치(程兆奇)

역자 서문

이 책은 객관적이고 자세한 기록을 통해 도쿄재판이라는 중요한 역사 사건을 다각적으로 조명하고 있다. 또한 일본이 중일전쟁과 태평양전쟁에서 저지른 범죄사실과 당시 국제사회의 대응 그리고 도쿄재판의 전반 과정을 보여 주고 있다.

저자 청자오치(程兆奇)는 역사의 본질에 대한 깊은 통찰력과 전문 지식을 갖고 있는 사학자이다. 그는 풍부한 1차 문헌 자료를 바탕으로 도쿄재판의 역사적 배경과 전개 과정을 생동하게 재현하면서 전쟁, 평화, 범죄, 정의가 무엇인지 질문을 던지는 동시에 인류사회의 보편적 가치에 대한 사고를 불러일으킨다.

제2차 세계대전에서 일본 군국주의는 세계와 인류에게 막대한 파괴와 피해를 입혔다. 일본은 근대 서양 문물을 동양에 전파하는 문명의 전도사 역할을 버리고 침략과 정복의 사상으로 무장한 '전쟁 기계'로 돌변했다. 공업과 사상의 근대화를 앞세워 현대화된 무장력으로 동아시아 지역에 과거 역사상 유례없는 정도와 규모의 피해를 입혔다. 일본의 '군화'에 유린당한 동아시아는 지금도 전쟁의 참혹한 기억과 트라우마에서 벗어나지 못한 상태이다.

도쿄재판은 전쟁범죄를 응징하고 피해자의 상처를 치유한다는 점에서 중요한 의미를 지닌다. 역사적 정의를 대변하는 도쿄재판은 인류사회에 평화와 법치의 중요성을 각인시켜 주고 있다. 더욱이 종전 이후, 유엔 체제의 평화로운 국제사회를 지향해 나가는 현재의 시점에서 그 역사적 고찰은 더욱 필요하다. 도쿄재판은 전후 국제질서 수립 과정에서 가장 중요한 법정 재판으로 나치독일의 범죄를 재판한 뉘른베르크재판에 상응한다. 이 재판은 국제법과 국제인도법, 인권법 역사에서 획기적인 사건으로 평가된다. 따라서 이 책에서는 일본이 저지른 전쟁범죄의 증거,

도쿄재판의 배경과 과정, 도쿄재판의 법리와 권력 관계, 피고인과 변호사의 응소 및 국제사회의 반응을 보여 주고 있다. 특히 인권 보호, 국제법 법리, 평화·안정 등에서 재판의 총체적 의미를 잘 보여 주고 있다.

도쿄재판에 대한 당시 세계 주요 강대국들과 유엔 등 국제기구의 주장과 태도를 살펴볼 때, 전쟁을 억제하고 인류의 평화를 지키려는 궁극적인 목적이 분명했다. 그럼에도 불구하고 전후 복잡하고 미묘한 강대국 관계가 가동되면서 이 재판도 국제정치의 권력 투쟁에서 자유로울 수 없었다. 이에 따라 재판의 핵심을 이루는 몇 가지 중요한 사안에 대해 납득하기 어려운 쟁점이 대두되기도 했다. 예컨대, 법리, 증거, 절차 등을 비롯해 재판 초기의 "평화에 반하는 범죄", "인도에 반하는 범죄"와 관련된 "사후법事后法" 문제, "무조건 항복" 등이 그것이다. 전쟁을 일으킨 "평화에 반하는 범죄"와 전쟁으로 수많은 인간을 죽음으로 몰아넣은 "인도에 반하는 범죄"는 거침없는 성토와 비난을 받고 엄벌에 처해야 마땅하지만 이를 응징하는 과정은 우리가 기대했던 만큼 순탄치 않았다. 우선 전쟁을 일으킨 일본 일왕과 이에 동조한 군국주의 집단, 그리고 군인 개인의 범죄를 입증하는 데 여러 가지 장애가 있었다. 일본 일왕에 대한 단죄는 미국과 일본의 정치적 거래로 유야무야 되었고, 전쟁에 뛰어든 군인들은 국가의 명령을 수행했을 뿐이라는 핑계로 심판의 그물망에서 벗어나려 했다. 따라서 군인 개인의 전쟁범죄, 인도에 반하는 범죄를 기존의 법률체계로 입증하기에는 기술적으로 어려움이 많았다. 이는 당시 일본의 전쟁범죄가 현재까지 완전히 단죄되지 못한 채 미완의 문제로 남아 있게 된 이유이기도 하다.

이 책은 상, 하편으로 구성되어 있다. 상편은 재판 전의 상황 등 재판 과정 전반을 서술한 부분이고, 하편은 재판 후의 미해결 문제, 향후 세계평화와 전쟁 및 세계의 기타 문제 해결에 미치는 영향 등에 대한 시사점을 서술하고 있다. 도쿄재판은 일본 전범을 재판한 역사적인 사건이라는 점에서 그 의미를 찾아볼 수 있다.

첫째, 도쿄재판은 인권 보호와 국제법 발전에 기여했다. 제2차 세계대전의 참혹한 결과는 인류사회가 인권 보호와 국제법의 중요성을 인식하는 계기가 되었다. 아울러 도쿄재판의 가시적 성과는 국제법과 전범재판이 또 다른 전쟁을 막기 위한 제도적 장치로서 기능할 수 있다는 점을 국제사회에 각인시켰다. 따라서 도쿄재판은 국제법을 이용한 세계평화 수호라는 모범 사례를 통해 이후 인류사회의 전쟁범죄 단죄에 중요한 기준점이 되었다.

둘째, 도쿄재판은 국제사회의 평화와 안정을 지키는 데 기여했다. 도쿄재판으로 국제법이 형사재판의 수단으로서 진정한 의미를 갖게 된 것은 국제법 규범이 국제사회에서 효과적으로 기능할 수 있음을 보여 주었기 때문이다. 도쿄재판 그 자체가 침략과 불의에 맞서 싸운 세계인의 정의로운 의지를 대변하는 것이어서 지역과 세계의 평화와 안정을 지키는 데 긍정적으로 작용했다.

셋째, 도쿄재판은 정의가 승리하는 인류문명 발전의 규칙을 다시 한 번 입증했다. 인류의 역사는 곧 전쟁과 평화의 역사다. 끊임없는 전쟁과 그 치유 과정을 거치면서 인류문명도 끊임없이 발전하고 있다. 도쿄재판은 국제사회가 보편적으로 인정하는 법률체계를 이용해 전쟁을 심판했다는 점에서 인류문명이 새로운 단계로 진입했음을 상징한다. 이는 인류사회가 그 어떤 도전에 직면하더라도 지혜와 정의를 통해 극복하고 한 차원 높은 문명사회를 지향할 수 있음을 보여 준다.

물론 도쿄재판에 대한 부정적인 시각도 없지 않다. 우선 일본의 우익세력은 도쿄재판에 대한 인식과 평가를 전복하려 하고 있다. 더욱 우려되는 것은 최근 일본 정부의 태도와 행보이다. 전후 일본은 아직도 자신들이 저지른 전쟁범죄에 대해 뚜렷한 반성을 보이지 않고 있다. 나아가 최근에는 평화헌법의 개정, 방위청의 국방성 승격 등 조치를 통해 전쟁을 수행할 수 있는 "정상국가"로 매진하고 있다. 이러한 역사 인식과 정치적 의도는 동아시아 지역과 세계의 평화와 안정에 도움이 되지 않는다. 따라서 이 책은 역사를 되돌아보고 당면한 문제를 해결할 실마리와 해결책을 찾는 데 큰 의미가 있다.

역사는 오늘을 비추는 거울이고 '역사를 잊은 민족에게 미래는 없다'. 이 책이 다시 한 번 도쿄재판에 대한 독자들의 관심을 모을 수 있기를 바란다. 특히 한국의 독자들과 함께 중국의 시각을 공유하고 비판과 사고의 기회를 가질 수 있다는 것은 유의미한 일이기도 하다. 일본이 일으킨 전쟁의 공동 피해자로서 비슷한 입장과 시각으로 문제를 바라보고 서로 다른 인식과 가치를 공유할 수 있기를 기대해 본다. 이러한 과정을 통해 평화로운 동아시아를 추구하는 데 도움이 된다면 보람을 느낄 것이다. 도쿄재판은 인류사회의 소중한 유산으로 세계평화와 도의적 질서를 지키는 좋은 길잡이가 될 것이다.

이 책의 번역 과정은 순탄치 않았다. 특히 전쟁범죄를 다룬 저서인 만큼 법률 전문 용어, 일본 전범자들과 외국 인명, 지명 등이 번역에 많은 어려움을 주었다. 이 외에도 수많은 사진 자료를 효과적으로 활용하는 데 큰 어려움이 있었다.

이 책을 완역하기까지 중국 산동대학교 동북아대학 윤윤진 교수님을 비롯한 여러 동료 선생님들과 대학원 제자들의 많은 도움과 아낌없는 조언이 가장 큰 힘이 되고 버팀목이 되었다. 이 기회를 빌려 한국어학과 동료 선생님들과 대학원생들께 심심한 사의를 드린다. 또한 이 책의 출판을 흔쾌히 수락해 주시고 큰 배려와 도움을 주신 예문서원의 오정혜 사장님께도 깊은 감사의 인사를 드린다.

2023년 1월 27일 눈보라가 흩날리는

文海苑 연구실에서

정동매

차례_ 도쿄재판 전범 일본을 재판하다

상편 上篇

제1장 도쿄재판 준비 과정

　제1차 세계대전은 엄청난 파괴력으로 인류사회에 막대한 영향을 끼쳤다. 그 후 국제조직의 설립, 관련 조약의 체결 등 다양한 노력에도 불구하고 전쟁은 재발되었다. 제2차 세계대전의 불길은 북극의 한랭지역에서 열대 우림의 적도지역까지, 극동 태평양의 외딴섬에서 유라시아대륙의 서쪽 끝자락까지, 북아메리카를 제외한 세계 전 지역을 휩쓸었다. 또한 전통적이고 야만적인 종족 살해에서 주도면밀하게 계획되고 '과학적인 무기로 종족을 말살하는 수준으로 진화되어 인류문명은 훼멸성적인 재난을 겪게 되었다. 전후 재판, 특히 동서양의 양대 국제군사재판은 이러한 사회적 배경 속에서 진행된 것이다.

1. 연합국의 대일재판정책

1) 연합국 지도자의 성명

　제2차 세계대전이 발발하자, 각국 정부와 각계 인사들은 침략과 만행을 강력히 규탄했다.

　1940년 11월, 폴란드와 체코슬로바키아 망명정부가 성명을 발표하여 독일의 잔인한 잔혹행위는 인류 역사상 전무후무한 것이라고 지탄했다. 이는 제2차 세계대전이 일어난 후 서방 국가가 전쟁의 만행을 규탄한 첫 번째 성명이다. 다음 해 10월 25일, 윈스턴 처칠(Winston S. Churchill) 영국 총리가 나치 처벌을 전쟁의 주된 목적으로 해야 한다는 성명을 발표했다. 그 후 11월 25일, 뱌체슬라프 몰로토프(Vyachslav

모스크바 3국 외무장관 회의.
左: 맨 앞줄 왼쪽부터 푸빙창(傅秉常) 주소련 중국 대사, 코델 헐(Cordell Hull) 미국 국무장관, 몰로토프
(Molotov) 소련 외무인민위원, 이든(Eden) 영국 외무대사이다.
右: 중국이 코델 헐 미국 국무장관에게 좀 늦게 참석하겠다고 밝혔다. 회의 주최 측에서 중국 국기를 준비
하지 않았기 때문에 미국, 소련, 영국 국기를 철수했다.

카이로회담에 참석한 3국 지도자.   마오쩌둥(毛澤東)과 주더(朱德)가 헐리(Hurley)를 접
왼쪽부터 장제스(蔣介石) 중국 국민당 정부 주석,   견하고 있다. 1944년 11월, 중국 공산당 지도자 마
루스벨트 미국 대통령, 처칠 영국 총리 및 장제스   오쩌둥과 주더가 옌안에서 루스벨트 미국 대통령
주석의 부인 쑹메이링(宋美齡).   의 개인 대리인 헐리를 회견하고 있다.

Molotov) 소련 외무장관이 나치의 만행을 규탄하는 성명을 발표했다. 그리고 1942년
1월 13일에는 독일에 함락된 벨기에, 체코슬로바키아, 프랑스, 그리스, 룩셈부르크,
네덜란드, 노르웨이, 폴란드, 유고슬라비아 등 9개국의 망명정부가 런던의 세인트제
임스 궁전에서 전쟁범죄에 관한 회의를 소집했다. 중국, 영국, 미국, 소련, 인도
등 국가가 초청을 받고 회의에 참석했다. 이 회의에서 전쟁범죄 처벌에 관한 선언이
발표되었고 전범 처벌을 전쟁의 주요 목적으로 정했다. 같은 해 8월 1일, 프랭클린
루스벨트(Franklin D. Roosevelt) 미국 대통령이 최초로 '유럽과 아시아 지역의 침략자'를
단죄해야 한다는 성명을 발표했다. 그리고 11월 6일에는 이오시프 스탈린(Joseph
Stalin) 서기장(書記長)이 모스크바에서 열린 '혁명기념 25주년 집회'에서 전쟁의 목적은
"유럽 '신질서'를 붕괴시키고 '신질서'를 구축한 범죄자들을 처벌하는 것"이라고
선포했다.

얄타회담. 맨 앞줄 왼쪽부터 처칠 영국 총리, 루스벨트 미국 대통령, 스탈린 소련 서기장.

포츠담회담(1). 왼쪽부터 스탈린 소련 서기장, 트루먼 미국 대통령, 처칠 영국 총리.

포츠담선언 초안 원본. 지도자의 서명 순서는 미국, 영국, 중국 순이었는데, 1945년 7월 26일 정식 발표 때에는 미국, 중국, 영국 순으로 바뀌었다.

포츠담회담(2). 포츠담회담 기간 영국 총선거 결과가 발표되었는데 애틀리(Attlee)가 처칠 대신 총리로 당선되어 후기 회의에 참석하고 서류에 서명했다.

    1943년 10월, 미국, 영국, 소련 3국 외무장관이 모스크바에서 회담을 가졌다. 11월 1일, 3국 정상이 서명한 '잔혹행위에 관한 선언'이 발표되었다. 모스크바선언에 부속된 이 선언은 미국, 영국, 소련 3국이 처음으로 잔혹행위를 저지른 자들을 처벌해야 한다는 공감대를 형성했다는 의의를 지닌다. 이 선언은 두 가지 원칙을 제시했다. 하나는 잔혹행위를 저지른 자들을 전후에 범죄가 행해진 국가로 이송하여 피해국의 재판소에서 해당국의 법률에 따라 재판을 받게 해야 한다는 것이고, 다른 하나는 범행에 특별히 지역적인 연고를 갖지 않는 주요 전범은 연합국의 결정에 따라 처벌될 것이며 첫 번째 원칙의 제약을 받지 않는다는 것이다. 두 번째 원칙의 의의는 법의 심판을 받는 대상이 통상의 전쟁범죄를 범한 일반 전범이 아니라 여태껏 재판 대상에서 제외되었던 주축국의 수뇌 즉 '주요 전범'이라는 데 있다. 이 선언이 발표될 당시, 소련은 일본과 체결한 '소일중립조약'의 제약을 받고 있었기에 나치 독일의 죄목에 대해서만 언급하였다. 이 선언은 도쿄재판에서 전범을 A급과 BC급으로 분류하게 된 초기 발상이다.

같은 해 12월 1일, 미국, 중국, 영국 3국 정상이 '카이로선언'을 발표하여 "3대 연합국이 전쟁에 참여하는 목적은 일본의 침략행위를 저지하고 처벌하려는 데 있다"고 밝혔다. 1945년 7월 26일, 미국, 소련, 영국 3국 정상이 직접 서명한 '포츠담선언'이 발표되었다. 선언 제10항에는 전쟁범죄자들을 국제법에 따라 엄정히 처벌해야 한다고 명시되어 있다.

중국 내에서는 국민당과 공산당 지도자 및 각계 지도자들이 일본군의 만행을 강력히 규탄했다. 재판에 회부해야 한다고 명확히 밝히지는 않았지만 줄곧 '처벌', '배상', '응징'을 강력히 요구했다.

2) 미국의 대일재판정책

미국이 전범 처벌에 대한 정책을 입안하기까지 여러 가지 상반되는 주장이 제기되었다. 그중 미국 육군총장 헨리 루이스 스팀슨(Henry Lewis Stimson)과 미국 재무장관 헨리 모겐소(Henry Morgenthau)의 갈등이 가장 대표적이다.

모겐소는 주요 전범들의 명단을 각 지역 군사 당국에 교부하여 해당 군사 당국이 전범들을 체포하여 즉결처형하게 해야 한다고 주장했다. 그리고 일반 전범은 연합국이 설립한 군사재판소에서 재판하고 유죄가 확정되면 즉각 처형해야 한다고 주장했다. 모겐소의 이러한 극단적 주장은 유태인으로서 나치의 유태인 학살에 대한 극도의 분노에서 비롯된 것이었다. 미국 순방 때 처칠이 전범들을 즉결처형해야 한다고 제안하자 모겐소는 적극 찬성하고 나섰다. 제1차 세계대전 이후 빌헬름 2세(Wilhelm II)에 대한 재판처럼 재판이 길어지면 불확실한 요인이 영향을 미칠 것을 우려했기 때문이다. 주목해야 할 것은 모겐소가 전쟁을 일으킨 독일과 일본 양국 국민에게도 전쟁에 대한 책임을 추궁해야 한다고 주장했다는 점이다. 왜냐하면 미국이 정한 재판 방식으로 재판하면 전쟁 책임이 일부 전범에게 한정될 수 있기 때문이다.

스팀슨은 이에 상반되는 주장을 내놓았다. 그는 지나치게 강력한 처벌은 전쟁의 온상을 제거할 수 없을 뿐만 아니라 원한의 씨앗만 남기게 될 것이라고 하면서 즉결처형이 아닌 정당성을 확보할 수 있는 재판 방식으로, 문민 재판을 해야만 전쟁의 재발발을 막으려는 목적에 도달할 수 있다고 주장했다.

재판을 통해 전범을 처벌해야 한다는 쪽으로 의견이 좁혀지기까지 미국 국무부 내부에도 여러 가지 다양한 주장이 있었다. 코델 헐(Cordell Hull) 국무장관도 즉결처형을 주장했지만 모겐소와 달리 연합국 군사재판에 회부해야 한다고 주장했다. 그는 모스크바 3국 외무장관회의에서 히틀러(Hitler), 무솔리니(Mussolini), 도조 히데키(東條英機)를 즉각 체포하여 임시군사재판소에 넘기고 그 이튿날 즉각 처형해야 한다고 주장했다. 루스벨트 미국 대통령도 초기에는 즉결처형을 강력히 주장하다가 모겐소의 주장이 여론의 뭇매를 맞자 재판의 방식으로 처벌해야 한다는 쪽으로 선회하였다.

전쟁이 승리로 끝날 무렵인 1944년 말, 미국 국무부, 육군부, 해군부로 구성된 3부 조정위원회(SWNCC)가 설립되었고, 1945년 1월에는 극동소위원회(SFE)가 설립되었다. '포츠담선언'이 발표될 즈음에 극동소위원회는 도쿄재판 준비에 박차를 가했다. 8월 9일 '국제군사재판헌장'(뉘른베르크재판헌장)이 공포된 다음 날, 극동소위원회는 국제군사재판소에서 독일을 '공동모의죄'로 재판한 선례에 따라 일본의 '공동모의죄' 기소 기간을 1931년 '만주사변'까지 소급하기로 결정했다. 8월 13일 회의에서는 '평화에 반하는 범죄'와 '인도에 반하는 범죄'로 의율하여 일본 지도자의 책임을 추궁하기로 결정했다. 8월 24일, 극동소위원회가 3부 조정위원회에 보고서를 제출했는데, 구체적 내용은 다음과 같다. 첫째, 점령군이 전범을 긴급체포하여 피고인들이 자살하여 '순교자'가 되는 것을 미연에 방지해야 한다. 둘째, 국제군사재판소와 마찬가지로 각국은 국제협정에 근거하여 평등하게 재판에 참여하고 검사를 선발·파견해야 한다. 셋째, 국제협정을 통해 주일본 연합군 총사령관 맥아더(MacArthur)에게 재판 결과의 승인과 감형, 변경 권한을 부여한다. 그 후 미국 국무부, 육군부, 해군부 3부가 재판에서의 미국 주도권과 연합국 조정권 문제를 둘러싸고 치열한 토론을 벌였다. 결국 미국이 재판을 주도하고 연합국이 재판에 참여하는 방식으로 재판을 진행하기로 최종 결정했다. 10월 2일 미국 합동참모본부회의(JCS), 3부 조정위원회에서 연합군 총사령관 맥아더에게 도쿄재판을 준비하라는 지시를 내렸다.

3) 영국의 대일재판정책

영국은 줄곧 재판이 아닌 즉결처형 방식으로 추축국 지도자를 처벌해야 한다고 주장해 왔다. 1944년 여름, 연합군이 노르망디에 상륙한 후 추축국의 전쟁 책임 추궁 문제가 의사일정으로 상정되었다. 영국 내각은 존 사이먼(John Simon) 대법관에게 즉결처형 초안 작성을 위탁했다. 그 후 처칠은 재판 방식으로 일본의 전쟁 범죄를 처벌해야 한다는 소련 등 국가의 주장을 받아들여 입장을 바꾸게 되었다.

영국에 있어서 동아시아 전장戰場은 부차적인 전장이었기에, 영국은 독일 나치 때처럼 주요 전범들을 주목하지 않고 일반 전범들을 주목하였다. 1945년 10월 16일, 영국과 영연방국가들은 회의를 열고 일본군의 잔혹행위 즉 BC급 죄목에 대해 논의했다. 회의에서 1946년 7월 31일 전에 500명 BC급 전범에 대한 재판을 끝내고, 주요 전범은 전범을 구금하고 있는 연합국 피해국이 자율적으로 재판을 진행해야 한다는 것으로 의견이 모아졌다.

미국이 연합국 재판 방식으로 전범을 처벌하기로 결정한 후, 특히 미국 합동참모본부 존 M. 위어(John M. Weir) 전쟁범죄국장이 영국을 방문한 후, 영국은 미국의 주장을 받아들이게 되었다. 1945년 11월 16일, 영국 외교부는 회의를 열고 연합국 재판 방식에 찬성하기로 최종 결정했다. 영국을 곤혹스럽게 한 것은 미국이 재판을 주도하면서 영국의 영향력이 줄어든 것과 머나먼 극동지역에서 진행되는 도쿄재판에서 보다 많은 책임을 감당하기가 버거워졌다는 점이었다. 그 후 영국은 재판에 적극적인 태도를 보였는데 이는 영국의 연방국가인 호주 등 국가의 압력에서 비롯된 것으로 보인다. 그 밖에 뉘른베르크재판의 영국 수석검사 하틀리 윌리엄 쇼크로스 (Hartley William Shawcross) 등이 영국이 도쿄재판에 적극적으로 참여하는 것이 영국의 국제적 위상 향상에 유리하다고 주장한 것도 일정한 영향을 미쳤다.

4) 중국의 대일재판정책

일본의 대 중국 침략은 아시아－태평양 지역의 기타 국가에 대한 침략보다 훨씬 앞섰을 뿐만 아니라 나치 독일의 유럽에 대한 침략보다도 훨씬 전에 이루어졌기 때문에 일본 전범 처벌 문제에 대한 중국의 태도는 강경하고 일관적이었다. 1942년 1월 13일, 독일에 점령되었던 9개국이 독일군의 잔혹행위를 처벌할 데 관한 선언을 발표했다. 중국 정부도 같은 시기에 "중국 국민에게 씻을 수 없는 고통을 안겨 준 전범들을 법에 의해 엄벌해야 한다"는 선언을 발표했다.

1943년 8월, 중국 최고 지도자가 외교부에 전보를 보내 전범재판에 대한 중국의 입장을 표명했다. 중국은 연합국이 국제재판소를 설치하고 관련 국제법에 근거하여 재판을 진행해야 한다고 주장했다. 그리고 일부 국가에서 기소 기간을 태평양전쟁 발발 이후로 정해야 한다는 주장에 반해, 중국은 일관되게 일본이 중국 동북지역을 침략한 시기로 소급해야 한다고 강력하게 주장했다. 중국 정부는 '진주만 사건' 이후에 일본에 선전포고를 했지만 '진주만 사건' 이전에 일본군이 중국에서 저지른 전쟁범죄 특히 난징대학살 같은 만행은 반드시 추궁해야 한다고 명백히 밝혔다.

1945년 6월, 중국은 히로히토(裕仁) 일왕을 비롯한 일본 전범자 명단을 제출했다. 명단에는 육군 전범자 173명, 해군 전범자 13명, 정치 전범자 50명, 특수 전범자 20명이 포함되어 있었다. 같은 해 9월, 중국은 주요 전범 명단에서 혼조 시게루(本莊繁), 도이하라 겐지(土肥原賢二), 다니 히사오(谷壽夫), 하시모토 긴고로(橋本欣五郎), 이타가키 세이시로(板垣征四郎), 하타 슌로쿠(畑俊六), 도조 히데키(東條英機), 와치 다카시(和知鷹二), 가게사 사다아키(影佐禎昭), 사카이 다카시(酒井隆), 이소가이 렌스케(磯谷廉介), 기타 세이이치(喜多誠一) 등 '중국 침략을 모의한 주요 전범' 12명을 선별해 냈다. 1946년 1월, 중국은 미나미 지로(南次郎), 아라키 사다오(荒木貞夫), 히라누마 기이치로(平沼騏一郎), 아베 노부유키(阿部信行), 요나이 미쓰마사(米內光政), 고이소 구니아키(小磯國昭), 시마다 시게타로(島田繁太郎), 히로타 고키(廣田弘毅), 마쓰오카 요스케(松岡洋右), 도고 시게노리(東鄕茂德), 우메즈 요시지로(梅津美治郎), 마쓰이 이와네(松井石根), 데라우치

히사이치(寺內壽一), 무타구치 렌야(牟田口廉也), 가와베 마사카즈(河邊正三), 다니 마사유키(谷正之), 야마다 오토조(山田乙三), 아리타 하치로(有田八郞), 아오키 가즈오(靑木一男), 스에쓰구 노부마사(末次信正), 니시오 도시조(西尾壽造) 등 21명 주요 전범 명단을 추가로 제출했다. 중국은 이렇게 두 번에 나누어 33명의 전범자 명단을 주일본 연합군 총사령부에 제출했다. 일왕의 전쟁 책임 추궁을 포기한 중국의 결정은 미국의 주장에 따른 것이다. 그 밖에 1947년 3월까지 연합군전쟁범죄위원회 극동소위원회가 제출한 3,147명의 일본 전범 중 2,523명이 중국 정부가 제출한 것이다.

5) 소련의 대일재판정책

소련은 일본과 '상호 불가침 조약'을 체결했기 때문에 소련의 대일재판정책은 대독재판정책과 뚜렷한 차이를 보였다. 독일과의 전쟁에서 막대한 희생과 대가를 치른 소련은 독일 전범재판에는 적극적이었고 '엄벌'을 주장하고 나섰다. 1942년 10월 14일, 소련은 9개 망명정부에 서한을 보내 루스벨트의 전범 처벌 성명을 지지하면서 '전쟁 기간'에 '특별국제재판소'를 설치하여 나치 지도자를 처벌할 것을 촉구했다. 스스로 그물에 걸려든 루돌프 발터 리하르트 헤스(Rudolf Walter Richard Hess)에 대한 처벌에 소극적인 영국 정부에 불만을 품은 소련은 1942년 11월 2일에 자체적으로 나치 독일의 전범재판을 진행하기 위한 국가특별위원회를 설립했다. 1943년 11월 6일, 스탈린(Stalin)은 혁명기념일 연설에서 "전쟁 책임이 있는 파쇼범죄자들에 대한 엄벌"을 촉구했다. 1943년 11월 29일, 테헤란(Teheran)회담 기간의 한 저녁 만찬에서 스탈린은 5만에서 10만에 이르는 독일군을 제거하겠다고 공공연히 밝혔다. 1944년 8월 중순에 소련은 '폴란드·소련 특별위원회'를 설립하여 폴란드 동부에 위치한 루블린-마이다네크(Lublin-Majdanek) 집단학살수용소에서 저지른 독일군의 범죄행위를 집중 수사했다. 독일군의 공격에 맞서 동유럽에 진입한 소련은 각 지역에서 독일군과 외교관을 즉각 체포하고, 추축국에 협력한 각 지역의 지도자 및 예술가들에 대한 '인민재판'을 진행하였다.

반면 일본과는 외교적 합의를 통해 '할힌골'(KhalkhinGol)과 '장고봉張鼓峰' 지역에서 벌어진 두 차례 군사 충돌을 원만히 해결했고, 제2차 세계대전 기간에 일본과 전쟁을 치른 적도 없기 때문에 소련은 일본 전범재판에 소극적이었다. 연합국 재판 방식으로 일본 주요 전범을 처벌하는 방안이 확정된 후 연합국 최고 사령관이 일본의 항복문서에 서명한 국가들이 제출한 인원 명단에서 법관 한 명씩 선발하기로 결정했다. 1946년 1월 초순, 중국, 영국, 호주, 뉴질랜드, 프랑스, 네덜란드 등 국가는 법관 명단을 이미 제출했거나 빠른 시일 내에 제출하기로 했지만, 소련 정부는 줄곧 반대 의견을 고수했다. 1월 18일이 되어서야 소련은 미국의 거듭되는 재촉에 못 이겨 극동국제군사재판에 참여할 법관과 검사 명단을 제출했고, 대표단은 재판 개정일이 임박해서야 도쿄에 도착했다. 재판 중 소련은 할힌골과 장고봉 두 변경 지역의 군사 충돌에 주목했다.

도쿄재판 후, 소련은 하바롭스크(Khabarovsk)에서 일본의 세균전 범죄행위에 대해 단독 재판을 진행했다.

6) 호주의 대일재판정책

남태평양에 홀로 떨어져 있는 호주는 다른 국가와 멀리 떨어져 있어 오랜 기간 동안 평화를 유지해 왔다. 일본의 침략은 호주가 최초로 맞닥뜨린 외국의 침략이었기 때문에 영원히 잊지 못할 공포스러운 기억으로 남게 되었다. 아시아-태평양 지역 특히 남태평양 지역의 일본 침략에 맞선 항일전쟁에서 막대한 대가를 치른 호주는 전후 재판에서 강경 입장을 고수했다. 1945년 9월 10일, 허버트 비어 에버트(Herbert Vere Evatt) 외무장관은 모든 일본 전범을 '제거하는 것이 호주의 '책임'이라고 밝혔다. 이에 대해 일본의 한 학자는 영연방의 일원으로 국제사회에서 늘 영국의 부속국으로 취급되어 온 호주가 이처럼 재판에 적극적인 이유는 본국의 국제적 지위와 발언권을 얻기 위한 것이라고 지적한 바 있다. 이러한 해석은 본말이 전도된 것이다.

영국 등 영연방국가들이 기존 정책을 개정하거나 재판에 소극적인 것에 반해, 호주는 시종일관 강력한 처벌을 주장했다. 특히 일왕의 책임을 추궁해야 한다는 입장은 그 어느 국가보다도 강경했다. 호주는 제1차 세계대전 후 독일에서 히틀러 같은 사악한 전범이 나타난 것은 입헌군주제를 폐지했기 때문이라고 지적했다. 그리고 전후 일본의 '안전'을 위해 일왕을 폐지하면 안 된다고 주장하는 영국에 맞서, 쇼와(昭和) 일왕의 책임을 묻지 않는다면 일본의 근본적인 변화를 기대할 수 없으므로 일본의 낡은 체제를 청산하기 위해서는 반드시 일왕의 책임을 물어야 한다고 주장했다.

그 후 윌리엄 플루드 웨브(William Flood Webb) 경이 극동국제군사재판소의 재판장으로 임명될 수 있었던 것은 그가 퀸즐랜드(Queensland)주 법원장, 호주 일본군 범죄조사위원회 위원장 등을 역임한 경력과도 연관이 있지만, 호주의 적극적인 개입과도 관련이 있다. 다시 말하면 윌리엄 웨브 경이 재판장이라는 요직에 임명된 것은 호주가 전후 도쿄재판에서 적극적인 역할을 한 증표라고 할 수 있다.

2. 연합국전범조사위원회

1) 연합국전범조사위원회의 임무

1942년 6월, 처칠(Churchill) 영국 총리가 미국 순방 중에 연합국전범조사위원회를 설립해서 전범을 처벌하자고 제안했다. 루스벨트(Roosevelt) 미국 대통령도 적극 호응했고, 두 정상은 전범을 조사하기 위해 국제위원회를 설립하기로 뜻을 모았다. 처칠 총리는 귀국하자마자 내각에 발의안을 제출하고, 얼마 후 귀족원貴族院 의장이자 최고법원 수석법관인 존 사이먼(John Simon) 자작子爵을 연합국전범조사위원회 책임자로 임명했다. 같은 해 10월 7일, 루스벨트와 사이먼은 각각 미국과 영국 수도에서 조사위원회 설립을 알리는 성명을 발표했다. 루스벨트는 성명에서 미국과 연합국이 처벌하고자 하는 대상은 '전쟁 획책자'이지 대다수 국민에게 복수하려는 것이 아니라는 특별 설명을 덧붙였다.

1942년 10월 14일 소련은 9개 망명정부에 루스벨트의 성명을 지지한다는 서한을 보내 '특별국제재판소' 설립을 촉구했다. 11월 2일, 소련은 서방의 여러 국가에 앞서 나치 전쟁범죄를 수사할 '국가특별위원회'를 설립했다.

1943년 3월, 영국 정부는 조사위원회 설립에 관하여 미국, 소련, 중국 정부의 의견을 수렴했다. 영국은 미국이 위원장을 담당하고 조사위원회에 4대국과 영국자치령 및 각국 망명정부를 포함시킬 것을 제안했다. 10월 20일, 영국 외교부가 개최한 회의에서 영국, 호주, 벨기에, 캐나다, 중국, 체코슬로바키아, 그리스, 인도, 룩셈부르크, 네덜란드, 뉴질랜드, 노르웨이, 폴란드, 남아프리카, 미국, 유고슬라비아, 프랑스 등 17개국 정부와 망명정부가 런던에 연합국조사위원회(UNWCC)를 설립하기로 합의했다. 조사위원회의 임무는 전쟁범죄의 수사와 증거의 수집, 기록 그리고 전범 명단을 작성하는 것이었다. 설립 당시 조사위원회의 주요 임무는 나치와 추축국의 전쟁범죄 증거를 수집하는 것이었기 때문에 위원회 본부를 런던에 두었다. 영국 대표이자 상설 국제사법재판소 판사인 세실 허스트(Cecil Hurst)가 초대 위원장으로 선출되었다. 소련은 우크라이나 등 연방공화국도 영국 연방자치령에 속하는 인도 등 국가들처럼 위원회에 참석할 수 있는 자격을 부여하자고 제안했다가 부결되자 불참했다. 같은 해 말, 미국이 영국을 설득하여 소련이 소련연방공화국을 대표하여 고문 신분으로 위원회에 참석할 것을 제안했지만 소련이 이를 거절하였다.

1944년 1월 18일, 연합국전범조사위원회가 공식 출범되었다. 20일 개최된 제1차 회의에서 전쟁범죄 증거 수집과 전범 명단 작성에 국한되었던 위원회의 임무를 전범 관련 문제 전반으로 확대하고 3개 전담팀을 신설하기로 했다. 증거 수집과 조사, 증거 목차 작성을 담당한 제1팀에는 벨기에, 영국, 미국, 체코슬로바키아, 호주, 노르웨이 등의 국가가 참여했고, 체포와 재판 방안 제정을 담당한 제2팀에는 미국, 중국, 인도, 노르웨이, 유고슬라비아, 호주, 자유프랑스[1], 벨기에, 룩셈부르크, 체코슬로바키아, 네덜란드 등의 국가가 참여했으며, 법률문제를 담당한 제3팀에는 중국, 체코슬로바키아, 그리스, 미국, 폴란드, 영국, 룩셈부르크, 유고슬라비아, 노르웨이, 덴마크, 네덜란드, 인도, 호주 등의 국가가 참여했다.

2) 연합국전범조사위원회에 대한 미국과 영국의 제약

미국과 영국은 연합국전범조사위원회가 자문 역할을 하는 기구가 되기를 희망했지만 다른 국가들은 의사결정권이 있는 국제기구이기를 희망했다.

위원회가 본격적으로 활동을 시작하자 다양한 건의사항이 제기되었다. 그중 미국 대표 허버트 펠(Herbert Pell)이 1943년 3월에 법률문제소위원회에서 최초로 '인도에 반하는 범죄'로 나치독일의 만행을 심리할 것을 제안했다. '인도에 반하는 범죄'에 대한 각국의 의견이 완전히 일치하지는 않았지만 대다수 회원국이 허버트 펠의 제안에 찬성했다. 하지만 미국 국무부와 군부는 추축국의 보복을 우려하며 유태인을 박해한 범죄행위는 처벌을 받아야 한다고 하면서도 추축국이 본국 또는 제2차 세계대전 이전에 저지른 범죄까지 소급하여 처벌하는 것은 반대하였다. 체코슬로바키아 대표 보후슬라프 에체르(Bohuslav Ečer)는 전쟁 중에 저지른 잔학행위 뿐만 아니라 침략전쟁을 일으킨 행위도 범죄라고 지적했다. 1944년 1월 18일 위원회 제1차 공식회의에서 대다수 국가가 위원회의 임무를 전범 문제 전반으로 확대해야 한다고 주장했다. 권한이 확대되면서 위원회는 법률문제와 전범 체포 및 인도 방법 등의 문제를 각국 정부에 적극 제안했는데 그 범위가 정책 결정 영역까지 확대되었다. 이는 미국과 영국이 원하지 않는 상황이었다.

1944년 9월 26일 제2팀이 재판소 설치에 관한 최종 협의안을 제출했는데 아래와 같은 내용이 포함되어 있다. 연합국전범재판소(조약재판소)를 설립하고 위원회 회원국을 재판에 참가시켜야 한다. 재판소가 문관文官으로만 구성되면 군사재판소에 속하지 않으므로, '주요 전범'뿐만 아니라 일반 전범들도 재판해야 한다. 그 밖에 재판소

---

1) 당시의 망명정부를 가리킨다.

설립에 시간이 소요될 것을 감안하여 수요에 따라 혼합군사재판소를 먼저 설립해야 한다. 10월 6일, 허스트(Hearst) 위원장이 이 두 재판소 설립에 관한 건의안을 영국 로버트 앤서니 이든(Robert Anthony Eden) 외무상에게 제출하였다. 1945년 1월 4일 영국 외교부는 혼합재판소의 설립은 찬성했지만 연합국전범재판소의 설립은 반대하였다.

1942년 2월 말, 미국은 이 조사위원회를 해산시킬 방법을 강구하기 시작했다. 2월 25일, 미국 국무부 보좌관은 3부 조정위원회에 보내는 서한에서 "조사위원회는 이미 존재 가치를 상실했다"고 하면서 오는 3월부터 미국은 위원회의 경비와 인원을 삭감하고 형식상의 지원만 제공할 것이라고 밝혔다. 1947년 4월 24일 런던에서 개최된 위원회 회의에서 영국 대표 로버트 크레이기(Robert Craigie)가 연말 전에 위원회를 해산시켜야 한다고 주장했다. 이는 위원회 주석인 호주 로버트 라이트(Robert Wright) 훈작勳爵의 강한 반대에 부딪쳤다.

영국과 미국이 위원회의 권한을 제한하고 해산시키려 한 주요 원인은 위원회 권한의 확대에 있었다. 17개 회원국 중의 소국들이 양적 우위를 이용하여 영국과 미국에 대항하기 시작했기 때문이다. 1946년 6월 24일, 미국이 새로 임명한 찰스 H. 페이(Charles H. Fahy) 법률고문이 "양적 우위를 점하고 있는 소국들이 강제로 결의안을 통과시키거나 통과시키려 하고 있다", "위원회가 연합국에 의해 남용되고 있다. 그들은 정치적 원인으로 처벌하고 싶은 사람을 임의로 전범 명단에 올리고 있다"고 지적했다.

영국과 미국의 불만 그리고 도쿄재판 및 주요 국가들의 재판이 속속 마무리되면서 위원회는 1948년 3월에 해체되었다. 그동안 위원회가 개최한 회의는 무려 135차에 달한다.

3) 중국의 입장 고수

유럽 중심주의, 영국과 미국의 일본 보복에 대한 우려 등 원인으로 연합국이 일본 전범재판에 관한 실질적인 논의를 미루고 있는 상황에서 중국 정부는 강경한 입장을 고수했다. 제2차 세계대전 이후 연합국에서 전후 나치 독일의 전범재판을 진행하고 있다는 소식을 접한 중국은 연합국의 전쟁범죄행위 처벌에 관한 국제법 논증에 적극 참여했다. 또한 "동일한 원칙으로 일본군의 전쟁범죄행위를 처벌해야 한다"고 거듭 주장하면서 이를 위해 끊임없는 외교적 노력을 기울였다.

중국과 서방 국가들은 일본군의 전쟁범죄행위의 시간과 범위 판정 기준을 놓고 큰 의견 차이를 보였다. 영국과 미국은 나치 독일의 전범재판 방식을 일본 전범재판에 적용하자는 중국의 제안을 받아들였지만, 중국이 '진주만 사건' 이후에 일본에 선전포고를 했기 때문에 일본 전쟁범죄행위의 시발점을 '진주만 사건'으로 삼아야 한다고 주장했다. 호주도 영국과 미국의 견해에 동조하고 나섰다. 그러나 중국 정부는 영국과 미국의 주장에 맞서, 일본이 1931년 '9·18사변' 때부터 중국에 대한 침략전쟁을 시작했으므로 '9·18사변'을 일본군의 전쟁범죄행위의 시발점으로 삼아야 한다고 강력히 주장했다. 만약 일본 전쟁범죄 시발점을 '진주만 사건' 이후로 정하면 '난징대학살'을 비롯한 일본군이 중국에서 저지른 잔학행위에 대한 책임을 추궁할 수 없게 되기 때문에 중국 정부로서는 절대 수용할 수 없었던 것이다. 중국 외교부는 영국 정부에 "'9·18사변' 이래 중국 영토 내에서 잔학행위를 저지른 모든 자들을 전범에 포함시켜야 한다"는 성명서를 보냈다. 그 후 연합국전범조사위원회에서 소집한 도쿄재판 준비회의 및 공식회의에서 다른 국가 대표들이 그 어떤 주장을 내놓아도 중국 대표는 이 입장을 끝까지 고수했다. 중국 대표의 입장 고수로 '연합국 전쟁범죄 재판 공약 초안' 등 관련 서류들도 기소 기한을 '진주만 사건' 이후로 한정하지 않았다.

4) 극동 및 태평양소위원회

일본이 저지른 전쟁범죄는 일찍부터 국제사회의 주목을 받아왔지만 미국과 영국이 포로에 대한 일본의 보복을 우려하는 바람에 연합국전범조사위원회의 일본 전쟁범죄에 관한 수사는 차일피일 미루어졌다. 또한 일본이 서방에서 멀리 떨어져 있어 일본이 저지른 잔학행위의 증거 수집과 조사에 어려움이 있었다. 그리하여 호주와 네덜란드가 일본의 만행을 책임지고 조사할 남태평양위원회 설립을 제안했다. 1944년 4월 25일, 연합국전범조사위원회 제15차 회의에서 구웨이쥔(顧維鈞) 주영국 중국 대사가 극동 및 태평양소위원회太平洋小委員會 설립을 제안하였다. 5월 16일 위원회에서는 충칭(重慶)에 극동 및 태평양소위원회를 설립하기로 결정했다.

6개월의 준비 과정을 거쳐 1944년 11월 29일에 극동 및 태평양소위원회가 정식으로 발족되었다. 중국, 호주, 벨기에, 체코슬로바키아, 프랑스, 인도, 룩셈부르크(대표 불참), 네덜란드, 영국, 미국 등 국가가 창설 회원국으로 가입하고, 후에 폴란드가 추가로 가입했다. 왕충후이(王寵惠) 중국 외교부장이 초대 위원장으로 추대되었다.

극동 및 태평양소위원회의 기본 임무는 전쟁범죄 증거를 수집하고 전범 명단을 작성하는 것이었다. 소위원회는 일본의 전쟁범죄행위의 시발점을 '9·18사변'이나 '7·7사변'으로 해야지 태평양전쟁을 시발점으로 해서는 안 된다고 일관되게 주장했다. 중국, 프랑스, 미국, 호주 등 국가가 소위원회에 전범 및 증인 명단을 제출했는데, 중국이 제출한 전범 수가 제일 많았다. 중국의 전범 명단은 관련 부처의 심사와 번역을 거친 후 최고 지도자의 최종 서명을 받아 제출된 것이었다. 소위원회는 선후로 26건의 전범 명단을 제출했는데 전범 용의자가 무려 3,147명에 달했다. 이 명단은 연합국전범조사위원회를 거쳐 주일본 연합군 총사령부에 교부되었다.

1945년 5월부터 연합국전범조사위원회 제2팀에서 일본 전범 체포와 재판 관련 문제에 대한 논의를 거쳐 뉘른베르크 전범재판 원칙을 일본에도 똑같이 적용하기로 결정했다. '포츠담선언' 이후 조사위원회 위원장인 라이트(Wright) 훈작(호주 대표)이 일본 전범에 관한 권고를 제안했다. 8월 8일 '극동국제군사재판헌장'이 공포된 날, 런던에서 미국, 영국, 중국, 프랑스, 네덜란드, 캐나다, 호주, 뉴질랜드, 인도 등 9개국으로 구성된 극동태평양특별위원회가 설립되었다. 같은 날, 연합국전범조사위원회에서 '모스크바선언', '잭슨(Jackson)보고서', '포츠담선언', '런던협정' 등을 인준했다.

한편 위원회에서는 같은 해 8월 29일, 일본 전범에 관한 권고안을 채택했다. 이 권고안 초안은 특별위원회 위원장인 구웨이쥔(顧維鈞)이 제출한 것이다. 미국 대표 조지프 V. 호지슨(Joseph V. Hodgson)이 미국이 일본 전범재판에 관한 전적인 통제권을 확보하기 위해 일부 내용을 수정했다. 수정한 요점은 다음과 같다. 첫째, '주요 전범'은 '평화에 반하는 범죄', '전쟁범죄', '인도에 반하는 범죄'를 관할하는 국제재판소에서 심리한다. 둘째, 일본의 침략전쟁 도발죄를 추궁한다. 즉 미국이 제안한 '공동모의죄'를 적용한다. 셋째, 검사기관을 설치한다.(구웨이쥔이 뉘른베르크재판에서 미국, 영국, 프랑스, 소련 등 국가가 수석검사를 임명한 것처럼 극동태평양특별위원회 회원국 및 소련 등 10개국에서 각자 수석검사를 임명할 것을 제안했다.) 넷째, 국제재판소의 설치 주체를 '연합국 최고 사령관'으로 할지, 아니면 '관리 이사회'로 할지, 혹은 '기타 기구'로 할지에 대해서는 추후에 다시 결정하기로 하고, 법관은 상술한 10개국에서 임명하기로 한다. 호지슨은 연합군 최고 사령관(미국인)에게 보다 많은 자유재량권을 부여하기 위해 상세하게 정리된 구웨이쥔의 본안을 삭제해 버렸다.

이때부터 연합국전범조사위원회는 독일 전범재판 정책을 일본 전범재판에 적용하게 되었다. 독일 전범재판 정책은 4대 연합국의 합의와 조정을 거쳐 균등하게 권리를 행사한 데 반해, 일본 전범재판 정책은 미국의 일방적인 주도로 제정되고 수행되었다. 그리하여 일본 전범재판 정책과 독일 전범 정책에는 큰 차이점이 존재하게 되었다.

3. 도쿄재판 준비

1) 전범 용의자 체포

국제검사국이 정식으로 설립되기 전부터 연합군 사령부에서는 이미 일본 전범 용의자들을 체포하기 시작했다. 1945년 8월 30일 저녁, 맥아더는 일본에 도착하자마자 정보부(CIC) 부장 엘리엇 소프(Elliot Thorpe)에게 도조 히데키(東條英機)를 체포하고 주요 전범(A급 전범) 명단을 작성하라고 지시했다. 그리고 9월 11일에 체포영장을 발부했다. 12월 6일 조지프 베리 키넌(Joseph Berry Keenan)이 미국 검사단을 인솔하고 도쿄에 도착했을 때는 마지막 A급 전범 용의자 체포까지 마친 상태였다.

맥아더는 미국이 단독으로 재판해야 한다고 주장하면서 재판 내용을 태평양전쟁 도발과 미국 전쟁포로 학대에 한정했다. 그러나 전범 용의자 즉각 체포는 미국이 이미 제정한 방침이었다. 8월 16일, 미국 합동참모본부 참모총장 조지 캐틀렛 마셜(George Catlett Marshall)이 맥아더에게 전보를 보내 전범에 관련된 정식 지령을 받기 전까지 독일 전범을 체포한 사례를 참고로 하라고 당부했다. 먼저 대미국 전쟁을 일으킨 도조(東條) 내각內閣을 체포한 후, 연합국 회원국들이 제출한 명단 중의 전범 용의자로 범위를 넓혔다. 일본의 정계, 군부, 재계, 문화계 등 각계 중요 인사는 물론이고, 전쟁 기간 일본을 협조한 각국 정계요인政界要人, 주일본 사절使節, 심지어 일본과 연합국의 심리전에 참여했던 방송인들까지, 9월 11일부터 4차례 9단계로 나누어 A급 전범 용의자 127명을 체포하였다.

【표1-1】 A급 전범자 체포 명단

1차 체포(42명)				
시간	명단	직위/신분	명단	직위/신분
1945.9.11 39명, 2명 자살. 체포 인원수 37명	도조 히데키* (東條英機)	총리	도비타 도키오 (飛田時雄)	도쿄포로수용소 부속병원 감시관
	도고 시게노리 (東鄕茂德)	외무대신	도쿠다 히사요시 (德田久吉)	도쿄포로수용소 인체실험 문제로 BC급 전범자가 됨
	시마다 시게타로 (島田繁太郎)	해군대신	우에다 요시다케 (上田良武)	해군중장
	가야 오키노리 (賀屋興宣)	대장대신大藏大臣	우 테인 마웅 (U Thein Maung)	일본점령기 주일본 미얀마 대사
	스즈키 데이이치 (鈴木貞一)	기획원 총재	아웅 산 (昻山)	주일본 미얀마대사관 육군부무관 미얀마 독립군 조직자
	하시다 구니히코 (橋田邦彦) 자살	문부대신	호세 라우렐 (José Laurel)	일본점령기 필리핀 대통령
	혼마 마사하루 (本間雅晴)	제14군 사령관	아키노 베니그노 (Aquino Benigno)	필리핀 국민의회 의장
	이노 히로야 (井野碩哉)	농림대신	조지 바르가스 (Jorge B. Vargas)	주일본 필리핀 대사

	이와무라 미치요 (巌村通世)	사법대신	루앙 위칫와타깐 (Luang Wichitwathakan)	주일본 태국 대사
	기시 노부스케 (岸信介)	공상대신	마헨드라 프라탑 (Mahendra Pratap)	인도 독립운동가
	고이즈미 지카히코 (小泉親彦) 자살	후생대신	하인리히 슈타머 (Heinrich Stahmer)	주일본 독일 대사
	구로다 시게노리 (黒田重德)	제14방면 군사령관	알프레드 크레치머 (Alfred Kretschmer)	주일본 독일대사관 부무관
	무라타 쇼조 (村田省藏)	주필리핀 대사	요제프 마이징거 (Josef Meisinger)	주일본 독일대사관 경찰무관
1945.9.11 39명, 2명 자살. 체포 인원수 37명	니가하마 아키라 (長浜彰)	제14군 헌병사령관	요시아스 반 디엔스트 (Josias Van Dienst)	도쿄방송 네덜란드어 아나운서
	데라시마 겐 (寺島健)	체신대신	릴리 아베크 (Lily Abegg)	도쿄방송 독일어 아나운서
	미우라 소이치 (三浦宗一)		찰스 커즌스 (Charles Cousins)	도쿄방송 이탈리아적 아나운서
	오사나이 시게 (長内茂)		스트리터 (Streeter)	도쿄방송 방송원고부 미국적 직원
	오타 세이치 (太田淸一)		존 폴란드 (John Poland)	상하이방송 이탈리아적 아나운서
	사사키 군이치 (佐佐木薰一)		스즈키 가오루 (鈴木薰二)	
	다케우치 유카다 (竹内寬)			
1945.9.21 2명	도이하라 겐지 (土肥原賢二)	일본군 교육총감	아베 노부유키 (阿部信行)	내각총리대신
1945.10.22 1명	아베 겐키 (安倍源基)	내무대신		
2차 체포(11명)				
시간	명단	직위/신분	명단	직위/신분
1945.11.19 11명	**아라키 사다오** (荒木貞夫)	육군대신	혼조 시게루 (本莊繁)	관동군사령
	고이소 구니아키 (小磯國昭)	총리	가노코기 가즈노부 (鹿子木原信)	언론보국회 사무국장
	마쓰오카 요스케 (松岡洋右)	외무대신	구하라 후사노스케 (九原房之助)	정우회 총재
	마쓰이 이와네 (松井石根)	중지나 방면군 사령관	구즈 요시히사 (葛生能久)	대정익찬회 총무
	미나미 지로 (南次郎)	관동군 사령관	마사키 진자부로 (眞崎甚三郎)	일본교육군 총감
	시라토리 도시오 (白鳥敏夫)	주이탈리아 대사		

3차 체포(59명)				
시간	명단	직위/신분	명단	직위/신분
1945.12.2 59명	하타 슌로쿠 (畑俊六)	중국파견군 총사령	미즈노 렌타로 (水野練太郎)	문부대신
	히라누마 기이치로 (平沼騏一郎)	총리	무타구치 렌야 (牟田口廉也)	제15군 사령관
	히로타 고키 (廣田弘毅)	총리	나가토모 쓰기오 (長友次男)	중부헌병 사령관
	호시노 나오키 (星野直樹)	기획원 총재	나카지마 치구헤이 (中島知久平)	군수대신
	오카와 슈메이 (大川周明)	우익사상가	나카무라 아케토 (中村明人)	주태국 일본총사령관
	사토 겐료 (佐藤賢了)	육군성 군무국장	나시모토 모리마사 (梨本守正)	육군원수, 유일한 황족 A급 전범자
	아이카와 요시스케 (鮎川義介)	'만주국' 중공업 회사 사장	니시오 도시조 (西尾壽造)	중국파견군 사령관
	아마하 메이지 (天羽英二)	내각정보국 총재	노미 도시로 (納見敏郎)	제28사단 단장
	안도 기사부로 (安藤紀三郎)	내무대신	오카베 나가카게 (岡部長景)	문부대신
	아오키 가즈오 (靑木一男)	대동아성 대신	오쿠라 구니히코 (大倉邦彦)	동양대학교 학장
	아리마 요리야스 (有馬賴宁)	대정익찬회 사무국장	오노 히로이치 (大野弘一)	중국파견군 헌병사령관
	후지와라 긴지로 (藤原銀次郎)	군수대신	오타 게이조 (太田耕造)	문부대신
	후루노 이노스케 (古野伊之助)	연맹통신사 사장	오타 마사타카 (太田正孝)	대정익찬회 정책국장
	고코 기요시 (鄕古潔)	미쓰비시 회장	사쿠라이 효고로 (櫻井兵五郎)	국무대신
	고토 후미오 (后藤文夫)	국무대신	사사카와 료이치 (笹川良一)	정치활동가
	하타 히코사부로 (秦彦三郎)	관동군 참모장	시모무라 히로시 (下村宏)	내각정보국 총재
	혼다 구마타로 (本多熊太郎)	주왕정권 대사	신토 가즈마 (進藤一馬)	우익단체 정상
	이다 이와쿠스 (井田磐楠)	대정익찬회 상무총무	시오노 스에히코 (鹽野季彦)	법무대신
	이케다 시게아키 (池田成彬)	대장대신	시오텐 노부타카 (四王天延孚)	반유태인협회 회장
	아카기 고헤이 (池崎忠孝)	우익평론가	쇼리키 마쓰타로 (正力松太郎)	『독매신문』 사장

시간	명단	직위/신분	명단	직위/신분
1945.12.2 59명	이시다 오토고로 (石田乙五郎)	헌병사령부 본부장	다다 하야오 (多田駿)	화북 방면군 사령관
	이시하라 히로이치로 (石原廣一郎)	우익기업가	다카하시 산키치 (高橋三吉)	연합함대 사령관
	가미스나 쇼시치 (上砂勝七)	대만헌병대 사령관	고우치 시게도 (高地茂都)	조선헌병대 사령관
	가와베 마사카즈 (河邊正三)	중국파견군 총참모장	다니 마사유키 (谷正之)	외무대신
	기쿠치 다케오 (菊池武夫)	펑톈(奉天)특수요원 기관장	도쿠토미 소호 (德富猪一郎)	우익사상가
	기노시타 에이이치 (木下榮市)	헌병학교 교장	도요다 소에무 (豊田副武)	연합함대 사령관
	고바야시 준이치로 (小林順一郎)	대정익찬회 총무	쓰다 신고 (津田信吾)	기업가
	고바야시 세이저 (小林躋造)	대만총독	우시로쿠 준 (后宮淳)	중국파견군 총참모장
	고다마 요시오 (儿玉譽士夫)	'고다마 기관' 수령	요코하마 유우이 (横山雄偉)	민간정보인사
	마쓰자카 히로마사 (松阪廣政)	사법대신		

4차 체포(14명)				
시간	명단	직위/신분	명단	직위/신분
1945.12.6 9명	**기도 고이치** (木戶幸一)	내대신	오가타 다케토라 (緒方竹虎)	내각정보국 총재
	오시마 히로시 (大島浩)	주독일 대사	오다치 시게오 (大達茂雄)	초대 도쿄 도지사
	고노에 후미마로 (近衛文麿)	총리	고도 다쿠오 (伍堂卓雄)	상공대신
	사카이 다다마사 (酒井忠正)	농림대신	스마 야키치로 (須磨弥吉郎)	외무성 정보부장
	오코치 마사토시 (大河内正敏)	물리학자		
1946.3.16 1명	나가노 오사미 (永野修身)	군령부장		
1946.4.7 1명	오카 다카즈미 (岡敬純)	해군성차관		
1946.4.29 2명	우메즈 요시지로 (梅津美治郎)	총참모장	시게미쓰 마모루 (重光葵)	외무대신
1946.11.5 1명	하세가와 키요시 (長谷川清)	대만총독		

• 볼드체로 표기된 인명은 A급 전범임.

2) 국제검사국의 사업 전개

키넌은 일본에 도착한 다음 날, 맥아더를 만나 일본 전범재판에 대해 상의했다. 12월 8일, 키넌을 수장으로 하는 국제검사국(IPS)이 발족되었다. 연합군 최고사령부에 소속된 국제검사국은 극동국제군사재판소의 기소 기관으로 일본 전범의 범죄 증거 조사 및 기소를 담당했기에 키넌은 극동국제군사재판소의 수석검사이기도 했다.(키넌 의 수석검사 신분은 다음 해 1월 19일 '극동국제군사재판헌장'을 공포할 때 정식으로 공개되었다. 하지만 루스벨트 미국 대통령은 1945년 11월 29일에 이미 키넌의 임명장에 서명하였다.)

키넌이 수석검사로 임명된 것은 도쿄재판과 뉘른베르크재판의 중요한 차이점이 다. 뉘른베르크재판에서는 미국, 영국, 프랑스, 소련 등 4대 연합국이 균등하게 권리를 행사했지만, 도쿄재판에서는 모든 권한이 맥아더에게 집중되어 있었다. 검사장(수석검사) 키넌의 지위가 재판에 참여한 기타 국가의 배석검사(부검사)보다 높았다. 미국 검사단 인원수도 다른 국가들보다 훨씬 많았는데, 검사인원, 번역관, 통역사, 속기사, 진행요원 등을 합하면 총 인원수가 무려 200명에 달했다. 이러한 풍부한 인원으로 인해 미국이 도쿄재판 주도권을 잡게 되었다.

국제검사국 산하에는 행정처, 수사처, 문헌처 등 부서 외에 중국, 소련, 영국, 프랑스 등 각 국가별 사무처가 있었는데, 전범 명단의 확정 및 기소 증거 확보를 위해 수사 작업을 벌였다. 증거 조사는 심문, 용의자 조사, 참고인 조사, 문헌 조사, 현지 조사 등 다양한 경로를 통해 진행되었다.

첫째, 취조와 심문. 전쟁이 끝난 후 일본이 대량의 공문서를 소각해 버렸기 때문에 구두 자백이 무엇보다도 중요하게 되었다. 국제검사국이 설립되기 전 연합군 총사령부 검사처에서 이미 압송된 전범과 관련 인사들의 취조와 심문을 진행하고 있었다. 국제검사국이 설립된 후, 구두 자백 녹취에 박차를 가하여 중요한 성과를 얻었으며, 재판의 정상적인 진행에 많은 도움을 제공하였다. 둘째, 서면 증거 수집. 대량의 공문서 소각은 서면 증거 수집에 많은 어려움을 가져다주었다. 그리고 남아 있는 공문서의 양이 방대한 데다가 언어 장벽까지 있어 그 속에서 가치 있는

【표1-2】극동국제군사재판소 검사진 명단

국가	직위	이름
미국	수석검사	조지프 베리 키넌(Joseph Berry Keenan)
중국	검사	샹저쥔(向哲濬, Hsiang Che-Chun)
영국	검사	아서 스트레텔 코민스 카(Arthur. S. Comyns Carr)
소련	검사	세르게이 알렉산드로비치 골룬스키(Sergei Alexandrovich Golunsky)
호주	검사	앨런 제임스 맨스필드(Alan James Mansfield)
캐나다	검사	헨리 그래턴 놀런(Henry Grattan Nolan)
프랑스	검사	로베르 뤼시앵 오네토(Robert L. Oneto)
네덜란드	검사	빌럼 헤오르허 프레데릭 보르헤르호프 뮐더르(W. G. Frederick Borgerhoff Mulder)
뉴질랜드	검사	로널드 헨리 퀼리엄(Ronald Henry Quilliam)
인도	검사	파남필리 고빈다 메논(P. P. Govinda Menon)
필리핀	검사	페드로 로페스(Pedro Lopez)

증거를 찾기가 힘들었다. 이 사업은 각국의 도움, 특히 국제검사국의 노력으로 순조롭게 완성되었다. 그 과정에 예기치 못한 상황이 발생되었다. 예를 들면 어전御前회의, 내각회의, 오상五相회의, 추밀樞密회의, 중신重臣회의의 상세한 기록 등 일본의 중요한 기밀문서가 연합군 헌병들이 어느 한 회사를 수사하는 과정에서 뜻하지 않게 발견된 것이다. 그 공문서에는 일본 침략정책의 형성 및 침략전쟁 발동 과정 등이 상세히 기록되어 있어 피고인들의 개인적 책임을 추궁하는 데 결정적인 역할을 했다. 셋째, 현지 고찰 증거 수집. 일본군이 아시아 지역에서 저지른 학살, 포로 학대, 강간 등 범죄에 대한 증거 조사를 위해 피해자와 사건의 내막을 알고 있는 사람들의 서명과 진술을 확보하는 동시에 증인들을 재판정에 출두시켜 증언하게 했다. 국제검사국에서는 중국, 프랑스, 인도네시아, 미얀마 등 국가에 조사단을 파견하여 난징대학살, 마닐라폭력, 바탄 죽음의 행진, 버마-태국 철길 강제노역, 남태평양포로수용소의 포로 학대 등 일본군의 잔학행위에 대한 현지 조사를 진행하였다. 지금 살펴보면 다소 충분하지 않지만 당시에는 아주 중요한 증거였다.

증거 수집을 거쳐 피고인 명단이 최종 확정되었다.

극동국제군사재판소 검사진

조지프 베리 키넌

샹저쥔

아서 스트레텔 코민스 카

세르게이 알렉산드로비치 골룬스키

앨런 제임스 맨스필드

헨리 그래턴 놀런

로베르 뤼시앵 오네토

빌럼 헤오르허 프레데릭 보르헤르호프 묄더르

로널드 헨리 퀼리엄

파남필리 고빈다 메논

페드로 로페스

이 시기 국제검사국의 다른 한 가지 중요한 임무는 공소장 초안을 작성하는 것이었다. 1946년 3월 2일, 키넌은 공소장 작성을 위해 4인 위원회를 설립하고 영국 검사 아서 S. 코민스 카(Arthur S. Comyns Carr)에게 전권을 맡겼다. 4월 17일, 공소장 초안이 검사 회의를 통과하였다. 29일, 키넌이 국제검사국을 대표하여 재판정과 피고에게 공소장을 제출하였다. 도쿄재판 공소장은 뉘른베르크재판 공소장 양식을 참고했지만 기소 죄목은 조금 달랐다. 뉘른베르크 재판 공소장에 명시된 죄목은 '전쟁 공동모의죄, 평화에 반하는 범죄, 통상의 전쟁범죄, 인도에 반하는 범죄' 등 4가지였지만, 도쿄재판 공소장에 명시된 죄목은 '평화에 반하는 범죄, 살인죄, 통상의 전쟁범죄와 인도에 반하는 범죄' 등 3가지였다. 하지만 세 가지 죄목의 기소 소인은 무려 55가지에 달했다. 또 다른 차이점은 뉘른베르크재판 공소장은 독일 전범 개인을 기소했을 뿐만 아니라 중요한 나치독일과 관련 조직도 기소했다는 점이다. 국제검사국은 군국주의를 고취하는 흑룡회黑龍會(고쿠류카이), 벚꽃회(櫻會, 사쿠라카이), 국본사國本社(고쿠혼샤), 대일본청년당人日本靑年黨, 일본정치회 日本政治會, 대정익찬회人政翼贊會 등 극우조직을 조사했지만 이 조직들을 기소하지는 않았다. 한편 기소 시간을 '파리강화공약'이 체결된 1928년으로 확정하였다.

3) 헌장 공포 및 재판소 구성

1945년 12월, 소련, 미국, 영국 3국 외무장관이 모스크바에서 헌장에 합의하였다. "주일본 연합군 최고 사령관은 마땅히 필요한 모든 조치를 강구하여 일본의 항복 및 일본을 점령하고 통제할 모든 조항을 실현해야 한다." 이 헌장은 연합군 최고 사령관에게 막강한 권력을 부여해 주었다. '국제군사재판소헌장'이 미국, 영국, 소련, 프랑스 4개국이 협상을 거쳐 제정하고 서명한(1945년 8월 8일, 런던) 것과 달리 '극동국제군사재판소헌장'은 연합군 최고 사령관이 3개국 외무장관 결의 및 일련의 국제 문건에서 간접적으로 부여받은 권리로 제정한 것이다. 1946년 1월 19일, 헌장 및 '극동국제군사재판소를 설치할 데 관한 특별공고'가 연합군 최고 사령관 맥아더의 명의로 반포되었다. 같은 해 4월 26일, 맥아더는 개정된 도쿄헌장을 받아들여 판사 수를 9명에서 11명으로 늘렸다. 일본의 항복문서에 조인한 9개국 판사 외에 인도와 필리핀 판사 2명을 추가로 참석시킨 것이다. 그리고 인도에 반하는 범죄에서 '민간인' 이라는 단어를 삭제했다.

일본의 항복. 1945년 9월 2일, 미군 미주리 호 전함에서 우메즈 요시지로가 일본을 대표하여 항복문서에 서명했다.

'극동국제군사재판소헌장'은 국제검사국이 뉘른베르크재판의 '국제군사재판소헌장'을 참고하여 작성한 것으로 모두 5장 17조항이다. 재판소의 설립, 관할권, 피고인 책임, 절차, 검사진, 법정권력, 심문, 증거, 형벌, 판결과 재심리 등을 규정한 이 헌장은 재판의 근본대법이자 재판을 지도하는 가장 중요한 문헌이었다.

인도와 필리핀의 판사는 1946년 4월 26일에 헌장을 수정한 후 추가되었다. 미국 판사 히긴스가 개정 후 3개월 만에 사임하고 귀국하는 바람에 크레이머가 히긴스를 대체하게 되었고, 다른 판사들은 재판이 끝날 때까지 함께했다. 11명 판사 중, 소련 판사 자랴노프와 미국 판사 크레이머를 제외하고는 모두 문관이었다. 그들은 제각기 자기의 장점을 가지고 있었으며 자국에서 높은 명성을 지니고 있었다.

도쿄재판소는 뉘른베르크재판소처럼 판사가 불참석할 경우, 재판정에 대신 출석할 후보 판사를 지정하지 않았다. 도쿄재판소는 전 판사의 과반수의 출석을 정족수의 성립 요건으로 하고, 재판소의 일체 결정과 판결에는 출석한 판사의 과반수에 의하며, 가부동수인 경우에는 재판장이 결정했다. 과반수만 넘으면 합법적이었지만, 도쿄재판이 진행되는 과정에 재판장과 인도 판사가 사정이 생겨 결석을 허락받고 귀국한 것 외에 다른 판사들의 재판정 출석률은 아주 높았다. 개정하기 전에 네덜란드 판사 뢸링이 내부 의견 여하를 막론하고 평의를 비공개로 하자는 선언문을 제안하였다. 그런데 재판이 시작된 후에야 도쿄에 도착한 인도 판사 팔은 자신이 선언문에 서명하지 않았다는 이유로 협조를 거절하였다.

【표1-3】 극동국제군사재판소 판사진

국별	이름	경력
호주	윌리엄 플루드 웨브 경 (William Flood Webb Sir)	퀸즐랜드(Queensland)주 대법원장
캐나다	에드워드 스튜어트 맥더걸 (Edward Stuart McDougall)	퀘벡(Quebec)주 법원 판사
중국	메이루아오(Mei Ju-Ao)	입법원 섭외 입법위원회 주임위원
프랑스	앙리 베르나르(Henri Bernard)	군사재판소 수석검사
네덜란드	베르나르트 빅토르 알로이시위스 뢸링 (Bernard Victor A. Röling)	위트레흐트(Utrecht) 법원 판사
소련	이반 미헤예비치 자랴노프 (Ivan Mikheevich Zaryanov)	대법원군사재판소 판사
영국	윌리엄 도널드 패트릭 경 (William Donald Patric Lord)	스코틀랜드(Scotland) 대법원 판사

미국	존 패트릭 히긴스 (John P. Higgins)	매사추세츠(Massachusetts)주 대법원장
미국	마이런 케이디 크레이머 (Myron C. Cramer)	육군부 군법총감
인도	라다비노드 팔(Radhabinod Pal)	콜카타(Kolkata) 고등법원 법관
뉴질랜드	에리마 하비 노스크로프트 (Erima Harvey Northcroft)	뉴질랜드 대법원 판사
필리핀	델핀 하라니야 (Delfin Jaranilla)	사법부장

설명: 히긴스(Higgins)가 1946년 6월에 사직한 후 미국 정부는 크레이머(Cramer) 재판장을 지명하여
하긴스의 직위를 대신했다.

윌리엄 플루드 웨브 경   존 패트릭 히긴스   메이루아오   윌리엄 도널드 패트릭 경

이반 미헤예비치 자랴노프   에드워드 스튜어트 맥더걸   앙리 베르나르   베르나르트 빅토르 알로
이시위스 륄링

에리마 하비 노스크로프트   라다비노드 팔   델핀 하라니야

4) 재판 명단의 확정

1945년 가을에서 다음 해 연초까지 중국, 호주, 영국 등 국가들에서 각자 A급
전범 명단을 제출하였다. 그중에서 호주가 제출한 명단에는 전범이 많았을 뿐만
아니라 일왕까지 포함되어 있었다. 국제검사국은 각국에서 제출한 명단에 대한

면밀한 검토를 통해 1946년 4월 4일에 29명으로 확정했다가 8일에 마사키 진자부로(眞崎甚三郞)와 다무라 히로시(田村浩), 이시와라 간지(石原莞爾)를 전범 명단에서 제외시켰다. 그후 10일에 최종 전범 명단을 연합군 최고 사령관인 맥아더에게 제출하였다. 13일, 70명으로 구성된 소련 대표단이 일본에 도착하여 전범을 보충할 것을 요구하였다. 17일, 검사회의에서 치열한 공방을 통해 소련이

메이루아오(梅汝璈) 판사와 웨브(Webb) 재판장이 이야기를 나누고 있는 모습.

추가한 시게미쓰 마모루(重光葵), 우메즈 요시지로(梅津美治郞), 아이카와 요시스케(鮎川義介), 후지와라 긴지로(藤原銀次郞), 도미나가 교지(富永恭次) 등 5명을 투표로 표결하기로 결정했다. 최종 투표 결과는 시게미쓰 마모루가 6 : 4, 우메즈 요시지로가 제2차 투표에서 5 : 3으로 A급 전범으로 확정되었다. 그리하여 도쿄재판의 A급 전범은 28명으로 최종 확정되었다.

【표1-4】 A급 전범 명단

전범	기소 소인	전범	기소 소인
아라키 사다오 (荒木貞夫)	만주 침략 등	미나미 지로 (南次郞)	만주사변
도이하라 겐지 (土肥原賢二)	만주 침략 포로 학대	무토 아키라 (武藤章)	난징대학살 수마트라 폭행 필리핀 폭행
하시모토 긴고로 (橋本欣五郞)	만주 침략 정치선전	오카 다카즈미 (岡敬純)	해군군무국 국장 포로 학대
하타 슌로쿠 (畑俊六)	육군대신 대정익찬회 난징대학살	오시마 히로시 (大島浩)	일본과 독일 관계
히라누마 기이치로 (平沼騏一郞)	전시 일본 총리	사토 겐료 (佐藤賢了)	포로 학대
히로타 고키 (廣田弘毅)	난징대학살 등	오카와 슈메이 (大川周明)	
호시노 나오키 (星野直樹)	만주 침략 기획원企劃院	시게미쓰 마모루 (重光葵)	태평양전쟁

이타가키 세이시로 (板垣征四郎)	육군대신 만주 침략 루거우차오(蘆溝橋)사변 포로 학대	시마다 시게타로 (島田繁太郎)	해군대신 포로 학대
가야 오키노리 (賀屋興宣)	대장대신大藏大臣	시라토리 도시오 (白鳥敏夫)	일본과 이탈리아 관계 정치선전
기도 고이치 (木戸幸一)	도조 총리 천거	스즈키 데이이치 (鈴木貞一)	기획원 총재
기무라 헤이타로 (木村兵太郎)	육군차관 미얀마 잔혹행위	도고 시게노리 (東郷茂德)	태평양전쟁
고이소 구니아키 (小磯國昭)	만주사변 잔혹행위	도조 히데키 (東條英機)	총리대신 태평양전쟁
마쓰오카 요스케 (松岡洋右)		우메즈 요시지로 (梅津美治郎)	중국 화베이 침략
마쓰이 이와네 (松井石根)	난징대학살	나가노 오사미 (永野修身)	

아라키 사다오　　도이하라 겐지　　하시모토 긴고로　　햐타 슌로쿠　　햐라누마 기이치로　　히로타 고키

호시노 나오키　　이타가키 세이시로　　가야 오키노리　　기도 고이치　　기무라 헤이타로　　고이소 구니아키

마쓰이 이와네　　마쓰오카 요스케　　미나미 지로　　무토 아키라　　나가노 오사미　　오카와 슈메이

오시마 히로시　　오카 다카즈미　　사토 겐료　　시게미쓰 마모루　　시마다 시게타로　　시라토리 도시오

스즈키 데이이치　　도고 시게노리　　도조 히데키　　우메즈 요시지로

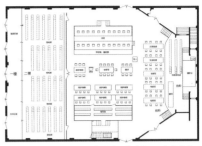

극동국제군사재판소 재판정

극동국제군사재판소 자리배치도

5) 극동국제군사재판소 소개

도쿄재판 재판소는 도쿄 이치가야구(市谷區) 육군사관학교 건물에 설치되었다. 전시에 일본 육군성 참모본부가 사용했던 이 건물은 3층으로 되어 있었는데 재판정은 1층에 위치해 있었다. 1층에는 재판정 외에 피고인과 증인의 휴게실, 변호인 휴게실과 회의실, 기자의 송신실과 휴게실, 재판소 직원의 사무실, 통역사와 번역관, 타자, 인쇄, 경비, 잡역일꾼들의 사무실이 마련되어 있었다. 2층에는 판사 사무실과 휴게실 및 회의실이 마련되어 있었으며, 3층에는 국제검사국 사무실과 회의실이 마련되어 있었다. 재판정은 극동국제군사재판소 중심에 위치해 있었는데, 이치가야(市谷)의 옛 일본육군사관학교 대강당을 개조한 것이다. 판사석은 재판정 위쪽의 벽에 맞닿아 있는 가장 높은 단상에 있었고, 피고인석은 재판정의 맨 아래쪽에 위치해 있었다. 재판정의 정중앙에는 증인석, 검사와 변호인단의 발언대 및 좌석, 그리고 통역사와 언어중재관석이 마련되어 있었다. 재판정의 양측에는 귀빈 방청석과 기자석이 마련되어 있었다. 그 밖에 기자석 위쪽에 녹음실과 일반인 방청석이 있었는데, 일반인 방청석은 6, 7백 명을 수용할 수 있었다. 일본 방청인 외에도 피고인의 가족이나 친인척들이 현장을 찾았기 때문에 입장권을 구하기가 하늘의 별 따기였다.

소결

　도쿄재판은 인류 역사상 유례없는 재판이었다. 기획에서 실천에 이르기까지 재판소 설치, 법률 적용, 피고인 확정 등 여러 가지 난관에 봉착했고, 각국의 의견 차이를 좁히기 위한 교섭의 어려움 또한 만만치 않았지만 최종적으로 서로의 차이를 인정하며 공동의 이익을 추구할 수 있었던 근본 원인은 일본의 침략으로 아시아 각국이 막대한 피해를 입었기 때문이다. 전범에 대한 처벌도, 침략전쟁 예방도 국제사회가 반드시 이행해야 할 역사적 사명이었다.

제2장 개정 초기의 관할권 분쟁

　도쿄재판은 해외, 특히 일본에서 지속적이고 광범위한 논쟁이 계속되었다. 이러한 논쟁은 도쿄재판의 법정 변호에서 그 실마리를 찾을 수 있다. 그중에서 논박이 그치지 않았던 관할권 분쟁 문제는 재판 초기부터 대두되었다.

1. 변호인 측의 질의

　도쿄재판의 논쟁은 법리, 증거, 절차 등 여러 분야에 걸쳐 벌어졌다. 모든 관련 논쟁 중에서 관할권 문제 특히 런던회의에서 전후 국제군사재판을 위해 제정한 '평화에 반하는 범죄'와 '인도에 반하는 범죄'에 관한 '사후법事后法' 문제가 가장 큰 쟁점으로 떠올랐다.

　'극동국제군사재판헌장'의 근거는 '포츠담선언'과 일본의 항복문서에 명시된 일본 전범재판 관련 조항이었다. 그런데 헌장의 관할권은 A '평화에 반하는 범죄', B '통상의 전쟁범죄', C '인도에 반하는 범죄' 즉 기본상 '국제군사재판헌장'에 기초한 것이었다. 도쿄재판이 개정된 후, 변호인 측에서 두 가지 동의안動議案을 제출하였다. 하나는 재판장 웨브(Webb)를 비롯한 재판부의 기피 신청이었고, 다른 하나는 법정의 관할권을 부정하는 것이었다. 기피신청은 재판부에 의해 기각되었고, 관할권 문제는 검사 측과 변호인 측이 치열한 법적 공방을 벌였다.

재판정과 국기(1). 도쿄재판이 시작되기 전에 인도와 필리핀의 판사가 도착하지 않았기 때문에 재판정에는 9개의 국기만 세워져 있다.

재판정과 국기(2). 프랑스와 네덜란드의 국기가 비슷해서 재판정에 국기가 잘못 걸리는 상황이 발생했다.

재판정과 국기(3). 판사가 모두 도착했다. 왼쪽부터 인도, 네덜란드, 캐나다, 영국, 미국, 호주, 중국, 소련, 프랑스, 뉴질랜드, 필리핀 판사이다.

재판정과 국기(4). 인도가 1947년 8월에 독립했기 때문에 도쿄재판에서도 인도 국기를 바꾸었다.

1) 사후법 문제

재판이 시작된 지 며칠 되지 않은 5월 13일(개정한 지 나흘째 되는 날), 변호인단 부단장인 기요세 이치로(淸瀨一郞)가 관할권을 부정하는 이유를 진술하였다. 기요세 이치로의 기본 주장은 다음과 같다. 첫째, 재판소의 설립 근거는 1945년 7월 26일에 발표된 '포츠담선언' 중의 "포로에 대해 가해진 학대를 포함하여 모든 전쟁범죄자들에 대하여 엄격한 재판이 이루어져야 한다"는 조항이다. 이 선언은 연합국과 일본이 9월 2일 도쿄만에 정박한 미주리(Missouri) 전함에서 서명한 항복서에서 공동으로 확인한 것이기 때문에 '포츠담선언'은 일본에 구속력이 있을 뿐만 아니라 연합국에도 마찬가지로 구속력이 있다. 둘째, '평화에 반하는 범죄'와 '인도에 반하는 범죄'는 '포츠담선언' 이후에 출현된 것이므로 법률불소급의 원칙에 의해 재판정은 이 두 가지 범죄의 관할권을 갖고 있지 않다. 셋째, 현재까지 각국에서 공인하는 전쟁범죄는 전쟁법규와 관례를 위반한 것이다. 즉 교전국이 전쟁법규를 위반한 것이므로 교전국이 아닌 대상에 대한 전쟁 행위, 약탈, 간첩, 반역 등 4가지가 전쟁범죄의 대표적 행위이다. 넷째, 포츠담선언의 목적은 일본과 연합국 간의 전쟁 종료를 위한 것이었다. 이 전쟁을 일본은 '대동아전쟁'이라 부르고, 연합국에서는 '태평양전쟁'이라 부르기에, '만주국' 지역에서 일어난 침략전쟁과는 관련이 없다. 다섯째, '장고봉 전투', '할힌골 전투'는 당시 양국의 협약에 의해 이미 해결된 사안이기에 기소의 대상에 포함시키지 말아야 한다. 여섯째, 일본과 태국은 전시 동맹국이기에 전쟁범죄 문제가 존재하지 않는다. 이러한 질의의 핵심은 '평화에 반하는 범죄'와 '인도에 반하는 범죄'가 죄형법정주의罪刑法定主義의 '사후법'을 위반했다는 것이었다.

2) '무조건 항복' 문제

기요세 이치로는 관할권을 부정하는 연설을 한 후, 재판국의 일원인 영국의 전쟁법규를 예로 들면서 일본과 독일의 '항복 방식의 차이점'을 강조했다. 독일은 침략전쟁을 적극적으로 기획하고 주도한 최고 지도자가 자살하고 수도가 함락되어 철저히 실패한 '무조건 항복'이고, 일본은 연합군이 일본 영토에 상륙하기 전에 '포츠담선언' 중의 '조건'을 수용한 '조건 항복'이라는 것이다. 다시 말하면 선언 중의 제5항에 명시되어 있는 "우리가 제시하는 조건은 다음과 같다"에서 조건은 제6항부터 제13항까지의 "요구 조건"을 가리킨다는 것이다. 기요세 이치로는 "무조건 항복은 다만 일본군"(제13항)에 해당될 뿐이라고 지적했다. 기요세 이치로가 관할권을 부정하는 동의안을 제출하면서 '조건 항복'이었음을 강조하는 목적은 일본이 수용한 '포츠담선언' 중의 제10항 "포로를 학대한 자를 포함하여 일체의 전범들을 엄중히 처벌할 것이다"에서 가리키는 '전범'은 '1945년 7월 26일'에 국한되어야 하며 런던회의에서 확정된 '평화에 반하는 범죄'와 '인도에 반하는 범죄'는 포함되지 않는다는 점을 강조하기 위해서였다. 기요세 이치로는 사망 전에 출간한 『비밀기록·도쿄재판』에서 일본의 소위 '조건 항복'의 진상에 대해 상세하게 기술하였다. 전쟁이 끝난 후, 일본은 미국이 작성한 '포츠담선언' 제13항에 군주제를 보류해야 한다는 내용이

재판에 임하고 있는 변호인단　　기요세 이치로 변호인단 부단장　　키넌 수석 검사
　　　　　　　　　　　　　　　　　　(맨 앞줄 오른쪽 첫 번째 사람)　　　　(발표 단상에서)

포함되어 있었다는 것을 알게 되었다. 포츠담회의 전에 미국 제임스 프랜시스 번스(James Francis Byrnes) 국무장관이 영국 처칠(Churchill) 총리에게 제출하기 직전에 해당 조항을 삭제한 것이다. 기요세 이치로는 삭제 후의 정식 문서도 명확한 '조건 항복'이라고 주장했다.

3) 중립국 재판 문제

시게미쓰 마모루(重光葵)의 미국인 변호사인 조지 A. 퍼네스(George A. Furness)는 공정하고 합법적인 재판을 위해 마땅히 "중립국 판사들로 구성된 재판부가 재판을 해야 하며" 그렇지 않은 경우에는 "승리자의 재판"이 될 것이라고 주장했다. '승리자의 재판'과 수석검사인 조지프 베리 키넌(Joseph Berry Keenan)이 개정사에서 개괄한 '문명의 재판'은 그 후 오랫동안 대립하는 쌍방의 징표로 작용했다. 하지만 재판 과정에서는 이 문제를 둘러싼 논쟁이 벌어지지 않았다.

2. 검사 측의 대응

관할권에 관한 문제 제기는 사실 예견되었던 것이었다. 전후 재판을 결정하는 과정에 미국과 영국도 법률 적용 문제에 대해 고민했기 때문이다. 키넌의 기록에 따르면 1945년 12월 7일(키넌이 38명으로 구성된 미국 검사단을 이끌고 일본에 도착한 다음 날)에 맥아더를 처음 만났는데 맥아더가 '사후법' 문제를 기피할 것을 제안했다고 한다. 키넌과 영국 검사 코민스 카(Comyns Carr)가 기요세 이치로(淸瀬一郎)의 주장을 반박한 과정을 통해 검사 측이 이 문제에 대한 준비가 충분했음을 알 수 있다. 변호인 측은 키넌이 감정적으로 일을 처리하며 권력으로 사람을 억누른다고 비난하면서 코민스 카의 발언은 사족에 불과한 것으로 일부러 발언 내용을 무시한다고 항변했다. 하지만 이는 사실에 부합되지 않는다. 키넌의 발언이 비교적 강한 감정적 색채를 띤 것은 부인할 수 없는 사실이다. "처벌할 수 없습니까?"와 "방임할 수 있습니까?"라는 두 의문구만 두고 봐도 그러하다. 그리하여 개정 초기에 재판장 웨브마저 키넌의 말을 끊고 "수석검사님, 그런 구절이 과연 오늘의 이러한 상황에 어울린다고 생각하십니까?"라고 지적한 바 있다. 하지만 키넌의 발언은 관할권법의 근거와 일본의 유조건 항복 여부를 둘러싼 사실에 관련된 것이었다. 코민스 카는 국제법의 권위 저서와 근대 이래의 국제법, 국제조약 중에서 전쟁 발동과 전쟁범죄 관련 규정들에 대해 상세하게 논술했다. 코민스 카의 발언은 키넌의 발언을 보완해 주는 역할을 했다.

국제검사국은 협의와 논의 끝에 "새로운 법을 제정하지 않았다"는 주장으로 변호인 측의 주장에 대응하기로 했다. 중국 검사 샹저쥔(向哲濬)은 5월 14일의 발언에서 "우리는 새로운 법을 제정하지 않았다. 그러므로 변호인 측이 지적한 사항들은 사실에 어긋난다. 이 헌장은 현행의 법률과 원칙을 포함하고 있다"라고 주장했다.

변호인 측의 주장은 도쿄재판에 의혹을 제기하는 일본과 서양의 저서들에 의해 널리 알려졌다. 하지만 검사 측의 주장은 거의 다루어지지 않은 상황이다. 그러므로 여기서 상세하게 소개하고자 한다.

1) '무조건 항복' 질의에 대한 반박

키넌은 전 세계적 재난을 일으킨 전쟁 주도자의 책임을 꼭 물어야 한다고 강조하면서 변호인 측의 관할권 제한 책략에 대해 다음과 같이 반박하였다. 첫째, 일본 정부는 스위스를 통해 연합국에 '무조건 항복'을 수용한다는 입장을 밝혔다. 둘째, 연합국은 '극동국제군사재판소 설치에 관한 연합군 최고 사령관 특별공지'에서 일본 전범에 대해 '엄정한 재판'을 진행할 권한을 연합군 최고 사령관에게 부여한다고 밝혔다. 셋째, '포츠담선언' 제10항을 제외하고도 제6항 "무책임한 군국주의를 축출하지 않으면 평화롭고 안전하고 정의가 넘치는 새 질서를 구축할 수 없다"는 조항과 제13항 만약 일본 정부가 항복을 수용하지 않으면 "완전히 궤멸시켜야 한다"는 조항에 주목해야 한다. 넷째, '일본 항복문서'의 제2, 3, 5, 6항에 '무조건 항복'은 일왕 및 일본 정부를 '연합국 최고 사령관' 수하에 둔다는 의미임을 명시하고 있다. 이러한 증거들은 일본의 항복이 '무조건 항복'이라는 점을 충분히 증명해 준다.

영국 검사 코민스 카(Comyns Carr)가 보충 설명을 덧붙였다. 1945년 8월 10일, 일본 정부가 부가 조건을 추가하려고 시도했지만 그다음 날 연합국에게 거절당하는 바람에 항복문서에 '무조건 항복'이라고 명시할 수밖에 없었다는 것이다.

2) '사후법' 문제에 대한 반박

키넌은 1945년 7월 '포츠담선언'이 발표되기 전에 변호인 측이 '통상의 전쟁범죄'에 대한 주장을 진술할 때 중요한 관련 조약과 선언, 성명을 도외시했다고 지적했다. 첫째는 1919년 일본도 서명한 '베르사유조약'(Treaty of Versailles)이다. 이 조약에는 "국제 도덕과 조약을 존중하지 않는 가장 엄중한 범죄"라는 조항으로 빌헬름 2세에 대한 재판을 진행해야 한다고 명시되어 있다. 둘째, 1920년 일본을 포함한 48개국이 체결한 '국제분쟁의 평화적 처리에 관한 제네바 의정서'(Protocol for the Pacific Settlement of International Disputes)이다. 이 의정서에는 "침략전쟁은 국제범죄가 성립된다"고 규정되어 있으며 1927년 제8차 국제연맹회의에서 만장일치로 이 결의가 통과되었다. 셋째, 1928년 제6차 범미회의(the Pan-American Congress) 결의이다. 이 결의에도 '침략전쟁은 인도에 반하는 국제적 범죄행위'라고 명시되어 있다. 넷째, 1907년의 '육지 전쟁법 및 관습을 존중하는 조약(헤이그 제4조약)이다. 이 조약은 "완전한 전쟁법규가 반포되기 전에 거주민과 교전자 모두 국제법 원칙의 보호와 통제를 받는다. 이러한 원칙은 문명국가들 간에 제정한 관례, 인도주의 법규와 민중의 양심적 요구에 의해 제정된 것이다"라고 규정하고 있다. 다섯째, 1928년 8월 27일에 체결된 '브리앙-켈로그협정'이다. 이 협정은 정식 명칭인 '파리부전조약'이 명시하는 것처럼 전쟁의 방식으로 국가 간의 분쟁을 해결하는 것을 규탄하고 있다. 키넌은 또 1928년에 "'모든 문명국가들이 침략전쟁은 국제범죄임을 정중히 서약하고 협의하였으며 이로부터 이 조약은 전쟁의 불법성을 가능하는 국제법으로 작용하고 있다.' 따라서 모든 문명국가들은 '이 조약을 준수할 의무를 지니는바' '재판 중에 그 누구도 이 협정이 아무런 가치가 없다고 도외시하지 말기를 바란다'"고 밝혔다. 여섯째, 1942년 11월 6일 스탈린(Stalin) 서기장이 소련 모스크바에서 열린 혁명기념 25주년 집회에서 한 연설이다. 스탈린은 이 연설에서 전쟁의 목표는 "유럽 '신질서'를 붕괴시키고, 이 질서를 구축한 사람들을 처벌하는 것"이라고 선포하였다. 1년 후 26주년 기념집회에서도 전쟁을 기획하고 주도한 지도자를 처벌해야 한다고 거듭 표명하였다. 일곱째, 1943년 11월 1일, 루스벨트(Roosevelt) 대통령, 처칠(Churchill) 총리, 스탈린(Stalin) 서기장이 각국 정부를 대표하여 모스크바에서 선언에 서명하였다. 이 선언은 모든 전범을 처벌하려는 결심을 분명히 했고 전쟁을 기획하고 주도한 자를 '주요 전범'으로 처벌해야 한다고 명시하였다. 여덟째, 루스벨트 대통령의 일련의 연설이다. 1942년 10월 12일, NBC(National Broadcasting Company)에 출연하여 "주모자 및 잔학행위를 저지른 자들을 반드시 형사법의 소송 절차에 따라 고발하여 기소하고 체포 및 심리해야 한다"고 밝힌 전쟁 관련 연설, 1943년 2월 12일 링컨(Lincoln) 기념일에 "극악무도한 전쟁 최고 지도자들을 법으로 처벌하여 죄책을 지게 해야 한다"고 한 연설 및 그 후의 "이런 피고인들을 재판정에 세워 엄정한 재판을 받게 해야 한다"고 한 연설 등이다. 아홉째, 카이로회담(Cairo Conference)에서 미국, 중국, 영국 3국 정상이 발표한 '카이로선 언'이다. 이 선언은 "3대 연합국이 이번 전쟁에 가담하는 목적은 일본의 침략을 저지하고 처벌하기 위한 데 있다"고 명시하고 있다. 변호인 측의 질의를 사실에 부합되지 않고 양심을 거스르는 부당한 요구로 간주한 키넌은 발언 시에 북받치는 감정을 추스르지 못해 재판장인 웨브(Webb)에게 몇 번이나 지적을 받았다.

키넌에 이어 영국 검사 코민스 카(Comyns Carr)가 변호인 측의 질의에 대해 긴 연설로 반박했다. 첫째, 재판소를 설치한 특별선언에는 연합군이 관련 법규에 의거하여 전범을 처벌할 권리를 지닌다고 명시되어 있다. 이는 일본 정부가 항복문서에서 '포츠담선언' 및 관련 협정들을 수용하면서 모든 국가와 국가연합이 전쟁범죄를 처벌할 권리를 부여받았기 때문이다. 이러한 권리 행사를 제한할 수 있는 협정이 체결되기 전까지 이 권리는 유효한 것이다. 그는 1931년에 출간된 스토웰(Stowell)의 『국제법』을 근거로 들었다. 둘째, 포츠담선언 제10항에 명시되어 있는 '전범'을 협의적 의미에서 해석할 근거가 없다. 왜냐하면 '베르사유조약'(Treaty of Versailles) 제227항에 독일 황제 빌헬름 2세를 기소해야 한다고 명시되어 있기 때문이다. 원칙성 문제는 이미 명확해졌으며 이는 같은 재판의 선례이다. 셋째, 1907년의 헤이그 제3협약은 '선전포고를 하지 않은' 상황에서 전쟁을 일으켜서는 안 된다고 규정하고 있다. 이 원칙은 사실 예전부터 국제사회의 공인을 받아왔다. 예를 들어 1903년 일본은 선전포고 없이 러시아 함대를 공격하여 국제사회의 질책을 받았다. 넷째, 1907년의 헤이그 제4조약은 포로 학대를 제외한 각종 전쟁범죄를 포함하고 있다. 포츠담선언 제10항을 '포로 학대'에 국한시켜 해석하는 것은 사실에 부합되지 않으며, '인도에 반하는 범죄'에 대한 변호인 측의 반대 의견은 성립되지 않는다. 다섯째, 전쟁법규가 제정되기 전에 전쟁범죄를 법에 의해 처벌하는 것은 오래된 관습이다. 예를 들어 '리버규칙'(Lieber Code) 제44항은 "침략국가의 모든 국민에 행해진 폭력"은 마땅히 엄격히 처벌해야 한다고 규정하고 있다. 여섯째, 자국이 체결한 협정을 위반한 행위 즉 전쟁범죄는 모두 처벌을 받아야 한다. 뿐만 아니라 부가설명이 없어도 개개인의 위법행위에 따른 법률적 책임을 추궁할 수 있다. 일곱째, '포츠담선언', '항복문서', '헌장'에는 모두 제한성 규정이 명시되어 있지 않다. '카이로선언'은 1914년(그 후에 강점한 중국 영토는 반드시 중국에 반환해야 한다.)까지 소급적용이 가능하다. 그러므로 중국과 러시아가 부동한 시기에 기소한 죄목이 본 재판소의 관할권에 속하지 않는다는 변호인 측의 주장은 전혀 근거가 없다. 여덟째, '포츠담선언' 제10항에 전쟁범죄자를 처벌할 국가가 한정되어 있지 않기 때문에 태국과 포르투갈에도 적용이 가능하다. '카이로선언'이 식민지 조선 해방을 제안한 것이 그 증거이다. 아홉째, 오펜하임(Oppenheim)은 국제법에 대해 전면적으로 서술하고 있다. '전쟁범죄'는 전문용어로 상대방 군인과 국민을 겨냥하는 행위를 가리킨다. 전범이 체포되면 전쟁범죄로 처벌을 받게 된다. 열째, 만약 일본 정부에서 항복문서에 대해 오해가 없다면 항복문서에 조인할 때 도쿄재판에 기소된 28명의 전범이 포함되지 않았다는 사실을 증명하거나 그들이 기소될 줄 알았으면 항복을 수용하지 않고 일본군을 이끌고 '포츠담선언' 제13항에 언급되어 있는 '신속히 완전한 궤멸'에 이를 때까지 저항했을 것이라는 사실을 증명해야 한다.

3. 미완의 논쟁

키넌(Keenan)과 코민스 카(Comyns Carr)의 연설은 변호인 측의 입장을 바꾸지 못했다. 기요세 이치로(清瀬一郎)는 그 후의 변호에서 '포츠담선언'의 무조건 항복은 일본군에 한정된 것이라고 거듭 강조하면서 키넌과 코민스 카의 연설을 간략하게 반박하였다. 그중 일본 항복문서에 연합군 최고 사령관에게 무조건 복종해야 한다고 명시된 조항에 대해 다음과 같이 해명하였다. "일본이 복종해야 하는 것은 '포츠담선언'이 권리를 부여한 합법적 명령이지 최고 사령관의 사적인 명령이 아니다." 이는 그후 도쿄재판에 반발하는 사람들이 인용하는 명언이 되었다. 기요세 이치로가 반박한 핵심 내용은, 일본이 서명한 항복문서의 근거가 쌍방에 모두 구속력이 있는 '포츠담선언'인데, 포츠담선언에는 평화에 반하는 범죄나 인도에 반하는 범죄에 관한 내용이 없으므로, "일본 국민은 지켜야 할 의무가 없다"는 것이다. 키넌과 코민스 카가 인용한 연합국 지도자들의 도쿄재판에 대한 언론, 관련 법규와 역사적 사실에 대해 그는 일본과 무관하다고 주장하였다.

기요세 이치로에 이어 미국인 변호사 조지 A. 퍼네스(George A. Furness)와 벤 브루스 블레이크니(Ben Bruce Blakeney), 새뮤얼 G. 클레이만(Samuel G. Kleiman)이 선후로 기요세 이치로의 관할권 동의안(動議)을 지지하는 변호를 했다. 퍼네스는 본 재판소가 이타가키 세이시로(板垣征四郞), 기무라 헤이타로(木村兵太郞), 무토 아키라(武藤章), 사토 겐료(佐藤賢了) 등을 처벌할 수 있는 관할권이 없다고 주장하였다. 그 이유는 무토 아키라는 제14지역군의 참모장으로 이미 미군에 항복했고, 이타가키 세이시로는 제7지역군 사령관으로, 기무라 헤이타로는 미얀마지역군 사령관으로, 사토 겐료는 37사단의 사단장으로 영국 연방군에 항복했기 때문이다. '제네바협약(Geneva Convention) 제63항에 근거하면 본 재판소는 이들을 처벌할 수 있는 관할권이 없다. 퍼네스가 지적한 '제네바협약'은 1929년에 체결된 '포로대우에 관한 협약'을 가리킨다. 그중 제63항은 "포로에 대한 재판권은 포로를 수용하고 있는 국가와 관련 재판소에 속한다"고 규정하고 있다. 블레이크니는 우메즈 요시지로(梅津美治郞)의 변호사로, 변호인단에서 '가장 용감한'(하시모토 긴고로(橋本欣五郞)의 변호사 하야시 이쓰로(林逸郞)의 말) 변호사로 인정받았다. 블레이크니는 코민스 카가 지적한 합법적 전쟁과 비합법적 전쟁에 반대하면서 전쟁의 성질을 구분하면 "승자의 살인은 합법적이고, 패자의 살인은 불법이 되는" 상황을 초래하게 된다고 지적하였다. 또한 "헤이그조약과 제네바협정서의 체결은 도덕에 의거한 판단을 제한하기 위한 것"이며 "오펜하임 (Oppenheim)도 국제법의 규정이 전쟁의 원인을 추궁하지 않는 것은 적절하지 않다고

지적했다"고 밝혔다. 블레이크니의 변호는 상당히 격정적이었다. 히로시마 원자탄 투하 사건에 대해 진술할 때에는 재판장이 일본어 번역을 제지시킬 정도였다. 블레이크니는 "무지막지하다"라는 감정이 담긴 언어로 평화에 반하는 범죄를 증명할 수 없다고 하면서 미국과 일본이 저지른 죄목은 완전히 같은 것이라고 지

블레이크니 변호사(강단 발표자)

적하였다. 새뮤얼 G. 클레이만(Samuel G. Kleiman)은 죄목과 사실이 "상관성이 있어야 하고", 공소서는 "각 죄목의 본질을 구성하는 요소인 사실을 명확하고 충분히 서술해야 하며", 기소 대상은 '일본'이 아니라 '구체적인 피고인'이어야 한다고 지적했다. 클레이만이 공소서에 대해 일일이 질의한 목적은 평화에 반하는 범죄의 총칙인 '공동모의죄'를 부정하기 위한 데 있었다.

형세 변화의 추이를 보면 도쿄재판의 변호인단은 재판이 무한정 연기되는 것을 막기 위해 쉴 새 없이 변호하였다. 5월 17일, 재판장 윌리엄 웨브(William Flood Webb) 경이 변호인 측이 제출한 관할권 부정에 관한 동의안을 "전부 기각"한다고 선포하고 "그 이유는 추후에 공지할 것"이라고 밝혔다. 웨브 경이 "추후에 공지한다" 고 선포한 이유는 판결문을 선포한 재판소가 '연합국 최고 사령관'이 '카이로선언'(1943 년 12월 1일), '포츠담선언'(1945년 7월 26일), '일본 항복문서'(1945년 9월 2일), '모스크바회 의'(1945년 12월 26일)에서 권한을 부여받아 설립한 것이기 때문이었다. 이 점은 재판소의 변호인단과 오늘날 도쿄재판을 부정하는 사람들이 줄곧 인정하지 않는 부분이다. 시마다 시게타로(島田繁太郎)의 보조 변호사인 다키가와 마사지로(瀧川政次郎)가 출간한 초기 부정파의 대표 저작인 『도쿄재판을 재판하다』에는 이러한 진술이 있다.

> 관할권 동의안을 기각하는 이유를 훗날 밝히겠다고 하고 재판이 끝날 때까지
> 그 어떤 언급도 없었다. 도쿄재판은 이렇게 중요한 근본 문제를 맨 뒤로 미루어
> 놓았다. 변호인단에게 있어서 이번 재판보다 더 황당했던 재판은 없었다. 이는
> 세금 조사를 하는 경찰이 조세 검사를 할 권리가 있느냐는 질문에 답하지 않고
> 강제로 장부부터 내놓으라고 강박하며 영업액과 지출 용도를 따져 묻는 것과
> 같다. 재판정이 이 동의안을 기각한 이유에 대해 설명을 하지 않은 것은 아주
> 비열한 행각이다. 재판정이 설명할 방법이 없으면 충분한 이유를 설명할 수 있을
> 때까지 휴정을 선포해야 한다. 상술한 것처럼 마땅히 법에 따라 진행되어야 할
> 재판이 권세에 의해 진행되었다.

변호인 측의 이 주장은 일본에 널리 퍼졌다.

관할권 동의안이 재판장인 웨브에 의해 기각된 것은 부인할 수 없는 사실이다. 하지만 검사 측의 진술을 살펴보면, 재판정이 설명할 방법이 없었다는 것은 변호인 측이 사실을 왜곡하는 것이며 진상을 은폐하려는 시도였다.

4. 지금까지 지속되고 있는 논쟁

재판이 법정심리 단계에 들어간 후 검사 측의 모든 주장과 모든 피고인의 죄목은 변호인 측의 반박을 받게 되었다. 이 점 역시 도쿄재판에 시일이 오래 걸린 원인 중의 하나라고 할 수 있다. 관할권 문제 및 법정심리 과정에서 검사 측과 변호인 측 쌍방의 공방은 재판정 내부에서 치열하게 벌어졌지만 이러한 논쟁은 그 당시에는 법정 밖으로까지 번지지는 않았다.

1) 초기 도쿄재판의 긍정 일변도

오늘날 의론이 분분한 상태와 달리 초기 일본 사회는 도쿄재판에 대해 지금으로서는 상상할 수 없을 정도의 예찬 일변도였다. 학술계에서 도쿄대학의 요코다 기사부로(橫田喜三郎) 교수 등이 높은 평가를 한 것은 다들 익히 알고 있는 사실이다. 『아사히신문』 법정기자단이 8권으로 된 『도쿄재판』이라는 책을 출간했는데, 이는 지금까지 출간된 도쿄재판에 관련된 저서 중에서 재판 과정에 대한 기록이 가장 상세하며 도쿄재판에 보조를 맞추어 출간된 것이다. 이 책의 제1권 서문에는 도쿄재판에 관한 기본 입장이 표명되어 있으며, 당시 도쿄재판에 대한 일본의 보편적 관점을 잘 보여 주고 있다. 재판이 시작된 지 얼마 안 되어 작성된 이 글은 이렇게 적고 있다.

지금 세간에는 전승국이 패전국을 재판한 불합리한 재판이라는 여론이 떠돌고 있다. 이는 복수를 위한 것이라는 오해를 낳을 수도 있다. 왜냐하면 전쟁에서 승리한 우세가 재판의 권력으로 이어질 수 있기 때문이다.

그렇다면 도쿄재판은 정녕 복수 정신에 기반한 것인가? 역사가 오늘날까지 발전해 오면서 각국 형법이 지양하고 있는 인과응보사상이 일류 문명국가에서 부활했다는 것은 가히 믿기 어려운 일이다. 우리는 도쿄재판이 국제사회가 전쟁으로 인한 재앙의 확대를 막고 전쟁을 미연에 방지하기 위해 결단을 내린 방위 수단이라고 받아들여야 한다. 이 재판이라는 방위 수단이 신세계 구축에 미친 영향은 인류의 미래를 결정하게 될 것이며 실험대에 놓인 일본의 미래도 결정하게 될 것이다. 도쿄재판은 일본 국민들 앞에서, 그리고 세계 역사 앞에서 과감하게 공개 재판의 형식으로 진행되었다. 일본에서 '2·26 사건', '조르게(Sorge) 사건', 고토쿠 슈스이(幸德秋水) 이후의 모든 중대 사건에 대한 재판은 모두 비공개로 진행되었다. 공개 재판은 인권의 가장 기본적인 보장이며 이는 자기성찰과 용기를 필요로 한다. 연합국이 보여 준 이 용기의 배경은 무력과 다르다. 우리는 반드시 그 용기가 역사의 정통적 입장에서 비롯된 것임을 인정해야 한다.

도쿄재판은 우리가 과거에 저지른 범죄에 대한 징벌이다. 재판은 고통을 수반하고 이 고통은 감당하기 어려울 것이다. 하지만 과거를 주시하지 않으면 어떻게 재생을 논할 수 있겠는가? 군국주의 일본의 종말이 없이는 새 일본의 탄생 역시 불가능할 것이다. 이 관문을 넘지 못하고 이 현실을 청산하지 못한다면 미래의 광명은 올바른 길을 가리키지 못할 것이다.

일본에서 막강한 영향력을 가지고 있는 언론 매체 『아사히신문』의 이 주장은 당시 좌익 경향 주장의 반영인 동시에 당시 일본의 주도적 관점을 대변하고 있다.

공소서와 개정 초기 수일간의 법정심리 기록이 수록되어 있는 '극동국제군사재판 공판기록'은 판결이 선고되기 직전인 1948년 9월에 출간되었다. 사사모리 준조(笹森順造, 훗날 자민당 중참양원 회장)는 서언에서 이렇게 쓰고 있다.

극동국제군사재판 공판기록은 인류 역사를 새롭게 바꾼 위대한 문헌으로, 야만을 문명으로, 거짓을 진실로, 불의를 정의로, 부정을 공정으로, 종속을 자유로, 복수를 축복으로, 모욕을 존경으로, 투쟁을 평화로, 분열을 협력으로 이끌어 인류사회를 보다 행복한 문화생활로 인도한 대헌장이다.

재판이 진행되던 1946년 11월, 와세다대학 법학부에서는 즉시 '재판연구회'를 설립하였다. 당시 와세다대학 법학부장, 훗날 총장이 된 오하마 노부모도(大濱信泉)는 연구회에서 출간한 『극동국제군사재판 연구』 발간사에 이렇게 적고 있다.

(이번 재판에 대해 올바른 인식을 가져야 하는 것은 전문가뿐이 아니다.) 국민 개개인도 국제적 정의의 입장에서 재판의 진행 과정을 지켜보고 소추 이유로 제출되는 범죄 증거들을 주시해야 한다. 또한 검사들의 주장과 변호인들의 변론을 경청하며 충분히 반성하고 인식을 바꾸고 새로운 결심을 내려야 한다. 이렇게 해야만 우리 일본 국민은 새로운 국제인으로 거듭날 수 있으며 새 질서로 구축된 국제사회에 수용될 수 있다. 이러한 의미에서 국제군사재판 기록을 국민 필독서로 지정해도 무리가 없을 듯하다.

사사모리 준조(笹森順造)와 오하마 노부모도(大濱信泉)는 일본 정치계보에서 좌파에 속하는 인물이 아니다. 도쿄재판에 대한 그들의 높은 평가는 긍정적인 힘의 위력을 잘 증명해 준다.

2) 일본에서 우위를 점하고 있는 '승리자 재판론'

1950년 4월 21일, 국제검사국장 키넌(Keenan)이 맥아더(MacArthur)에게 보낸 편지에는 다음과 같은 내용이 적혀 있었다.

경제적인 원인으로 도쿄재판의 방대한 기록물을 공개 출간하는 것은 불가능할 것 같습니다. 그래서 저는 요즘 각 판사의 의견과 첫머리 진술(검사 측과 변호인 측)을 공개 출판하기로 한 결정에 주목하고 있습니다.
이 결정에 만족하지는 않지만 나름대로 충분한 이유가 있습니다. 저는 공소서,

첫머리 진술, 판결 과정의 각 판사의 의견, 재판 과정의 개요를 공개 출판할 것을 제안합니다. 다수파 의견 판결의 상세한 법정 진술은 한계적으로 인용되고 있는 것에 반해 팔(Pal) 판사의 반대 의견은 널리 인용되고 있습니다. 이러한 점을 감안하여 저는 특별히 이런 제안을 하게 되었습니다. 이러한 상황에서 팔(Pal) 판사의 반대 의견이 부당하게 강조되고 있어 오해를 낳을 수 있습니다. 재판을 비판하는 자들은 다수파 의견의 판결을 부정하면서 소송 전체를 오인하는 결과를 초래하였습니다. 하지만 만약 검사 측이 신중하게 준비한 상세한 재판 자료와 법정 증언을 인용한 개요를 첨부하면 다수파 의견 판결의 취지가 적절해질 것입니다. 이 자리를 빌려 저의 계획을 간략하게 설명 드리는 것은 각하의 이해를 도모하기 위해서입니다.

키넌의 우려는 괜한 걱정이 아니었다. 도쿄재판 진행 과정에 냉전 국면이 형성되었기 때문이다. 특히 1950년대 초에 키넌이 이 편지를 쓸 때 한반도의 냉전은 즉시 격전으로 전환되었으며, 도쿄재판에 대한 일본 사회의 열정도 신속히 냉각되었다. 이와 동시에 도쿄재판을 부정하는 여론이 신속히 퍼져 나갔다. 편지에서 언급한 팔(Pal)은 도쿄재판 때 인도에서 파견된 판사로, 도쿄재판 때 변호인 측과의 교류가 빈번했다. 도쿄재판의 다수파에게 이의를 제기한 판사는 팔(Pal) 한 사람이 아니었지만, 오직 팔만이 피고인 전원의 무죄를 주장하며 근본적으로 도쿄재판을 부정하였다.

팔(Pal)의 주장은 판결이 선고되기 전에 이미 변호인들에 의해 피고인들에게 전해졌다. 1952년 4월 28일, 미국이 일본 점령을 종료하고 금서령을 해제한 날, 다나카 마사아키(田中正明)가 편찬한 『팔(Pal) 박사의 진술 · 진리의 재판 · 일본무죄론』이 공개 출판되었고, 팔(Pal)의 의견서 전문도 그해 출판되었다. 그 후 부정의 목소리는 날로 고조되어 갔고 도쿄재판의 주장은 '도쿄 전범 역사관'이라는 부정 태그로 인식되어 비난을 받게 되었다.

최근 일본에서 도쿄재판 연구에 가장 큰 성취를 이룩한 학자인 히구라시 요시노부(日暮吉延)는 "'문명의 재판'과 '승리자의 재판'은 지금까지도 도쿄재판 논쟁의 기본 구도를 이루고 있다", "양자의 논쟁과 민족주의, 정치의식 형태, 도의적 전쟁책임론은 복잡하게 얽혀 오늘날에도 화해할 수 없는 '가치의 대립'으로 형성되고 있다"고 주장하고 있다. 그러나 히구라시가 지적한 "오늘날까지 여전히 지속되고 있는" "기본 구도"는 이미 존재하지 않는다. 일본은 1980년대부터, '문명의 재판'이라고 인정하는 긍정론자들은 우리가 '정의의 재판'이라고 주장하는 것처럼 당당하지 않다. 이미 진정한 의미에서의 '소수파'가 되어버렸고, 21세기 초에 진입한 후 '문명의 재판'은 다시는 언급되지 않았다. 현재 '승리자의 재판론'과 대립하고 있는 것은 '문명의 재판'과 '승리자의 재판'을 초월하는 논자들이다. '초월'이 바로 기존 입장을 포기하는 것이라고 쉽게 단정 지을 수는 없지만 '초월'파들이 '반성'을 강조하는 것과 '승리자의 재판론'이 날로 강화되는 것은 선명한 대조를 이루고 있다.

일본 사회의 주된 인식은 높은 긍정에서 논쟁으로, 또 장기간의 누적을 통해 쌍방의 영향력 위치가 바뀌었다. 도쿄재판을 긍정적으로 평가하는 주장은 이미 학술계의 장벽을 넘지 못하고 있고 대중을 향한 부정파들의 주장이 우위를 점하게 되었다.

3) 도쿄재판에 대한 일본 좌익의 반향과 비평

일본 좌파는 예전에 도쿄재판 긍정파의 중견이었다. 지금도 도쿄재판과 일본 근대 침략과 폭력에 대한 일정한 긍정적 평가를 하고 있지만 당시의 도쿄재판에 대한 높은 칭찬에는 비할 바가 못 된다. 일본 좌파는 도쿄재판을 긍정하는 동시에 도쿄재판의 문제점도 지적하였다. 그들이 지적한 문제점은 다음과 같다. 첫째, 전체 피해자 수의 10분의 1밖에 안 되는 서방 국가에서 파견한 판사가 70%를 차지한다. 이렇게 '식민지 종주국'의 대표가 대다수를 차지한 법정은 일본이 아시아 피침략국가와 피침략국가 민중들에게 저지른 범죄행위를 제대로 추궁할 수 없었을 것이다. 심지어 "아시아에서 축출당하고 있는 유럽과 미국 식민지 체제가 최종적으로 권력을 행사하는 승리의 장소가 되었다"라고 지적하였다. 둘째, 인도에 반하는 범죄로 일본을 기소하지 않아 전후 배상 문제 등 모든 문제에 부정적 영향을 미쳤다.

셋째, 도쿄재판이 조기 종료되는 바람에 재판을 받아야 하는 대다수의 전범 용의자가 제재를 받지 않고 정계로 돌아가게 되었다. 그리고 적어도 역사관에서 전시 군국주의의 맥락을 끊지 못했다. 넷째, 일왕이 재판에 연루되는 것을 막기 위해 "피고인을 군정책임자로 선택하고 지휘권과 관련된 군령책임자는 선택하지 않았다." 다섯째, 미국을 비롯한 '서방 식민지 종주국들'이 전쟁범죄행위에 대해 선택적 재판을 하는 바람에 수많은 범죄행위가 법적 처벌을 받지 않았다. 일본 좌파는 중국 도시에 대한 일본의 무차별 폭격 및 중국에서 실행한 세균전과 화학전, 도쿄 등 일본 도시에 대한 미국의 무차별 폭격 등은 마땅히 법으로 엄정히 처벌해야 할 엄중한 범죄행위라고 지적했다. 일본 좌파는 또 한반도, 베트남, 이라크 등 '비대등不對等전쟁'에서 미국이 저지른 폭력은 도쿄재판에서 심리하지 않은 범죄행위가 남긴 후환이라고 지적했다.

일본 좌파의 지적에는 확실히 일리가 있다. 지금 와서 돌이켜보면 상술한 문제 외에도 일본이 한반도와 타이완을 식민지로 점령한 범죄행위를 도쿄재판의 심리 범위에 포함시키지 않은 것도 또 다른 문제점이라고 할 수 있다. 이런 문제점은 '옥에 타'라고 할 수 있겠지만 이는 시간적, 공간적 환경의 제약을 받는 인류활동이 피할 수 없는 범주에 속한다. 이러한 '문제점'은 도쿄재판이 지니는 중대한 긍정적 의의에 영향을 미치지 못할 것이다.

4) 도쿄재판에 대한 일본의 부정인식의 심화

최근 들어 일본 우익이 역사를 '검증'하는 사업의 핵심이 난징대학살에서 도쿄재판으로 전환되었다. 기타오카 도시아키(北岡俊明)가 출간한 『도쿄재판은 날조』라는 책의 제1장에는 '도쿄재판을 왜 연구해야 하는가' 하는 문제를 다룬 장절이 두 개 있다. 제1절의 제목은 '일본인들의 자신감 상실의 근본 원인은 도쿄재판에서 받은 정신적 타격에서 비롯된 것'이고 제2절의 제목은 '도쿄재판에 대한 부정은 일본 모든 정책 중에서 우선시되어야 할 정책'으로 되어 있다. 일본 부정파들에게 도쿄재판은 절차가 공정하지 않고 법리가 합법적이지 않으며(형벌법정주의에 위배됨) 법정에 제출된 증거에도 문제가 많은 재판으로 인식되고 있다.

1995년 전후 50주년에 즈음에 일본은 8권으로 된『도쿄재판 변호인단이 기각당한 증거, 미제출 증거』를 출간하였다. 대다수 법정심리에 출석했다고 자처하는 후지 노부오(富士信夫)는 그 후에 출판한『난징대학살은 이렇게 날조되었다—도쿄재판의 기만』에서 이렇게 서술하고 있다.

> 요약하면 변호인 측이 제출한 증거와 변호인 측의 최종변론은 법정에서 아무런 역할도 하지 못했다. 그러므로 실질적으로 따져보면 "법정의 판결은 검사 측이 제출한 증거와 검사 측의 최종진술에 의해 이루어졌다"고 해도 과언이 아니다. 그렇다고 하여 검사 측이 제출한 증거가 모두 잘못된 것이고 변호인 측이 제출한 증거가 모두 정확한 것은 아니다. 상식적인 일본인들은 검사 측과 변호인 측 쌍방의 증거를 접했을 때 검사 측이 제출한 증거에 왜곡, 과장되고 허구적인 내용이 많이 들어 있고, 변호인 측이 제출한 증거에 합리적인 부분이 많다는 느낌을 받게 될 것이다.

초기에 부정파가 법리적인 부분에 대해 질의하며 우익과 보조를 같이했던 것과 달리 오늘날 부정파들은 문헌에 대한 심도 있는 검토를 통하여 검사 측과 재판소의 문제점을 찾고 있다.

도쿄재판에 대한 보편적인 질의는 중도학자들까지 질의에 참여하는 사태를 초래했을 뿐만 아니라 질의의 범위도 예전에 비해 훨씬 넓어졌다. 예를 들어 마루야마 마사오(丸山眞男)는『군국 통치자의 정신 형태』에서 일본 전범 '왜소화' 문제에 대한 우시무라 게이(牛村圭)의 변론은 키넌과 마쓰이 이와네(松井石根)의 법정 발언 및 뉘른베르크 법정에서의 괴링(Göring)의 발언 등 문헌에서 착수하여 마루야마(丸山)의 관건적 증거가 '다른 사람의 주장에 대한 인용으로 자기의 주장을 합리화한 결과물'임을 발견해 냈다. 학술 저서들도 대부분 도쿄재판의 '문제점'을 지적하는 데 그쳤다. 예를 들어 히구라시 요시노부(日暮吉延)의 중요한 저작인『도쿄재판의 국제관계』는 복잡하게 얽혀 있는 각국 간의 관계에 대한 분석을 통하여 도쿄재판은 다양한 이익들이 상호 절충되고 타협한 결과라고 설명하고 있다. 히구라시의 동기가 무엇이었든지 간에 그의 연구는 도쿄재판의 '정치적 성향'을 여실히 보여 주고 있으며 객관적으로 도쿄재판의 정의성을 약화시키고 있다. 최근 일본방송협회(NHK)에서 방영된 논픽션 「도쿄재판」은 무려 8년에 걸쳐 제작되었으며 법률 적용 문제에 관한 판사단의 팽팽한 의견대립을 그리고 있는데, 히구라시의 연구 성과를 토대로 하여 각색한 것이다.

도쿄재판의 의의를 충분히 인정하는 학자들도 가끔 도쿄재판의 여러 가지 '문제점'을 지적하고 있다. 이런 상황이 반복되다 보니 도쿄재판의 문제점은 확대되고 도쿄재판의 긍정적 의미는 약화되는 심각한 불균형이 초래되었다.

오늘날 기밀 해제된 일본 문서를 통해 도쿄재판의 판결을 뒤엎기 위해 장기간 충분한 준비를 해온 막후 지휘자가 일본 정부라는 사실이 밝혀졌다. 1946년 1월 17일, 일본 정부 제2복원성第二復員省은 즉시 오이카와 고시로(及川古志郎), 도요다 데이지로(豊田貞次郎), 요시다 젠고(吉田善吾), 곤도 노부다케(近藤信竹), 이노우에 시게요시(井上成美) 등 다섯 명의 대장 및 중장, 소장이 출석한 도쿄재판 대책회의를 소집하였다. '1월 17일'은 맥아더가 연합국을 대표하여 '극동국제군사재판소 헌장'과 도쿄재판 선언을 발표한 날로, 이틀 후에 도쿄재판이 시작되었다. 기밀문서를 통해 도쿄재판이 진행된 시기와 동떨어진 1950~60년대 도쿄재판 업무 관련 문서에 종종 '지급至急'이라는 도장이 찍혀 있다는 사실을 확인할 수 있다. 그리고 조기 석방되어 정계로 되돌아간 A급 전범 가야 오키노리(賀屋興宣)가 '법무대신'의 신분으로 학자들에게 '법' 논리로 도쿄재판을 '연구'하라고 위탁하기도 했다.

이를 통해 2013년 3월, 아베 신조(安倍晉三)가 총리의 신분으로 일본 중의원 예산위원회의 질의응답에서 "도쿄재판은 승리자의 재판"이라고 한 발언은 일시적인 실언이 아님을 알 수 있다. 또한 그가 이런 문제에 대한 판단은 '전문가들의 몫'이라고 강조한 사실에서 도쿄재판을 부인할 수 있다는 승리에 대한 확신에 차 있음을 보아낼 수 있다. 일본 정부는 지금까지 세계에 도쿄재판을 부정한다는 선언을

▲일본 정부의 도쿄재판 연구 문서(1).
도쿄재판 진행을 선포하기 이틀 전에 일본 정부는 이미 대책회의를 개최하였다.

▲일본 정부의 도쿄재판 연구 문서(2).
1964년 일본 정부는 '至急' 문서로 도쿄재판 연구를 위탁했다.

◀일본 정부의 도쿄재판 연구 문서(3).
조기 석방되어 정계로 되돌아간 A급 전범 가야 오키노리가 '법무대신'으로 임명된 후 학자들에게 도쿄재판 연구를 위탁하였다.

발표하지는 않았지만 여러 가지 조짐들은 도쿄재판을 부정하는 일에 일본 정부가 막후에서 전면에 나설 시기가 멀지 않았음을 표명해 준다.

소결

근대 이래, 전쟁의 파괴력이 날로 증대되면서 전쟁 방지 문제는 인류사회가 직면한 중대한 과제로 되었다. 장기간의 끊임없는 노력을 통해 제1차 세계대전 이후 전쟁의 부당함은 이미 국제사회의 공통 인식이 되었다. 전쟁을 발동하여 평화를 파괴하는 행위는 처벌받아 마땅하다는 인식은 이미 각종 국제협약을 통해 체현되었다. 제1차 세계대전 후, 독일 황제 빌헬름 2세에 대한 추궁 발상은 사법실천 '선례'의 의미를 지닌다.

여러 가지 원인으로 도쿄재판에 대한 각종 저술, 특히 일본의 저술은 변호인 측의 주장을 일방적으로 전달하는 메가폰이 되었다. 하지만 검사 측의 주장은 키넌이 우려했던 것처럼 진작에 매몰되었을 뿐만 아니라 부정적 꼬리표가 따라다니고 있다. 도쿄재판의 원 문헌에 기재되어 있는 변호인 측의 관할권 질의에 대한 키넌, 코민스 카, 샹저쥔 등 검사 측 대표들의 유력한 대응은 부정파들이 끊임없이 주장하는 것처럼 이치에 닿지 않아 발언 내용이 궁색한 것이 아니었음을 증명하는 명백한 증거이다.

제3장 법정 심문

1946년 4월 29일 키넌(Joseph B. Keenan) 수석검사는 검사 측을 대표하여 재판소에 공소장을 정식으로 제출했다. 5월 3일에 극동국제군사재판소는 공식 개정을 선포했다.

1. 법정 심문 과정

1) 공소장과 범죄행위 인정 여부

도쿄재판소는 뚜렷한 영미 법계 특징을 지닌 법정으로 구체적인 범죄 사실을 심리하는 단계에 들어가기 전에 몇 가지 사법절차를 거쳐야 했다. 우선 공소장을 법정에서 낭독해야 했다. 그런데 이 절차에 꼬박 이틀이 걸렸다. 앞장에서 진술한 바와 같이 검사 측이 고발한 피고인들의 기소 소인은 모두 55항인데 아래와 같은 세 부분으로 나눌 수 있다.

제1부분(1~36항)은 평화에 반하는 범죄로, 전체 피고인과 일부 피고인들이 국제법을 위반했으며 아시아 각국(동맹국 식민지 포함)에서 침략전쟁을 계획하고 수행했다고 기소했다. 공소장에는 이렇게 쓰여 있었다. "한 무리 군사범죄자들이 일본의 대내외 정책을 제어하고 조종했다. 이러한 정책이 실행됨에 따라 전 세계적인 심각한 혼란과 침략전쟁이 야기됐다. 또한 평화를 사랑하는 전 세계 시민과 일본 국민들에게 막대한 피해를 끼쳤다.…… (피고인들이) 전쟁에 가담한 목적은 세계의 다른 국가를 지배하고 착취하려는 데 있었다. 그들은 본 재판소의 헌장에 명시되어 있는 평화에 반하는 범죄, 전쟁범죄와 인도에 반하는 범죄에 직접 가담했거나 다른 사람에게

범죄를 교사하여 인류의 자유와 존엄의 기본적인 원칙에 저촉되는 행위를 했다."

제2부분(37~52항)은 살인죄로, 대체적으로 네 부류로 나누어 볼 수 있다. 첫째는 1940년 일본군이 동남아시아를 침략해서부터 '진주만 사건'을 일으키기 전까지 피고인들이 유럽, 아메리카 및 동남아시아 지역에서 군대와 민간인을 살해한 것이다. 둘째는 '9·18 사건'이 발생한 후부터 일본이 항복하기까지 14년간 피고인들이 각국 포로를 학살하고자 공동모의를 한 것이다. 셋째는 '진주만 사건' 발생 당일과 다음 날 일본군이 진주만을 포함한 태평양 주변의 연합군 군대에 군사 공격을 개시한 것, 그리고 할힌골 사건과 장고봉 전투에서 상대 국가 군인과 민간인의 사망을 초래한 것이다. 이 전쟁들은 모두 선전포고를 하지 않은 상태였으므로 일본군이 상대국 군인과 민간인의 사망을 초래한 것은 몰살에 속한다. 넷째는 중국을 침략한 일본군이 여섯 차례나 되는 전쟁 기간 무장 해제한 중국 군인과 민간인을 살해한 것이다.

제3부분(53~55항)은 통상의 전쟁범죄와 인도에 반하는 범죄이다. 검사 측은 도이하라 겐지(土肥原賢二), 하타 슌로쿠(畑俊六), 시게미쓰 마모루(重光葵)와 가야 오키노리(賀屋興宣)를 비롯한 19명의 군인 및 문관 피고인들이 전쟁법규와 관례를 위반하고 포로와 민간인을 학대했다고 기소했다. 그중 기소 소인 53항은 피고인들이 이런 범죄행위를 공동모의한 죄, 기소 소인 54항은 피고인들이 이런 범죄행위를 저지른 죄, 기소 소인 55항은 피고인들이 부하의 범죄행위를 저지하지 않은 죄이다. 공소장에는 기소 시간을 '진주만 사건'이 발생한 날부터 일본이 무조건 항복을 선포한 날까지로 한정한다고 명시되어 있지만 중국에 한해서는 전쟁범죄행위 시발점을 '9·18사변' 당일로 정했다.

【표3-1】 공소장 55항 기소 소인

제1부분 평화에 반하는 범죄	
기소 소인 1	1928년 1월 1일~1945년 9월 2일, 동아시아, 태평양의 지배 등을 목적으로 하는 침략전쟁의 전반적 공동모의
기소 소인 2	1928년 1월 1일~1945년 9월 2일, 만주 지배를 목적으로 한 대중 침략전쟁의 공동모의

기소 소인 3	1928년 1월 1일~1945년 9월 2일, 중국 지배를 목적으로 한 대중 침략전쟁의 공동모의
기소 소인 4	1928년 1월 1일~1945년 9월 2일, 미국, 영연방, 프랑스, 네덜란드, 중국, 포르투갈, 태국, 필리핀과 소련에 대한 침략전쟁의 공동모의
기소 소인 5	1928년 1월 1일~1945년 9월 2일, 일본, 독일, 이탈리아 3국이 기소 소인 1의 지역과 기소 소인 4의 국가에 대한 침략전쟁의 공동모의
기소 소인 6	1928년 1월 1일~1945년 9월 2일, 중국에 대한 침략전쟁의 계획 및 준비
기소 소인 7	1928년 1월 1일~1945년 9월 2일, 미국에 대한 침략전쟁의 계획 및 준비
기소 소인 8	1928년 1월 1일~1945년 9월 2일, 영연방 국가에 대한 침략전쟁의 계획 및 준비
기소 소인 9	1928년 1월 1일~1945년 9월 2일, 호주에 대한 침략전쟁의 계획 및 준비
기소 소인 10	1928년 1월 1일~1945년 9월 2일, 뉴질랜드에 대한 침략전쟁의 계획 및 준비
기소 소인 11	1928년 1월 1일~1945년 9월 2일, 캐나다에 대한 침략전쟁의 계획 및 준비
기소 소인 12	1928년 1월 1일~1945년 9월 2일, 인도에 대한 침략전쟁의 계획 및 준비
기소 소인 13	1928년 1월 1일~1945년 9월 2일, 필리핀에 대한 침략전쟁의 계획 및 준비
기소 소인 14	1928년 1월 1일~1945년 9월 2일, 네덜란드에 대한 침략전쟁의 계획 및 준비
기소 소인 15	1928년 1월 1일~1945년 9월 2일, 프랑스에 대한 침략전쟁의 계획 및 준비
기소 소인 16	1928년 1월 1일~1945년 9월 2일, 태국에 대한 침략전쟁의 계획 및 준비
기소 소인 17	1928년 1월 1일~1945년 9월 2일, 소련에 대한 침략전쟁의 계획 및 준비
기소 소인 18	1931년 9월 18일, 중국(만주)에 대한 침략전쟁의 개시
기소 소인 19	1937년 7월 7일, 중국에 대한 침략전쟁의 개시
기소 소인 20	1941년 12월 7일, 미국에 대한 침략전쟁의 개시
기소 소인 21	1941년 12월 7일, 필리핀에 대한 침략전쟁의 개시
기소 소인 22	1941년 12월 7일, 영연방 국가에 대한 침략전쟁의 개시
기소 소인 23	1940년 9월 22일, 프랑스에 대한 침략전쟁의 개시
기소 소인 24	1941년 12월 7일, 태국에 대한 침략전쟁의 개시
기소 소인 25	1938년 7월~8월, 하산 호(Lake Khasan) 지역에서 소련에 대한 침략전쟁의 개시
기소 소인 26	1939년 여름, 할하강(Khalkha river) 지역에서 몽골에 대한 침략전쟁의 개시
기소 소인 27	1931년 9월 18일~1945년 9월 2일, 중국 만주에 대한 침략전쟁의 수행
기소 소인 28	1937년 7월 7일~1945년 9월 2일, 중국에 대한 침략전쟁의 수행
기소 소인 29	1941년 12월 7일~1945년 9월 2일, 미국에 대한 침략전쟁의 수행
기소 소인 30	1941년 12월 7일~1945년 9월 2일, 필리핀에 대한 침략전쟁의 수행
기소 소인 31	1941년 12월 7일~1945년 9월 2일, 영연방 국가에 대한 침략전쟁의 수행
기소 소인 32	1941년 12월 7일~1945년 9월 2일, 네덜란드에 대한 침략전쟁의 수행
기소 소인 33	1940년 9월 22일 이후, 프랑스에 대한 침략전쟁의 수행
기소 소인 34	1941년 12월 7일~1945년 9월 2일, 태국에 대한 침략전쟁의 수행

기소 소인 35	1938년 7월~8월, 하산 호(Lake Khasan) 지역에서 소련에 대한 침략전쟁의 수행
기소 소인 36	1939년 여름, 할하강(Khalkha river) 지역에서 몽골과 소련에 대한 침략전쟁의 수행
제2부분 살인죄	
기소 소인 37	1940년 6월 1일~1941년 12월 8일, 미국, 필리핀, 영연방 국가, 네덜란드 및 태국에 대한 불법 공격으로 군인과 민간인 불법 살해를 공동모의
기소 소인 38	1940년 6월 1일~1941년 12월 8일, 미국, 필리핀, 영연방 국가, 네덜란드 및 태국에 에 대한 불법 공격으로 군인과 민간인 불법 살해를 공동모의(세부사항에 37항과 차이가 있음)
기소 소인 39	1941년 12월 7일, 진주만 공격으로 미국 군인 및 민간인 불법 살해
기소 소인 40	1941년 12월 8일, 말레이반도 코타바루(Kota Baharu) 공격으로 영연방 군인 불법 살해
기소 소인 41	1941년 12월 8일, 홍콩 공격으로 영연방 군인 불법 살해
기소 소인 42	1941년 12월 8일, 상하이 공격으로 영연방 군함 페트럴(Petrel)호 군인 3명 불법 살해
기소 소인 43	1941년 12월 8일, 필리핀 다바오(Davao) 공격으로 미국과 필리핀 군인 및 민간인 불법 살해
기소 소인 44	1931년 9월 18일~1945년 9월 2일, 포로 불법 살해 공동모의
기소 소인 45	1937년 12월 12일 이후, 난징(南京) 공격으로 중국 민간인 및 무장해제 군인 불법 살해
기소 소인 46	1938년 10월 21일 이후, 광저우(廣州) 공격으로 중국 민간인 및 무장해제 군인 불법 살해
기소 소인 47	1938년 10월 27일 전후, 우한(武漢) 공격으로 중국 민간인 및 무장해제 군인 불법 살해
기소 소인 48	1944년 6월 18일 전후, 창사(長沙) 공격으로 중국 민간인 및 무장해제 군인 불법 살해
기소 소인 49	1944년 8월 8일 전후, 헝양(衡陽) 공격으로 중국 민간인 및 무장해제 군인 불법 살해
기소 소인 50	1944년 11월 10일 전후, 구이린(桂林), 류저우(柳州) 공격으로 중국 민간인 및 무장해제 군인 불법 살해
기소 소인 51	1939년 여름, 할하강(Khalkha river) 지역에서 몽골과 소련 군인 불법 살해
기소 소인 52	소련 군인 불법 살해
제3부분 통상의 전쟁범죄와 인도에 반하는 범죄	
기소 소인 53	1941년 12월 7일~1945년 9월 2일, 미국, 영연방제국, 프랑스, 네덜란드, 필리핀, 중국, 포르투갈 및 소련 포로와 민간인에 대한 전쟁법규와 관례 위반의 공동모의
기소 소인 54	1941년 12월 7일~1945년 9월 2일, 전쟁법규와 관례 위반의 명령, 권한 부여, 허가
기소 소인 55	1941년 12월 7일~1945년 9월 2일, 전쟁법규와 관례 위반의 방지 의무 무시

도쿄재판의 공소장은 뉘른베르크재판 공소장과 많이 달랐다. 우선 공소장에 명시된 기소 소인이 무려 55항에 달해 뉘른베르크재판 공소서에 명시된 기소 소인 4항에 비해 훨씬 많았다. 다음은 인도에 반하는 범죄를 단독 범죄 명칭으로 설정하지 않고 통상의 전쟁범죄에 귀속시켰다. 셋째, '살인죄'는 미국이 일본의 진주만 기습 전쟁 책임을 추궁하기 위해 도입한 것으로 앞서 진행된 뉘른베르크재판에는 살인죄라는 죄명이 없었다.

공소장 낭독이 끝난 후 법정 심문은 죄상 인부(arraignment) 절차에 들어갔다. 이는 영미법계에서 재판 당사자주의 형사소송의 필수 절차이자 정식 재판의 전제이다. 5월 3일, 피고인들은 법정에 소환되어 신분 확인을 거친 후 법정 집행관(marshal of court)이 법정에서 공소장을 낭독했다. 5월 6일 법정은 피고인들에게 공소장에 명시된 범죄 사실에 대해 순서대로 답변을 하도록 했다. 아라키 사다오(荒木貞夫)에서 우메즈 요시지로(梅津美治郎)에 이르기까지 27명의 피고인이 모두 '무죄'라고 답했다. 다만 공소장을 낭독하기 전날 법정에서 이상한 행위를 해서 정신과 감정을 받도록 허락받은 오카와 슈메이(大川周明)는 답변을 미루기로 했다. 그 후 6월 4일에, 정신과 감정결과에 근거해 오카와 슈메이에 대한 기소를 철회했다. 하지만 일각에서는 오카와가 재판을 피하기 위해 일부러 미친 척한 것이 아니냐 하는 추측도 적지 않았다.

위의 두 절차가 끝난 후, 법정은 5월 6일에 기요세 이치로(淸瀨一郎) 변호사가 제기한 웨브 재판장이 재판에서 회피해야 한다는 의견을 기각했다. 이어서 검사와 변호인 양측(주로 변호인 측)이 제기한 관할권 문제와 번역 문제에 관한 이의를 일일이 검토하고 결정했다. 6월 4일, 법정 심문은 피고인의 범죄 사실에 대한 정식 심리 단계에 들어갔다. 우선 검사 측이 15단계로 나누어 증거를 제출했다. 일본 헌법과 정부, 전쟁 여론을 선도한 공동모의, 만주에 대한 군사 침략, 중국 전 지역에 대한 군사 침략, 중국에서의 잔혹행위 및 아편과 마약 운송, '만주국'과 중국에 대한 경제적 통치, 독일·이탈리아·일본 3국의 동맹, 프랑스와 프랑스 소속 인도차이나 및 태국 관련 사항, 소비에트 연방 관련 사항, 일본의 전쟁 준비, 미국·영국·영연방 국가 관련 사항, 네덜란드·네덜란드 소속 동인도·포르투갈 관련 사항, 전쟁포로와 민간인에 가한 만행(두 단계 포함)과 일부 피고인에 대한 추가 증거 제출 등이 있었다. 1947년 1월 27일에 검사 측의 증거제출이 일단락되었다. 변호인 측은 피고인에 대한 모든 고소를 철회해야 한다는 일련의 동의안(動議)을 다시 제출했다. 이를 둘러싸고 검사 측과 변호인 측이 치열한 논쟁을 벌였고 법정은 끝내 동의안을 전부 기각하기로 결정했다.

1947년 2월 24일부터 법정 심문은 변호인 측의 반증 단계에 돌입했다. 이 과정은 일반 문제, 만주 부분, 중국 부분, 소련 부분, 태평양전쟁, 보류와 추가 증거 제출, 개인변호, 추가 증거 제출 등 8개 단계로 나누어 진행되었다.

검사와 변호인 양측의 증거 제출 과정을 살펴보면 검사 측은 기본적으로 1928년 이후 전쟁의 진행 과정과 단계에 따라 증거를 제출했는데, 잔혹행위 관련 범죄 증거는 별도로 제출다. 반면 변호인 측은 검사 측 증거를 반박하는 동시에 피고인에 대한 개인변호에 주력했다. 여기서 주목해야 할 점은 재판 초반에 변호인단이 세운 전략은 개인변호보다 국가변호를 우선시하는 것이었는데 심리가 진행되면서 피고인들 간의 입장 차이와 이견이 점차 분명해지고 일부 변호사들이 일본 정부와 국가에 대해 비판적인 태도를 가지고 있었으므로 대부분 피고인에 대한 변호는 결국 개인변호의 방식으로 진행되었다.

2) 증거와 증인

도쿄재판의 증거 규칙은 일반 영미 법률보다 느슨했다. 영미 법계에서는 근거 없는 풍문과 교차 조사를 할 수 없는 증거는 법정에서 인용할 수 없다고 규정되어 있다. 그러나 '극동국제군사재판헌장'에는 이러한 법률 규칙을 배제하고 "본 법정은 기술적 증거 인용 규칙의 제한을 받지 않는다"고 규정했다. 또한 "최선을 다해 효율적이고 기술적인 절차에 얽매이지 않은 방식으로 본 재판에서 입증할 가치가 있다고 여겨지는 모든 증거를 확보할 것이며 피고인의 진술과 자백은 모두 인용될 것이다"라고 규정했다. 이 규정은 증거수집에 시간이 충분하지 못한 검사 측에 많은 편의를 제공했다. 일본이 전쟁 말기에 관련 문서를 대거 소각해 버린 탓에 검사 측은 실제로 피고인의 개인 책임을 추궁할 일본 정부와 군부대 문서를 충분히 수집하기 어려웠다. 하지만 이런 규정으로 인해 각종 서면으로 작성된 증명서, 개인 일기와 선서를 거치지 않은 문서들을 증거물로 제출할 수 있게 되었다. 하지만 법정 심문 과정에 검사 측이나 변호인 측이 법정에 제출된 증거에 대해 이의를 제기하면 판사들이 투표를 통해 문서의 증거 가치 여부를 결정해야 했다. 따라서 법정 심문 과정에 많은 복잡한 상황이 벌어지기도 했다.

검사 측이 제출한 증거를 살펴보면 첫째, 각국 검사들은 각 지역 전쟁터에서 일본군이 저지른 잔혹행위를 기록한 조사보고서를 대거 인용했다. 예를 들면 홀로 일본에 파견된 필리핀 로페즈(Pedro Lopez) 검사는 법정 심문에서 연합군 최고사령부 법무국이 필리핀을 수복한 후 작성한 조사보고서 내용을 대거 인용했는데 보고서 내용이 무려 15,000페이지에 달했다. 둘째, 전쟁 지역을 직접 답사하여 증거를 수집한 검사들도 있었다. 예를 들어 네덜란드 담스터(J. S. Sinninghe Damste) 보조 검사는 재판이 시작되기 전 6주 동안 네덜란드 소속 동인도 지역에 가서 증거를 수집했다. 중국 샹저쥔(向哲濬) 검사도 개정 초기에 수차례 귀국하여 증거 수집 작업을 한 바 있다. 셋째, 검사 측은 도쿄재판에 앞서 진행된 아시아-태평양 지역 BC급 재판기록과 자료를 증거로 빈번히 인용하였다. 예를 들면 미군이 마닐라, 괌과 콰잘레인 섬 등 지역에서 주도한 군사 재판, 영군이 미얀마에서 주도한 재판, 프랑스가 사이공에서 주도한 군사 재판 등이 그 예이다. 검사 측이 제출한 모든 증거물 중에서 법정의 중시를 받은 것은 『기도(木戸) 일기』와 『사이온지-하라다(西園寺-原田) 회고록』 등 장편 개인 일기였다. 이 증거물은 변호인 측의 공격 표적이 되었다. 판결문에는 다음과 같이 기록되어 있다. "이 문서들에는 변호인 측을 곤경에 빠뜨린 문구가 포함되어 있다.…… 우리는 이 문서에 기록된 사실들이 모두 유용하고 신빙성 있는 증거라고 생각한다."

총체적으로 보면 법정은 양측이 제출한 증거에 대해 불만이 있었고 특히 변호인 측의 증거에 대해 불만이 컸다. 법정은 '변호인 측이 제출한 증거물이 대부분 인정받지 못한 이유는 증거물이 적거나 증거 가치가 없었기 때문이다.…… 변호인 측이 내세운 대부분 증인들은 고통을 감내할 생각이 전혀 없었다. 그들의 장황하고 애매모호한 증언과 핑계는 불신만 살 뿐이었다'라고 지적했다.

3) 번역 문제

번역 및 통역 서비스는 법정이 피고인들에게 공정한 재판 권리를 주었음을 의미한다. '극동국제군사재판헌장'의 제3장 '피고인에 대한 공정한 재판' 제9항은 '심문과 기타 각종 소송 절차는 영어와 피고인 모국어로 진행해야 한다. 번역이 필요한 경우나 피고인이 요청할 시 각종 문서는 번역본을 준비해야 한다'라고 규정하고 있다. 하지만 실제로 법정 심문 과정에서 각종 문서를 영어와 일본어로 번역하는 것은 어려운 도전이었다. 뉘른베르크재판에서도 번역 문제가 있었지만 법원 심문은 영어, 프랑스어, 독일어와 러시아어 등 4개 공식 언어로 진행되었다. 그러나 번역 난이도는 영어와 일본어처럼 완전히 다른 어족에 속하는 언어군에 비해 낮았다. 국제검사국 내부 문서든 최종 판결문이든 영어와 일본어 간의 번역을 서양 언어 간 번역처럼 신속하고 정확하게 할 수 없었기 때문에 대부분 상황에서 의역으로 번역이 진행되었다. 더군다나 심문 과정에 중국어, 프랑스어, 몽골어와 러시아어를 사용하는 증인들이 출석했고 프랑스와 소련 검사는 발언할 때 모국어 사용을 고집했다. 이런 상황은 재판 초기에 예상하지 못했고 충분한 준비를 하지 못한 부분이었다.

따라서 번역이 재판 과정에서 변호인단의 공격 포인트가 되는 경우가 많았다. 예를 들어 1946년 5월 6일에 다카야나기 겐조(高柳賢三) 변호사는 검사 측의 일본어 번역본에 오류가 있다는 이유로 죄상인부 절차를 거부했다. 6월 24일 스가와라 히로시(菅原裕) 변호사는 검사 측이 제출한 '비상시기의 일본'이라는 영화 설명 자료에 피고인에게 불리한 '중대한 오류'가 27곳이나 있다고 주장했다. 10월 4일 로건(William

Logan) 변호사는 검사 측이 제출한 중요한 물증인 『기도(木戸) 일기』 영역본에 대해 이의를 제기하며 언어부에 수정을 요청했다. 법정 심문 전반기에 번역 문제와 관련된 논쟁이 잦았다. 법정 언어부 책임자인 무어(Lardner Moore) 대령도 법정 심문 토론에 참여하여 변호인 측이 제기한 번역의 부정확성 문제와 불공정 문제에 대해 응답하기도 했다.

도쿄재판의 통역사들

번역 문제 해결을 위해 법정은 일련의 개선과 보완 조치를 취했다. 첫째, 중국어와 러시아어 번역사를 채용하였다. 둘째, 법정 심문에 사용될 자료의 번역본을 사전에 준비하도록 언어부에 요구하고 교차 심문 시에만 현장 통역을 진행했다. 셋째, 효율적인 번역 심사 체계를 확립하였다. 이를 위해 법정은 통역 감독 시스템을 구축했다. 즉 '언어 판결원(Arbiter) – 언어 감수원(Monitor) – 통역사(Interpreter)'로 구성된 피라미드 구조의 3단계 체계를 구축했다. 그중 언어 판결원은 유럽인과 미국인들이 담당하고, 언어 감수원은 일본계 미국인들이 맡았으며, 통역사는 통역사 공모에 지원하여 채용된 일본인들이 맡았다. 통역사에는 일본 외무성 직원, 대학교 교수, 심지어 학생도 있었다. 일부 학자들은 이러한 번역 체계가 법정 심문의 순조로운 진행에 크게 기여하였고, 오역이 판결의 흐름에 지대한 영향을 미쳤다는 명확한 증거가 없다고 주장한다.

2. 평화에 반하는 범죄에 대한 법정 심문

평화에 반하는 범죄는 전체 도쿄재판 법정 심문의 핵심이라고 할 수 있다. 검사 측이 제출한 55개항 기소 소인 중 36개항이 평화에 반하는 범죄와 관련되어 있다. 이 36개항의 기소 소인 중 5개항은 '공동모의'와 관련되어 있고 나머지 31개항은 일본이 침략전쟁을 실시하기 위한 실제 행동 즉 계획, 준비, 도발과 전쟁 개시이다.

1) 공동모의로 전쟁을 일으킴

공소장의 제1항 기소 소인은 28명 피고인들이 1928년부터 공동모의에 참여했다는 것이다. 공동모의 목표는 아시아-태평양 지역 피해 국가에서 침략전쟁과 국제협정을 위반하는 전쟁을 일으키는 것이다. 이는 전체 36개 평화에 반하는 범죄 사유 중에서 가장 중요한 항목이자 도쿄재판의 핵심 부분이며 전체 기소 소인 중에서 가장 중요한 항목이었다.

'공동모의'라는 개념은 미국의 사법 실천에서 유래된 것으로, 공동모의에 부합되는 행위는 다음과 같은 조건을 충족해야 한다. 첫째, 범죄행위 실행을 위해 검사 측이 확정한 공동모의에 가담한 참여자는 중도에 가담할 수도 있고 퇴출할 수도 있다. 둘째, 참여자들은 서로 정보를 주고받지 않을 수도 있고 서로 힘을 합쳐 협력할 수도 있다. 셋째, 참여자들은 동일한 범죄행위에 협력할 수도 있고 각자 단독으로 범죄행위를 저지를 수도 있다. 이러한 조건을 통해 공동모의에 가담한 참여자의 인정 조건이 매우 느슨했음을 알 수 있다.

뉘른베르크재판 공소장에는 공동모의죄가 평화에 반하는 범죄, 통상의 전쟁범죄, 인도에 반하는 범죄와 같은 전쟁범죄로 정의되어 있다. 뉘른베르크재판 선례에 따라 '극동국제군사재판헌장'에도 공동모의죄가 명시되어 있지만 독립적 죄목이 아니라 평화에 반하는 범죄, 통상의 전쟁범죄, 인도에 반하는 범죄의 보충 사항으로 되어 있다. 나중에 제출한 공소장에서 검사 측은 공동모의죄를 살인죄에 포함시켜 기소했다.

공동모의죄는 도쿄재판에서 더 이상 독립된 죄목이 아니었지만 검사 측은 공동모의죄의 도구속성을 이용했다. 만약 공동모의죄라는 개념이 없다면 검사 측이 평화에 반하는 범죄와 관련되는 범죄를 피고인의 개인 책임과 연결시키기 어렵기 때문이었다. 검사 측은 직접적 증거 부족의 어려움을 극복하고 간접적 증거만으로 피고인들을 공동모의죄로 기소한 것이다. 이는 도쿄재판에서 공동모의죄가 지니는 가치이다.

피고인은 변호인들은 예견했던 대로 법정에 항의했다. 그들은 공동모의죄는 미국 법률의 특례에만 해당되는 것이라고 주장하면서, 검사 측이 피고인들에게 공동모의죄를 묻는 것은 국제법의 원칙에 위배되는 행위라고 지적했다. 그러나 이러한 이의신청은 재판에서 받아들여지지 않았다. 그 후 공동모의죄를 둘러싼 검사 측과 변호인 측의 논쟁은 역사 사실 인정 여부 논쟁으로 흘러갔다. 1928년부터 1945년까지 일본에서 이러한 공동모의가 존재했는가? 만약 존재했다면 전체 피고인(혹은 일부 피고인)을 공동모의죄로 기소해야 하는가? 양측이 공동모의죄를 둘러싸고 치열한 공방을 벌인 사실을 통해 1928년부터 1945년까지의 일본 침략전쟁 역사사실에 대한 인식에 온도차가 컸음을 보아 낼 수 있다.

28명의 피고인이 1928년 초부터 전쟁을 공동모의했다는 검사 측의 기소에 대해 변호인 측은 다음과 같이 반박하였다. 검사 측의 이러한 주장은 침략전쟁의 계획에서 수행에 이르는 과정을 같은 시간대에 귀속시키는 셈인데, 그렇게 되면 그 기간 동안 요직에 있던 모든 정계 인사들에게도 검사 측이 주장하는 공동모의죄가 적용되며, 이런 공동모의 개념은 '지속적으로 발전하는 공동모의'(progressive conspiracy)라고 지적했다. 또한 잉글랜드, 프랑스, 네덜란드, 러시아와 미국 등 재판에 참여한 국가들도 대외 확장을 한 역사가 있는데, 검사 측 주장에 따른다면 이 국가들이 영토 확장을 했던 시기에 요직에 있던 정치인과 군인들 역시 제국주의 지지 여부를 막론하고 모두 공동모의자로 취급해야 한다. 따라서 검사 측의 이러한 주장은 전혀 이치에 맞지 않는다.

최종 판결문을 살펴보면 도쿄재판은 동시기 일본 국내 정치사에 주안점을 두고 전체 피고인의 공동모의죄를 재판했다. 판결문에는 일본군이 1928년부터 주변 국가들의 영토를 잇따라 침략했는데 이번 재판의 가장 중요한 임무는 불법 침략 과정에 개개인이 저지른 범죄를 판정하는 것이라고 명시되어 있다. 개개인의 범죄를 판정할 때 일본의 대외 침략 역사에만 주목해서는 안 된다. '이런 일이 왜 일어났는가', '어떤 사람이 이런 일에 책임을 저야 하는가?' 하는 문제의 해답을 찾기 위해서는 우선 동 시기 일본의 국내 정치 정세부터 파악할 필요가 있다. 재판소는 검사 측과 변호인단 양측이 법정 심문 과정에 제출한 각종 증언과 증거물을 종합적으로 검토하여 공동모의 형성 과정과 공동모의자의 참여 과정에 대해 아래와 같이 판결했다.

1928년 6월, 다나카 기이치(田中義一) 내각이 집권한 기간에 일본 관동군 일부 장교들은 장쭤린(張作霖)을 암살한 '황고둔皇姑屯 사건'을 저질렀다. 이 사건은 일본 국내 정국에까지 영향을 미쳤다. 왜냐하면 육군성과 참모본부에서 모두 다나카 내각의 문책에 보이콧했기 때문이다. 이런 내부 대립과 동시에 군부의 기세가 날로 기고만장해져 1930대 초반 일본 국내 군국주의자들이 정치에 개입하는 일련의 쿠데타의 서막이 펼쳐졌다. 1931년에 실패로 막을 내린 '3월 사건', 1932년에 이누카이 쓰요시(犬養毅) 내각총리를 암살한 '5·15 사건', 1936년의 '2·26 사건' 등이 대표적이다. 이 외에 피고인 오카와 슈메이(大川周明), 하시모토 긴고로(橋本欣五郎)와 아라키 사다오(荒木貞夫) 등은 일본 국내에서는 군국주의를 선동하고 대외적으로는 확장을 선도했으며 대외확장 침략을 위해 '황도皇道', '팔굉일우八紘一宇' 등 이론사상으로 정계와 군부의 급진파들을 결집시켰다. '만주 사건'과 '중국 사건'의 진전에 따라 일본이 해외에서 저지른 침략 행위는 역으로 국내 정치권에 영향을 미치기 시작했다. 확장주의에 협력하고 적응하기 위해 일본의 내정, 외교, 경제, 산업, 군사 등 분야도 점차 전쟁 궤도에 진입하게 되었고 갈수록 많은 사람들─육해군 장교, 역대 내각 문관들이 잇따라 전쟁의 소용돌이에 말려들게 되었다. 이들 전체를 일본이 국제 협정을 어기고 침략전쟁을 도발한 공동모의자로 확정할 수 있다. 1940년 9월 27일 독일, 이탈리아, 일본 3국의 동맹 체결을 기점으로 진행 중인 중국 침략 전쟁 및 1년 후에 일어난 태평양전쟁의 계획과 준비 과정까지 전부 공동모의에 귀속되었다. 이로써 공동모의에 참여한 자들이 일본 정치를 완전히 지배하게 되었다.

상술한 내용을 종합하면 도쿄재판은 기본적으로 검사 측의 기소를 지지하고, 검사 측이 제출한 공동모의 개념을 받아들였다. 하지만 공동모의 개념을 통상의 전쟁범죄, 인도에 반하는 범죄와 살인죄에 적용하는 것은 인정하지 않았으며 오직 평화에 반하는 범죄에만 적용할 수 있게 했다. 기술 차원에서 살펴보면 도쿄재판은 검사 측의 주장에 위배되는 결론을 내리기도 했다. 최종적으로 재판을 받은 25명 피고인 중에서 마쓰이 이와네(松井石根)와 시게미쓰 마모루(重光葵)가 증거 부족으로 제1항 기소 소인의 무죄 판결을 받았다. 그중 마쓰이 이와네는 평화에 반하는 범죄로 기소당한 피고인들 중에서 유일하게 무죄 판결을 받은 피고인이었지만, 결국 사형선고를 받았다.

2) 중국 침략전쟁 범죄

제2차 세계대전 전체 전장戰場 중에서 중국 전쟁터가 가장 참혹한 고통을 당했으며 지속된 시간도 가장 길었다. 따라서 중국 침략전쟁 범죄에 관련된 법정 심문 내용도 가장 많았다. 검사 측은 '9·18사변'(법정에서는 주로 '柳條溝사변' 또는 '奉天사변'으로 지칭)과 '7·7사변'(법정에서는 주로 '蘆溝橋사변' 또는 '中國사변'으로 지칭)을 기준으로 일본의 대중국 침략전쟁 범죄를 '만주 침략'과 '중국 전 지역 침략' 두 단계로 나누고, 증거도 두 번에 나누어 제출하게 되었다. 검사 측 기소에 대응하기 위해 변호인 측도 만주 침략과 중국 전 지역 침략 두 단계로 나누어 반증을 준비했다. 1946년 7월과 8월에 검사 측이 '만주 침략'과 '중국 침략'에 관한 증거를 제출했고 변호인 측은 1947년 3월에 '만주 침략'과 '중국 침략'에 관한 반증을 시작했다. 따라서 1931년부터 1945년까지 중국에 대한 일본의 침략전쟁 관련 법정 심문도 두 부분으로 나누어 진행되었다.

검사와 변호인 양측은 주로 평화에 반하는 범죄, 즉 일본의 중국 침략 범죄를 중심으로 법적 공방을 벌였다. 관련 피고인들의 전쟁 준비 및 계획, 지역 독립 선동 등 각종 침략 행위, 전쟁 도발 내막, 각 전투 과정, 강점 지역에서의 일본의 경제 통제 및 자원 강탈 등이 평화에 반하는 범죄에 포함되었다. 검사 측은 일본의 대중국 침략전쟁은 타국의 영토를 강점했을 뿐만 아니라 1919년에 체결된 '국제연맹

중국 출신 검사 니정위(倪征噢, 검사단 수석고문, 강단 발언자)

'만주국' 푸이 황제와 검사. 푸이는 증인 신분으로 법정에 출두하여 장장 8일 동안 검사 측과 변호사 측의 심문을 받았다. 사진 앞줄 왼쪽부터 소련 검사 골룬스키(Golunsky), 푸이, 수석검사 키난이고, 뒷줄에서 푸이와 마주보고 있는 사람은 중국 검사 비서 추사오헝(裘劭恒)이다.

조약, 1922년에 체결된 '9개국공약', 1928년에 체결된 '파리부전조약' 등 국제협정에 위배되는 범죄행위로, 평화에 반하는 범죄 개념에 완전히 부합된다고 주장했다.

　　중국 침략전쟁 전반 단계에서 검사 측은 주로 '유조구柳條溝사변' 발생과 경위에 관한 증거물을 제출했다. 검사 측은 1927년 여름 '다나카(田中)상주문'에서 1935년 겨울 '화북자치운동'에 이르기까지 일본 군부와 정부 고위층이 관동군 장교들과 일련의 침략 행위를 은밀히 꾸미고 실행했다고 밝혔다. 일련의 침략 행위를 통해 일본은 선양(瀋陽)에서 시작하여 전체 동북 3성과 열하熱河, 몽골과 화북지역을 점령했으며 위만주국을 세워 중국 동북지역을 분열시켰다. 변호인 측의 반증 내용은 검사 측에서 제출한 증거와 정반대였다. 예를 들면 변호인 측은 다음과 같이 주장했다. '러시아, 독일, 프랑스 3국의 간섭으로 요동성을 중국에 반환하게 된 것은'[1] 요동반도에서의 일본의 '합법적 권리'를 박탈한 것이다. 그 이후로 일본은 중국 동북지역에서의 본국의 권익을 수호하기 위해 노력했으며 중국의 주권도 충분히 존중했다. 중국의 동북지역은 일본의 핵심 국익과 관련되어 있는데 중국 국내 북벌전쟁 기간 날로 고조된 민족주의와 항일 정서, 요동치는 시국, 소련의 대외 지배적 지위 등은 모두

---

1) 1895년 4월 23일 '시모노세키조약'을 체결한 6일 후 러시아, 독일, 프랑스 3국은 외교적인 중재를 통해 일본이 요동지역을 중국에 반환할 것을 '권유했다'.

푸이가 증인 신분으로 법정에 출두. 1946년 8월 26일 법정 심문에서 오카모토 도시오(岡本敏男) 변호사는 청나라 마지막 황제이자 '만주국' 황제 푸이를 심문할 때 푸이가 지은 시가 부채에 적혀 있는 책을 법정에 제출하여 다른 변호사가 제출한 문서의 글씨체와 비교할 것을 제안했다. 법정은 최종적으로 이 책 속의 부채 글씨를 공식 증거로 채택했다.

일본의 합법 권익을 위협하는 요소로 작용했다. 또한 '유조구사변'은 우발적인 사건이지 일본이 음모를 꾸며서 일으킨 것이 아니다. '유조구사변'이 발생한 후 도쿄에서 관동군에 이르기까지 사력을 다했지만 사태가 제어하지 못할 정도로 발전한 것은 장쉐량(張學良) 중국 군부의 영향력에서 비롯된 것이다. 만주에 '독립국가를 세운 것은 역사적 근원이 있으며 현지인들의 자발적인 행위이다. '만주국'은 일본의 괴뢰국이 아닐 뿐더러 일본이 중국 침략을 확장하기 위해 마련한 발판도 아니다.

중국 침략전쟁 후반 단계에 검사 측이 제출한 증거는 '루거우차오(蘆溝橋)사변'의 발생 경위 및 중일전쟁 전면 개시에서 태평양전쟁 발발에 이르는 기간, 중·일 양국 간에 있었던 대전투에 관한 것이었다. 검사 측은 일본이 상술한 전투를 계획하고 수행하여 중국 동부지방의 대부분 지역을 점령했다고 주장했다. 반면 변호인 측은 중국 공산당이 선동한 반일운동이야말로 중·일 전면전쟁이 일어난 진정한 원인이라고 주장했다. '루거우차오사변'이 발생한 후 일본군이 상당 기간 불확장 방침을 견지했지만 중국군이 일본군을 적극적으로 공격하는 바람에 사태가 수습 불가능한 지경에 이르게 되었다는 것이다. '8·13 송호(淞滬) 전투'가 발발하기까지 일본은 사태 악화를 막기 위한 기회를 지속적으로 찾았으며 일본이 중국 각 지역에 세운 '신정권'은 평화와 질서를 유지하기 위한 것이라고 주장했다. 변호인 측은 중·일 양국 모순이 날로 격화된 주요 책임이 중국에 있다는 것을 증명하는 데 주력했다.

법정은 변호인 측의 주장을 기각하고 검사 측 주장을 채택했다. 판결문에는 다음과 같이 적혀 있었다. "일본 참모본부 장교와 관동군 장교, 그리고 벚꽃회(櫻會) 회원 등이 '펑톈(奉天) 사건'을 사전에 면밀히 계획했다는 증거는 충분하고 확실하다. (피고인) 하시모토(橋本)를 비롯한 사건에 가담했던 사람들이 부동한 장소에서 본인이 사건 계획에서 맡았던 역할을 시인했으며 '펑톈사건'을 획책한 목적은 관동군이 만주지역을 강점한 빌미를 만들고 일본이 희망하는 '왕도' 신국가를 건설하는 것이다." 법정은 일본이 '루거우차오(蘆溝橋)사변'을 빌미로 삼아 침략 행위를 중국 내륙지역으로 확장한 것도 장기적인 모획을 거친 결과라고 판정했다. 다시 말하면 '만주사변' 과 '중국사변'은 1931년 9월 1일에 시작되어 1945년 9월 2일에 종결된 일본의 대중국 침략전쟁이라는 것이다. 14년 동안 일본이 여러 전투, 충돌과 중국 영토 분열, 강점 등을 계획하고 수행한 것은 모두 일관된 목표를 위한 것으로 매 단계는 다음 단계를 위한 준비였다. 이러한 배경에서 14년 동안 빈번히 교체된 일본 정계와 군부 고위층 및 중국 침략 부대 지휘관, 그리고 특무 기관의 책임자를 포함한 중국 침략을 계획하고 수행에 가담한 자들의 행위는 공동모의죄와 평화에 반하는 범죄에 해당된다.

3) 태평양전쟁 범죄

1941년 12월 7일 일본 연합함대의 진주만 기습 사건을 시작으로(사실 일본은 그전부터 동남아를 침략하기 시작했다.) 일본은 유럽과 미국 및 아시아태평양 지역 식민지에 대한 무력 공격과 군사 강점을 실시했다. 일본이 '9·18사변'과 '7·7사변'을 일으킨 후 모든 국가기관이 태평양전쟁의 소용돌이에 휘말리게 되었다. 이는 객관적으로 존재하는 역사 사실이므로 그 누구도 부인할 수 없다. 그래서 검사와 변호인 양측은 태평양전쟁 발발 원인에 공방 초점을 맞췄다. 전쟁이 일본인들의 주관 의지에 의해 발발된 것인지 아니면 외부의 객관적 '압박'에 의해 발발된 것인지에 주목했다. 법정 심문은 피고인들의 침략전쟁 공동모의, 계획 및 준비 과정을 둘러싸고 진행되었다. 이런 역사 사건은 대부분 '진주만 사건' 이전에 발생했다.

검사 측은 일본이 태평양전쟁을 일으킨 과정을 일본, 독일, 이탈리아 3국의 동맹 결성, 전쟁 전 일본과 미국, 영연방 국가의 관계 특히 1941년 미국과 일본의 교섭, 전쟁 전 일본과 프랑스, 네덜란드 등 유럽 강국과의 관계 등 3개 단계로 나누었다. 검사 측은 일본과 독일 양국이 영국, 프랑스와 양국 및 그들의 식민지에 가한 군사와 외교적 행위는 객관적으로 동서호응의 태세를 보일 뿐 아니라 양국 간에 공동모의가 존재했다고 주장했다. 1939년 8월 소련과 독일이 체결한 '독소불가침 협정' 및 소련과 격전을 벌인 할힌골 전투에서의 관동군의 실패는 일본이 '북진' 전략을 포기하고 '남진'을 선택한 중요한 원인이라고 볼 수 있다. 유럽에서 전쟁이 발발한 후 독일의 승리는 일본을 자극했다. 일본은 프랑스 식민지인 인도차이나와 네덜란드 식민지인 동인도를 침략하기 전에 독일과 연락을 취한 바 있다. 1940년 7월 1일, 일본은 태평양 지역 현 상태를 유지하자는 미국의 제의를 거부했다. 1941년 일본은 한편으로는 미국과 협상하고, 다른 한편으로는 적극적으로 전쟁을 준비하여 결국 선전포고도 없이 진주만을 기습했

도쿄재판에 참여한 중국검사단. 앞줄 왼쪽부터 구이위(桂裕, 고문), 니정위(倪征燠, 고문), 샹저쥔(向哲濬), 우쉐이(吳學義, 고문), 정루다(鄭魯達, 번역), 장페이지(張培基, 번역). 뒷줄 왼쪽부터 저우시칭(周錫卿, 번역), 류쯔젠(劉子健, 비서), 양칭린(楊青林, 판사 비서), 어썬(鄂森, 고문). 가오원빈(高文彬) 촬영.

다. 검사 측은 이러한 역사 사실은 일본이 태평양전쟁을 일으키기 위한 전주였으며 일본 정부와 피고인들이 장기간 모의한 것이라고 주장했다.

변호인 측은 1939년 8월 이후 일본이 '소독불가침협정' 체결에 불만을 품고 독일, 이탈리아, 일본 3국 연맹에서 이탈했으므로 1940년 이후 일본이 프랑스 식민지인 인도차이나와 네덜란드 식민지인 동인도를 점령한 것은 나치독일과 관련이 없다고 주장했다. 또한 아베 노부유키(阿部信行) 내각과 요나이 미쓰마사(米內光政) 내각이 미국과의 관계 개선을 적극 추진했으나 미국의 일방적인 불만족스러운 응답만 받았으며 미국과 영국 등 국가는 심지어 일본에 제재까지 가했다. 일본은 본국의 복지와 번영을 수호하기 위해 부득이하게 전쟁을 일으켰고 유럽과 미국 열강을 향한 일본의 공격은 정당한 자위 행위라는 주장을 펼쳤다. 또한 동아신질서는 침략도 아니고 국제 협정 위반도 아닌 평화 유지를 위한 개념일 뿐이라고 덧붙였다.

법정은 결국 변호인 측 주장을 대부분 기각하고 검사 측 주장을 수용하기로 했다. 판결문에는 "일본이 프랑스를 침략하고, 영국, 미국, 네덜란드를 공격한 동기는⋯⋯ 일본의 침략에 저항하고 있는 중국이 지원을 받지 못하게 하려는 데 있었다. ⋯⋯ 일본이 1941년 12월 7일부터 영국, 미국과 네덜란드에 퍼부은 공격은 침략전쟁이다"라고 적혀 있다. 일본의 무차별 공격은 해당 국가의 영토를 강점하려는 욕망에서 비롯된 것이다.

4) 소련 침략에 대한 재판

소련과 외몽골에 대한 일본의 군사적 침략은 중국 침략과 태평양전쟁 외에 법정에서 심리한 또 하나의 평화에 반하는 범죄 관련 내용이다. 중국 침략과 태평양전쟁 부분에 비해 이 부분은 법정 심문 시간도 짧고 내용도 적은 편이다. 검사 측은 일본이 소련을 침략한 것도 대외 침략의 일환이라고 주장했다. 일본이 중국 동북지역을 강점한 것은 영토 확장과 자원 강탈을 위한 목적 외에 그 지역을 소련 침략의 발판으로 삼으려는 의도도 없지 않았다. '9·18사변' 이후 북진하여 소련 극동지역을 침략하고자 하는 계획이 이미 일부 피고들에 의해 제안되었다. 1936년 11월 일본과 독일이 '반공산주의 협정'을 체결하고 후일에 일본, 독일, 이탈리아 3국이 동맹을 맺은 것도 소련을 겨냥한 것이었다. 1938년 여름에 발생한 장고봉 전투와 1939년 여름에 발생한 할힌골 전투는 소련 침략을 꾀한 일본의 음모가 백일하에 사실로 드러난 것이다.

변호인 측은 일본과 피고인들에게 소련을 침략하려는 주관적 의도가 없었다고 하면서 1936년 11월에 일본과 나치독일이 체결한 '반공산주의협정'과 1940년 9월에 결성된 3국 동맹은 소련의 공격에 대응하기 위한 방어 조치였다고 주장했다. 일본과 피고인들은 소련을 침략하려는 의도가 전혀 없었고, 장고봉 전투와 할힌골 전투는 '국경 충돌'에 불과하며 일본은 애초부터 군사 공격 계획을 갖고 있지 않았고 군사 충돌의 발생은 뜻밖의 '응전'이었다는 것이다.

변호인 측의 이러한 주장은 검사 측에 의해 거짓임이 증명되었다. 검사 측은 피고인들이 소련 침략을 위해 치밀하게 계획한 증거를 법정에 제출했다. 따라서 법정은 검사 측의 손을 들어주었다.

평화에 반하는 범죄에 관한 검사 측 주장은 다음과 같이 정리할 수 있다. 1931년 9월에 발발한 중국 침략전쟁, 1941년 12월에 발발한 태평양전쟁, 두 전쟁 사이에 발생한 일본과 소련 간의 군사 충돌 등은 14년 동안 이어진 일본의 대외 침략전쟁의 전반 과정이다. 매 단계 침략은 다음 단계 침략을 위한 준비였다. 판결 결과를 살펴보면 검사 측의 이러한 주장이 법정에 받아들여졌음을 알 수 있다.

3. 전쟁범죄의 심문

전쟁범죄는 기소와 심문 내용의 중요한 구성 부분으로 검사 측이 기소한 15개 단계 중 4개가 통상의 전쟁범죄와 관련이 있다.

1) 도쿄재판에서의 전쟁범죄와 인도에 반하는 범죄

'극동국제군사재판헌장'에 명시되어 있는 재판소 관할권에는 A류 평화에 반하는 범죄 외에 B류 통상의 전쟁범죄(conventional war crimes)와 C류 인도에 반하는 범죄(crimesagainst humanity)가 포함되어 있다. 통상의 전쟁범죄는 제2차 세계대전 이전에 국제 형법에서 흔히 접할 수 있는 용어가 아니었지만 그 핵심 내용은 전쟁 전에 장기적인 발전과 변화 과정을 거쳤다. 인도에 반하는 범죄는 새로 생긴 범죄 명칭으로, 전쟁 이후 연합국이 나치독일의 종족 말살 만행을 심판하고 징벌하기 위해 만든 것이다. 도쿄재판뿐만 아니라 전쟁이 끝난 후 아시아-태평양 지역에서 이 2가지의 범죄행위에 해당되는 전범들을 재판하기 위해 연이어 51개의 BC급 재판소를 설립했다.

'국제군사재판헌장'(뉘른베르크재판헌장)에 명시되어 있는 통상의 전쟁범죄에 대한 정의는 다음과 같다. "전쟁법과 전쟁 관례를 위반한 행위로, 노역일꾼이나 기타 식민지 지역에 있는 민간인을 살해하거나 학대 또는 추방한 행위, 바다에서 전쟁포로와 생포된 민간인을 살해하거나 학대한 행위, 인질을 살해한 행위, 공적, 사적 재물을 강탈한 행위, 군사적 필요성이 없는 상황에서 부정당한 방법으로 도시나 마을을 함부로 파괴한 행위가 포함되며 이에 한정되지는 않는다." 도쿄재판헌장에서는 이를 대폭 간소화하여 '전쟁법과 전쟁관례를 위반하는 행위'로 정의하고 상세한 내용은 삭제했다. 그러나 후일 피고인들에 대한 검사 측의 기소 소인을 살펴보면 전쟁 포로와 민간인 및 노역일꾼들에 대한 학대와 살해 등 행위가 여전히 통상의 전쟁범죄의 주요 내용을 이루고 있다.

19세기 이후 국제사회는 교전국 전쟁 포로와 민간인에 대한 대우 규정을 점차 보완해 왔다. 1907년에 체결된 '헤이그 제4조약' 즉 '육지 전쟁법 및 관습을 존중하는 조약'에는 군사충돌 과정에 지켜야 할 기본 규칙과 관례가 규정되어 있다. 특히 주목해야 할 것은 1929년 7월 27일에 체결된 '제네바협약'으로, 공식 명칭은 '전쟁 포로 대우에 대한 협약'이다. 명칭에서 알 수 있듯이 이 협약에는 전쟁 기간 포로에 대한 교전국의 대우 세칙이 상세히 규정되어 있는데 무려 97항에 달한다.

일본은 이번 회의에 전권대표를 파견하여 협약에 서명했다. 하지만 1941년 12월 7일 태평양전쟁 발발 전까지 일본 정부는 '제네바협약'을 비준하지 않았다. 태평양전쟁이 일어난 후 얼마 지나지 않아 미국과 영국 등 서방 국가들이 일본에 협약 준수를 요구했다. 일본은 이를 거부하면서 협약 내용의 '필요한 정정'이 이루어지면 그것을 기준으로 하여 양국 포로에게 상응한 대우를 제공할 것이라고 밝혔다. 따라서 일본 정부가 협약을 비준하지 않았다고 해서 협약의 구속을 받지 않는다고 할 수 없다. '제네바협약'이 체결된 날 일본을 포함한 각국은 '적십자회협약'을 체결했다. 이 협약에는 전쟁 기간 교전국이 반드시 상대국 부상자에게 국제법과 국제관례에 부합하는 구조 지원을 제공해야 한다는 내용이 명시되어 있다. 그러고 보면 일본이 침략전쟁을 일으키기 전에 포로, 생포된 민간인, 생포된 부상자에 대한 대우를 규정한 국제법이 이미 제정된 셈이다. 위의 세 협약은 제2차 세계대전 이후 유럽과 아시아 지역 국제군사재판소의 법적 포석이 되었다.

법정에서 변호인 측은 이 협약들, 특히 1929년에 체결된 전쟁 포로에 관한 '제네바협약'이 일본에 구속력이 있는지에 대해 이의를 제기했다. 변호인 측은 일본 정부가 비록 해당 협약을 체결했지만 비준하지 않았으므로 협약의 법적 책임을 준수할 의무가 없다고 주장했다. 일본 정부는 1941년 12월 7일에 영국 및 미국과의 전쟁을 일으킨 후 각국에 전쟁 포로 협약을 준수하겠다고 약속한 바 있다. 하지만 이 약속은 단지 전쟁 포로 조약에 준용되는 부속 조항이었기 때문에 일본 정부는 협약의 적용 방식을 결정할 재량권을 갖고 있었다.

검사 측은 이에 날카롭게 맞서 일본 정부가 1907년에 비준하고 체결한 '헤이그 제4조약'에는 전쟁법규를 명확히 규정한 것 외에 전쟁 포로에게 인도적인 편의를 제공해야 한다는 기본 원칙도 포함되어 있다고 지적했다. 헤이그 조약이 일본에 구속력이 있는 상황에서 일본 정부가 1929년의 '제네바협약'을 비준하지 않았다고 해도 일본은 '전쟁 포로에게 인도적 대우를 제공해야 한다'는 대원칙을 반드시 준수해야 하므로 법정은 전쟁 포로 학대 행위에 대한 형사 책임을 추궁할 수 있다는 것이다.

법정은 양측의 진술을 바탕으로 일본이 '제네바협약' 등 일련의 전쟁 포로 대우에 관한 조약을 준수할 의무가 있다는 판단을 내렸다. 판결문에는 "법의 일반 원칙은 상술한 조약과 무관하게 독립적으로 존재한다. 조약은 기존 법률에 대한 재확인이며 실제 실행에 대해 구체적인 규정을 했을 뿐이다"라고 적혀 있다.

통상의 전쟁범죄에 관한 공방의 또 다른 초점은 중·일전쟁에 국제사회의 관습적인 전쟁법규를 적용할 수 있느냐의 문제이다. 전쟁 기간 동안 일본 당국은 중국 침략을 단계적으로 확대하면서 시종일관 일방적으로 '전쟁'이란 명칭 대신에 '만주사변'과 '중국사변' 등의 명칭을 사용해 왔다. 그 목적은 양국의 정식 교전 상태를 일부러 희미하게 만들려는 데 있었다. 따라서 일본 당국은 국제적으로 통용되는 전쟁법규를 중·일 양국 간에 벌어진 이 '사변'에는 적용할 수 없다고 주장했다. 일본군은 '루거우차오(蘆溝橋)사변'부터 중국 동북지역의 항일세력을 탄압하고 '소탕'하는 과정에서 체포한 중국 군인들을 '토비'라고 모독하며 전쟁법규에 따라 전쟁 포로를 대우하지 않고 오히려 학살하는 방법을 택했다. '사변'이란 미명 하에 전쟁법규를 무시하는 일본의 행태는 변호인 측에 인용되었다. 법정은 중·일 양국이 '진주만 사건'이 일어나기 전에 공식적으로 선전포고를 하지는 않았지만 양국 간 군사 충돌을 단순한 '사변'으로 볼 수는 없다고 하면서 '9·18사변' 이후의 교전은 국제 전쟁법규와 관례를 따라야 한다고 판결했다. 그리고 일본군이 전쟁 포로를 학대하고 학살한 행위는 불법적인 폭행이라고 덧붙였다.

'인도에 반하는 범죄'라는 용어는 1915년 오스만터키제국이 저지른 '아르메니아 대학살'을 규탄하는 연합국의 성명에서 최초로 사용되었다. 인도에 반하는 범죄는 종족 학살 및 종족 말살과 깊은 관련이 있다. 1945년 여름 런던 회의에서 제정된 '국제군사재판헌장'에서 '인도에 반하는 범죄'라는 명칭이 공식 제기되었으며 구체적으로 아래와 같이 정의했다.

> 인도에 반하는 범죄는 전쟁 발발 전과 전쟁 기간에 민간인 살해, 종족 말살, 노예화, 추방 및 기타 인도에 반하는 행위, 또는 정치, 인종과 종교를 이유로 본 재판소 관할권 범위에 속하는 모든 박해 행위를 가리킨다. 범죄행위를 저지른

현지 국내법 위반 여부와는 상관이 없다.

1939년 9월 나치독일이 폴란드를 기습 공격하면서 제2차 세계대전 유럽 전장의 서막이 열렸다. 나치는 전쟁을 일으키기 전부터 이미 유태인을 박해하기 시작했는데 피해자들 중에는 독일 국적자도 많이 포함되어 있었다. 따라서 '전쟁 발발 전'과 '민간인'이라는 두 가지 요소는 나치독일의 유태인 박해 행위를 징벌하기 위해 만들어진 맞춤형 개념이다. 뉘른베르크재판헌장에 적용되었던 이 개념은 도쿄재판헌장에 그대로 인용되었다. 하지만 얼마 지나지 않아 검사 측은 일본이 침략 국가 민간인들에게 저지른 살해, 노예화, 박해 등 범죄행위가 나치독일이 저지른 범죄행위와 달라 인도에 반하는 범죄를 적용할 수 없다는 사실을 깨닫게 되었다. 그리하여 도쿄재판에서 인도에 반하는 범죄는 통상의 전쟁범죄와 함께 적용되게 되었다. 따라서 검사 측은 전쟁 기간 군인과 민간인에게 행해진 비인도적인 대우 등 전형적인 전쟁범죄 증거를 확보하는 데 주력했다.

전쟁 포로에게 인도적인 대우를 제공해야 한다는 법률 원칙과 인도에 반하는 범죄행위는 뉘른베르크재판과 도쿄재판을 통해 확인되었다. 그 후 12개의 후속 재판에 그대로 인용되었고, 현재 국제 인도법의 기반이 되었다. 1990년대 중반에 잇따라 설립된 전 유고슬로비아 문제 국제형사재판소와 르완다 문제 국제형사재판소, 그리고 1998년에 성립된 헤이그 국제형사재판소 '로마규약2)'에는 종족말살죄 (genocide)와 인도에 반하는 범죄가 적용되었다. 이러한 신시대 국제형사재판에서 반세기 전 뉘른베르크재판과 도쿄재판에 적용되었던 범죄 명칭을 인용하고, 양대 재판 헌장을 기반으로 성폭행, 괴롭힘과 감금 등 내용을 추가하여 인도에 반하는 범죄 범주를 넓혔다.

---

2) '국제형사재판소규약'은 1998년에 로마에서 가결되었으므로 약칭 '로마규약'이라고 한다. 이 규약은 2002년에 발효되었고 국제형사재판소가 공식 설립되었다. (헤이그에 설립) 이 재판소는 유엔의 기구가 아니라 독립적인 국제형사사법기관이다.

2) 통상의 전쟁범죄 증거 제출 및 검사 측의 전략

도쿄재판에서 검사 측은 전쟁범죄 증거 확보 과정에서 일련의 어려움에 봉착했다. 우선 일본이 정부 차원에서 계획적으로 전시 공문서를 대거 소각해 버린 탓에 증거 수사에 난항을 겪었다. 검사 측은 법정에서 증거를 제출하면서 일본 정부의 파렴치한 범죄 행각을 적발했다. 예를 들어 제1복원국復員局(陸軍省) 미야마 요조(美山要藏) 문서과장文書課長은 선서 증언에서 "쇼와(昭和) 20년 8월 14일에 육군대신의 명령을 받아 고위급 부관의 명의로 전체 육군에 '각 군부대에 보관하고 있는 기밀문서를 신속히 소각하라'는 명령을 전달했으며", "이 명령은 도쿄 주재 군부대에는 전화로 전달되었고 기타 군부대에는 전보로 전달되었으"며 "전보문과 원고는 전부 소각되었다"고 진술했다.

한편 검사 측 내부에서도 심문 과정에서 한때 통상의 전쟁범죄와 인도에 반하는 범죄 기소 여부에 대해 의견 차이가 있었다. 1946년 말 법정 심문은 여전히 검사 측 증거 제시 단계에 처해 있었다. 키넌 수석검사는 국제검사국 내부회의에서 이 2가지 범죄에 대한 기소를 포기할 것을 제안한 바 있다. 그 이유는 첫째 통상의 전쟁범죄 기소는 도쿄재판의 주된 임무가 아니라는 것이고, 둘째 통상의 전쟁범죄 증거를 제시하는 데 시간이 너무 오래 걸려 심문을 신속하게 추진하는 데에 불리하다는 것이다. 그의 이런 제안은 다른 국가 검사들의 반발을 샀는데, 양측이 서로 양보하지 않고 논쟁을 벌였다. 결국 네덜란드 담스터 검사가 양측의 타협방안을 제시했다. 각국 검사가 법정에 제출할 증거 대신 간단한 요강要綱 문서를 만들어 제출하고 법정에서는 요강만 선독하는 것이다. 이 방식이 채택된 후 증거 제시 시간이 대폭 절감되었다. 그리하여 검사 측은 6주밖에 안 되는 짧은 기간에 통상의 전쟁범죄와 관련된 대량의 증거를 제출할 수 있었다. 통상의 전쟁범죄에 해당하는 일본군의 잔혹행위에는 전쟁 포로, 군의관, 부상자, 환자와 구속된 연합국 민간인 등에 대한 살해, 고문, 성폭행 및 기타 학대 행위, 비인간적인 환경에서 전쟁 포로에게 군사 목적이 있는 작업을 강요하고 음식, 물, 의류와 수용 시설을 제공하지 않는

각국 검사들. 뒷줄 왼쪽부터 뉴질랜드 검사 퀼리엄
(Quilliam), 중국 검사 비서 추사오헝(裵劭恒), 프랑스 검
사 오네토(Oneto), 필리핀 검사 로페스(Lopez), 캐나다
검사 놀런(Nolan), 앞줄 왼쪽부터 소련 검사 골룬스키
(Golunsky), 영국 검사 코민스 카(Comyns Carr), 미국 검
사 키넌(Keenan), 네덜란드 검사 보르헤르호프 뮐더르
(Borgerhoff Mulder), 호주 검사 맨스필드(Mansfield).

上: 중국 검사 샹저쥔(向哲濬)
中: 도쿄재판의 여성 검사. 중국의 일부 증언에 참여한
    르웰린(Llewellyn) 검사.
下: 도쿄재판의 여성 검사. 피고인 호시노 나오키에 대
    한 램버트(Lambert) 검사의 최종 총화 발언.

행위, 불법적이고 과도한 징벌을 가하고 부상자, 환자, 군의관, 군간호사의 기본
권리를 무시한 행위, 해당 국가에 당국의 전쟁 포로에 관한 정보를 전달하는 국제
의무를 불이행한 행위, 중국에서 독가스를 사용한 행위, 군사적으로 정당한 이유
없이 약탈과 파괴를 일삼은 행위, 격침된 선박에서 생환한 사람들을 살해한 행위,
국제법의 승인과 보호를 받는 병원선의 권리를 무시한 행위, 중립국 선박을 공격한
행위 등이 포함된다.

　물론 이러한 증거 제시 방안은 큰 문제점을 안고 있었다. 일본이 저지른 잔혹행위
증거가 법정에서 충분히 전시하지 않아 재판 과정을 통해 전 세계 사람들에게
전쟁의 위해성을 널리 알리고 이 기간의 역사적 진실을 규명할 수 있는 좋은 기회를
놓치게 된 것이다.

　이렇게 신속하게 증거를 제출하는 방안의 장단점은 차치하고 검사 측이 전쟁범죄
증거 제시 논리에 대해 심사숙고한 것은 사실이다. 왜냐하면 전쟁을 계획하고

수행한 평화에 반하는 범죄와 달리 통상의 전쟁범죄, 인도에 반하는 범죄, 살인죄 등 잔혹행위는 28명의 고위급 피고인과 직접 연결 짓기가 어려웠기 때문이다. 그들이 직접 살인과 학대에 참여한 증거가 거의 없었고 그들이 살인과 학대 명령을 내렸다는 증거 또한 찾기 힘들었다. 그래서 검사 측은 법정에 방대한 양의 증거 문서를 제출하여 전체 아시아-태평양 지역의 전쟁터에서 광범위하게 장기간 강도 높게 벌어진 일본군의 잔혹행위가 우발적이 아닌 상시적으로 자행된 범죄행위임을 증명하려고 했다. 이를 통해 일본군이 저지른 범죄행위는 현지에 파견된 군부대의 자발 행위가 아닌 정부 고위급의 통일된 정책 지시를 받아 실행된 것이며 이런 정책은 피고인들에 의해 제정되었음이 증명되었다.

3) 1928년~1945년 일본 침략전쟁 기간의 만행

검사 측은 통상의 전쟁범죄에 대한 증거를 제시함에 있어서 불리한 객관적 여건의 제한을 받았으나 연도별로 각 지역에서 자행된 일본군의 잔혹행위를 피고인들과 연결 짓는 데 성공했다. 이와 동시에 의도적으로 중대하고 전형적 의의를 지니는 만행을 대서특필하여 일본 군부대와 정부가 전쟁 기간 동안 저지른 끔찍한 만행을 세간에 널리 알렸다.

난징대학살. 1937년 난징 전투가 끝난 후의 몇 주 동안 일본군이 저지른 대규모 학살, 약탈, 성폭행 등 범죄행위를 가리킨다. 이는 살인죄, 통상의 전쟁범죄, 인도에 반하는 범죄 등 범죄행위의 집중적인 구현이며, 도쿄재판에서 중점적으로 심리한 일본 전쟁 만행 사건이다.

검사 측은 주난징 미국대사관이 1938년 초에 워싱턴으로 보낸 전보문을 증거로 제출했다. 이 전보문에는 얼마 전에 대사관 주변에서 발생된 남경대학살 과정이 기술되어 있었다. 그 외에 몇 가지 문서가 첨부되어 있었는데, 그중 하나는 대사관 앨리슨(John M. Allison) 3등 비서관이 주중 미국대사에게 쓴 편지였다. 비서관은 만행 과정을 직접 목격한 미국적 교민 14명의 진술을 토대로 편지를 작성했다. 그는

재중 선교사이자 난징안전구 국제위원회
위원인 마지(John Magee)는 일본군의 난징
만행을 증언하기 위해 법정에 출두했다.
(법정은 그가 촬영한 일본군의 만행을 기록한 영상
도 방영했다.)

편지에 이렇게 썼다. "이 도시는 흡사 일본인의 손아귀에 든 사냥감 같았다. 치열한
교전 끝에 점령당한 난징은 현상금을 노리는 군부대에게 야만적인 강탈과 폭행을
당한 것 같았다. 완벽한 증거자료와 자체(주난징 미국대사관을 가리킴) 조사를 통해
그들(미국 교민을 가리킴)의 진술은 의심할 여지가 없는 것임을 알 수 있었다. 난징
시민들은 안전구역이라 불리는 몇몇 거리에 몰려 있었는데 많은 사람들이 이미
모든 것을 잃은 상태였다. 사람들을 마구 학살하고, 강도처럼 문을 부수고 들어가
재산을 강탈하고, 주택과 건축물에 불을 지른 증거는 도처에서 찾아볼 수 있었다."
그는 또 전보문에서 '2만 명이 넘는 중국군'이 일본군의 총칼과 기관총에 의해
대거 살해당했다고 덧붙였다.

　　민간인과 무기를 내려놓은 중국군을 살해한 범죄행위 외에 많은 증인과 서면으로
작성된 문서가 중국 여성에 대한 일본군의 성폭행 문제를 지적했다. 국제위원회
라베(John Rabe) 위원장은 그와 그의 동료들은 적어도 20,000건 이상의 강간범죄가
발생했음을 확신한다고 독일 당국에 보고했다. 미국 국적의 난징안전구역 국제위원
회 베이츠(Miner Searle Bates) 위원은 검사 측 증인으로 법정에 직접 출두하여 증언했다.
그는 안전구역 보고서에 근거하여 일본군의 성폭행 사건이 8,000건 이상에 달한다고
진술했다.

　　검사 측은 중국과 서양의 증인과 일련의 서면 증거를 통해 일본군이 난징을

점령한 이후 최소 6주 동안 대학살과 강간 등 대규모 만행을 저지른 역사적 진실을 증명했다. 검사 측이 제시한 인간 지옥을 방불케 하는 증거 영상 앞에서 변호인 측은 아무런 반박도 하지 못했다. 이는 다른 사건을 변호할 때 변호인 측이 검사 측의 허점과 모순을 예리하게 파고들어 검사 측 증인에게 길고 반복된 질의를 해 왔던 것과는 상반되는 모습이었다. 변호인 측이 난징대학살 사건에 대한 변호를 포기한 것은 일본군이 난징에서 저지른 만행을 인정한 것이나 다름없다. 변호인 측은 방향을 바꿔 변호의 중점을 당시 화중지역군부대 사령관 마쓰이 이와네(松井石根), 화중지역군부대 부참모장 무토 아키라(武藤章), 외무대신 히로타 고키(廣田弘毅) 등 관련 피고인들의 개인 책임 회피에 두었다. 변호인 측은 관련 피고인들이 학살과 만행을 실시하라는 명령을 내린 적이 없고 만행 당시에 일본군이 저지른 잔혹행위를 전혀 모르고 있었으므로 부하들의 잔혹행위를 제때에 저지하지 못한 책임을 질 필요가 없다고 강력히 주장했다.

바탄 죽음의 행진. 동남아에서 일본군이 서방 전쟁 포로들에게 도보 이동을 강요하고 이동 과정에서 전쟁법규를 무시한 채 포로를 학대하거나 학살하는 사건이 빈번히 발생했다. 1942년 4월 중순에 발생한 '바탄 죽음의 행진'이 그중에서 가장 유명한 사례의 하나다. 당시 일본군은 얼마 전에 항복한 미군과 필리핀군을 강제로 필리핀 바탄에서 산페르난도포로수용소로 이동시켰다. 그런데 이동 과정에서 포로에게 가장 기본적인 인도적 대우도 제공하지 않았을 뿐만 아니라 함부로 살해하기까지 했다. 검사 측이 법정에 제출한 증거에 따르면 6일 동안 진행된 '행진' 도중에 8,000명이 넘는 포로가 죽었다고 한다. 당시 일본 내각 총리였던 도조 히데키(東條英機)는 법정에서 이 행진에 대해 알고 있었다고 시인했다.

태국-미얀마 죽음의 철길. 1942년 9월 16일부터 1943년 10월 17일까지 일본은 군대와 무기의 수송을 위해 철도를 건설하여 태국과 미얀마의 두 갈래 철도를 연결하기로 했다. 이를 위해 서방 전쟁 포로와 현지인들을 강제로 철도건설 현장에 투입시켰다. 그 과정에 열악한 생존환경과 비인간적 강제노역에 시달리던 수만 명의 노동자가 사망했다. 법정이 인정한 사망 노동자 수만 해도 무려 16,000명에 달했다. 도조 히데키(東條英機)는 법정에서 총리 재임 기간에 관련 보고서를 받은 적이 있다며 현지에서 일본군이 포로를 마구 부리는 상황을 알게 된 후 현지 군부대 지휘관을 파면했다고 증언했다. 그러나 법정은 조사를 통해 도조 히데키의 진술은 사실과 다르며 오히려 그가 동남아에서 발생한 이런 비극을 무시하고 심지어는 사태를 조장하는 역할을 했음을 밝혀냈다.

둘리틀 공습 조종사 학살 사건 1942년 4월 18일, 일본의 진주만 기습을 보복하고 일본 국민과 군대를 제압하기 위해 미군은 둘리틀 중령(James Harold Doolittle)이 이끄는 폭격기 중대를 파견하여 일본 도쿄, 고베, 오사카 등 주요 도시를 폭격했다. 그중 대부분 조종사는 임무를 완수하고 중국 대륙에 안전히 착륙했으나 조종사 8명이 일본군에게 포로로 잡혔다. 그중 3명은 같은 해 10월에 일본 중국파견군 군사재판소에서 처단당하고, 나머지 5명은 감옥에서 각종 학대에 시달렸는데 1명은 옥중에서 사망했다. 이 사건은 전쟁 기간 미국이 일본의 전쟁범죄를 비난하는 초점이 되었다. 1943년 4월 21일, 미국 백악관은 '둘리틀 공습' 조종사가 사형 당한 사건에 대해 일본 정부에 강력히 항의하면서 이 사건에 연루된 일본 관계자들을 엄정하게 단죄할 것이라고 경고했다. 이는 연합국이 법적 수단으로 일본 전범을 처벌하겠다고 밝힌 성명 중의 하나이다. 후일 이 사건은 도쿄재판에서 일본이 저지른 통상의 전쟁범죄의 대표 사례로 지정되었다. 그 이유는 피해자 신분이 미공군 조종사인 것 외에 당시 일본 내각 도조 히데키(東條英機) 총리와 중국파견군 하타 슌로쿠(畑俊六) 사령관이 직접 관련되어 있었기 때문이었다.

'둘리틀 공습' 이전에 일본의 법률과 법령에는 원래 이와 관련된 조항이 없었다. 둘리틀 조종사들을 처단하기 위해 도조 내각은 관련 법령을 새로 제정하고 새 법령의 시행일을 '둘리틀 공습' 시기로 정했다. 1942년 8월 13일, 도조 내각은 관련 법 조항을 발표하고, 이 조항은 일본, '만주국' 및 '중국파견군 관할지역 내의 적군 항공기 탑승인원'에 적용된다고 밝혔다. 도조 히데키는 법정 증언에서 '입법'과 '재판' 수단을 취한 것은 연합군의 후속 공습 행동을 저지하기 위한 것이었다고 시인했다. 도조 히데키가 이렇게 진술한 취지는 법정을 설득하기 위해서였다. 그는

'문명적인' 방법으로 '둘리틀 공습' 미군 조종사들을 처벌하고 '사형 판결'을 받은 조종사 5명을 '사면'했다고 주장했다. 도조 히데키의 이 주장은 본인이 '둘리틀 공습 조종사 학살 사건'에 직접적인 책임이 있음을 시인하는 꼴이 되었다. 당시 도조 히데키의 지시를 집행한 사람은 하타 슌로쿠로, 그가 지휘하는 중국파견군이 상하이에서 3명의 미군 조종사를 재판하고 사형에 처했다. 따라서 검사 측은 하타 슌로쿠를 마쓰이 이와네(松井石根)와 똑같이 제55항 기소 소인으로 기소했다.

상술한 대표적 사례 외에 검사 측은 또 전쟁 기간 중국과 서방 국가들의 전쟁 포로, 포로가 된 중국과 서방 국가 및 동남아 민간인들에 대한 일본의 대우 문제에 주목했다. 여기에는 체벌, 강제노역, 숙식 조건, 의료 환경, 음식위생 등 부분이 망라되어 있었다. 검사 측은 각 지역에서 빈번하게 발생한 각종 만행을 통해 만행 뒤에 은폐된 제도적 장치를 폭로하고 잔혹행위를 저지른 일본군 병사들에게도 죄가 있지만 배후에서 만행을 지시하고 전면 지휘한 피고인들에게도 회피할 수 없는 책임이 있음을 입증하고자 했다.

검사 측이 일본의 전쟁 범죄에 관한 증거를 대량 제출한 것에 반해 변호인 측은 소량의 반증을 제시했고 심지어 변호를 포기하기도 했다. 최종 판결문을 살펴보면 법정은 검사 측의 주장을 받아들였다.

소결

'극동국제군사재판헌장'은 첫 부분에서 '극동지역의 중대 전쟁범죄자를 공정하고 신속하게 심리·처벌'할 목적으로 도쿄전범재판소를 설치했다고 밝히고 있다. 그러나 재판이 시작된 지 얼마 되지 않아 단시일(뉘른베르크재판은 반년 소요) 내에 재판을 끝내기 어려운 여러 가지 문제가 나타났다. 우선 검사 측과 변호인 측이 사실관계 규명 과정에서 의견 일치를 이루지 못해 공방으로 이어지면 각자 대량의 증거를 준비해서 제출해야만 했다. 다음 변호 단계에서 변호인 측이 대량의 중복된 증거를 제출하거나 변호사와 증인의 발언이 길어지고 주제를 벗어나는 상황이 발생했다. 그다음 번역 문제가 큰 난제로 대두되었다. 영어와 일본어 간의 번역 난이도가 높아 법정 심문 과정에서 통역이 제대로 이루어지지 못하는 상황이 빈번히 발생했다. 언어중재부가 설립되어 있었지만 언어전문가들이 번역의 정확성을 놓고 서로 다른 의견을 내놓기도 했다. 법정은 대량의 증거자료의 가치성 판단 문제에 직면하게 되었으며 또한 끊임없이 발생하는 각종 동의안(動議)을 처리해야 했다.

연합국이 도쿄재판을 진행한 목적 중의 하나가 이 재판이 전 세계에 교육과 경고메시지를 전달했으면 하는 바람이었는데 이는 도쿄재판의 가장 긍정적이고 의미 있는 부분이기도 하다. 그러나 재판의 장기화는 이에 영향을 주었다. 판사들도 재판 장기화의 위험성을 잘 알고 있었다. 이 또한 재판소 헌장 중 각종 규칙의 초지이기도 했다. 판결문에서 볼 수 있듯이 헌장에 정해진 규칙들은 엄격히 준수되지 않았다. 그 원인은 '법정에서 피고인을 공정하게 심문하고 모든 중요한 사실과 자료를 공정하게 확인하는 최고의 요구를 수행하기 위해 관대하게 처리함을 특별히 허용'했기 때문이다. 재판 과정에서 절차, 증거, 번역의 규칙, 토론과 논쟁은 현대 법률정신을 지닌 공평하고 공정한 재판을 실시하기 위함에서 비롯되었다. 그중에서 인상에 가장 깊이 남은 부분은 피고인의 변호권이 확실히 보장되었다는 점이다. 법정은 재판을 신속히 끝내는 것보다 공평한 재판을 위해 노력했고 더욱 복잡하고 어려운 과정을 거쳤다. 도쿄재판이 뉘른베르크재판처럼 신속하게 끝나지 않아 재판이 사람들에게 잊히고 여론도 전향했다는 비판의 목소리가 있었으며, 법정이 재판의 공정성을 확보하기 위해 기울인 노력과 쉬운 것을 버리고 어려운 것을 선택했던 취지와 고심을 알고 밝히는 사람은 매우 적었다.

제4장 판결

　　1948년 4월 16일 극동국제군사재판은 2년 가까이의 법정심리를 거쳐 판결문 작성 단계에 들어섰다. 6개월 후 재판을 재개하고 재판장이 피고인 25명에 대한 판결문을 낭독했다. 12월 23일, 피고인 중 7명에게 사형이 집행되고, 24일에는 기소되지 않은 A급 전범 용의자 17명이 석방되면서 2년 반 동안 지속된 도쿄재판이 1948년 말에 드디어 막을 내렸다. 본 장에서는 도쿄재판의 판결문과 판사의 개별 의견 및 그 영향과 평가에 대해 진술하고자 한다.

1. 판사들의 의견분쟁과 판결문 작성

1) 판사들의 입장 차이

　　1946년 1월 초까지, 미국을 비롯한 연합국의 8개국(영국, 프랑스, 소련, 중국, 캐나다, 네덜란드, 호주, 뉴질랜드)은 도쿄재판에 파견할 판사 명단을 제출했다. 맥아더(Douglas MacArthur) 연합군 최고사령부 총사령관은 미국 정부의 제안에 따라 특별 A급 국제재판소를 설립했다. 1월 19일, 극동국제군사재판소가 설립되었고, 한 달 후에 미국 대표를 포함한 9명의 판사 명단이 공식 발표됐다. 필리핀과 인도는 그 당시에는 재판 참여 여부가 불확실했었는데, 1946년 4월 3일 극동위원회가 미국의 수정안을 수용하면서 필리핀과 인도가 재판 참여 국가로 추가되었다. 이로써 도쿄재판의 참여국은 11개국으로 늘어났고, 뉘른베르크재판의 영국, 프랑스, 소련, 미국 등 4개국에 비해 훨씬 더 많은 나라가 참여하게 되었다.

도쿄재판에 앞서 열린 뉘른베르크재판에서는 영국, 프랑스, 소련, 미국 등 4개국에서 온 4명의 판사가 적극 협력하여 전 세계 첫 국제형사재판소의 법정심리 과정을 순조롭게 마무리하고 일치한 판결 결과를 얻었다. 그러나 도쿄재판의 상황은 현저히 달랐다. 개정한 지 얼마 지나지 않아 재판부 내부에 뚜렷한 의견 차이가 생겼고 점차 다수 의견과 소수 의견이 형성되었다. 심지어 재판장 본인도 소수파 진영에 몸담고 있었는데, 이는 판사들의 평화에 반하는 범죄에 대한 서로 다른 이해 및 주장과 밀접한 관련이 있었다.

앞서 제3장에서 언급했듯이 평화에 반하는 범죄는 제2차 세계대전 이후 국제사회가 처음으로 침략전쟁에 적용한 범죄명칭으로 뉘른베르크법정과 도쿄법정의 주된 관할 범위이기도 했다. 따라서 평화에 반하는 범죄가 사후법에 해당되는지 여부에 대해 변호인 측뿐만 아니라 재판부 내부에서도 평화에 반하는 범죄의 합법성에 대한 의견이 분분했다.

1946년 5월 13일, 변호인 측은 법정에 관할권 회피 동의動議를 제기했는데, 그 내용은 법정이 평화에 반하는 범죄와 인도에 반하는 범죄에 대한 관할권이 없다는 주장이었다. 그 이후 재판부 내부에서 이 문제(주로 평화에 반하는 범죄 문제)에 대한 토론이 벌어졌다. 영국 패트릭 판사를 비롯한 헌장지지파가 다수였지만 반대 목소리도 적지 않아 의견 차이를 좁히지 못했다. 이러한 상황을 고려하여 4일 후 법정은 이 동의안을 기각하고 '기각 사유는 추후에 설명하겠다'고 선포했다. 5월 17일, 뒤늦게 재판부에 합류한 인도의 라다비노드 팔(Radhabinod Pal) 판사는 부임하자마자 동료들에게 '평화에 반하는 범죄는 불법'이라는 태도를 명확히 전달했다. 그러자 재판부 내부의 의견 대립은 더욱 격화되었다. 원래 9개국 판사는 소수의견이 있어도 외부에 공개하지 않기로 합의했는데 이 합의가 팔 판사의 반대로 무산되었다. 팔 판사는 다른 판사들이 소수의견에 대해 합의한 협의서에 서명하기를 거부했다.

평화에 반하는 범죄에 대한 입장이 다수파와 소수파를 구분하는 징표가 되었다고 해도 과언이 아니다. 다수파는 국제군사재판의 보편성과 선도적 가치를 중요시했다. 그들은 일본이 항복할 때부터 침략전쟁이 이미 국제법상 범죄행위로 간주되었으므로 객관적 사실에 근거하여 판단을 내리는 판사들은 현장에 대해 평가할 권리가 없다고 주장했다. 11명의 판사 중, 영국, 캐나다, 뉴질랜드, 중국, 소련, 미국, 필리핀 출신 판사들은 대체로 모두 이런 입장이었다. 영국의 패트릭(William Donald Patrick), 캐나다의 맥더걸(Edward Stuart McDougall)과 뉴질랜드의 노스크로프트(Erima Harvey Northcroft)를 비롯한 영연방 판사들이 다수파의 핵심 인물들이었다. 다수파의 입장은 뉘른베르크 재판의 법정논리를 이어받았으며 결국 이 논리가 도쿄재판의 판결문에 반영되었다. 소수파인 호주, 네덜란드, 프랑스, 인도 판사들은 각자 서로 다른 이론과 관점에 근거하여 법정의 평화에 반하는 범죄 관할권 및 사후법 문제에 대해 의심하거나 반대하는 입장이었다. 이와 같이 다른 의견이 형성된 원인은 판사 본인의 출신, 재판운영 체제 그리고 국가관계와 밀접한 관계가 있다.

1947년 1월 30일, 의견 차이를 좁히지 못하던 재판부는 드디어 합의에 성공했다. 관할권 문제에 대한 판정을 최종 판결을 선고할 때 선포하기로 합의한 것이다. 이처럼 판사들 간의 의견 차이는 재판이 종결될 때까지 이어졌다. 결국 소수파 판사들이 판결문 외에 개별 의견서를 따로 작성하는 방식으로 끝나고 말았다.

2) 판결문 작성: 분열과 협력

도쿄재판 재판부 내부의 법리 논쟁과 입장 차이로 인해 통일된 판결문을 작성할 희망이 희박해졌다는 사실을 판사들은 이미 감지하고 있었다. 인도와 네덜란드 출신 판사가 반대 의견을 낼 것이라는 사실이 확실해지자 패트릭 판사와 노스크로프트 판사는 1947년 3월과 4월에 각각 재판의 어려움을 런던에 보고하였다. 그리고 만약 판사들에게서 반대 의견이 나오면 도쿄재판은 권위성을 잃게 될 뿐더러 뉘른베르크 재판의 성과에도 영향을 미칠 것이라고 암시했다. 같은 해 5월 14일, 영국 상원 대법관 법원이 이 문제에 대한 2가지 해결 방안을 제시했다. 하나는 맥아더 사령관이 중재자 역할을 하는 것이고, 다른 하나는 호주 출신의 연합국 전쟁범죄위원회 라이트(Robert Wright) 위원장을 파견하여 반대파 판사들을 설득하는 방안이었다.

판사들과 국기. 1947년 11월부터 12월까지 재판장이 재판에 참여하지 않은 기간, 법정은 호주 국기를 맨 끝에 세워 두고 대리 재판장을 맡은 마이런 C. 크레이머(Myron C. Cramer)의 좌석과 미국 국기를 가운데 배치하였다.

그러나 이 두 가지 방안은 모두 실행되지 않았다.

같은 해 11월 10일 웨브(William F. Webb) 재판장이 호주 정부에 소환되어 국내로 복직하는 바람에 한 달여 동안 재판에 결석했다. 이에 대해 일부 학자들은 웨브가 소환된 중요한 이유는 바로 그가 호주의 종주국인 영국과 같은 입장을 취하지 않아 통일된 판결이 이루어지지 못했기 때문이라고 했다. 흥미로운 것은 재판의 정당성을 가장 완강하게 반대했던 팔 판사도 때마침 법정을 떠나 귀국했다는 것이다. 중요한 반대파 판사 두 명이 결석한 상황에서 패트릭 판사는 적극적으로 다른 반대파 판사들을 설득했다. 1948년 3월, 도쿄재판 판결문 '다수파 작성위원회'가 성립됨에 따라 판결문 작성 준비 작업이 본격적으로 시작되었다.

몇 년이 지난 후 네덜란드 출신 뢸링(Bernard Victor A. Röling) 판사는 판결문 작성 과정을 회고하면서 "그때의 총체적인 방침은 전체 판사가 출석하는 내정회의에서 논의하기로 하였으나 사실은 달랐다"고 언급했다. 메이루아오(梅汝璈) 판사도 6월에 중국 외교부에 보낸 편지와 전보문에서 "11명의 판사 동료들 간에 법률에 의한 기본 주장 즉 판결문 작성법에 대한 의견 차이가 있어 판결문 내용작성은 다수파가 담당하고 있다"고 밝혔다. 판결문 초안 작성 업무를 서론, 중국 동북 4성(만주국) 침략, 중국 전면침공, 일본과 소련의 관계, 전면 침략 전쟁 준비, 태평양전쟁의 발동과 확대, 일본군 잔혹행위 등 7개 부분으로 나누고 각 부서에 분담시켰다. 각 부서의 담당 판사가 '법정 보좌관을 지도하여 법리 증거와 기록을 근거로 일본의 침략전쟁 준비 및 각국을 침략한 과정과 사실에 대한 초안을 작성'하기로 했다. 초안이 작성되자 다수파 작성위원회에서 다시 내용을 수정하고 인증하는 절차를 밟았다. 한 달 뒤, 메이루아오 판사가 중국 외교부에 자기가 담당한 '일본이 중국을 전면 침공한 사실을 확인한 일부분 내용이 이미 다수파 판사 회의에서 심사 통과되었다고 통보해 왔다.

그러나 판결문 작성 과정에서 소수파 판사들이 완전히 배제된 것은 아니었다. 다수파가 작성한 판결문 초안을 소수파 판사들에게 나누어 주고 만약 이의가 있을 경우 서면으로 고지할 수 있게 했다. 팔 판사를 제외한 기타 소수파 판사들이 모든 사건에서 다수파와 정반대 의견을 고수한 것은 아니다. 메이루아오(梅汝璈) 판사는 '재판장이 저와 견해차이가 크지 않으므로 앞으로도 다수파의 문서 작성 과정에 참여할 것이며 프랑스와 네덜란드 출신 판사도 그렇게 할 가능성이 큰 것 같다'라는 내용을 중국 외교부에 전했다. 물론 메이루아오 판사의 이런 판단은 다소 지나치게 낙관한 면이 없지 않았다. 프랑스와 네덜란드 판사는 끝까지 다수파 진영에 가입하지 않았다. 여기서 주목해야 할 점은 도쿄재판 판결문의 주체 부분인 사실 인정 부분이 다수파에 의해 작성되었지만, 판결문의 또 다른 중요한 부분인 피고인의 개인 책임 인정과 형량 부분에 대해서는 '11명의 판사가 오랫동안 논의하고 치열하게 토론한 끝에 투표로 결정했다'(梅汝璈)는 것이다. 이런 측면에서 보면 도쿄재판의 판결은 간단히 '다수파 의견'으로 귀결할 수 없으며 결과는 판사들의 어느 정도의 '협력'의 산물이라고 할 수 있다.

1948년 7월 하순, 판결문의 일부분이 심사절차를 통과한 후 곧바로 일본어 문서 번역이 시작되었다. 번역팀은 당시 일본의 유명한 법학가인 요코다 기사부로(橫田喜三郎), 나가스 가즈지(長洲一二)와 일본 외무성 관리인 마사키 히데키(眞崎秀樹)가 이끌었다. 번역 작업은 연합군의 엄격한 감시 하에 핫토리 시계방 사장 핫토리 겐조(服部玄三)의 개인 주택에서 진행되었다. 한편 소수파 판사들도 각자 개별 의견서를 계속 작성하였다. 그중 팔 판사의 반대 의견서는 이미 6월에 주일연합군기지에서 번역 작업이 시작되었다. 정식 재판 결과가 선고되기 약 한 달 전에야 재판 판결문의 모든 내용이 완성되었고 심사에 통과되었다. 이와 같이 도쿄재판의 심리 과정은 2년이 걸렸고 판결 과정도 반년이라는 시간이 걸렸다.

3) 판결, 처형과 석방

1948년 11월 4일, 다시 재개된 도쿄재판은 11월 12일 판결문 낭독까지 총 7일이
걸렸다.(공휴일 이틀 제외) 25명의 피고인 중 7명에 대하여 사형을, 16명에 대하여
종신형을, 그리고 1명에 대하여 금고 20년, 다른 1명에 대하여 금고 7년을 선고했다.
구체적인 판결 죄목과 판사들의 사형 투표 상황은 【표4-1】과 【표4-2】를 통해
확인할 수 있다. W. F. 웨브 재판장은 판결문 이외의 기타 판사들의 소수의견을
법정에서 낭독하지 않고 문서로 보관한다고 밝혔다.

11월 24일, 피고인 도이하라(土肥原)와 히로타 고키(廣田弘毅)의 미국 국적 변호사가
미국 대법원에 항소를 제기하면서 피고인의 석방을 촉구하였다. 이어 기도 고이치(木
戶幸一), 오카 다카즈미(岡敬純), 사토 겐료(佐藤賢了), 시마다 시게타로(島田繁太郎)와 도고
시게노리(東郷茂德) 등 피고인들도 항소를 제기했다. 미국 대법원에서는 처음에 근소한
다수찬성으로 일본 전범의 항소신청을 수리하기로 했으나, 국제 여론과 미국 정부의

【표4-1】 법정의 사형 판결 여부에 대한 투표 결과(추측)

피고 재판관 국적	아라키 (荒木)	오시마 (大島)	기도 (木戸)	시마다 (島田)	히로타 (廣田)	도조 (東條)	도이하라 (土肥原)	마쓰이 (松井)	무토 (武藤)	이타가키 (板垣)	기무라 (木村)
미국	✓	✓	X	X	✓	✓	✓	✓	✓	✓	✓
영국	✓	✓	✓	✓	✓	✓	✓	✓	✓	✓	✓
중국	✓	✓	✓	✓	✓	✓	✓	✓	✓	✓	✓
필리핀	✓	✓	✓	✓	✓	✓	✓	✓	✓	✓	✓
뉴질랜드	✓	✓	✓	✓	✓	✓	✓	✓	✓	✓	✓
캐나다	X	X	✓	X	✓	✓	✓	✓	✓	✓	✓
네덜란드	X	X	X	X	X	✓	✓	✓	✓	✓	✓
호주	X	X	X	X	X	X	X	X	X	X	X
소련	X	X	X	X	X	X	X	X	X	X	X
프랑스	X	X	X	X	X	X	X	X	X	X	X
인도	X	X	X	X	X	X	X	X	X	X	X

설명: ✓는 사형을 찬성한다는 표시이고 X는 사형을 반대한다는 표시임.
이 결과는 고지마 노보루(兒島襄)의 『도쿄재판』(하편)을 참고하기 바람(중앙공론신사, 1971).

압박에 못 이겨 법정관할권이 없다는 이유로 도이하라(土肥原) 등 피고인들의 항소를 수리하지 않는다고 선포했다. 12월 23일, 사형선고를 받은 7명의 피고인이 구금되어 있던 스가모(巢鴨) 감옥에서 교수형에 처해졌다.

그때 당시 스가모 감옥에는 A급 전범 용의자 여러 명이 수감되어 있었는데 연합국의 전범정책이 여러 가지 내적 요인의 영향을 받아 바뀌게 되었다. 1948년 12월 24일, 연합군 최고사령부에서는 수감 중인 17명의 A급 전범을 모두 석방하기로 했으며 재판을 중지한다고 밝혔다. 이때 석방된 전범 중에는 후일 일본 정치권에 복귀하여 1957년에 일본 내각총리까지 되었던 기시 노부스케(岸信介)가 포함되어 있다. 1951년에 일본이 연합국과 '샌프란시스코 강화조약'을 맺은 후 일본 국내에서는 전범 석방과 사면을 촉구하는 운동이 일어났다. 1952년 일본 중의원 전체회의에서 '전쟁범죄 수감자 석방에 관한 결의안'을 다수 투표로 통과시켰으며, 1956년 3월 말까지 스가모 감옥에 수감되어 있던 전범들을 모두 석방하였다.

2. 판결문과 개별 의견에 대한 해석

본 절에서는 재판 판결문과 일부 판사들의 개별 의견서에 대해 소개하고 해석하고자 한다. 이를 통해 독자들에게 해당 판사들이 이번 선구적인 재판에 대해 어떤 입장과 주장을 가졌는지를 이해하는 데 도움을 주고자 한다.

1) 판결문

1948년 11월 4일, W. F. 웨브 재판장이 영어로 1,444페이지에 달하는 판결문을 낭독하기 시작하자, 일본인 통역사 여러 명도 동시에 일본어 버전으로 판결문을 낭독하기 시작했다. 판결문은 A(1~3장), B(4~8장), C(9~10장) 총 3편 10장의 내용으로 구성되었다.

(1) 법정과 법리

판결문의 제1부분은 극동국제군사재판소의 설립 근거를 다시 한 번 강조하고 일본의 의무와 권리를 증명하는 조약과 문헌을 열거했으며 법정 심리 과정이 길어진 원인에 대해 설명했다. 그리고 원래 55개 항의 기소 소인이 지나치게 번잡하고 논리적으로 부적절하다는 판단 하에 판사들이 만장일치로 공소장의 기소 소인을 대폭 줄이기로 합의한 문제에 대해 설명했다. 구체적으로 말하면 침략전쟁을 '계획하고 준비했다'는 기소 소인은 사실상 이미 '공동모의'에 포함되었기에 따로 열거하지 않기로 했다. 마찬가지로 침략전쟁을 '발동했다'는 사유도 침략전쟁을 '수행'했다는 사유에 포함되었기 때문에 모두 삭제했다. 이 외에도 살인죄와 관련된 많은 기소 소인이 사실상 통상의 전쟁범죄 및 인도에 반하는 범죄와 중복되고 전쟁포로와 민간인을 살해한 것도 후자에 포함되어 있기 때문에 법정은 검사 측이 제기한 살인죄에 관한 모든 기소 소인을 기각했다. 그러나 기각 결정은 관련 범죄가 처벌을 벗어날 수 있다는 의미가 아니다. 뉘른베르크재판과 도쿄재판의 헌장에서 인도에 반하는 범죄의 정의에 '전쟁 발생하기 전과 전쟁 기간 동안 민간인을 살해한 범죄'라는 문구가 포함되어 있다. 다시 말하면 인도에 반하는 범죄와 살인죄가 적용되는 범죄 사실은 원래 유사한 부분이 많다. 똑같은 범죄행위를 살인죄로 기소할 수도 있고 동시에 인도에 반하는 범죄로 기소할 수도 있어 재판 과정에서 검사 측과 변호인 측이 각각 기소하거나 변호한 많은 부분은 흔히 살인죄에 속하기도 하고 인도에 반하는 범죄(이미 통상의 전쟁범죄에 합병하였음)에 속하기도 한다. 따라서 피고인들이 지은 살인죄에 해당되는 범죄들은 흔히 인도에 반하는 범죄로 적용하여 추궁할 수 있다.

이렇게 공동모의 소인 1개와 침략전쟁을 '발동'한 소인 7개, 그리고 54항과 55항의 통상의 전쟁범죄 소인이 법정심리 대상이 되었다. 즉 공소장에 명시된 기소 소인의 제1, 27, 29, 31, 32, 33, 35, 36, 54, 55항이 여기에 해당된다.

판결문 A편에서 중요한 부분은 변호인단에서 2년 전에 제기한 7가지 재판 관할권의 부동한 의견에 대한 재판소의 해답 내용이다.[1] 실제적으로 도쿄재판에 앞서 개정한 뉘른베르크재판에서도 거의 똑같은 도전에 직면했었다. 그래서 도쿄재판에서 판결을 선고할 때 재판소에서는 뉘른베르크재판의 해석 방법을 그대로 인용했다. 그 이유는 "본 재판소는 뉘른베르크재판소의 견해와 이를 기초로 한 추론에 완전히 동의한다.…… 본 재판소와 뉘른베르크법정의 헌장이 모든 중요한 분야에서 완전히 똑같은 입장이기에 뉘른베르크재판소의 원칙 중에서 본 재판과 관련된 내용에 대해서는 무조건 지지하는 태도이며, 만약 다시 작성할 때에는 같은 내용에 대한 서로 다른 해석이 있으면 논란이 일 수 있는 것을 감안해서"였다. 이는 법정이 할 수 있는 가장 적합하고 좋은 설명이었다.

(2) 기소사실인부절차

판결문은 절반 이상의 편폭을 이용해 1928년~1945년 사이 일본이 아시아 각국에서 침략전쟁을 계획하고 실시한 사실에 대해 진술했다. 이는 총 5장의 내용으로 구성되었는데, 일본 군부의 주도와 전쟁 준비 및 추진, 일본의 중국 침략, 일본의 소련 침략, 태평양전쟁, 전쟁법규를 위반한 범죄(잔혹행위) 등이 포함되어 있었다. 그중에서 일본이 중국을 침략한 내용이 가장 상세하게 기술되어 있었는데 그 내용을 세분하면 침략과 만주 강점, 통일과 만주 개발, 진일보 중국 침입 계획, '루거우차오(蘆溝橋) 사건'(1937년 7월 7일)에서 '고노에(近衛) 성명'(1938년 1월 16일)에 이르기까지, 화북임시정부, 대동아공영권, 일본의 만주 및 기타 중국 지역에 대한 경제적 지배 등 7개로 나눌 수 있다. 이 부분의 진술 순서도 재판 과정과 일치했다.

---

1) 7가지 다른 의견은 각각 다음과 같다. ① 재판소는 '평화에 반하는 범죄'를 심판할 권리가 없다. ② 침략전쟁 그 자체는 범죄가 아니다. ③ 전쟁은 국가적 행위이므로 개인이 책임지지 않는다. ④ 재판소 헌장의 규정은 사후법이다. ⑤ 단지 '포츠담선언'을 발표할 당시 국제법이 공인하는 통상의 전쟁범죄야말로 범죄로 고소될 수 있다. ⑥ 교전 중의 살인행위는 전쟁법규를 위반하는 것 외에 살인이라고 볼 수 없다. ⑦ 여러 명의 피고인은 포로이다. 1929년의 '제네바협약'에 따라 본 재판에서 판결해서는 안 된다. 재판 관할권 문제에 대해서는 제2장을 참조하기 바란다.

평화에 반하는 범죄 관련 기소 소인 중에서 법정은 일본 고위급 지도자들이 1928년부터 1945년까지 동아시아와 태평양 및 인도양의 광활한 지역에서 군사와 정치 및 경제적 통치에 목표로 둔 공동모의 행위가 존재했음을 인정했다. 그리고 전체 피고인은 중국(기소 소인 27), 미국(기소 소인 29), 필리핀(기소 소인 30), 영연방(기소 소인 31), 네덜란드(기소 소인 32) 등 국가에서 침략전쟁을 발동한 형사책임을 져야 하며 일부 피고인들은 프랑스(기소 소인 33)와 몽골인민공화국 및 소련(소인 35)에서 침략전쟁을 발동한 형사책임을 져야 한다고 덧붙였다. 판결문에는 다음과 같은 내용이 들어 있다. "일본이 중국 동북지역을 잠식하면서 일본 국내의 정국도 점차 군국주의자들에게 장악되었다. 이들 공동모의자들은 일본을 지배하면서 정책을 제정하고 실시했다. 중국 침략계획을 점진적으로 실시하는 동시에 중국 이외의 다른 국가와 지역에 대한 침략을 계획했다. 중국 동북지역을 완전히 장악하기 전부터 일본 군부는 이미 소련 침공 준비에 들어갔다. 1933년 사이토 마코토(齋藤實) 내각은 중국 동북에서의 철수를 거부하며 국제연맹에서 탈퇴했다. 이와 같은 국제연맹 탈퇴 행위는 분명히 조약의무를 위반하고 국제적인 감독을 도피하려는 행위로, 태평양전쟁을 계획하고 준비하는 전주곡이라고 볼 수 있다. 1940년 6월, 피고인 시라토리 도시오(白鳥敏夫)가 '대규모 전쟁의 귀추'라는 연설에서 '중국전쟁이 유럽전쟁의 도화선에 불을 붙였다고 해도 과언이 아니다'라고 언급했다. 시라토리의 발언대로라면 1945년에 전쟁이 끝난 시점에서 전쟁 과정을 돌이켜 보면 모든 침략 범죄가 14년 전, 심지어 17년 전부터 이미 시작되었음을 알 수 있다. 일부 피고인들은 이미 그때부터 활발하게 침략전쟁 준비에 가담했고 또 일부 피고인들은 그 이후 10여 년 동안 잇따라 침략전쟁에 가담했다. 그들은 침략전쟁과 국제조약을 위반한 전쟁의 공동모의자이자 전쟁의 수행자였다."

도쿄재판이 끝날 즈음에 판사들은 공동모의가 통상의 전쟁범죄, 인도에 반하는 범죄와 살인죄에 적용될 수 없으며 평화에 반하는 범죄에만 적용될 수 있다고 결정한 바 있다. 이 결정에 따라 1948년 11월의 재판 판결 단계에서 법정은 통상의 전쟁범죄 즉 인도에 반하는 범죄의 54조와 55조 기소 소인에 대해 판결하고 실형을 선고했다. 비록 잔혹행위와 관련된 기소 소인 중에서 2개밖에 인정하지 않았지만 검사 측이 폭행죄를 기소하는 과정에서 사용한 전략과 각 지역에서 자행된 잔혹행위가 고위급 지도자에게서 내려온 명령에 따른 조직적인 행위라는 논증은 받아들였다. 판결문에서는 일본군의 만행이 규모가 크고 피해자가 많으며 또한 방대한 아시아-태평양 전선에서 일본군이 거의 똑같은 수단으로 잔혹행위가 자행된 것을 감안하면 결론은 자명한 것이라고 지적했다. 즉 이러한 만행은 일본 정부나 일부 관료가 비밀리에 내린 명령이나 고의적인 방임에 따른 결과라는 것이다. 또한 판결문에서는 일본의 포로 관리기관과 규칙이 유명무실했다는 점을 지적했다. 태평양전쟁이 발발했을 때부터 일본 정부에서는 전쟁 포로를 관리하는 기관을 설립하였고 관련 규칙을 만들었지만, 재판소는 이 조치들이 잔혹행위를 저지하는 제 기능을 수행하지 못했고 이런 제도는 단지 형식적이어서 일본군의 반인도적인 만행을 막기에는 역부족이었으며 국제적인 조약과 관례에도 맞지 않았다고 여겼다. 결과적으로 일본군이 자행한 수차례 중대한 만행에서의 '직접책임'과 '배임책임'이 인정되어 여러 피고인이 형사처벌을 받게 되었다.

도쿄재판의 판결은 중일전쟁과 태평양전쟁 간의 인과관계를 근거로 하여 일본의 전쟁 책임을 규명했다고 할 수 있다.

(3) 범죄 판정과 형량

일본이 침략전쟁을 발동했던 사실을 정리한 후 판결문에서 유죄로 인정한 기소 소인은 10개로 축소되었다.

기소 소인 1: 1928년~1945년 동아시아와 태평양의 지배 등을 목적으로 하는 침략전쟁의 전반적 공동모의.

기소 소인 27: 1931년 9월 18일~1945년 9월 2일, 중국 만주에 대한 침략전쟁의 수행.

기소 소인 29: 1941년 12월 7일~1945년 9월 2일, 미국에 대한 침략전쟁의 수행.

기소 소인 31: 1941년 12월 7일~1945년 9월 2일, 영연방에 대한 침략전쟁의
수행.

기소 소인 32: 1941년 12월 7일~1945년 9월 2일, 네덜란드에 대한 침략전쟁의
수행 실시.

기소 소인 33: 1940년 9월 22일부터 프랑스에 대한 침략전쟁의 수행.

기소 소인 35: 1938년 7월~8월, 하산 호(Lake Khasan) 지역에서 소련에 대한
침략전쟁의 수행.

기소 소인 36: 1939년 여름에 할하강(Khalkha river) 지역에서 몽골과 소련에 대한
침략전쟁의 수행.

기소 소인 54: 1941년 12월 7일~1945년 9월 2일, 전쟁법규와 관례 위반의 명령,
권한 부여, 허가.

기소 소인 55: 1941년 12월 7일~1945년 9월 2일, 전쟁법규와 관례 위반의 방지
의무 무시.

25명의 피고인에 대한 법정의 유죄판정과 형량은 【표4-2】에서 확인할 수
있다.

【표4-2】 극동국제군사재판소 피고인 유죄판정과 형량

기소소인 / 피고인	평화에 반하는 범죄								통상의 전쟁범죄 및 인도에 반하는 범죄		형량
	1	27	29	31	32	33	35	36	54	55	
1 아라키 사다오 (荒木貞夫)	●	●	○	○	○	○	○	○	○	○	종신형
2 도이하라 겐지 (土肥原賢二)	●	●	●	●	●	○	●	●	●	△	사형
3 하시모토 긴고로 (橋本欣五郎)	●	●	○	○	○				○	○	종신형
4 하타 슌로쿠 (畑俊六)	●	●	●	●	●		○	○	○	●	종신형
5 히라누마 기이치로 (平沼騏一郎)	●	●	●	●	●	○	○	●	○	○	종신형

번호	이름	1	2	3	4	5	6	7	8	9	10	판결
6	히로타 고키 (廣田弘毅)	●	●	○	○	○	○	○		○	●	사형
7	호시노 나오키 (星野直樹)	●	●	●	●	●	○	○		○	○	종신형
8	이타가키 세이시로 (板垣征四郎)	●	●	●	●	●	○	●	●	●	△	사형
9	가야 오키노리 (賀屋興宣)	●	●	●	●	●				○	○	종신형
10	기도 고이치 (木戸幸一)	●	●	●	●	●	○	○	○	○	○	종신형
11	기무라 헤이타로 (木村兵太郎)	●	●	●	●	●				●	●	사형
12	고이소 구니아키 (小磯國昭)	●	●	●	●	●			○		●	종신형
13	마쓰이 이와네 (松井石根)	○	○	○	○	○	○	○		○	●	사형
14	미나미 지로 (南次郎)	●	●	●	○	○	○			○	○	종신형
15	무토 아키라 (武藤章)	●	●	●	●	●	○		○		●	사형
16	오카 다카즈미 (岡敬純)	●	●	●	●	●				○	○	종신형
17	오시마 히로시 (大島浩)	●	○	○	○	○				○	●	종신형
18	사토 겐료 (佐藤賢了)	●	●	●	●	●				○	○	종신형
19	시게미쓰 마모루 (重光葵)	○	●	●	●	●	●	○		○	●	금고형 7년
20	시마다 시게타로 (島田繁太郎)	●	●	●	●	●				○	○	종신형
21	시라토리 도시오 (白鳥敏夫)	●	○	○	○	○						종신형
22	스즈키 데이이치 (鈴木貞一)	●	●	●	●	●	○	○	○	○	○	종신형
23	도고 시게노리 (東鄕茂德)	●	●	●	●	●			○	○	○	금고형 20년
24	도조 히데키 (東條英機)	●	●	●	●	●	●		○	●	△	사형
25	우메즈 요시지로 (梅津美治郎)	●	●	●	●	●			○	○	○	종신형

○ 기소-무죄판결, ● 기소-유죄판결, △ 기소-판정하지 않음, 공백-기소하지 않음.

설명: 초기 피고인은 28명이었으나, 나가노 오사미(永野修身)와 마쓰오카 요스케(松岡洋右)가 재판 과정에서 병사했고 오카와 슈메이(大川周明)는 정신적인 문제로 기소가 취소되어 최종적으로 25명만 재판에 넘겨졌다.

요컨대 시게미쓰 마모루(重光葵)와 마쓰이 이와네(松井石根)를 제외한 모든 피고인이 '공동모의'에서 유죄를 판정받았다. 마쓰이 이와네(기소 소인 55), 오시마 히로시(大島

교수형을 선고받은 7명의 피고인.
이타가키 세이시로, 도조 히데키, 도이하라 겐지,
히로타 고키, 마쓰이 이와네, 무토 아키라,
기무라 헤이타로

선고 기간의 피고인석

浩)(기소 소인 1)와 시라토리 도시오(白鳥敏夫)(기소 소인 1) 등 세 명은 단지 1가지의 유죄판정을 받았다. 마쓰이 이와네는 통상의 전쟁범죄의 방임책임으로 사형을 선고받았으며 나머지 2명은 종신형을 선고받았다. 다시 말하면 도쿄재판의 형량 기준에서는 통상의 전쟁범죄 한 가지만 유죄 판정을 받아도 사형 선고를 받았으나 평화에 반하는 범죄만으로 사형을 선고받은 피고인은 없었다. 이는 재판소에서 신중한 논의 끝에 비슷한 선례가 없던 상황에서 평화에 반하는 범죄의 가장 큰 형벌로 종신형을 선고한 것이다.

한편, 일부 학자들은 도쿄재판소(뉘른베르크재판소도 마찬가지임)에서 이런 결정을 내린 배경을 다음과 같이 분석하였다. 첫째, 재판소에서 평화에 반하는 범죄에 비해 전쟁범죄를 더욱 심각한 국제범죄로 여긴 점이고 둘째, 그때 당시에 평화에 반하는 범죄가 많이 알려지지 않아 극형을 피하게 되었다는 것이다. 재판소에서 도조 히데키(東條英機)에게 내린 판결을 예로 들면 그가 여러 가지 이유로 기소되었지만 교수형을 당한 가장 큰 이유는 그가 일본군 만행의 책임자 즉 내각총리와 육군상 신분으로 불법과 비인도적으로 포로 학대를 허락하고 심지어 격려했다는 점에 있다. 바로 이 공소사실로 인해 최종적으로 사형이 확정되었다. 또 다른 피고인 문관(외무대신)인 히로타 고키(廣田弘毅)의 경우도 마찬가지다. 그의 사형 판결은 당시에 논란이 되었다. 판사들의 6대 5의 투표 결과가 다소 극적이었지만 재판소의 통상의 전쟁범죄를 엄하게 처벌하는 기준에서 보면 이 판결은 이해하기 어렵지 않다.

2) 재판장의 개인 의견

W. F. 웨브 재판장은 피고인 유죄판정 근거가 다수파와 달라 별도로 21페이지에 달하는 개인의견서를 단독으로 집필했다. 실제로 그는 637페이지에 달하는 판결의견 서도 집필했는데, 내용은 간결한 개인의견서와 거의 비슷하다. 공개적으로 발표한 적이 없어서 많이 알려지지 않았지만 사실상 이 판결의견서가 W. F. 웨브의 법률 관점을 보다 완벽하고 구체적으로 반영하고 있다. 미국과 영국 법률 체계의 관례 중 하나는 재판장이 작성한 '선도판결'을 법정의 최종 판결의 기초로 함에 있는데, 극동국제군사재판소도 이 관례를 따랐다.

1946년 11월 27일, W. F. 웨브는 판사 동료들에게 '재판장 판결문'을 전달했고 1947년 1월 20일에 최종 완성했다. 이 재판장 판결문에서 W. F. 웨브는 공동모의죄라는 개념이 재판에 적용되는지의 문제에 대해 의문을 제기했다. 침략전쟁을 계획한 것에 대해 다수파의 판결의견서는 참여자의 개인 역할을 모호화하여 총체적인 기술을 하는 방향으로 치우쳤으나, W. F. 웨브는 일본이 중국과 다른 국가를 침략하기 로 한 일련의 복잡한 사건들 중에서 모든 개인의 역할에 대해 검토했다. 이 부분이 재판장 판결문의 약 60% 정도를 차지한다. W. F. 웨브는 모든 피고인이 전쟁범죄를 지었다고 단정했지만, 책임 이론 면에서 그의 논술 핵심은 다수파와 달랐다. 즉 그는 일본군이 범한 전쟁범죄는 이루 말할 수 없이 많고 악질적인 것을 모든 일본 고위급이 분명히 알고 있었고 피고인들은 더더욱 잘 알고 있었을 것이지만 이들은 범죄를 막기 위한 그 어떤 조치도 취하지 않았다고 보았다. 또한 재판장은 피고인이 문제를 내각에 제기할 책임이 있는데 만약 내각에서도 문제를 해결하지 못하면 이를 일왕 본인에게 제출했어야 했다고 판결에서 강조했다. 형량 문제에 대해 W. F. 웨브는 통상의 전쟁범죄와 인도에 반하는 범죄를 범한 피고인에게 사형을 선고할 수 없다고 주장했다. 그 이유는 피고인의 최고 책임자인 일왕에게 면책특권이 주어졌기 때문이다. 그는 가장 적당한 형벌은 종신 해외추방형이라고 주장했다.

전쟁범죄를 연구하는 학자 데이비드 코언(David Cohen)은 이 '재판장 판결문'을 재판과 피고인의 법적 책임에 관한 완벽에 가까운 설명이라고 분석했다. 그러나 이 판결문에 대한 평가에 있어서는 두 가지 전혀 다른 견해가 나타났다. 코언은 판결문이 '다수파 의견에서 많이 부족한 부분 즉 사실 판결의 근거와 결론에 대해 전후가 일치하고 논쟁이 충분하며 논리가 합리적인 설명'을 보완했다고 했다. 또한 "만약 W. F. 웨브의 '재판장 판결'이 재판소에 채택되어 다수 의견으로 판결되었다라면 재판소가 받는 많은 비판을 회피할 수 있을 것이다"라고 했다. 한편 히구라시는 본인의 저작에서 W. F. 웨브가 '성급하고 신경질적'이며 다른 판사들의 불만이 많았다고 했다. 그의 판결 의견은 '진중하고 소심한 중국 판사의 비판까지 받았으며 뉴질랜드 출신 노스크로프트 판사도 이 판결문을 '학생이 쓴 형편없는 국제법 논문'이라고 풍자하기도 했다. 코언은 저작에서 W. F. 웨브는 풍부한 경력을 가진 전쟁범죄 법률전문가로서 도쿄재판에 참여한 다른 판사들과 비길 수 없을 만큼 경험이 많다고 분명하게 밝혔다. 또한 W. F. 웨브 재판장이 재판 과정에서 보여 준 권위적이고 독단적인 태도는 재판 진행 속도를 통제하여 공평한 법정심리를 위해 심혈을 기울인 것으로 해석할 수도 있다고 했다. 왜냐하면 재판 기록을 살펴보면 W. F. 웨브는 검사와 변호인 양측에 수차례나 보다 효과적인 법정 질의방식을 제안했기 때문이다. W. F. 웨브 재판장의 판결문과 법률적인 관점에 대한 해석은 향후 법률가들의 더욱 객관적이고 깊이 있는 연구가 필요하다.

3) 인도 판사의 반대 의견

인도 출신 팔 판사는 도쿄재판에서 가장 특이한 사람이라고 해도 과언이 아니다. 그는 전체 피고인의 무죄를 주장한 유일한 판사였다. 재판 후반기부터 팔은 개인의견서 작성을 위해 재판에 결석하는 일이 잦았다. 그가 작성한 1,241페이지에 달하는 의견서는 1948년 6월에 완성되어 바로 번역 작업에 들어갔다. 팔의 주요 관점은 첫째, 공동모의죄가 존재하지 않음, 둘째, 침략전쟁의 불법성을 반대함, 셋째, 평화에 반하는 범죄는 재판소가 만든 사후법에 해당됨, 넷째, 개인은 국제법상의 형사책임을 지지 않음, 다섯째, 부작위는 범죄가 성립되지 않음, 여섯째, 일본의 진주만 습격은 침략 아닌 자위로 봐야 함 등이다. 의견서 내용을 살펴보면 팔은 일본군이 각 지역 전쟁터에서 저지른 많은 잔혹행위를 기본적으로 인정하면서 검사 측이 제기한 동일 유형의 잔혹행위가 광범위한 지역에서 반복적으로 나타난 주장까지 동의했으나 피고인들이 져야 할 책임에 대해서는 단호히 반대했다. 팔 판사의 주장은 "국제검사국이 도쿄재판에서 잘못된 법률과 증거로 패전국 지도자들에게 근거 없는 기소와 처벌을 하고 있다"는 것으로 정리할 수 있다.

팔의 전원 무죄 주장은 그의 식민지 출신 배경과 관련이 있다. 팔의 의견서에서 당시 국제법 질서 정당성에 대한 의구심이 감지된다. 팔은 당시 국제사회 질서 기초의 법률원칙은 강대국이 약소국을 억압하는 수단이므로 도쿄재판 자체도 단지 대국기회주의의 파생품에 지나지 않는다고 보았다. 네덜란드 판사도 '그(팔)'가 인용한 법률 논점은 일본 전범들의 무죄를 증명하려는 것이었지만 실제로 그는 반제국주의 정치논리의 영향을 많이 받고 있다고 지적한 바 있다. 코언은 팔의 가장 큰 문제는 "그가 무죄를 주장한 피고인 개개인에게 합리적인 판결을 제공하지 못한 데" 있다고 했다. 이 때문에 '팔 의견서'는 정치적인 선언문과도 같았다.

1952년 연합군이 일본 점령 상태를 종료한 후 '팔의 의견서'가 공개 출간되었고 팔의 주장은 도쿄재판을 비판하는 인사들에게 성경처럼 여겨지기 시작했다. 그 이후 '다수파 유죄판결 vs 팔 무죄판결'이란 관점이 전 일본에 퍼졌고, 팔 본인도 일본 사회에서 높은 지위를 가지게 되었다. 오늘날 도쿄에 위치해 있는 야스쿠니신사에 팔 박사 공덕비가 세워져 있는데 그 배후의 깊은 뜻은 사람들로 하여금 심사숙고하게 한다.

4) 네덜란드, 프랑스, 필리핀 판사의 개별 의견

네덜란드 판사의 반대 의견은 다음과 같다. 네덜란드 출신 뢸링 판사의 소수의견서도 343페이지에 달했다. 그는 침략전쟁이 국제법상의 범죄행위임을 인정하면서 이 근거가 마땅히 1928년에 제정된 '부전공약'이 아닌 1945년 8월에 제정된 '런던조약'이어야 한다고 했다. 뢸링은 재판소가 더 이상 '극동국제군사재판헌장'의 제약을 받지 말아야 하며 재판소의 관할권도 태평양전쟁으로 축소해야 한다고 주장했다. 따라서 일러국경선 교전('장고봉 사건'과 '할힌골 사건')도 관할권에서 배제해야 한다고 했다. 평화에 반하는 범죄 법리 문제에 대해 뢸링은 W. F. 웨브와 비슷한 입장을 갖고 있었다. 그는 주로 국제법의 입장에서 공동모의죄는 영국, 미국과 프랑스 등 국가의 제도이고 평화에 반하는 범죄만 적용되는 피고인에게는 사형을 선고하지 말아야 한다고 주장하며, 통상의 전쟁범죄를 동시에 지은 전범의 사형 선고는 반대 의견을 내지 않았다. 이 밖에 그의 주장과 다수파의 주장 간에 가장 큰 차이는 증거 해석과 이를 기초로 한 피고인 형량에 있었다. 그는 히로타 고키(廣田弘毅)의 평화에 반하는 범죄와 통상의 전쟁범죄 등 두 가지 유죄판정은 부당한 판정이라고 주장하며 피고인의 무죄석방을 호소했다. 그러나 무기징역을 선고받은 오카 다카즈미(岡敬純), 사토 겐료(佐藤賢了)와 시마다 시게타로(島田繁太郎)는 통상의 전쟁범죄로 사형 선고를 받아야 한다고 주장했으며, 나머지 피고인 하타 슌로쿠(畑俊六), 기도 고이치(木戶幸一), 시게미쓰 마모루(重光葵)와 도고 시게노리(東鄕茂德) 등 4명의 무죄석방을 주장했다.

프랑스 베르나르(Henri Bernard) 판사의 반대 의견서는 23페이지였다. 그의 주요 반대 의견은 아래와 같다. 첫째, 법정의 의사절차에 중대한 결함이 있다. 여기에는 피고인 변호 여건이 만족되지 않은 것과 간단하게 형성된 다수파 의견으로 판결한 내용이 포함되었다. 둘째, 침략전쟁 불법성에 대한 근거는 자연법칙이어야 한다. 즉 국가 개념을 바탕으로 한 양심과 이성으로 정해져야 하지 검사 측이 제시한 몇 개의 국제조약을 근거로 해서는 안 된다. 셋째, 검사 측이 '공동모의죄'를 증명할 수 있는 직접적인 증거를 제출하지 않았기 때문에 피고인에 대한 평화에 반하는 범죄 기소는 성립되지 않는다. 넷째, 검사 측이 제기한 통상의 전쟁범죄 중에 '부작위' 책임에 대한 판정이 부당하다. 다섯째, 일왕도 소추되었어야 한다.

필리핀 판사 델핀 하라니야(Delfin Jaranilla)는 소수파가 아니었지만 그가 작성한 개별 의견은 주로 정식판결에 관한 병존 의견인데, 의견서는 총 35페이지로 구성되어 있다. 주요 내용은 공동모의죄, 침략전쟁 계획과 준비 부분에 대한 기소 소인의 부족함, 살인과 기타 폭행에 관련된 기소 소인, 일본-독일 공동모의, 변호인 측의 재판소에 대한 이의 제기, 개인 책임에 관련된 내용, 핵폭탄 문제, 인도 판사의 반대 의견, 알맞지 않은 형벌, 그리고 결론 등이 있었다. 의견서에서는 도쿄재판 헌장과 관할권 등 중대한 문제에 대해 전반적인 지지를 보내며 미국이 핵폭탄을 사용한 것은 정당한 행위라고 판정을 내렸다. 또한 하라니야는 도쿄재판의 판결 결과가 지나치게 관대하다고 여겼으며 피고인 모두에게 사형을 선고해야 한다고 주장했다. 이러한 주장들은 팔의 의견과는 극과 극이 되었다. 팔의 성장 배경과 마찬가지로 필리핀 판사 본인의 경력에서 그의 주장을 알 수 있다. 일본군이 전쟁 시기에 필리핀에서 저지른 '바탄 죽음의 행진'이란 유명한 포로 학대 사건이 있었는데, 하라니야는 바로 그 폭행 중에서 살아남은 많지 않은 생존자 중의 한 사람이었다.

3. 선고에 대한 반응 및 평가

1) 선고 당시의 반응

재판이 시작되기도 전에 영국 코민스 카(Arthur Comyns Carr) 검사는 검사국 내부에서 '비록 현재 일본인들도 전범들에 대한 기소를 매우 지지하는 듯하지만 만약 재판이 길어지면 사회에서 피고인들을 순교자로 보는 소동이 일 수 있다. 게다가 뉘른베르크 재판이 끝나게 되면 국제여론도 재판에 대한 관심이 사라질 수밖에 없다'고 밝힌 바 있다. 지금 다시 돌이켜 보면 이 발언은 예견성이 충분한 발언이었다. 재판 선고 당시 연합국 각국 간의 관계에 미묘한 변화가 일어나고 있었으며 재판에 대해 지속적인 관심과 긍정적인 입장을 보이지 않았다. 예를 들면 판결이 선고된 후 일본 점령 당국이 줄곧 재판기록과 기타 관련 문헌을 공개적으로 출판하지 않아 조지프 베리 키넌 수석검사가 당국에 편지를 보내 불만을 토로한 적이 있다. 또한 일본 전 내각총리 아시다 히토시(蘆田均)의 발언처럼 재판을 받는 일본의 입장에서는 판결 결과를 선고받은 초기에 피고인 가족들만 정서적으로 충격을 받은 것 외에 '일본 국내에서는 커다란 파문을 일으키지 못했다.' 히구라시(日暮)는 재판에서 밝혀진 전쟁범죄가 일반 국민들에게는 매우 커다란 충격이었고 전체 일본인의 치욕이었기에 설사 자신들도 전쟁을 일으킨 이들의 피해자라고 생각할지라도 판결을 묵묵히 수용할 수밖에 없었다고 했다. 한편, 지식인들은 전쟁에 대한 혐오감 때문에 거의 모두 판결에 압도적인 지지를 보냈다. 신분의 민감성으로 인해 정치권 인사들에게 도쿄재판은 더 이상 거론하기 싫은 화제가 되었다. 그러나 얼마 지나지 않아 잠잠하던 사회가 곧바로 전범석방촉구운동으로 소란스러워졌다. 1949년에 일찍 이를 예견한 코민스 카는 대부분의 일본인이 도쿄재판을 여전히 '승리자의 보복'으로 보고 있다고 지적했다.

2) 다각도로 보는 판결 평가

비록 재판 선고 이후 사회여론은 점차 평온해졌지만 학계에서는 재판에 대한 연구를 이어 가고 있다. 재판 판결에 대해서 다각도로 연구하고 깊이 있게 논의하는 과정에 찬성과 비판의 목소리가 공존하고 있다. 그중 판결문에 대한 비판은 아래와 같은 내용에 집중되어 있다.

첫째, 역사적 사실에 대한 진술이 모순된다. 도쿄재판 판결에서 비판을 가장 많이 받은 부분은 공동모의죄에 대한 결정이다. 재판소에서는 피고인들을 포함한 일본 지도자들이 18년 동안 일본이 아시아 태평양 지역을 지배하려는 공동모의에 적극 가담한 것으로 판단했다. 그러나 대부분의 학자들은 이런 판결이 지나치게 간단한 역사관을 바탕으로 형성된 것이라고 비판했다. 판결문에는 또 일본 정부가 전쟁 계획에 있어서 일관성을 유지하지 않은 사실이 상세히 기술되어 있다. 이는 서로 다른 각도에서 도쿄재판의 판결문을 살펴보면 두 가지 '역사관'이 포함되어 있으며 이런 불일치성이 원만히 해결되지 않았다. 도타니 유마(戸谷由麻)는 이것이 이후 재판에 대한 논의 과정에 논쟁이 끊이지 않는 이유 중의 하나라고 보았다.

둘째, 일부 판결에 대한 해석과 뒷받침할 증거가 부족했다. 코언은 판결문은 증거를 참조하지 않았거나 판결문에서 큰 비중을 차지하는 피고인에게 불리한 증거를 인용하지 않았다. 또한 도쿄재판 비판자들이 50,000페이지에 달하는 재판기록과 검사 측이 제출한 5,000 항목이 넘는 증거를 잘 알지 못하고 있었으므로 비판자들은 '승자의 정의'를 바탕으로 하는 판결이라는 결론을 얻게 된 것이라고 지적하였다. 닐 보이스터(Neil Boister)는 한 발 더 나아가 재판 헌장이 법정에 광범위한 자유재량권을 부여한 점, 도쿄재판소가 일부 판결에 대해 적절한 법리해석을 하지 못한 점이 국제형법의 선례가 되었다.…… 하지만 형량 판정 기준에 대한 혼란을 야기한 점을 감안하면 좋은 선례로 볼 수 없다고 비판하였다.

그러나 판결 결과가 '좋은 선례'인지에 대해서도 여러 가지 다른 해석이 있었다. 판결을 지지하는 일각에서는 도쿄재판의 몇몇 판결은 이미 현재 국제재판 과정에서 유효판례로 인용되기도 했다고 지적했다. 예를 들면 1998년 르완다 문제 국제형사법정에서는 1994년 르완다 종족학살 과정에서 문관 책임에 대한 판결을 할 때 바로 도쿄재판의 히로타 고키(廣田弘毅) 판례를 인용했다.

> 사실상 도쿄재판 이후 국제인도법규를 위반한 문관의 책임을 규명하는 관례가
> 확립되었다. 일본 전 외무대신인 히로타 고키는 바로 '난징대학살 사건'으로 인해
> 도쿄재판에서 유죄 판결을 받았다.

여기서 짚고 넘어가야 할 것은 도쿄재판 당시 히로타 고키에게 유죄 판결을 선고한 후 각계의 비판을 받았다는 점이다. 비판의 초점은 문관인 히로타 고키에게 군인들이 저지른 잔혹행위의 책임을 물어서는 안 된다는 것이었다. 그러나 현재 국제인도법에서 지휘관의 책임과 부작위 책임에 대한 최초 밑그림은 바로 뉘른베르크 재판과 도쿄재판 등을 비롯한 일련의 전후 재판 과정에서 그려졌다. 다시 말하면 도쿄재판의 판결은 국제인도법의 발전에 중요한 기여를 했다고 할 수 있다.

이 외에도 연구자들은 도쿄재판소가 구체적인 사실 인정 부분 특히 일본군이 저지른 잔혹행위에 대해 매우 설득력 있는 판결을 했다고 지적한다. 도쿄재판 판결문에서 역사에 관한 진술은 '도쿄재판 역사관'이라고 불린다. 비록 공동모의를 판결하는 부분에서 약간의 문제점을 남겼지만 재판의 기술방식이 후세 일본의 전쟁사 연구에 매우 큰 영향을 미쳤다는 점은 누구도 부인할 수 없다. 이 밖에 '14년 전쟁'(1931년 9월의 '奉天 사건'을 태평양전쟁의 발단으로 추정)과 '아시아－태평양전쟁'이란 개념은 중국에 가해진 일본의 군사 공격이 태평양전쟁의 발단이라고 보고 있다. 이는 오늘날 역사학의 주류 해석 중의 하나가 되었다.

소결

　도쿄재판은 법정심리 과정과 마찬가지로 판결 과정에서도 각종 난관에 부딪쳤는데 결과적으로는 후세 사람들에게 많은 논의 가능성을 남겨 주었다. 우리는 비판의 목소리를 피할 필요가 없다. 도쿄재판이 국제법상의 선구적인 사법사건으로서 판결에 이런저런 법리 논란이 존재하는 것은 당연한 사실이다. 그렇지 않으면 '선구적'이라고 할 수 없다. 우리는 이러한 논쟁의 긍정적인 의의가 판결(판사 개별 의견 포함)의 깊이 있는 연구에 있어서 도쿄재판 심리의 문맥을 더욱 정확하고 객관적으로 정리할 수 있다는 점에 주목할 필요가 있다. 이러한 논쟁들은 우리에게 인류가 '전쟁과 평화'라는 영원한 과제를 어떻게 직면하고 대처해야 되는가를 시사해 준다. 이 또한 재판 당사자들과 학자들이 기대했던 도쿄재판의 '교육기능'의 구현이기도 하다.

제5장 아시아 지역의 기타 일본 전범재판

도쿄재판은 제2차 세계대전 이후 연합국이 아시아 지역에 설립한 유일한 A급 전범재판소였다. 비슷한 시기에 '준A급' 재판소 1개와 아시아─태평양 지역에 분포된 여러 개의 BC급 전범재판소도 잇따라 재판을 진행했다. 이 재판들의 재판 기간은 도쿄재판(1945~1952) 기간을 초과했으며 도쿄재판과 함께 연합국의 극동지역에서의 전범재판의 큰 축을 형성하였다. 본 장에서는 도쿄재판으로부터 시선을 돌려 연합국이 아시아 지역에 설립한 기타 전범재판소의 심리 상황에 집중적으로 주목하고자 한다.

1. 연합국의 재판 구상

1) 아시아 지역에 설립된 일본 전범재판소

제2차 세계대전이 끝날 무렵, 연합국은 독일과 일본 전범에 대한 재판 문제를 검토하기 시작했다. 전쟁을 겪은 국가 간의 토론과 협상을 거쳐 연합국은 뉘른베르크와 도쿄에 각각 국제군사재판소를 설립하고 양국 지도자를 재판하기로 최종 합의했다. 이와 동시에 많은 전범들은 전쟁 피해 지역에 설립된 연합국 관할 재판소(군사위원회)에서 재판을 받게 되었다. 이 재판소의 수량과 재판을 받을 전범의 수가 양대 국제군사재판소를 훨씬 넘어섰다. 아시아 지역에서는 도쿄재판소를 'A급 재판소'라 부르고, 기타 재판소를 'BC급 재판소'라 불렀다. 그렇다면 소위 'A', 'B', 'C'라는 재판 등급은 도대체 어떤 의미를 갖고 있는가?

1945년 10월 미국은 유럽 전범재판 방안을 모델로 하여 '극동전범의 체포 및 처벌에 관한 미국의 정책'이라는 보고서를 연합국에 제출했다. 보고서는 연합국이 태평양 전 지역에서 전범을 기소하는 방안을 제안하면서 여러 개의 국제재판소와 연합국 관할 하의 차급 재판소를 설립하는 기본 원칙을 적고 있다. 이 보고서의 제1장에서는 'A', 'B', 'C'편에서 각각 '평화에 반하는 범죄', '통상의 전쟁범죄'와 '인도에 반하는 범죄' 등 3개의 죄명에 대해 정의하고 있다. 그중 A편에서 제시한 평화에 반하는 범죄는 후일 도쿄재판 때 그대로 쓰였다. 그러나 'B'편과 'C'편에서 제시한 통상의 전쟁범죄와 인도에 반하는 범죄는 연합국이 아시아 각 전쟁 지역에 설립한 재판소에서 심리하게 되었다. 즉 전쟁 피해 발생 지역에서 피해국이 범죄자를 재판하는 것이었다. 그러므로 도쿄재판소와 기타 아시아 지역 재판소 간의 가장 중요한 차이점은 재판소 관할권이 다르다는 점이다. 평화에 반하는 범죄의 재판 대상은 대부분 국가 지도자인 반면, 통상의 전쟁범죄와 인도에 반하는 범죄의 피고인은 대부분 장교와 병사였기 때문에 A, B, C급 전범의 구별은 해당 전범의 직위에 따른 것이라는 보편적인 인지가 있었으며, 서양에서도 B급과 C급 재판은 '전쟁 경범죄 재판'(Minor War Crimes Trials)으로 불리는 경우가 많았다. 그러나 보고서를 살펴보면 'Class A War Crimes'는 'A급 전범'으로 번역해야 하는데, 범죄행위의 경중을 구별하는 의미는 없다고 할 수 있다. 사실 1946년 10월에 연합국전범조사위원회 주석인 로버트 라이트 경(Robert Wright)은 '경범죄라는 개념이 잘못된 표현임을 지적하면서 '수량과 범위를 놓고 말하면 그들은 뉘른베르크와 도쿄재판소 관할권 밖의 모든 범죄를 포함한다'고 덧붙였다. 사실상 A급 재판소인 도쿄재판소보다 B급과 C급 범죄에 대한 양형은 심지어 평화에 반하는 범죄를 넘어섰다. 본 장에서는 서술의 편의를 위해 'BC급'이란 명칭을 그대로 사용하기로 한다.

평화에 반하는 범죄에 관한 법리 문제가 커다란 파문을 일으킨 반면에 BC급 범죄의 법률근거는 비교적 충분하고 명확한 편인데, 주로 다음과 같은 문서에 근거하고 있다. 하나는 1899년과 1907년에 체결된 '헤이그조약', 즉 '육지 전쟁법 및 관습을 존중하는 조약과 부속협정인 '육지 전쟁법 및 관습을 존중하는 장정章程'이다. 다른 하나는 1929년 포로 처우에 관한 '제네바조약'에 의한 것이다. 이를 전제로 하여 각국과 재판을 준비한 연합국 기구에서는 각자 재판에 적용되는 법률과 처벌 절차를 제정할 수 있었다. 일반적으로 영국, 미국, 호주 등 영미법계 소속 국가는 대부분 육전법규 등 국제법 조약을 따랐고, 네덜란드, 중국과 인도네시아 등 대륙법계 소속 국가는 대부분 국내 형법과 국제법을 재판에 동시 적용하기로 했다. 이 외에 미국은 재판소 소재 지역의 상황을 고려했는데, 예를 들어 괌재판소에서는 현지 형법을 적용하기도 했다.

연합국이 전범재판 정책에 대해 합의한 후, 각 지역에서는 잇따라 재판소를 설립하기 시작했다. 1945년 10월에 미군이 마닐라에서 야마시타 도모유키(山下奉文) 재판을 했는데 이는 아시아 지역 최초의 BC급 재판이다. 정확하게 말하자면 최초의 공개재판이었다. 그 전인 2월에 미국 해군은 괌에서 비공개적으로 사이판 출신 경찰의 살인 사건을 재판한 바 있다. 1945년 말부터 1946년 상반기까지 호주, 영국, 프랑스, 중국, 네덜란드 등 국가에서 잇따라 재판을 추진했다. 1946년 7월에 독립을 선언한 필리핀은 8월에 바로 미군의 조사를 인수받아 독자적으로 재판을 시작했다. 만약 중화인민공화국과 소련까지 합하면 총 8개 국가의 9개 정부가 일본 전범에 대해 재판을 진행한 셈이다.

2) 전쟁범죄와 전범

전쟁범죄와 인도에 반하는 범죄의 구체적인 내용은 '헤이그조약과 육지 전쟁법' 등 일련의 문서에 이미 규정되어 있다. 1944년 5월에 연합국 전범 문제의 최고 의사결정기관인 연합국전범위원회에서 33가지의 전쟁범죄행위를 열거했다. 그 후 각국이 이를 근거로 하여 각자 범죄 조례를 제정하거나 조정하게 되었다. 여기서 지적해야 할 점은 미국, 중국, 필리핀과 호주를 포함한 각국이 재판 규정을 제정하는 과정에서 각국 상황에 따라 독자적으로 '평화에 반하는 범죄'를 심리할 것이라고 했지만 실제 재판 과정에 A급 전범이 BC급 재판소에 나타난 일은 없었다.

【표5-1】 연합국전쟁범죄위원회가 1944년 5월에 확인한 전쟁범죄 목록

모살, 종족 제거, 조직적인 공포 행위	점령국 거주민 국적 박탈	병원선 공격 및 파손
인질 살해	강탈	병원선 고의 폭격
민간인 고문	재산 몰수	적십자회 관련 규정 위반
고의로 민간인들을 기아에 시달리게 한 행위	부당세금 징수, 과도한 세금 징수, 과세 강행	유독 가스 또는 질식성 가스 사용
강간	위조화폐 제조 및 발행	폭발성 및 분산성 유탄 등 비인도적 무기 사용
강제 매춘을 위한 여성과 아동 매매	연좌제 실행	구조금지 명령 하달
민간인 유배	재물 파손	부상자 및 포로 학대
비인도적 환경에 민간인 억류	무방비지역 고의 폭격	비인도적 방법으로 포로들을 강제 징용
민간인에게 적군의 군사행동 관련 작업 강요	종교, 자선, 교육, 역사적 건물을 임의로 파손	휴전기 남용
군사점령 후 주권 찬탈	승객과 선원의 안전을 무시하고 사전 경고 없이 여객선 파손	우물, 샘물에 독극물 투입
점령지에서의 강제 징병	어선 및 구조선 파손	무차별 집단 체포

1946년 10월, 중국 국민당 정부에서 발표한 조례에 열거한 38조항의 전쟁범죄는 위의 유엔 기준보다 '고의로 병원 폭격', '집단 형벌 실시', '악의적인 모독', '역사 예술품과 문화진품 탈취', '기타 전쟁법규나 관례를 위반한 행위 또는 군사상 수요를 초과한 만행과 파괴행위, 또는 강제노역을 시키거나 합법적 권리 행사를 방해한 행위' 등 5개 조항이 추가되었으며 '연좌제 실행'을 없애고 '강제 매춘을 위한 여성과 아동 매매' 조항을 2개의 조항(아동을 약탈함, 부녀자를 유괴하여 강제로 매춘하게 함)으로 구분하기도 했다. 이 밖에 일부 조항의 진술을 아래와 같이 조정했다. '구조금지 명령 하달'을 '전부 사살하라는 명령 발포'로 수정했으며, '유독 가스 또는 질식성 가스 사용'을 '독가스 사용 또는 독균 살포'로, '재산 몰수'를 '재산 강탈이나 강점'으로 수정했다.

전쟁 기간부터 연합국은 여러 가지 루트를 통하여 일본군의 전쟁범죄 관련 정보를 수집하기 시작했다. 그중에는 태국−미얀마 철도건설, 바탄 죽음의 행진, 싱가포르 화교 피살 사건 등 민간인과 포로에 대한 잔혹행위가 포함되어 있다.

이런 사실을 토대로 '포츠담선언'은 '연합군 포로를 학대한 자를 포함한 일체 전범을 법률에 의해 재판할' 것이라는 내용을 담게 되었다. 일본 패전 후, 연합국에서는 여러 곳에 연락기구를 설립하고 각국 간의 전범 수사 협력을 전개했다. 예를 들면 도쿄에 설립된 연합국 최고사령부 소속 법무부(GHQ, SCAP)가 바로 중요한 연락기구인데, 산하에 호주, 영국, 캐나다, 중국과 네덜란드 등 5개 부문이 있었다. 이로써 법무부의 미국 요원들이 기타 국가 수사 요원들과 전범들의 정보를 교환하고 전범 체포와 인도를 시행할 수 있게 되었다. 유사한 기구로는 유엔 동남아 육군사령부 소속 전범협조처(HQ, ALFSEA)가 있는데 본부는 선후로 영국 소속 실론(현재의 스리랑카)과 싱가포르에 설립되었고, 이 외에 방콕, 타이완, 홍콩, 쿠알라룸푸르, 라부안, 메단, 조지타운(풀나우피낭), 양곤, 사이공, 상하이와 도쿄 등 각지에 17개의 지사를 설립한 바 있었다.

일본 패전 후, 전쟁범죄에 관한 대량의 정보가 구조된 포로에 의해 유출되었는데, 위에서 열거한 각 수사기관에서는 이런 정보를 이용하여 전범명단을 작성했다. 1948년 3월까지 연합국전범위원회의 전범명단에 오른 일본 전범 용의자는 440명에 달했다. 1945년 8월 중국 충칭에 설립된 극동태평양소위원회에서는 127명의 일본 전범 명단을 작성했으며 이후 26차례에 걸쳐 전범명단이 추가되어 총 3,158명의 용의자와 증인이 명단에 오르게 되었다. 이 외에도 1945년 9월부터 연합국 동남아사령부에서는 계속해서 25부의 전범명단을 만들었다. 연합국의 전범 체포 작업도 명단 작성과 동시에 진행되었는데, 명단에 올린 인원 외에 일본 헌병과 포로수용소 관련 인원도 체포대상이 되었다. 일본 제1 제대군인국 법무조사부의 집계에 따르면, 1946년 10월 상순까지 용의자 체포 수는 1,000명을 넘어섰다.

3) 재판 상황

각 재판 당사국의 자료 보관, 정리와 공개 상황이 천차만별이었기 때문에 전체 재판의 정확한 숫자를 파악하기가 쉽지 않았다. 전체 아시아 ─ 태평양 지역에 총

51개의 BC급 전쟁범죄 재판소가 있었다. 하야시 히로후미(林博史)는 일본 법무성의 집계자료를 인용하여 아시아 각국에서 선후로 진행된 재판 안건이 2,244건으로 추정되며(소련과 중화인민공화국 재판 제외) 피고인 수는 약 5,700명에 달한다고 한다.

【표5-2】 아시아 지역의 대일 재판 개황

	미국	영국	중국	호주	프랑스	네덜란드	필리핀	합계
재판건수	456	330	605	294	39	448	72	2244
피고인수	1453	978	883	949	230	1038	169	5700
사형	140	223	149	153	26	226	17	934
종신형 또는 금고형	1033	556	355	493	135	733	114	3419
무죄	188	116	350	267	31	55	11	1018
기타	89	83	29	36	1	14	27	279

자료 출처: 하야시 히로후미(林博史), 『BC급 전범재판』(이와나미 서점, 2005).
설명: BC급 재판의 통계 숫자와 관련해 자료와 통계 방법의 차이로 인해 저술 간의 차이를 보였다. 본 장에서 인용한 숫자는 주로 하야시 히로후미(林博史)와 차엔 요시오(茶園義男)의 연구를 참조했고 문제에 대해서는 본질적인 문제에 대한 분석만 가했다.

기소당한 대다수 범죄행위는 학대, 괴롭힘 및 대규모 민간인과 포로 학살이었다. 또한 강제 징용, 성폭행 범죄, 재산 강탈, 마약 밀매 등 범죄에 대해서도 언급했다. 이 밖에 각국 재판에서 특별히 주목한 문제들이 있었다. 예를 들면 필리핀재판소에서는 식인 문제에 주목했고, 미국재판소는 전쟁포로 시체 처리 문제에 주목했다.

피고인의 4분의 3 이상이 군인이었는데, 그중 하급 사관이 절반 이상을 차지했고, 최종 사형을 선고 받은 피고인도 대부분 하급 사관들이었다. 해군 헌병(헌병에 해당되는 해군 특별경찰)의 사형 선고 비율도 매우 높았다. 이 외에는 포로수용소 관련 구성원이었다. 피해자 대부분이 민간인과 포로였으므로 각국 재판에서는 민간인 피해와 포로 학대 문제를 상당히 중시했다.

2. 준A급 전범재판

이른바 '준A급 재판'이란 A, B, C급 재판 외의 또 다른 유형의 범죄를 특별히 지칭하는 것이 아니라 1948년 10월 27일에 주일본 연합국 최고사령부에서 도요다 소에무(豊田副武)와 다무라 히로시(田村浩)를 특별 기소한 재판을 지칭한다. 그 본질은 A급 전범피의자를 BC급 전쟁범죄로 기소한 것이다.

1) 도쿄재판 이후의 후속 재판 구상

준A급이란 특별한 재판과 관련해서는 도쿄재판의 준비 시기로 거슬러 올라갈 수 있다. 1945년 가을, 연합군 최고사령부에서는 100명이 넘는 일본 A급 전범피의자를 잇따라 체포하기 시작했는데 피의자에는 정계 요인과 재벌이 포함되어 있었다. 연합군은 상호 협상을 거쳐 28명을 피고인으로 도쿄재판소의 피고인석에 세웠고, 나머지 피의자를 스가모 감옥에 구금하고 처벌을 기다리게 했다. 당시 각국은 도쿄재판이 끝난 후 제2차, 제3차 A급 전범재판을 진행할지에 대해 합의를 보지 못한 상황이었다. 국제검사국 키넌(Joseph B. Keenan) 국장은 후속 재판의 지지자로서 여러 번 공개적인 장소에서 일본 재벌에 대해 다음 수순의 재판을 진행할 것이라고 언급했다. 미국 정부에서도 처음에는 뉘른베르크재판 후속 재판처럼 일본의 전쟁 발원 요소를 철저히 제거하려고 했다. 그러나 영국은 1946년 초에 당시 구속 중인 A급 전범피의자를 재판하는 것에 우려를 밝힌 바 있었다. 영연방 출신 검사들은 증거가 부족한 피의자를 즉각 석방해야 한다는 의견을 내놓았으며 기소 가능성이 남아 있는 피의자는 미국이 수사를 접수하고 국제재판을 접어야 한다고 주장했다. 그러나 피의자의 석방 작업이 더뎌서 1947년 8월까지도 22명의 피의자가 여전히 감옥에 구속되어 있었다. 이런 상황에 대해 국제검사국 내부에서도 불만이 많았다. 많은 검사들은 이유 없이 피의자를 장기적으로 구속하는 것은 국제검사국 심지어 연합국의 위엄에 해를 끼칠 것이라고 반발했다. 연합군 최고 사령관 맥아더(Douglas

MacArthur)도 키넌 국장에게 남은 피의자의 거취 문제를 빠른 시일 내에 결정하라고 독촉했다. 그리하여 피의자에 대한 집중 수사는 같은 해 10월 말까지 진행되었는데, 기소 가능성이 있는 19명의 피의자를 제외한 나머지 피의자를 즉각 석방해야 한다는 결정이 내려졌다.

중요한 것은 원래 후속 재판을 해야 한다고 주장해 왔던 키넌이 이때 생각을 바꾼 것이었다. 그는 맥아더 사령관에게 19명의 피의자를 A급 전범으로 기소하지 말아야 한다고 건의했다. 그 이유는 새로운 국제재판을 하면 시간과 비용이 소요될 뿐만 아니라 재판 내용이 중복되기도 하고, 더 중요한 것은 현재 국제 상황으로 볼 때 더 많은 주목을 받을 수 없다는 것이다. 키넌의 이러한 태도 변화는 미국 육군부와 맥아더의 영향을 받은 것으로 추정할 수 있다. 미국은 1947년 이후 대규모 후속 국제재판에 대해 소극적이었고 도쿄재판의 각종 비용도 주일본 연합군 사령부의 예상을 초과했기 때문에 1948년 4월에 연합군 총사령부에서는 후속 재판을 하지 않기로 이미 결정을 한 상태였다. 그러나 키넌은 이 19명의 피의자를 그냥 풀어 주는 것은 반대하였다. 그는 연합군 사령부 소속 법무국(Legal Section)에서 피의자 수사를 넘겨받아 BC급 범죄에 관한 조사와 기소를 진행할 것을 건의했다. 미국 육군부에서도 그의 이런 의견을 수용하기로 했다.

당시 법무국 알바 C. 카펜터(Alva C. Carpenter) 국장이 수사 임무를 넘겨받은 후 구속 중인 피의자에 대한 새로운 집중 조사에 돌입했다. 그는 1948년 4월에 맥아더에게 제출한 보고서에서 후속 재판 방안을 제기했다. 방안은 주로 3가지 내용으로 구성되었다. 첫째, '내각 책임'으로 '진주만 사건 내각 피의자 8명을 기소하는 것이다. 그러나 관련 선례가 부족한 관계로 도쿄재판 결과가 나온 이후 후속 계획을 잡기로 했다. 둘째, '지휘관 책임'으로 도요다 소에무(豊田副武) 전 요코스카 주둔 사령관 겸 연합함대 사령관 겸 군령부 총장을 기소하는 것이다. 셋째, 고다마 요시오(玉譽士夫)와 사사카와 료이치(笹川良一)에 대한 조사를 계속하며 두 사람을 잠재 재판 대상으로 처리하기로 했다. 9월에 카펜터는 당시 일본 육군성 다무라 히로시(田村浩) 포로정보국 국장 겸 포로 관리 부장을 잠재 재판대상으로 추가하기로 했다. 같은 해 11월에 도쿄재판 선고가 진행되었다. 판결문에서 일본 내각 각료들이 직무에 맞는 책임을 다하지 못했다면 해당 각료에게 배임의 형사책임을 물어야 한다는 원칙을 정했다. 하지만 카펜터는 판결 결과만으로 관련 내각 각료를 기소할 근거가 충분하지 않다고 주장했다. 이 원칙에 따라 유죄 선고를 받은 피고인이 시게미쓰 마모루(重光葵)밖에 없고 형량도 가벼운 편이기 때문이었다. 그리하여 법무국에서는 기소를 포기하고 진주만사건 내각 각료를 포함한 20명 피의자를 석방하기로 하고 도요다(豊田)와 다무라(田村) 2명만 계속 구속하기로 했다. 후속 재판에 대한 연합국의 계획은 결국 이 2명에 대한 재판으로 마무리된 셈이다.

2) 재판소의 구성과 재판 결과

재판이 시작되기 전, 연합군 최고사령부 대외사무실에서 연합국 각국에 판사 파견을 요청했다. 그러므로 준A급 재판을 미국군사재판소 재판으로 볼 수 없으며 참모장 합동회의 제40번 명령 범위에 해당되는 국제재판소 또는 연합군 총사령부 군사재판소로 보는 것이 적절하다. 당시 냉전이 시작된 국제 환경 속에서 연합국들이 일본 전범 문제에 대해 여전히 어느 정도의 국제 협력을 취했다는 것은 의미심장한 일이다. 미국이 연합국 각국에 재판 참여 요청을 보낸 후 호주, 중국과 소련의 호응을 받았다. 이후 호주의 존 W. 오브라이언(John W. O'Brien) 육군 준장이 도요다의 재판에 참여했고 도쿄재판에서 중국판사 책임자를 맡았던 양서우린(楊壽林)이 다무라 히로시(田村浩) 재판에 참여했다. 소련이 파견한 판사는 영어가 능숙하지 않아 재판에서 제외되었다.

1948년 10월 27일, 연합군 최고사령부와 연합군 최고사령관은 참모장 합동회의에서 1946년 4월 24일에 부여받은 권한으로 도쿄에 2개의 군사재판소를 설립하라는 명령과 재판소 재판장에게 보내는 편지를 선포했으며 재판 원칙과 규칙을 규정했다. 당일 연합군 총사령부에서는 기자회견을 열고 도요다와 다무라 재판의 시작을 알리고 재판소 구성 상황을 소개했다. 새로 설립된 군사재판소는 도쿄 마루노우치(丸

之内) 미쓰비시(三菱) 11호관에서 개정했다. 그 후 도요다에 대한 재판은 1949년 4월 26일에 아오야마(青山)에 있는 일본청년관으로 옮겨졌다. 재판의 주체와 재판소 주소로 인해 이 준A급 재판은 'GHQ재판', '마루노우치재판' 또는 '아오야마재판'으로 불리기도 한다.

피고인 중 1885년에 출생한 도요다는 일본 해군학교 출신으로 해군대장을 역임했다. 제29, 30대 일본 연합함대 사령관을 맡았고, 이후 제19대 일본군령부 총장을 맡았으며, 1941년에 해군대장, 구레 진수부(吳鎮守府) 사령관으로 승진했다. 태평양전쟁이 발발하기 전, 그는 도조 히데키(東條英機) 내각의 해군대신직을 거절한 바 있다. 1944년 5월에 도요다는 일본 연합함대 사령관을 맡았다. 전쟁 후반기, 일본이 태평양전장에서 잇따라 참패하자 1945년 4월에 도요다의 명령 하에 야마토호 주력함을 포함한 제2함대로 구성된 해상특공대는 오키나와에 출격해 해상특공을 실시했다. 같은 달에 도요다는 일본 해군총사령관, 해상호위사령관, 군령부총장 등 직위를 겸임하게 되었으며 끝까지 전쟁을 계속해야 한다고 주장했다. 또 다른 피고인인 다무라는 1894년생으로 일본 육군 출신이다. 1916년에 일본 육군사관학교를 졸업한 후 육군 포병 소위에서 계급이 계속 승진했다. 대만과 태국에서 무관을 역임했고, 태평양전쟁이 시작된 후에는 육군소장으로 승진했으며, 관동군 참모장 및 포로정보 장관을 역임했고, 1945년에 육군 중장으로 승진했다. 도요다와 다무라는 기타 A급 전범들과 함께 연합군 총사령부에 의해 피의자로 체포되었다.

이 2명에 대한 재판은 10개월 넘게 진행되었다. 1949년 2월 23일에 다무라는 부하의 연합군 포로 학대 행위를 방임한 형사책임으로 8년 금고형을 선고받았다. 도요다 소에무(豊田副武)는 요코스카(橫須賀) 주둔 사령관, 연합함대 사령관, 군령부총장 등 직위를 역임한 기간의 잔혹행위 책임이 규명되었지만 같은 해 9월 6일에 무죄 선고를 받고 석방되었다.

마루노우치(丸之内)에서 진행된 준A급 재판은 도쿄재판의 후속 재판으로 재판 규모가 애초 예상보다 훨씬 작아졌다. 그 원인은 도쿄재판의 장기화, 도쿄재판에 대한 유엔의 관심이 점차 사라진 점 등 여러 가지로 분석할 수 있다. 하지만 마루노우치

GHQ 마루노우치(丸之內)재판

마닐라재판 재판정

左: 피고인 다무라 히로시
가 재판받고 있는 모습
右: 재판정에 입장하고 있
는 도요다 소에무

재판은 전쟁 중 '지휘관 책임'이란 개념에 대해 도쿄재판에 이어 진일보 논의했으며 후세 사람들에게 국가, 조직과 개인이 어떤 전쟁 책임을 져야 하는지에 대한 중요한 참조 근거를 제공해 주었다.

3. 각국의 BC급 전범재판

1) 미국

미국의 일본 전범재판소는 마닐라(Maynila), 요코하마(橫濱), 상하이(上海), 괌(Guam),

콰잘레인(Kwajalein) 섬 등 다섯 곳에 설치되어 있었는데, 마닐라, 요코하마와 상하이 재판소는 육군재판을 담당했고 나머지 두 곳은 해군재판을 담당했다. 육군재판소에서 적용한 법률은 1945년 연말에 미군 태평양 지역 육군사령부에서 제정한 '전쟁범죄 재판규정'이다. 해군재판소에서는 재판소 현지 형법을 적용하기로 했다. 전체 재판에서 총 1,409명의 피고인이 재판을 받았는데 그중 1,229명이 유죄 판결을 받았고 136명은 사형 선고와 집행 판결을 받았다.

　　미국은 연합국들 중에서 가장 먼저 전범재판을 시작했다. 미국 육군이 마닐라에서 진행한 야마시타 도모유키(山下奉文, 1945.10~1945.12) 재판과 혼마 마사하루(本間雅晴, 1946.1.~1946.2) 재판이 아시아 지역에서 진행된 최초의 일본 전범 공개재판이다. 이 두 피고인은 선후로 일본군 제14지역군 사령관을 역임했다. 야마시타 도모유키는 전쟁 기간 부대를 이끌고 필리핀과 싱가포르 민간인과 포로에게 저지른 잔혹행위로 기소되었고, 혼마 마사하루는 악명이 자자한 '바탄 죽음의 행진' 때문에 유죄를 선고받았다. 두 사람은 결국 교수형에 처해졌다. 이는 인류 역사상 최초로 전쟁 지휘관의 책임을 물은 것, 즉 부하가 저지른 전쟁 국제법 위반 행위에 대해 지휘관이 형사 책임을 진 첫 번째 사례이다. 미국 해군이 괌과 콰잘레인 섬에서 진행한 재판은 전쟁이 끝나기 전에 이미 시작되었는데, 총 123명을 기소했으며 113명이 유죄 판결을 받고 30명이 사형을 선고받았다. 하지만 미국 해군 측이 '상사의 명령에 복종하기 위해 살인을 행한 자는 사형을 면한다'는 명령을 내린 관계로 결국 사형에 처해진 자는 10명으로 줄어들었다. 미 해군의 재판 형량은 다른 재판소에 비해 가벼운 편이었다. 일본 외무성 보고에서는 이 재판을 '공평하고 신중한 재판'이라고 평가했다. 이후 미군 재판에 관한 연구는 야마시타 재판을 인용하는 상황이 많아졌다.

　　미군 재판의 또 하나의 특징은 포로 학대 문제에 주목했다는 점이다. 재판을 거친 모든 안건 중, 포로와 관련된 범죄 안건 비중은 81.3%에 달했는데 주로 학대, 학대 치사, 미군 포로 살해와 유기, 모독과 시체 식용 등 행위였다. 요코하마재판은 미군 재판 중에서 규모가 가장 크고 소요시간이 가장 긴 재판(1945.12~1949.10)으로 포로와 관련된 내용이 무려 97%의 비중을 차지한다. 재판소는 일본의 각 포로수용소에

1. 피고인 야마시타 도모유키가 미군 마닐라재 판소에서 재판받는 모습.
2. 피고인 혼마 마사하루가 미군 마닐라재판소 에서 재판받는 모습.
3. 미군 요코하마(橫濱)재판소. 1948년 5월 7일 촬영. 5명의 일본 피고인은 1945년에 62명의 미군 비행사를 살해한 죄목으로 고소됨.
4. 미군 요코하마재판소. 1948년 3월 11일, 수석 변호사 프랭크 자이텐이 발언석에 서 있다.
5. 요코하마재판에 출석한 일부 피고인들과 변 호인들.

서 발생한 포로학대죄에 대한 책임을 물었다. 상하이에 설립된 재판소(1946.2~1946.9) 에서는 주로 중국 전쟁터에서 일본군의 미군 포로에 대한 범죄행위에 대해 재판을 진행했는데, 예를 들면 '한커우(漢口) 사건'과 '둘리틀 조종사 사건' 등이 있었다.

　미군 재판은 포로 문제 외에 기타 종류의 범죄행위도 다루었다. 예를 들면 중국 노역자 피해 사건인 '하나오카(花岡) 사건'이 있었다. 또한 피고인 중에 군인이 아닌 민간인 출신도 있었는데 B·29폭격기 조종사를 학대한 일반 일본인과 규슈제국 대학의 포로 생체해부에 참여한 의사와 간호사가 이 부류이다. 전체적으로 보면 미군의 일본 전범재판의 범죄 종류가 많으며 미군 포로 학대행위에 주력했다는 점이 영국군 재판과 많이 달랐다.

2) 영국

일본 전범재판의 영국 최고 책임자는 연합군 동남아전쟁 지역 루이스 마운트배튼 (L. Louis Mountbatten) 최고 사령관이었다. 그는 17개의 전쟁범죄 수사팀을 이끌고 필리핀을 제외한 동남아 전체 지역에서 수사를 전개했다. 영국은 유구한 소송 전통을 지닌 법치주의 국가로서 전범 처리 문제에 대해 엄격한 절차를 통해 전범을 심리하고 재판해야 한다고 주장했다. 재판소에서 적용한 법률은 1945년에 발표된 '왕실수권령王室授權令'에 기재된 전범재판 규칙과 일부 2급 입법문건, 그리고 연합군 총사령부와 동남아 육군연합부대에서 반포한 규범적인 규칙이다. 1946년 1월부터 영국은 싱가포르, 말레이반도, 북보르네오(Borneo, 현재 말레이시아 사바(Sabah)), 말레이아 (말레이시아반도 옛 명칭), 미얀마, 홍콩 등 지역에 일본전범군사재판소를 잇따라 설립했다. 영국 재판의 정확한 통계 숫자는 아직 학계에서 완전히 파악하지 못한 상태다. 예를 들어 하야시 히로후미(林博史)의 통계에 의하면 영군이 재판한 피고인 수는 918명인데 그중 281명이 사형선고를 받았다. 그러나 서양의 유명한 학자인 프리처드 (Prichard)는 피고인이 890명이고 237명이 사형선고 받았다고 주장했다. 전체적으로 보면 싱가포르재판소에서 심리한 안건이 가장 많았고 이어서 미얀마, 홍콩과 말레이 아의 순서였다.

영국의 일본 전범에 대한 재판의 가장 중요한 특징은 일본군이 현지 주민에게 저지른 범죄행위에 중점을 두었다는 것이다. 이는 미군이 본국 포로에 관한 상황에만 집중한 것과 선명한 비교가 된다. 현지 출신 포로와 민간인을 포함하면 재판 안건 피해자의 3분의 2 이상이 아시아인이었는데 특히 중국인이 많았다. 전 세계적으로 주목받은 싱가포르 화교대학살 사건[1]에서 7명의 일본 장교가 사건에 대한 형사 책임을 저야 한다는 판결이 내려졌으며 그중 2명이 사형을 선고받았고 나머지

5명은 종신형을 선고받았다.

【표5-3】 영국 재판 개관

재판지	피고인수	피고인 유형				
		현지 민간인	서방 민간인	전쟁 포로	인도전쟁 포로	전쟁 포로 겸 민간인
싱가포르	464	182	26	160	33	63
말레이시아	169	169				
북보르네오	29	25			4	
미얀마	132	113	1	17	1	
홍콩	124	61	5	50		8
합계	918	550	32	227	38	71
비율(%)	100	60	3	25	4	8

자료 출처: 통계 방식의 차이로 인해 【표5-2】의 수치와 차이가 있다.

영국 재판은 현지 피해자에 주목함으로써 '연합군 재판은 오직 본국 피해자와 포로에만 관심을 가진다'는, 다시 말하면 '아시아 지역의 전쟁범죄를 제대로 재판하지 못했다'는 주장을 반박했다. 이에 대해 일부 학자들은 영국이 이 기회에 식민지 백성들의 민심을 되찾으려 한다고 지적했다. 일본군의 파죽지세 공격에 동남아에 주둔해 있던 영국군이 처참하게 패하면서 식민지에서의 영국의 위엄이 바닥에 떨어졌기 때문이다. 또한 인도의 독립이 돌이킬 수 없는 현실이 되어 가고 있던 시점이었기에 영국은 동남아 지역의 각 식민지에 신경을 쓰지 않을 수 없었다. 하지만 영국의 재판정책은 1948년 이후 중국인 주체로 구성된 말레이시아 공산당이 주도한 영국 저항 무장폭동으로 인해 큰 변화를 겪게 되었다. 영국은 중국인 주체로 구성된 현지 피해자들을 위해 일본 전범재판을 이어갈 정치적 동력을 잃게 되었다.

---

1) 싱가포르가 함락된 후 일본군은 현지 화교들을 대상으로 숙청행동을 진행했는데, 항일 또는 항일을 돕는 자로 의심되는 많은 화교들이 이로 인해 잔혹하게 살해되었다. 일본군이 대학살 작업을 은밀하게 진행했기 때문에 지금도 대학살 숫자에 대해 의견이 분분하다. 영국군이 재판에서 제기한 숫자는 25,000에서 50,000 좌우이다.

또한 제2차 세계대전이 끝난 후 식민지에서 독립운동이 폭풍처럼 거세게 일어났고 싱가포르와 말레이시아가 잇따라 독립했다. 이런 정치적 사건들이 영국 전범재판에 큰 영향을 미쳤다.

3) 호주

호주는 연합국 중에서 가장 먼저 전범조사를 시작한 국가이다. 1943년부터 1945년까지 호주 정부에서는 전쟁범죄조사위원회(1943.6~1946.1)를 세 차례나 구성했다. 세 차례 모두 훗날 도쿄재판소 재판장을 맡은 윌리엄 플루드 웨브(William F. Webb) 훈작이 위원장을 맡았다. 전쟁범죄조사위원회는 서남태평양 지역에서 광범위하고 세밀한 조사 작업을 진행하여 전후 호주의 일본 전범재판에 풍부한 증거자료를 제공했다. 제3차 위원회에서는 침략전쟁도발죄, 즉 A급 평화에 반하는 범죄를 조사항목으로 추가했다. 호주는 전범재판 문제에 있어서 미·영 양국의 정치실용주의를 반대하면서 일왕 기소 문제에 대해 시종일관 강경한 태도를 취했다. 웨브와 맨스필드(Alan Mansfield)가 도쿄재판소 판사와 검사로 임명된 후 위원회의 최종 조사보고서에는 BC급 전쟁범죄행위만 포함되었고, 일왕 기소 문제는 도쿄재판소의 불기소 결정으로 인해 무산되었다.

호주 전범재판의 법률 근거는 '호주전쟁범죄법안'(1945년 제48호)과 '전범재판규정'(1945년 제164호)이다. 이 두 법안은 기본적으로 영국의 '왕실수권령王室授權令'을 이어받은 것이다. 1945년 11월 말에 시작된 웨와크(Wewak)재판을 시작으로 호주는 라부안(Labuan), 모로타이(Morotai), 라바울(Rabaul), 다윈(Darwin), 홍콩, 싱가포르와 마누스섬(Manus Island) 등 8곳에 잇따라 일본전범재판소를 설립했다.

호주의 전범재판은 주로 포로 학대 범죄에 주목했는데 81.1%에 달하는 피고인이 포로학대죄로 기소되었다. 검사 측은 항복한 군인 살해, 포로수용소에서의 각종 학대행위와 식인행위 등 공소사실로 피고인들을 기소했다. 그중 대표적인 사건은 '산다칸 죽음의 행진' 사건이다. 1945년 초에 산다칸포로수용소에 수감되어 있던

재판지	피고인수	유죄	무죄	사형	금고형
웨와크	2	1	1		
라부안	145	128	17	7	121
모로타이	148	81	67	25	56
라바울	390	266	124	87	179
다윈	22	10	12	1	9
홍콩	42	38	4	5	33
싱가포르	62	51	11	18	33
마누스군도	113	69	4	5	64
합계	924	644	280	148	496
비율(%)		69.7	30.3	23	77

약 1,300명의 포로를 보르네오 북서부에 있는 라나오수용소로 강제 이송시켰다. 이송 도중 또는 포로수용소에 도착한 후 많은 포로가 질병와 기아, 피살로 사망하는 바람에 전쟁이 끝날 때까지 살아남은 포로는 고작 6명밖에 안 되어 사망률이 거의 100%에 달했다. 1947년 6월에 진행된 라바울(Rabaul)재판에서 산다칸 죽음의 행진을 계획하고 실행한 제37군 바바 마사오(馬場正郎) 중장이 이 사건의 책임자로 사형을 선고 받았다.

주목해야 할 점은 호주의 각 재판소의 피해자 국적이 매우 다양했다는 점이다. 유럽과 미국 피해자 외에 아시아 사람들이 많았다. 총 294건의 일본군 잔혹행위 사건 중에서 128건이 중국인, 인도네시아인, 인도인과 기타 남태평양 주민과 관련되어 있었고 그들 중 대부분 중국인과 인도인은 영국군 소속이었다.말레이반도가 함락된 후 그들은 일본군에서 근무하면서 각종 학대를 받았다. 라바울재판에서 일본 변호인 측이 이들을 일본군이라고 주장했지만 재판소는 그들을 포로로 인정했다. 이는 또 다른 시각에서 연합국이 아시아 사람들이 당한 만행에 상당한 관심을 기울였다는 점을 보여 준 것이다.

호주의 재판은 기간이 긴 것으로 유명했다. 극동위원회에서 1949년 9월 30일까지 재판을 끝내 달라고 요청했지만 호주 재판은 1951년까지 지속되어 다른 연합국보다 약 1년 반 정도 길었다.

4) 중국

중국은 일본의 침략전쟁 중에서 피해 시간이 가장 길고 피해 범위가 가장 광범위한 국가이다. 1944년 2월, 중국 국민당 정부는 충칭에서 외교부, 사법행정부, 군정부 등 부처가 공동 참여한 일본군범죄조사위원회를 설립했다. 그리고 같은 해 5월에는 연합국전쟁범죄위원회 극동위원회 분회를 충칭에 설립했다. 이 두 기구는 중국의 일본군 전쟁범죄 조사와 전범 처리 문제를 담당했다. 중국은 전쟁 기간에 거의 반에 가까운 국토가 전쟁터가 되었기에 함락된 지역에서 범죄증거를 수집하기가 어려웠다. 따라서 전쟁이 끝나기 전까지는 최후방에서 전쟁 피해와 사상자 통계 작업밖에 할 수 없었다. 중국 정부는 각종 어려움 속에서도 전범 명단 제정에서부터 재판 준비 작업을 조금씩 추진해 나갔다. 1945년 10월, 중국 정부는 '일본군 범죄 조사 방안'을 발표하였고 1946년 2월에는 '전쟁범죄자 재판 방안', '전쟁범죄자 처리 방안'과 '전쟁범죄자 재판 방법 실시 세칙細則' 등 세 개 문건을 발표했다. 그리고 베이징(北京), 난징(南京), 상하이(上海), 한커우(漢口), 광둥(廣東), 선양(瀋陽), 타이위안(太原), 쉬저우(徐州), 지난(濟南)과 타이베이(臺北)에 10개의 재판소를 설립하여 일본 전범에 대한 재판을 시작했다.

중국 국민 정부의 일본 전범재판은 아래와 같은 특징을 나타내고 있다.

첫째, 재판의 전체 규모가 비교적 작았다. 중국은 일본 침략전쟁의 주요 피해국이 었지만 재판소 숫자는 네덜란드(11개)보다 적었고 피고인수도 미국, 영국, 호주, 네덜란드 등 국가보다 적었다. 이는 전쟁 기간 군대의 유동성이 크고 백성들이 의지할 곳이 없어 이리저리 떠돌아다니다 보니 일본군의 잔혹행위를 기소할 원고가 많아도 잔혹행위를 저지른 군인의 이름을 확인하기 어려워 수사담당자도 피의자를 확정하거나 체포하기가 어려웠기 때문이다.

【표5-5】 중국 재판 개관

재판지	피고인수	유죄	무죄	사형	금고형
베이징(北京)	112	73	39	28	45
난징(南京)	37	26	11	8	18
상하이(上海)	183	122	61	13	109
한커우(漢口)	151	49	102	7	42
광둥(廣東)	171	116	55	48	68
선양(瀋陽)	136	56	80	23	33
타이위안(太原)	11	6	5	2	4
쉬저우(徐州)	25	22	3	8	14
지난(濟南)	24	18	6	9	9
타이베이(臺北)	21	18	3	1	17
합계	871	506	365	147	359
비율(%)		58.1%	41.9%	29.1%	70.9%

자료 출처: 차엔 요시오(茶園義男), 『BC급 전범 중국·프랑스재판자료』(1992).

베이징 법정에서 모치하라 다케히코(持原武彦)에 대한 재판자료

둘째, 90%가 넘는 안건이 민간인에게 저지른 잔혹행위였다. 이는 전쟁 기간 중국 본토의 광활한 지역이 전쟁터가 되었거나 일본군에 강점되었기 때문이다. 재판소는 살인, 학대 등 범죄행위 외에 민간인의 재산 강탈(파괴), 강제징용, 노예화 교육, 마약 판매 등 일본군의 범죄를 접수, 처리하였으며 평화에 반하는 범죄에

해당되는 '침략 조장' 행위도 범죄 범위에 포함시켰다. 그러나 일본군이 여러 지역에서 저지른 독가스전 문제에 대해서는 오직 우한(武漢)재판소에서 1건 재판했다.

셋째, 피고인 중에 고급 장교 수는 미국에 이어 두 번째로 많았지만 차지하는 비중은 가장 높았다. 이는 일본군의 대규모 학살과 잔혹행위에 대한 지휘관의 책임을 추궁하려는 중국의 의지를 표명하고 있다. 하지만 최종 재판 결과를 살펴보면 다니 히사오(谷壽夫)(난징재판소), 다나카 히사카즈(田中久一)(광저우재판소) 등 소수 몇 명의 피고 인을 제외한 대부분 피고인에게는 가벼운 형량이 내려졌다. 엄벌을 받은 피고인은 주로 헌병 출신 피고인들인데 그들 중 40% 이상은 유죄 판결을 받고 그중에서 절반은 사형 집행을 당했다. 재판소에서 이런 결정을 내린 이유는 이들이 일본 강점 지역 민간인들을 가장 많이 괴롭혔고 잔혹행위를 심하게 저질렀기 때문이다.

넷째, 무죄 판결의 비율이 가장 높았다. 중국 재판에서 무죄 판결의 비율이 41.9%(2위는 호주)에 달했다. 이는 당시 정치적인 요소 즉 국공내전의 영향에서 비롯된 것으로 보인다. 중국 내전 상황이 날이 갈수록 국민당에게 불리하게 전개되자 많은 재판이 용두사미격으로 대충 마무리됐다. 국민당은 잔존한 일본군을 이용하여 공산당을 견제하려고 했다. 국민당 정부를 협조했던 중국파견군 오카무라 야스지(岡村寧次) 사령관이 무죄를 판결받고 석방되었는데, 이는 이러한 논리를 가장 잘 설명해 준다. 오카무라는 중국 화북 공산당 관할 구역에서 '삼광三光'(모조리 빼앗고, 모조리 태우고, 모조리 죽인다.)정책을 실시하여 현지에 커다란 피해를 가져다주었지만 그의 이러한 범죄행위는 재판에 조금도 반영되지 않았다.

1949년 1월 말, 상하이재판이 종결되면서 국민당 정부의 모든 전범재판이 끝났고 한 달 후 복역 중이던 전범들이 모두 일본으로 송환되었다. 같은 해 10월에 중화인민공화국이 성립된 후, 신중국의 독립적인 일본 전범재판이 7년 만에 재개되었다.

5) 필리핀

일본 투항 당시 필리핀은 여전히 미국의 자치령이었다. 그러므로 필리핀에서의 일본군 전쟁범죄 수사는 1945년 4월부터 미군 태평양육군 전범조사기구에서 전담하였다. 1946년 7월 4일에 필리핀이 독립했다. 필리핀 정부는 미국의 조사를 바탕으로 필리핀에서 발생한 전쟁범죄 사건을 집중 수사하기 시작했다. 1947년 8월, 필리핀 재판이 마닐라에서 개정되었다. 필리핀은 중국처럼 일본의 침략과 강점을 당한 국가로서 전범재판 상황도 중국과 매우 흡사하다. 재판의 대다수 안건은 민간인에 대한 잔혹행위를 기소한 것인데, 그 비율이 92.7%에 달해 중국의 94.6%에 버금가는 수치다. 필리핀도 중국과 마찬가지로 일본군의 출입이 빈번한 데다가 전쟁 중에 전사한 군인이 많아 구체적인 피의자 확인이 어려운 상황에 직면했다. 중국 재판과의 차이점은 169명의 피고인 중 79명이 사형선고를 받았다는 것이다. 필리핀 재판은 이렇게 중국 재판보다 사형 판결 비율이 훨씬 높았지만 최종 사형이 집행된 피고인은 17명밖에 안 된다. 1953년 필리핀은 국경일 특별사면에서 당시 사형을 집행하지 않은 피고인들을 종신형으로 감형하고 일본으로 송환하였다. 이에 대해 일부 학자들은 필리핀이 일본으로부터 전쟁 피해 배상을 받기 위해 베푼 호의라고 주장하고 있다.

6) 네덜란드

네덜란드의 BC급 재판의 심리범위는 일본군이 네덜란드 식민지인 동인도 지역 즉 지금의 인도네시아에서 저지른 범죄행위였다. 네덜란드 재판의 특징은 당국이 불안정한 정국을 통제하는 동시에 전범 수사와 재판을 시작했다는 것이다. 일본 투항 후, 인도네시아는 바로 독립을 선언했다. 종주국 신분으로 인도네시아에 진입한 네덜란드는 현지 독립파의 무력저항에 직면했다. 1946년 6월이 되어서야 네덜란드는 재판 관련 법안을 제정했다.

네덜란드의 각 재판소에서 심리한 안건 중 약 절반가량은 현지 민간인을 대상으로 한 전쟁범죄이고, 그 다음은 유럽인(대부분 네덜란드 국적 주민)이며, 군인 포로에 대한 잔혹행위 비율은 20%도 안 되었다. 전쟁 기간 스파이를 경계하기 위해 일본은

【표5-6】 네덜란드 재판 개관

재판지	피고인수	사형	피해자 유형		
			포로	서방 민간인	현지 민간인
바타비아(Batavia)	357	62	63	306	234
메단(Medan)	137	24	38	92	73
탄중피낭(Tanjungpinang)	11	1	0	3	6
폰티아낙(Pontianak)	36	16	1	28	35
반자르마신(Banjarmasin)	30	10	7	23	22
발릭파판(Balikpapan)	88	18	50	18	85
마카사르(Makasar)	93	32	27	10	56
쿠팡(Kupang)	25	6	1	1	23
암본(Ambon)	79	14	2	11	75
마나도(Manado)	59	28	1	7	51
모로타이(Morotai)	65	8	0	0	65
홀란디아(Hollandia)2)	67	9	43	0	17
합계	10473)	228	233	499	742
비율(%)		23	15.8	33.9	50.3

자료 출처: 【표5-2】 와 동일.

여러 지역에 적국敵國 주민수용소를 설립했다. 그중 자바(Java)와 수마트라(Sumatra)섬 두 곳에 구금된 인원수가 제일 많았는데 무려 8만 명에 달했다. 구금된 적국 주민들은 음식과 의약품 부족, 폭행과 살해를 당하는 등 각종 비인도적인 대우를 받았다. 현지 민간인들도 일본군 저항 혐의 또는 스파이로 의심받아 체포되고 고문을 당했으며 학살까지 당했다. 이 밖에 네덜란드 재판은 성폭행 범죄 문제에 주목했다. 검사 측이 제출한 증거들은 전쟁 기간 네덜란드와 아시아 국적을 가진 여성들이 '일본군 위안부'로 강제 징용되어 피해를 입었음을 증명하고 있다. 네덜란드 검사는 도쿄재판소에서도 최선을 다해 이 문제에 대해 추궁했다. 일본이 전쟁 기간 네덜란드인에게

---

2) 지금의 인도네시아 파푸아(Papua)주의 자야푸라(Jayapura).
3) 한 명의 피고인이 여러 가지 피해자 유형에 속하기 때문에 피해자 유형 3가지 중에 중복 통계된 경우가 존재한다.

자행한 전쟁범죄가 한때 양국의 외교관계에 영향을 미치기도 했다. 도쿄재판이 끝난 후 대부분의 연합국이 일본과 외교관계를 회복하기 시작했을 때도 네덜란드 정부는 일본과 외교적으로 우호적이지 않았다. 1951년에 샌프란시스코조약이 체결된 후에도 네덜란드 정부는 여전히 일본에 전쟁 피해 배상을 지속적으로 요구했다.

인도네시아 독립운동이 고조됨에 따라 현지에 남아 있던 일부 일본군이 인도네시아 독립운동에 참여하게 되었고 네덜란드는 인도네시아의 독립운동을 일본과의 전쟁의 연장으로 보았다. 이로 인해 네덜란드의 전범재판 특징이 점차 모호해졌다. 종전조약 위반으로 기소된 일부 피고인이 무기를 네덜란드 대신 인도네시아 독립군에 상납했다. 이는 기타 국가 재판에서 볼 수 없는 상황이었다. 네덜란드가 정치, 군사와 외교상의 잇따른 실패로 1949년 말에 인도네시아에서 완전히 철수하게 되면서 구금되어 있던 700여 명의 전범은 스가모(巢鴨) 감옥으로 이송되었고, 네덜란드의 BC급 전범재판이 이로써 막을 내리게 되었다. 이는 중국 국민당 정부의 재판 결과와 비슷한 점이 상당히 많다. 식민지에서 재판을 진행한 영국과 비교했을 때 네덜란드의 재판은 '전쟁범죄재판'과 '식민주의 종결'이라는 두 의제의 충돌이 더욱 뚜렷해져서 많은 문제를 사색하게 만들었다. 이와 비슷한 문제는 프랑스의 재판에서도 나타났다.

7) 프랑스

프랑스의 일본 전범재판소는 프랑스령 인도차이나의 사이공(Saigon) 즉 오늘날의 호찌민(Ho Chi Minh)시에 설립되었다. 제2차 세계대전 과정에서 프랑스 본토가 나치독일에 강점되자 프랑스령 인도차이나 당국은 바로 일본에 투항하였다. 일본은 프랑스의 인도차이나 주권을 보류해 주기로 했다. 그러나 전쟁 형세가 불리해지자 일본은 인도차이나 당국과 연합군과의 협력을 저지하기 위해 1945년 3월에 무력으로 인도차이나 정부를 해산시켰으며 베트남과 캄보디아(실제로는 일본의 직접적인 통치를 받음)의 독립을 선언했다. 그리고 프랑스령 인도차이나 정부 관계자와 군인에 대한 학살을 실시했다. 한편 호찌민이 이끈 베트남 독립연맹은 전쟁 기간 프랑스와 일본의 통치에 적극적으로 대항했다. 1945년 8월 혁명이 성공하자, 베트남은 9월 2일에 독립을 선언했다. 프랑스 당국은 프랑스, 일본, 베트남 3국 간의 복잡한 관계 속에서 한편으로 베트남의 민족독립운동을 탄압하면서 다른 한편으로는 일본군의 폭행 증거 수사 작업을 진행했다. 사이공재판소의 재판은 프랑스의 독일 전범재판 법리와 절차를 따랐고 국내형법과 군사재판법, 즉 1944년 8월에 발표된 '전쟁, 전쟁범죄 및 전쟁범죄 처리법'을 적용하기로 했다. 1946년 2월부터 1950년 2월까지 총 230명의 피고인 중 63명이 사형, 23명이 종신형, 112명이 금고형, 31명이 무죄, 기타 1명 등으로 최종 선고를 받았다.

법정에서 검사 측은 일본인이 '참수'와 '혹형' 등 방식으로 프랑스 포로를 '대거 학살했다'고 기소했다. 포로를 학대하고 국제공약에 위배되는 일을 강제로 시켰으며, 프랑스 포로, 민간인과 인도차이나 항일조직 구성원들을 '학살'하거나 '암살'했다는 것이다. 주목해야 할 부분은 현지 민간인과 관련된 전쟁범죄를 외면했다는 점이다. 230명의 피고인 중에 현지 민간인에게 저지른 잔혹행위로 인해 기소된 피고인은 고작 30명밖에 안 되었으며, 그것도 대부분 프랑스인과 관련된 범죄였다. 따라서 일부 학자들은 인도차이나가 장기간 일본의 통치를 받으면서 현지 민간인들에게 저지른 전쟁범죄가 부지기수로 많았지만 프랑스는 재판에서 이에 관심을 가지지도 않았다고 비판했다. 일부 연구 자료에서는 제1차 베트남전쟁의 발발로 인해 프랑스의 정치적 논리 및 인도차이나를 다시 식민지화하려는 욕망이 프랑스가 주도한 재판을 좌지우지했다고 지적했다.

8) 신중국과 소련의 재판

위에서 언급한 7개 국가 외에 아시아 지역에도 일본 전범재판소가 2개 설치되었다. 바로 소련의 하바롭스크재판소와 중화인민공화국재판소인데 이 두 재판소는 연합국의 전범재판소 소속이 아니었다.

하바롭스크재판은 1949년 12월 25일에 개정됐다. 하바롭스크재판소에서는 주로 일본이 전쟁 기간에 생화학무기를 제조하고 사용한 범죄행위를 집중 추궁했기 때문에 후세의 주목을 받았다. 기소당한 피고인은 일본 관동군 야마다 오토조(山田乙三) 사령관을 비롯한 12명의 장교와 사병이었다. 하야시 히로후미(林博史)의 연구의 따르면, 일본 포로 총 300명이 재판을 받았는데 그들은 주로 '만주국' 등 곳에 체류했던 일본군 포로였고 일부 월타족도 있었다고 한다. 일본이 전쟁 기간에 소련 본토를 침공하지 않았기 때문에 재판은 주로 간첩죄와 반혁명죄로 피고인을 기소했다. 소련은 1947년부터 1950년까지 국내에서 사형을 폐지했기 때문에 피고인들은 각기 다른 노역형을 선고 받았다. 1956년 소련과 일본의 외교관계가 정상화하면서 이 피고인들과 기타 시베리아 노역수용소에 수용되어 있던 포로들이 일본으로 송환되었다.

1950년 7월, 중·소 양국의 합의 하에 969명의 일본 전범들이 소련에서 중국 푸순(撫順)전범수용소로 이송되었다. 또한 옌시산(閻錫山)을 협조했던 140명의 일본 포로가 중국 공산당에 의해 타이위안(太原)전범수용소로 송치되었다. 신중국의 전범 재판은 여기서 시작됐다. 기타 국가의 전범정책과 달리 신중국 정부에서는 구속 중인 전범에 대해 인도적인 대우를 해 주면서 사상교육과 개조를 하는 방침을 정했다. 이를 통해 전범의 자아반성과 자백을 유도했다. 1956년 4월, 중국전국인민대표대회 상무위원회에서는 전범을 관대하게 처리할 데 관한 결정을 내렸다. 1956년 6월부터 7월까지 선양과 타이위안 재판소에서는 45명의 피고인을 재판하고, 나머지 1,017명의 피의자는 기소하지 않기로 했다. 도요다 마사유키(豊田雅幸)의 통계에 따르면 피고인 전체가 일본 장교였거나 '만주국' 관리 출신이었다. 검사 측이 고소한 범죄로는 포로 학대, 살인, 인체 실험, 재산 약탈, 문화 침략 등이었다. 피고인 전체가 유죄를 선고 받았지만 한 명도 사형을 선고 받지 않았고 금고형도 1945년부터 형기를 계산했기에 형기를 마쳤거나 감형을 받고 귀국한 피고인이 적지 않았다. 1964년 4월까지 전체 전범이 모두 귀국했다. 일부 학자들은 신중국의 '개조를 중요시하고 형벌은 가볍게 하는' 재판 특징이 중국 공산당의 일관된 정책에 부합되며 당시 중국이 처한 국제 환경과도 관련이 있는 것으로 분석하였다.

중화인민공화국
선양특별군사재판소
재판 현장.

左: 푸순전범관리소의 다케베 로쿠조(武部六藏) 관련 문서. 중화인민공화국 최고인민법원이 푸순전범관 리소에 수감 중인 다케베 로쿠조의 고소장 등 문서에 인지소인을 첨부하여 발송한 증빙서류. 다케 베 로쿠조는 1956년 7월에 중국 선양재판소에서 20년 징역형을 선고받았지만 뇌질환으로 석방을 허락받고 귀국하였다.

右: 중화인민공화국 선양특별군사재판소 재판 현장. 1956년 6월 12일부터 20일까지, 타이위안특별군사 재판소에서 조노 히로시(城野宏), 사가나카 게이지(相樂圭二), 기쿠치 슈이치(菊地修一), 나가토미 히로 유키(永富博之), 스미오카 기이치(住岡義一), 오노 다이지(大野泰治), 가사 지츠(笠實), 가미노 기요시(神野 久也) 등 8명 일본 전범을 재판하는 모습.

4. 재판 이후

1) 복역과 석방

사형 집행을 당한 전범을 제외하고 기타 전범들은 재판소 현지에서 복역하고 있었다. 그러나 전쟁 이후 국제 정세가 급격히 변화하면서 많은 전범들은 도쿄에 있는 스가모(巢鴨) 감옥으로 잇따라 이송되었다. 중국에서 국공내전이 발발한 관계로 국민당 정부는 각 지역의 재판을 부랴부랴 끝내고 한 달 후(1949년 2월)에 구속 중인 260명의 전범을 스가모 감옥으로 이송했다. 1950년에 네덜란드, 프랑스와 영국도 본국에서 복역 중이던 전범을 이송했다. 이후 민족독립운동이 우후죽순 일어나면서 동남아 식민지에 설립한 감옥을 관리하기 어려워졌다. 1951년 8월, 호주는 홍콩과 싱가포르에 설립한 재판소에서 전범들을 일본으로 이송했다. 1953년에 라바울(Rabaul)과 마누스(Manus) 재판소의 전범들도 필리핀재판소 전범들과 함께 스가모 감옥으로 이송되었다. 1951년 9월, 샌프란시스코 조약이 체결된 후 스가모 감옥의 관할권이 연합국 최고사령부에서 일본 정부로 넘어가게 되었지만 전범의 사면, 감형과 가석방 문제는 여전히 연합국의 결정을 따라야 했다. 중국은 샌프란시스코조약에 참여하지 않았지만 1952년 4월에 '중일평화조약이 타이베이(臺北)에서 체결되자 국민당 정부는 91명의 전범을 즉시 석방하기로 했다.

이때 일본 국내에서는 전범 석방운동이 일어나기 시작했다. 1952년 5월에 전범 석방과 전범 가족 지원을 목표로 한 '전쟁수형자세화회戰爭受刑者世話會'가 설립되었고 이어서 일본 국회 중의원과 참의원에서도 6월부터 수차례로 전범 석방 결의를 통과시켰다. 여론도 전범을 점차 전쟁의 희생자로 표현하기 시작했다. 일본 정부는 냉전 체제를 이용해 유럽 각국을 설득하기 시작하였으며, 본국이 서구진영을 지지하는 것으로 전범의 석방과 군사력의 재건을 교환하려고 했다. 이러한 영향으로 프랑스는 1954년에, 호주는 1957년에, 미국과 영국, 네덜란드는 1958년에 잇따라 전범을 풀어 주기로 했으며, 1958년에 이르러서는 모든 전범을 석방하기에 이른다.

여기서 특별히 주목해야 할 부분은 중화인민공화국의 독자적인 재판이 끝난 후 불기소 처분을 받은 천여 명 용의자가 즉각 석방되어 일본으로 돌아가면서 1960년까지 모든 전범이 귀국하게 되었다는 점이다. 이들이 귀국한 후 설립한 '중국귀환자연락회中國歸還者聯絡會'는 훗날 중・일 양국 간의 평화와 전쟁 반성을 추진한 중요한 민간조직이 되었다.

2) 남겨진 문제

최근의 전범재판 연구는 일부 BC급 재판에 아래와 같은 두 가지 측면에 문제가 있다고 지적했다.

끝까지 추궁하지 않은 범죄

첫째는 전쟁 기간의 성폭행 문제이다. 각국 재판소에서 모두 '강제 매음' 범죄 문제를 다루긴 했지만 전체적으로 볼 때 안건 양이 적고 '강간'이란 죄목을 독립적인 기소 소인으로 제기하지 않았다. 도쿄재판소나 기타 BC급 재판소에서 성폭행 중 가장 중요한 일본군 위안부 제도에 대해 판결을 내리지 않았다. 제2차 세계대전 종전 50년 후 국제형사재판소와 유엔 안보리 등에서 잇따라 문서를 통해 전쟁 기간의 성폭행은 인도에 반하는 범죄로서 반드시 처벌을 받아야 한다고 제기하면서 이것이 국제적인 공동인식으로 자리 잡았다. 둘째는 일본군의 생화학전 문제이다. 전쟁 후 태평양 각 지역에서 진행된 전쟁범죄 수사 과정에서 일본군이 인체실험과 독가스를 사용한 대량의 증거가 확보되었으며, 호주와 중국의 재판 과정에서도 관련 안건에 대한 재판이 진행되었다. 그러나 대량의 유사한 범죄행위들이 기소되지 않았는데, 가장 대표적인 것은 관동군 방역급수부대(731부대)가 '만주국'에서 인체실험을 대량 실시한 것이다. 이는 주로 미국이 배후에서 정치적으로 은닉한 것 때문이라고 분석되고 있다. 셋째는 식민지 주민들에게 저지른 잔혹행위와 식민지 출신 전범 문제이다. 일본은 영토 확장 시기에 식민지 주민들에게 '황민화' 교육과 전쟁 동원을 실시했는데 수많은 한반도 여성이 일본군 성노예로 강제 징집되었다. 일본 패전 후, 연합군은 일본제국을 위해 일한 적이 있는 타이완, 조선, 사이판 인들을 일본 전범의 신분으로 기소했다. 한편, 식민지 주민들의 '피해자' 신분에 대해 충분히 중시를 하지 않았다. 재판을 받은 식민지 출신 전범들은 본국으로부터 버림을 받아 변호 지원도 받지 못했을 뿐만 아니라 일본군으로서 받아야 할 대우도 받지 못했다.

재판소 간의 불균형 현상

BC급 전범은 각 연합국에서 독자적인 재판을 하다 보니 각국 국정과 적용 법률, 사법 인원 능력 등 부분에서 다소 차이가 있었고 재판소 간의 불균형 현상이 나타나게 되었다. 영미법계 재판소에 관한 도타니 유마(戸谷由麻)의 연구 자료에 의하면 일부 재판소, 예를 들면 호주와 영국의 재판소에서는 재판 기간에 대한 우려로 일본 피고인에게 증거인용 규칙을 엄격히 적용하지 않아 1929년에 체결된 '제네바조약'을 위반한 것으로 나타났다. 기타 일부 연구 자료에서도 재판 과정에서 오판으로 인한 억울한 죄를 판결받은 상황 및 일본 전범 용의자들을 학대한 상황이 존재했다고 지적하였다. 이런 것들은 BC급 재판 연구에서 비판을 받은 것들이다. 그러나 일부 학자들은 일본군의 폭행을 당한 피해자들은 절대다수가 재판할 권리조차 얻지 못했다고 주장했다. 만약 일본 전범들의 재판에 대한 비판이 그들이 저지른 범죄에 대한 철저한 반성을 전제로 하지 않는다면 가해자들의 범죄행위를 무마해 주는 것과 다를 바가 없다.

소결

전쟁 후, 각 연합국에서 진행한 BC급 재판의 전체 규모는(재판소 수와 피고인 수) 아시아 지역의 유일한 A급 재판소인 도쿄 극동국제군사재판소보다 훨씬 큰 것이었다. 비록 BC급 재판소가 각국의 독립적인 관할 하에 있었으나 재판 전의 전범 수사와 전범 정책은 모두 국제기구의 결정을 따랐기 때문에 재판은 국제화의 특징을 지니게 되었다. 도쿄재판소는 A급 범죄 이외에 통상의 전쟁범죄 재판까지 심리했으며 전쟁 전 범죄행위에서 구체적인 심리 내용 부분에 이르기까지 아시아 지역 기타 BC급 재판소와 대량의 정보 교환과 공유를 했다. 이런 내부적인 관련성은 A급과 BC급 재판이 비슷한 특징을 지니고 있으며 또한 같은 정치 요소의 영향을 받기도 했다는 것을 설명해 준다. 그러나 다른 한편으로 각 BC급 재판소 간에도 법률 적용, 재판 절차, 재판 내용, 판결 근거 등 면에서 각종 불균형 현상이 존재했다. 비록 본 장에서 국가별로 재판 상황을 소개했지만 좀 더 깊이 있게 검토해 보면 동일한 국가가 주도한 BC급 재판에도 큰 차이가 있었음을 알 수 있다. 예를 들면 미군의 야마시타(山下)재판은 절차와 증거 관련 규칙을 경솔하게 처리하여 많은 비판을 초래했지만 요코하마(橫濱)재판은 공정재판의 원칙을 철저히 적용했다. 이러한 사실을 바탕으로 하여 전후 아시아 지역의 일본 전범재판이 '정의'라는 목표에 도달했는가 하는 문제에 대해서는 연구자들의 더 세밀하고 깊이 있는 연구가 필요하다.

하편下篇

제6장 도쿄재판 관련 논쟁에 대한 검토

도쿄재판에 대한 논쟁이 오늘날까지 지속되고 있는 것은 우익의 도전이 주된 원인이지만 이 외에도 재판이 급작스럽게 이루어지고 관련된 문제가 광범위하고 복잡할 뿐만 아니라 각종 준비가 주도면밀하지 못한 것과도 관련이 있다.

1. 사후법 문제의 후속 논의

사후법 문제는 검사 측이 예견했던 것이었다. 키넌은 법정 개회사에서 일본이 일으킨 침략전쟁이 '전 인류'에게 미친 피해를 강조하면서 도쿄와 뉘른베르크 양대 재판이 인류재판 역사상의 '효시嚆矢'임을 강조했다. 그는 또 벤저민 카도조(Benjamin Cardozo) 판사가 미국 최고법원에서 언급했던 국제법의 '여명기'와 '점진성'을 특별히 인용했다. 키넌이 이 관점을 인용한 원인은 인류가 생사존망의 위기에 직면했을 때 생존권을 지킬 권리가 있음을 천명하기 위해서이다. 하지만 법률 특히 국제법은 인류사회의 발전에 따라 발전하는 것이다.

도쿄재판과 뉘른베르크재판이 법의 한계를 '넘어섰음'은 분명한 사실이다. 그렇지 않으면 전후의 양대 재판이 그 후의 국제법과 국제형사재판의 발전에 가져다준 선도적이고 획기적인 의미를 해석할 수 없다. 전후 재판의 중요한 추진자이자 전시 미국 육군부장인 헨리 루이스 스팀슨(Henry Lewis Stimson)은 뉘른베르크헌장이 '범죄법정원칙'을 위배했다는 비난에 직면했을 때 이러한 인식은 "각국 법률의 전반적인 성격에 대한 잘못된 인식"에서 비롯된 것으로 "국제법은 사건 하나하나가 누적되어 점진적으로 문명세계의 도덕적인 재판을 기술해 나가는 것이지 하나의 권위적인 성문법이 국제법을 모두 포괄할 수 없다"고 지적했다. 도쿄재판의 검사 측이 법정에서 분명하게 밝혔듯이 전쟁이 위법행위라는 사실은 이미 오래전부터 사람들의 마음속에 각인되었으며 전쟁을 일으키면 그에 상응한 책임이 따른다는 것도 이미 조약과 협정을 통해 국제사회에 공감대가 형성되었다.

도쿄재판 이후의 관련 논술은 주로 법정에서의 검사와 변호인 양측이 논쟁을 벌였던 문제를 둘러싸고 전개되었다. 도쿄재판에서는 '인도에 반하는 범죄'를 심리하지 않았기 때문에 '인도에 반하는 범죄'를 집중적으로 다루었다. 부정파들은 기본적으로 변호인 측의 주장을 되풀이했고, 긍정파(기본적으로 긍정하는 사람을 포함)들은 검사 측과 법적 맥락을 같이했다. 긍정파의 입장에서 볼 때, 첫째, 근대에 들어와서 만들어진 일련의 국제조약과 협정, 특히 1928년의 파리부전조약을 통해 전쟁이 위법행위라는 관념이 형성되었다. 둘째, 도쿄재판 때 국제사회의 대부분 국가들은 전쟁을 계획하고 실행한 자들의 책임 추궁을 명시하거나 묵인하였다. 셋째, 연합국의 국제법 법전화(codification) 작업이 진행 중에 있었다. 넷째, 전후 법률 규범 의식이 확고히 형성되었다.

돌이켜 보면 검사 측이 내세운 '의거할 법 조항이 있다'는 주장이나 그 후 긍정파가 주장하는 '이유'는 '사후법'의 압력을 받았다. 그러나 변호인 측은 검사 측이 제시한 법적 근거를 무시하고 기요세 이치로(淸瀨一郞) 변호사가 제기한 관할권 문제를 반박하지 못하는 법정은 이미 실패한 것이나 다름없다'는 소문을 지속적으로 퍼뜨렸는데 이는 사실에 부합되지 않는다.

긍정파와 부정파 외에, 긍정파와 부정파 사이에 끼여 있는 또 다른 주장이 있었다. 예를 들면 네덜란드의 베르나르트 빅토르 A. 뢸링(Bernard Victor A. Röling) 판사는 도쿄헌장에 있는 '평화에 반하는 범죄'가 확실히 '사후법'이기는 하지만 이 중대하고 새로운 죄명에 대한 이해를 이 점에만 고집할 필요가 없다. 또한 '평화에 반하는 범죄'에 특별한 해석을 부여할 수 있으며 또 부여해야 한다고 주장했다. 뢸링은 이탈리아의 유명한 법학자인 안토니오 카세세(Antonio Cassese)와의 인터뷰에서 이에 대해 여러 차례 논의했다. 뢸링의 주요 관점을 요약하면 다음과 같다. 첫째,

전쟁범죄는 국제법적 의미에서 '진정한 범죄성격을 가지고 있다.' 그러나 만약 국내법에 비유한다면 가장 적절한 것은 '정치범죄'이다. 즉 전통적인 '부도덕'이라기 보다는 '사회에 대한 위해성'이다. 이런 유형의 범인들을 '범죄자'라고 하기보다 '적'이라고 부르는 것이 더 적절하다. 이에 대응되는 범죄자들에 대한 처벌의 '성격'은 '법의 보복'이라기보다 일종의 '정치적인 수단'이다. 둘째, 법의 정당화는 전쟁으로 인해 생기고 전쟁은 승자에게 평화를 유지하는 사명을 부여하는데 이 사명은 새로운 질서를 위태롭게 하는 '가능성'에 대해 경계하는 권력을 가지고 있다. 셋째, 새 법리의 보편적인 적용은 항상 패자를 빙자해 실현한다. 뢸링의 견해는 '사후'의 관점이 아닐 것이다. 앞서 언급했듯이 키넌이 개정사에서 밝힌 것처럼 미국의 수석검사인 로버트 H. 잭슨(Robert H. Jackson)도 뉘른베르크재판 개정사에서 '평화에 반하는 범죄 재판'은 '전례가 없음'을 인정했다. 또한 "악성'과 '파괴성'의 특징을 지니는 평화에 반하는 범죄'에 대한 재판은 피해서는 안 되는 '중대한 책임'이라고 강조했다.

　　그러므로 '평화에 반하는 범죄'는 법적 근거가 있으며 언급을 꺼릴 필요도 없다. 이 죄목의 판정은 획기적인 의의를 지닌다.

2. 공동모의죄 문제

　　'극동국제군사재판헌장'의 제2장 제5조 1항은 "평화에 반하는 범죄란 선전포고를 했거나 선전포고를 하지 않고 침략전쟁을 계획하고 준비하여 전쟁을 일으킨 행위, 또는 국제법, 조약, 협정 및 서약을 위반하고 전쟁을 일으킨 행위, 또는 상술한 행위를 실현시키고자 공동계획 또는 공동모의에 참여한 행위를 말한다"고 규정하고 있다. 이 조항에서 '공동모의'는 '평화에 반하는 범죄'의 총칙으로 도쿄재판에서 가장 중요한 기소 소인의 하나였다. 검사 측이 제출한 55개 공소사실 중에서 '공동모의죄'가 1위를 차지했을 뿐만 아니라 모든 피고인이 공동모의죄로 기소되었다. 결과 마쓰이 이와네(松井石根)와 시게미쓰 마모루(重光葵)를 제외한 23명의 피고인이 공동모의죄로 유죄를 선고 받았다.

공동모의죄는 재판 당시의 피고인과 변호인 그리고 오늘날의 부정파들까지 한결같이 사실을 왜곡한 무고라고 주장한다. 지금도 도쿄재판의 부정파들은 여전히 이 죄명을 받아들일 수 없다고 주장한다. 왜냐하면 일본의 정치 상황이 나치독일과 완전히 달라서 뉘른베르크재판의 '공동모의'죄를 그대로 적용하는 것은 부당하다는 것이다.

피고인이 유죄라고 주장하는 주요 근거는 "1928년 이래 일본군이 이웃 나라의 영토를 끊임없이 침략했다"는 것이다. 도쿄재판의 판결문은 역사상 가장 긴 판결문으로, 3분의 1 이상의 편폭에 다나카 기이치(田中義一) 내각 이후 '군부의 야망'이 매번 실현된 과정이 자세히 기술되어 있다. 이는 '공동모의자들이 전쟁 당시 이미 일본을 지배하고 있었고 자신들의 정책을 제정하여 실행에 옮겼다는 증거이다.

도쿄재판을 통해 입증된 일본군의 '끊임없는 침략'은 반박할 수 없는 사실이다. 태평양전쟁 발발 전, 일본군은 매번 선참후계先斬後啓하였는데 이런 행동은 중앙정부의 반대와 제약을 받았다. 예를 들어 '9·18사변' 때 와카쓰키 레이지로(若槻禮次郎) 내각이 일본군에 '불확대不擴大'를 지시했고 '루거우차오(蘆溝橋)사변' 때에는 고노에 후미마로(近衛文麿) 내각이 '불확대'를 요구했지만 일본군에게 받아들여지지 않았고 중앙정부는 항상 양보할 수밖에 없었다. 이런 의미에서 보면 일본의 주요 정치군사지도자는 적어도 전쟁을 저지하지 않은 책임이 없다.

물론 이런 책임이 '공동모의'와 동등하다고 할 수 있는지에 대해서는 의견이 엇갈린다. 도쿄재판소 판결문에는 "'공동모의'는 최초의 공모자와 그 후의 참가자로 나눌 수 있다. 만약 후자가 공동계획이나 음모의 목적에 동의하고 이를 위한 계획과 준비, 실행에 가담했다면 그들은 공범이다"라고 적혀 있다. '계획'과 '준비'뿐만 아니라 '실행'도 마찬가지다. "무릇 범죄자가 전쟁을 일으키거나 전쟁 발발 후, 전쟁 실행에 가담한 자는 모두 유죄이다." 이런 애매모호한 판정 기준은 책임 소재 규명이 어렵고 실행 또한 어려워서 존재의 의미를 상실하게 된다. 사실 도쿄재판과 각 지역의 BC급 재판은 '모의에 가담한 사실만으로 공동모의죄를 묻지 않았으며 또 그렇게 할 수도 없었다. 도쿄재판이 '공동모의에 가담했다'는 애매모호한 기준으로 피고인을 판정하지 않았다는 사실은 역설적으로 전범 판정 기준이 엄격했음을 증명해 주고 있다.

일본이 진주만을 습격하기 전에 일본군의 군사행동은 '사전모의'든 '우연'이든 모두 말단 군인들이 일으킨 것이다. '공동모의죄' 판정의 어려움은 이 사건에서도 여실히 증명되고 있다. 일본학자들은 이런 '무책임'한 메커니즘에 주목하여 많은 연구를 했다. 예를 들어 『요미우리신문』(讀賣新聞)이 편집한 『전쟁 책임 검증』의 제2장 '육군참모' 중에는 '막료 통솔 하에 독단적으로 군사행동 확대'라는 제목으로 한 절에서 쇼와(昭和)시대 이후 일본군의 군사행동은 실제로 '참모'에 의해 좌우되었다고 특별히 언급했다. 호사카 마사야스(保阪正康)는 『도쿄재판의 교훈』에서 '군대와 정부 책임자'만 추궁하고 '군령책임자'를 방치하는 것은 '통수권' 문제로 일왕이 연루될 우려 때문이었다고 주장했다. 육군형법에는 '독단적으로 군대를 동원한' 자는 사형이나 종신형에 처해야 한다고 규정되어 있다. 그러나 쇼와시대 이후 '독단적으로 군대를 동원한' 유명한 막료들, '9·18사변'을 일으킨 이시와라 간지(石原莞爾)와 이타가키 세이시로(板垣征四郎)에서 할힌골 전투를 일으킨 산지 마시노부(辻政信)와 핫토리 다쿠시로(服部卓四郎)에 이르기까지 한 명도 가벼운 형사처벌마저 받지 않았다. 그러므로 전시 일본의 체제적인 '무책임'은 이미 상당히 심한 정도라고 할 수 있다.

중일전쟁을 장기적으로 연구한 하타 이쿠히코(秦郁彦)는 다음과 같이 말했다.

제안권(提案權)을 가지고 있지만 책임을 질 필요가 없는 체제가 확실히 문제이다. 일왕의 명령은 참모총장이 초안을 세워 일왕의 서명을 받으면 군왕의 결재와 칙명이 될 것이다. 책임은 서명한 일왕의 몫이지만 메이지헌법에 따르면 일왕은 법에 관한 책임을 지지 않는다. 다른 한편으로 참모총장도 계획하고 실행에서 실패한 전쟁에 대해 책임을 지지 않는다. 윗물이 이러하므로 아랫물도 마찬가지였다. BC급 재판에서 많은 장군들이 책임을 추궁당해 교수형을 선고 받았지만 처형을 받은 참모는 거의 없다.

하타(秦郁彦)가 말하는 상행하효上行下效(윗사람이 하는 짓을 아랫사람이 본받음)와 전쟁재판은 같은 일이 아니지만 '무책임'과 '책임 없음'은 상통하는 부분이 있다.(도쿄재판에서 이타가키 세이시로(板垣征四郎)의 죄상을 추궁한 정도는 관동군 참모시대보다 엄격하다. 그러나 주로 이후의 육군대신 등 직무의 소행이 있었기 때문이지 그렇지 않으면 이시와라 간지(石原莞爾)처럼 발을 뺄 수 있었을 것이다.) 『전쟁 책임 검증』 제5장에서 기타오카 신이치(北岡伸一)는 "총리대신은 대본영의 구성원이 아니다. 시종일관 책임지는 사람이 없다"라고 하였고, 제9장에서 가와노 히토시(河野仁)는 '특별공격'의 책임에 관한 질문을 받았을 때 "군대는 지시명령에 따라 움직인다. 명령이 없으면 특별 공격과 옥쇄玉碎도 없을 것이다. 그러나 일본군 의지의 결정 체제는 애매하고 무책임하다. 누가 언제 명령을 내렸는지 모른다"라고 대답했다. 여기에서 말하는 '모른다'는 경위를 완전히 모른다는 뜻이 아닐 것이다. 왜냐하면 마리아나(Mariana)해전 실패 후 후시미노미야 히로야스(伏見宮博恭) 총사령관이 '특별한 물건'으로 미국에 대항할 것을 제안하고 오니시 다키지로(大西瀧治郎) 중장이 군사령부정상회의에서 '특별공격'이 적을 제압하는 '유일한 방법'(오니시는 곧바로 제1항공함대 총사령관을 맡게 되었음)이라고 분명하게 밝힌 사실이 이 책에 언급되어 있기 때문이다. '모른다'는 것은 도대체 누가 책임을 져야 하는지가 애매모호하다는 것이다.

상술한 바와 같이 '책임'의 구체적인 내용은 다르지만 '무책임'은 상통한다. '책임'의 측면에서 말하자면 '무책임' 그 자체도 일종의 책임이다. 상술한 바와 같이 일본이 쇼와시대 이후 대외 확장 영역을 넓힌 것은 기정사실이다. 따라서 일본 통치집단은 일반적인 의미의 '공동모의' 책임에서 벗어날 수 없을 것이다.(태평양전쟁이 발발하기 전에 태평양전쟁은 '공동모의'에 완전히 부합함을 가리킨다.) 여기에서의 문제는 이런 '공동모의'가 거시적인 측면에서 말하는 '국가 책임'이므로 개인 책임으로 돌리면 명확한 증거를 제시하는 데에 어려움이 있다는 것이다. 재판의 측면에서 개인 책임과 연관시키려면, 첫째는 그 피고인의 '모의' 가담 여부를 확인해야 하고, 둘째는 가담한 '모의'의 실행 여부와 정책 제정에 미친 영향을 따져 봐야 하며, 셋째는 이런 '모의'의 존재 여부를 확인해야 한다. '공동모의'의 관건은 권위의 높고 낮음과 전쟁의 저지 여부, 전쟁 발발 후에 적극적으로 참가했는지의 여부에 있지 않다고 말할 수 있다. 비록 역사 사실이 명확한 조례 규정과는 다르지만 흔히 옳고 그름은 단지 정도의 차이가 존재할 뿐이다. 어느 직책까지 책임져야 하는지, 무엇이 당사자의 '아이디어'인지 구분짓기 어려운 경우가 많다. 그러나 원칙적으로 말하면 '공동모의'에 대한 정의 및 '공동모의' 가담 여부에 대한 엄격한 기준이 있어야 한다. 다시 말하면 오직 전쟁의 '계획', '준비', '도발', '실행'에 참여한 '공동모의'만이 '공동모의'죄에 해당된다. 그렇지 않으면 정부와 군대의 최고 책임자라고 할지라도 그가 담당해야 할 책임은 별도의 책임일 것이다. W. F. 웨브 재판장이 '재판장 판결서'를 따로 작성한 것은 다수파의 판결서에 명시되어 있는 개인 책임 연관성에 대한 설명이 불충분하다고 느꼈기 때문이다.

연합군은 일본에 주둔하자마자 A급 전범 용의자 확정 작업에 착수했다. 그런데 침략전쟁 책임을 지게 할 피고인을 확정하기가 여간 어렵지 않았다. 연합군 정보부장이 맥아더로부터 명단을 확정하라는 지시를 받은 후 곤혹스러워한 것은 도대체 어떤 피고인에게 전쟁 책임을 물어야 하는지가 불명확했기 때문이다. 그 후 계속 증가된 전범명단을 살펴보면 A급 전범 용의자들의 지위가 대단했다. 거의 대부분이 전쟁 기간의 정부, 군부, 재계의 지도자나 중요한 우익사상가, 우익단체 지도자, 주요 매체의 담당자들이었다. 종신형을 선고 받은 일본 육군성 군무국장 겸 육군중장인 사토 겐료(佐藤賢了)는 "전쟁이 발발되던 당시 나는 일개 과장課長이었는데 대신들과 함께 A급 전범이 되어 아주 영광스럽게 생각한다"라는 유명한 말을 한 적이 있다. 사토 겐료의 이 말은 A급 전범을 '각계 거물'과 동일시한 예시이다. 물론 미국의 특수입장 등 각종 원인으로 연합군이 제출한 A급 전범 용의자 중 대부분이 기소되지 않았다. '공동모의' 가담 여부는 전범 판정의 관건 요인이 아니었다. 그러나 엄격한 '공동모의'의 기준에 따르면 전범 용의자 중의 대부분이 '공동모의'와 관계가 없었다.

반면에 앞에서 이야기했던 이시와라 간지(石原莞爾), 산지 마시노부(辻政信) 등 '공동모의'와 관련 있는 유명한 '참모'들은 명단에 없었다. 이런 점에서 볼 때 '공동모의' 죄목의 적합성 여부가 문제가 될 뿐만 아니라 도쿄재판에서 공동모의죄로 기소된 전범을 A급 전범 용의자로 판정한 것이 적절한지도 문제이다. 다시 말해 실질적인 책임을 물으면 A급 전범 용의자의 명단은 달리 작성되어야 할 것이다.

물론 여기에는 또 '국책과 일부 음모의 차이점이 존재한다. 일부 전쟁의 기획자는 마음속에 전체적인 계획을 가지고 있었을 것이고 일부 전쟁은 때로는 전면전쟁의 도화선이나 원인이 될 수도 있는데 이는 국가 측면의 전쟁 사전모의 및 발발과는 엄연히 다르다. 이런 측면에서 전 주일본 연합군정보부장은 '공동모의' 책임을 저야 할 사람은 "당연히 일본의 지도자"라고 지적했다. 이를 고려해서 연합군은 A급 전범 용의자를 확정할 때 '거물'급에 주목했다. 이 관점이 부당하다고 할 수 없는 것은 국가 간의 침략전쟁을 '공동모의'하려면 일정한 직급이 있어야 가능하기 때문이다. 문제는 이 관점이 경우에 따라 성립되지 않는다는 것이다. 이 '공동모의'의 기준은 일본이 미국에 발동한 전쟁에는 적용이 가능하지만 중국에 발동한 전쟁은 고위층에 의해 기획된 전쟁이 아니기 때문에 적용이 불가능하다. 그러나 '평화에 반하는 범죄'로 기소한 '공동모의'의 핵심은 침략죄인데 미국에 대한 일본의 공격이 침략인지 아닌지를 두고 서방 국가 간에 의견 차이가 존재한다. 중국에 대한 전쟁이 침략전쟁이라는 것은 일본도 인정하는 사실이다. 일본에서 진행된 여론조사 결과가 이를 증명해 주고 있다. 예를 들면 2차 세계대전 종전 60주년에 일본『요미우리신문』(讀賣新聞)에서 종합적인 여론조사를 진행했다. 중일전쟁이 중국에 대한 침략전쟁이라고 답한 사람은 68%, 침략전쟁이 아니라고 답한 사람은 10%에 불과해 중일전쟁을 침략전쟁이라고 여기는 사람이 대다수를 차지했다. 이에 반해 미일전쟁이 미국에 대한 침략이라고 생각하는 사람은 34%, 침략이 아니라고 생각하는 사람은 44%를 차지했다. 그러므로 뉘른베르크재판의 '공동모의'죄를 도쿄재판에 그대로 적용하는 것은 적절하지 않다.

하지만 다른 측면에서 볼 때 나치독일의 전쟁행위가 '공동모의'의 '표준모델'이라면 전쟁 기간 일본의 행동은 '공동모의'의 변형이었다. 표준모델로 변형을 평가하는 것은 아무래도 무리가 있어 보인다. 만약 당시 히로히토 일왕이 면책을 받지 않았더라면 '공동모의'에 대한 이견異見이 사라지지는 않았더라도 적어도 감소되었을 것이다. 일왕의 책임에 관한 문제는 본 장 제4절에서 계속 논의할 것이다.

3. 인도에 반하는 범죄 문제

인류 역사상 인종학살 사건은 종종 발생했었지만 근대 이래 '문명사회'에서 특히 서양 문명사회에서 나치독일처럼 특정한 인종에 대해 대규모 학살을 감행한 사례는 없다. 그리고 계획의 치밀성, 수단의 '과학'성, 규모의 방대성 등 면에서 지금까지 나치학살에 댈 만한 사례는 없었다. 그러므로 단순히 전통적인 전쟁범죄로 나치의 인종학살을 처벌한다면 명실불부할뿐더러 처벌 강도도 약하다. 이는 런던회의에서 국제군사재판헌장(뉘른베르크헌장)을 제정할 때 특별히 '인도에 반하는 범죄'를 설정한 이유이기도 하다.

도쿄헌장은 뉘른베르크헌장을 모델로 해서 만들어졌다. 그런데 뉘른베르크헌장과 비교해 보면 도쿄헌장 제5조 3항의 '인도에 반하는 범죄'에서는 두 가지 내용이 삭제됐다. 하나는 '모든 민간인'이고 다른 하나는 '종교'이다. 후자를 삭제한 이유에 대해 '연합국전쟁범죄위원회 보고서'는 "일본의 A급 전범 중에는 종교 관련 범죄를 저지른 전범이 없기 때문에 헌장에 이와 관련된 규정을 한다 해도 실질적인 의미가 없기 때문이라"고 밝혔다. 그리고 일본과 독일의 상황이 다름을 고려하여 전자를 삭제했다.

극동군사재판헌장에는 '인도에 반하는 범죄'가 평화주민에 대해 저지른 범죄임이 명확히 규정되어 있지 않지만 뉘른베르크헌장은 이 점을 특히 강조하였다. 그 주요 목적은 나치당국이 독일 국민의 인권을 침해한 범죄를 포함시키기 위해서였다.

일반적으로 '민간인'을 삭제하면 '인도에 반하는 범죄'의 범위가 확대된다고 생각한다. 이탈리아 법학자 카세세(Antonio Cassese)는 도쿄재판에 참여한 네덜란드 판사 뢸링(Röling)이 생전에 도쿄재판에 관한 주장을 정리한 글에서 다음과 같이 적고 있다.

> 도쿄헌장은 서론 부분에서 '모든 민간인'이라는 단어를 삭제했다. 그 결과 인도에 반하는 범죄에 해당되는 범죄의 범위가 커지게 되었다.(범죄의 범위를 확대한 이유는 침략 전쟁 중에 수많은 사람을 살해한 죄를 처벌하기 위해서였다.—저자주)

'범죄 범위의 확대'로 카세세가 지적한 "수많은 사람을 살해했다"는 내용을 포함할 수 있게 되었다. 일본과 독일의 상황이 다름을 고려하여 내린 결정이기도 하지만 도쿄재판에서 검사 측과 법정이 일본이 저지른 '인도에 반하는 범죄'를 반복적으로 강조한 사실을 통해 일본과 독일의 다름으로 인해 일본의 '인도에 반하는 범죄'가 면책받을 수 있다고 보지는 않았음을 알 수 있다. 이에 대해 일본의 전쟁범죄행위를 반성해야 한다고 주장하는 소수파를 제외하고 대부분 사람들은 일본이 '인도에 반하는 범죄'를 범하지 않았음이 분명한데도 도쿄재판에서 일부러 혼선을 빚게 했다고 주장하고 있다. 요코하마(橫濱) BC급 전범재판 개정 전에 연합군 법무부 부장은 ABC급 재판을 '등급'으로 해석했다. 즉 "이른바 B급 재판은 야마시타(山下), 혼마(本間)와 같은 군대의 장군들을 상대로 진행된 재판으로, 주로 살해, 학대, 노예화 행위 등 책임을 추궁했다. C급 재판은 상술한 범죄를 실제적으로 집행하는 것이다. 소위 A급 재판은 도조 히데키(東條英機) 총리와 같은 정치지도자를 상대로 한 재판을 가리킨다"는 것이다. 이런 방식으로 A급과 BC급 재판을 구별하는 것이 엄밀하지는 않지만 대체적으로 보면 틀렸다고 할 수도 없다. 하지만 지금까지 일본에는 이렇게 구별한 것은 일부러 사실을 왜곡하기 위한 것이라고 주장하는 사람들이 있다. 예를 들어 챠엔 요시오(茶園義男)는 한 인터뷰와 인터뷰 전에 발표한 '요코하마 일반전범재판규정'을 억지로 연결시켜 규정에 있는 ABC급은 "등급별 의미가 전혀 없다"고 주장했다.

일본이 C항(인도에 반하는 범죄＝인종 멸종—저자주)에 해당하는 범죄행위를 저지르지
않았다는 것은 미군이 조사한 실제상황이다. 이에 곤경에 빠진 GHQ(주일본 연합군총사
령부)는 등급을 정했다. C항＝C급＝병사들이 저지른 범죄행위라는 인상 또는 고의적
으로 사람과 종족의 멸망을 연상케 함으로써 착각을 일으키게 하였다.

상술한 바와 같이 도쿄재판에서는 일본과 독일의 상황이 다름으로 인해 일본의
'인도에 반하는 범죄'를 면책할 수 있다고 보지 않았기 때문에 소위 '고의적'이라는
것은 챠엔 요시오의 왜곡된 인식일 뿐이다. 하지만 다른 측면에서 볼 때 도쿄재판은
실제 재판 과정에서 '인도에 반하는 범죄'와 통상의 전쟁범죄 간에는 확실히 분명한
구분이 없었다. 이에 뢸링(Röling)은 다음과 같이 말했다.

'인도에 반하는 범죄'는 도쿄재판에서도 적용되었는데 모두 '(통상의—저자주)
전쟁범죄'에 의거해야만 가능했다. 정당한 이유 없이 포로와 민간인을 살해한
행위는 전쟁범죄이므로 사형에 처할 수 있다. 그러므로 '인도에 반하는 범죄'의
개념은 도쿄재판에서 역할을 발휘하지 못했다.

여기에서 언급한 '통상의 전쟁범죄'는 일반적인 전쟁범죄에 대한 일본어 번역
명칭이다. 도쿄헌장에 비록 '인도에 반하는 범죄'가 명시되어 있지만 제55항 기소
소인 중의 세 번째 유형(제53～55항) '통상의 전쟁범죄 및 인도에 반하는 범죄'의
의미는 "통상의 전쟁범죄"를 가리키는 것이다. 게다가 이 죄목과 첫 번째 유형
'인도에 반하는 범죄'(기소 소인 제1～36항) 이외에 특별히 나열한 두 번째 유형 '살인죄'(제
37～52항) 역시 통상의 전쟁범죄에 속한다.

도쿄재판에서 실제적으로 '인도에 반하는 범죄'를 공소사실로 기소하지 않았다.
하지만 오늘날 일부 일본인들은 도쿄재판이 '인도에 반하는 범죄'에 부합되는 증거를
제출하기 위해 일본군의 잔혹행위 자료를 만들었다고 주장하고 있다. 예컨대 리쓰메

이칸대학(立命館大學)의 기타무라 미노루(北村稔) 교수는 "도쿄재판에 '인도에 반하는 범죄'가 있었기 때문에 이에 대응되는 전쟁범죄를 만들기 위해 난징대학살이 발생했다"고 주장한다. 기타무라는 일본군이 난징에서 통상의 전쟁범죄에 해당하는 잔혹행위가 있었다는 사실은 부정하지 않았다. 그가 주장하는 '꾸며낸 이야기'는 '인도에 반하는 범죄'라고 할 만한 범죄행위를 가리킨다. 중국학자들은 도쿄재판에서 난징대학살에 대한 판결의 근거를 '인도에 반하는 범죄'로 정한 것은 세부 상황을 살필 겨를이 없었기 때문이라고 지적하면서 대부분 통상의 전쟁범죄와 '인도에 반하는 범죄'를 구분하지 않고 있다. 이는 기타무라의 주장과 상반되는 '일치성'을 보이고 있다.

이를 통해 우리는 다음과 같은 사실을 확인할 수 있다. (1) 도쿄헌장에는 뉘른베르크헌장에서 인용한 '인도에 반하는 범죄'가 있었다. (2) 도쿄재판은 실제 심리 과정에서 '인도에 반하는 범죄'라는 죄목을 채택하지 않았다. (3) '인도에 반하는 범죄'라는 죄목이 채택되지 않았지만 사람들은 '인도에 반하는 범죄'를 도쿄재판의 주요 죄목 중의 하나로 인식하고 있다. (4) '인도에 반하는 범죄'를 도쿄재판의 주요 죄목으로 인정하는 문제에 있어서 일본의 일부 학자들은 부적절하다고 주장했고 중국 내 일부 학자들은 적절하다고 주장했다. 문제의 핵심은 일본군이 저지른 잔혹행위 나아가 전쟁 기간 일본의 행동이 인도에 반하는 범죄인가에 있는 것이 아니라 도쿄헌장에 명시되어 있는 '인도에 반하는 범죄'의 적합성 여부에 있다. 왜냐하면 통상의 전쟁범죄는 일반적인 의미에서도 인도에 반하는 범죄행위에 속하므로 통상의 전쟁범죄 이외에 별도로 설정된 '인도에 반하는 범죄'는 마땅히 일반적인 의미의 인도에 반하는 범죄행위가 아닌 한정되고 특정된 범죄행위여야 한다는 것이다.

전쟁 이후 양대 재판의 '인도에 반하는 범죄'는 민간인(도쿄헌장 이후 삭제)에 대한 대규모의 살육과 섬멸, 노예화, 강제 이전 등 '인도에 반하는' 행위 및 정치와 인종의 이유를 기반으로 한 학대를 가리킨다. 본 절에서 도쿄헌장은 뉘른베르크헌장을 인용했고 뉘른베르크헌장은 사실상 나치독일을 위해 맞춤제작한 헌장이라는 것을 이미 여러 번 언급한 바 있다. 따라서 '인도에 반하는 범죄'는 몇 가지 중요한 범죄를 나열한 후 '기타 인도에 반하는 행위'라는 문장을 추가하였으므로 범죄행위 범위가 넓어졌다. 일반적으로 거론되는 특징은 다음과 같다. (1) 민간인을 목표로 하는데 적국과 아국, 전시와 평소를 구분하지 않는다. 이는 통상의 전쟁범죄와의 가장 큰 차이점이다. (2) 특정한 인종을 목표로 한다. 이는 나치 인종 멸망, 특히 유대인 학살과 긴밀한 관계가 있다.

역사를 돌이켜 보면 일본은 '만주국'에서는 '오족공화五族共和'를 표방하고, 보다 더 큰 범위에서는 '대동아공영'을 선도했는데 그 전제 조건은 모두 '대화민족大和民族'이 '통솔'한다는 것이다. 전쟁 발발 전 일본의 간행물을 살펴보면 '선거인'으로 자칭하는 일본종족우월론을 도처에서 찾아볼 수 있다. 스즈키 요시마사(篠原義政)는 1930년에 출간한 『일본은 어디로 갈 것인가?』라는 책에서 '일본인종'을 '세상에서 가장 우수한 인종'이라고 주장하면서 심지어 일본의 산천, 초목, 견마, 어류까지 세상에서 가장 훌륭한 품종이라고 하여 세간을 놀라게 했다. 오늘날 일부 일본인들은 당시 일본이 파리평화회의에서 제기한 '민족평등' 제안 등 주장을 꺼내들고 일본이 종족에 대한 차별의식이 없다는 것을 증명하고자 한다. 이런 증거는 중국과 한국 등 국가 여러 민족의 기억과 어긋날 뿐만 아니라 문헌 검사도 통과하지 못할 것이다. 하지만 다른 측면에서 볼 때 국제검사국은 결국 일본군의 잔혹행위와 나치독일의 인종멸망을 원형으로 한 '인도에 반하는 범죄'를 동일시하지 않았는데 이는 양자 간에 차이가 있음을 설명한다.

오래 전에 일본 우익잡지인 『제군諸君!』에서 난징대학살에 대해 설문조사를 진행한 적이 있다. 그중 제16항은 「'난징사건'이 '파쇼대학살'(holocaust)과 유사한 범죄인가?」였다. 주목할 만한 부분은 허구파와 중간파가 아니라 장기간 일본 전쟁범죄에 대해 끊임없이 폭로하고 비판해 온 학살파(일본 군대는 대규모 학살을 했다고 주장함)이다. 그 당시에 생존한 학살파 원로인 후지와라 아키라(藤原彰)는 다음과 같이 말했다.

인도에 반하는 행위는 홀로코스트(holocaust, 특별히 나치종족 학살을 가리킴―인용자)와 다르다. 홀로코스트란 처음부터 국가정책에서 특정 민족을 말살하려 한 것을

가리킨다. 일본 군인이 중국의 민간인을 함부로 살해하고 여성을 성폭행한 사건의
발단은 지휘관의 태만과 병사들이 제멋대로 행동한 데에 있다.

설문조사에 참가한 학살파의 대답이 모두 똑같지는 않았지만 아무도 난징
대학살을 '홀로코스트'로 생각하지 않았다.

후지와라(藤原彰)가 말한 '태만'은 중국인의 시각에서 볼 때 너무 가볍다고 생각할
것이지만 이는 후지와라 등 학살파가 중범죄를 피하고 경범죄를 선택하는 입장
문제가 아니라 확실히 증거 확보에 어려움이 있었다. 최근 들어 도쿄재판에서
난징을 공격한 피고인과 증인의 증언을 그 이후 공개된 후지와라 본인의 일기와
다시 대조하여 읽어 보면 증언과 일기의 다름은 우연한 '오차'가 아님을 발견할
수 있으며 법정 증언의 상당한 부분이 위증임을 알 수 있다. 또한 지금까지 공개된
각종 일본 문헌을 찾아봐도 일본 정부와 군부대 고위 지도자가 나치식 학살계획을
세운 흔적은 발견되지 않았다. 현존하는 난징공격 일본 군부대 문서와 일본 군부대
고위 지도자가 남긴 일기 등 공적, 사적 문헌을 살펴보면, 제16사단장인 나카지마
게사고(中島今朝吾) 등 소수 피고인의 일기에 포로를 학살하라는 명령을 내린 과정이
적혀 있는 것 외에 잔혹행위를 용인하는 하향식의 명확한 명령은 찾아볼 수 없다.
도쿄재판에서 난징대학살 제1 책임자인 마쓰이 이와네(松井石根)에게 최고 형벌인
교수형을 선고했는데 공소사실은 소극적인 '부작위(不作爲) 책임'(기소 소인 제55항)이었다.
이 점에서 볼 때 도쿄재판이 실제 심리 과정에서 '인도에 반하는 범죄'를 채택하지
않았는데 당시의 기준에 따라 일본군이 동아시아 지역에서 자행한 각종 잔혹행위를
'인도에 반하는 범죄'와 다른 유형의 범죄로 보았음을 설명한다.

4. 쇼와 일왕의 전쟁책임론 재검토

히로히토 일왕의 전쟁 책임은 국내외에서 많이 논의된 문제이다. 중국어로

된 논저들은 히로히토 일왕이 전쟁 책임을 져야 한다고 주장하고 있는데, 주로 전쟁 책임을 져야 하는 일왕의 면책이 부당하다는 주장과 일왕의 면책은 일본의 점령 통치를 원활하게 하기 위한 미국의 이기적인 정치적 판단에서 비롯된 것이라는 두 가지 측면에 집중되어 있다. 히로히토 일왕의 면책은 미국의 오산이었으며, 일본의 전쟁범죄의 최고 책임자에 대한 불기소는 도쿄재판에서 가장 큰 오점으로 남게 되었다.

1) 일왕이 소극적으로 대응했지만 책임이 없다는 미국의 판단

히로히토 일왕의 전쟁 책임 문제는 주로 두 가지로 나뉜다. 첫째는 왜 히로히토 일왕의 책임을 묻지 않았는가? 둘째는 히로히토 일왕은 전쟁에 책임이 있는가 없는가 하는 문제인데, 전자는 후자의 성립을 전제로 한다. 왜냐하면 만약 히로히토 일왕에게 책임이 없다면 면책 문제가 성립되지 않기 때문이다. 중국 학자들은 주로 전자에 주목하면서 히로히토 일왕의 부당한 면책은 맥아더 연합군 총사령관의 정치적 판단에 따른 결정이라고 주장했다. 사실 히로히토 일왕의 면책은 미국 정부의 지시를 따른 것으로 도쿄재판 초기에 이미 결정된 것이다. 일왕의 면책 결정은 주로 전략적 수요에서 내려진 것이지만 일왕이 전쟁에 책임이 없다는 판단도 일정하게 영향을 미친 것으로 보인다. 1942년 12월 9일 엘머 데이비스(Elmer Davis) 미국 전시정보국장은 대일 방송에 왜 일왕을 '공격'하거나 '비난'하는 내용이 없는지를 묻는 기자의 질문에 이렇게 답했다.

이 문제의 기본 원칙은 오랜 기간 일왕이 일본에서 벌어진 일에 대해 발언권이 없었다는 것이다. 일본에서 일왕은 신으로 간주되어 왔기 때문에 일왕에 대한 그 어떤 공격은 감정을 크게 자극할 뿐 정당하게 받아들여지지 않을 것이다. 수많은 증거들이 보여 주듯이 과거 오랜 기간 일왕은 일본 정치와 아무런 관련도 없었고 전쟁은 군벌의 의사였다.

이후 연합국과 미국 내부에는 히로히토 일왕을 기소해야 한다는 주장이 적지 않았다. 특히 호주는 영국과 미국에 그리고 연합국전범조사위원회에서 히로히토 일왕을 전범으로 기소할 것을 거듭 요청했다. 그러나 전쟁이 진척됨에 따라, 특히 미군이 일본을 점령한 후 히로히토 일왕을 기소하면 일본 국민의 반발을 불러일으킬 수 있다는 주장이 제기되었다. 1946년 1월 25일 맥아더가 드와이트 아이젠하워(Dwight Eisenhower) 미국 육군참모장에게 보낸 편지가 대표적인 예이다.

지난 10년 간 일왕이 일본제국의 중요한 정치적 결정에 개입했음을 증명할 수 있는 그 어떤 증거도 발견된 바 없다. 우리가 철저하게 조사한 결과에 따르면 전쟁이 끝날 때까지 일왕은 국사와 관련된 일에 대해서 대부분은 수동적이고 보필자의 진언에 기계적으로 응대했을 뿐이다. 일부 사람들은 일왕이 분명한 이견이 있더라도 만약 통치군벌이 통제하는 여론의 대세에 반한다면 그 노력은 일왕을 위험에 빠뜨릴 가능성이 크다고 믿는다.
일왕을 재판하려면 점령 계획을 크게 바꿔야 한다. 그러므로 실제적인 행동을 실행하기 전에 미리 준비를 철저히 해야 한다. 만약 일왕을 고발하면 일본 국민들이 큰 소동을 일으킬 수 있으므로 그 영향력을 과소평가할 수 없다. 일본 국민 통합의 상징인 일왕을 기소하면 일본은 바로 무너질 수도 있다.

장문의 이 편지는 히로히토 일왕을 재판하면 국면을 통제할 수 없을 뿐더러 '일본의 민주주의로의 전환'을 완성할 수 없다고 강조했다. 맥아더의 편지는 하급이 상급에 보낸 편지였지만 히로히토 일왕의 면책특권은 시종 미국의 손에 굳건하게 주관되고 있었다.(도쿄재판 참여국은 전범 용의자를 선정할 권리를 갖고 있지만 일왕의 처리권은 미국 국무, 육군, 해군 3부 조정위원회에 있었다.)
히로히토 일왕의 기소를 면한 것은 미국의 독단적 결정이었다. 상술한 바와 같이 이 결정의 근거는 두 가지 측면에서 찾아볼 수 있는데 주요한 원인은 일본의 반발을 사지 않고 안정적으로 점령하기 위해서였다. 만약 이런 원인을 염두에 두지 않았다면 미국은 다른 연합국들과 대립적인 입장을 취할 필요가 없었을 것이고,

히로히토 일왕에 대해서도 적어도 왕실
귀족인 나시모토노미야 모리마사(梨本宮
守正)처럼 전범 용의자로 대할 수 있었을
것이다. 하지만 만약 일왕이 실권이 없다
는 판단 없이 히로히토 일왕을 면책하면
연합국으로부터 더 큰 압력을 받을 것이
었다. 그래서 일왕이 정말 '발언권이 없었
는지', '제국의 여러 정치적 결정'과 관련

맥아더와 쇼와 일왕

이 없었는지, 다시 말해 전쟁 전에 일본의
'왕권'은 미국의 주장대로 상징적 의미만 있었는지가 히로히토 일왕의 면책 여부의
관건 문제가 되었다.

2) 국책 결정에 대한 일왕의 진술

전쟁 전의 일본 사회를 들여다보면 '히로히토 일왕은 권리가 없었다'는 판단이
매우 부당하다는 사실을 알 수 있다. 전후에 제정된 신헌법 제1장 제1조에는 일왕은
단지 '일본국의 상징'과 '일본국민통합의 상징'일 뿐이라고 규정되어 있고, 제4조에는
일왕은 '국정에 관여할 권력을 갖지 아니한다'고 더 명확히 규정하고 있다. 그러나
일본이 항복하기 전의 상황은 완전히 다르다. 첫째, 메이지 헌법에서는 '일왕은
국가 원수로서 통치권을 총괄한다'(제1장 제4조)고 규정하고 있는데, 이 '통치권'에는
의회, 법률, 관리, 군대, 대외적인 선전포고와 평화담판, 대내적인 계엄, 특별사면과
감형 등(제1장 5~17조)을 모두 포함하고 있다. 이것은 모두 가장 중요한 국가 권력이다.
둘째, 히로히토 일왕은 이런 권력을 행사함에 있어서 앞서 일본 학자들이 주장한
것처럼 단지 서명만 한 것이 아니었다. 일왕이 모든 일을 일일이 '결정'하지는
않았지만 그는 확실히 최고 '결정권'을 갖고 있었다. 셋째, 실제로 히로히토 일왕은
전쟁에 고도로 주목하고 적극적으로 참여했다.

전쟁 전과 전쟁 기간 일왕의 역할이 단지 상징적 의미만은 아니었음을 제도와 역사적 사실로 증명하기 어렵지 않다. 그러나 한 가지만은 확실히 증명하기가 어려운 부분이 있다. 즉 일왕의 모든 행위가 맥아더가 주장했던 '보필자'에 대한 '기계적 응대'가 아니라 능동적인 응대였음을 어떻게 증명할 것인가 하는 문제이다. 이는 단순히 제도와 공적이나 사적 문헌만으로는 증명하기 어려운 부분이다. 하지만 우리에게는 히로히토 일왕의 역할을 증명할 수 있는 가장 적당한 증거가 있다. 그것은 바로 전후에 히로히토 일왕이 측근에게 한 '독백'이다. 나중에 『히로히토 일왕의 독백록』(裕仁天皇獨白錄)이라는 제목으로 출간된 이 담화록은 당시 궁내성 '어용괘御用掛'(직명, 일왕 보좌관)를 맡았던 데라사키 히데나리(寺崎英成)가 기록한 것이다. 이 책은 먼지투성이로 수십 년간 방치되었다가 데라사키의 딸 마리코 데라사키 밀러(Mariko Terasaki Miller, 미일 혼혈아, 일본어를 모름)가 찾아내서 전문가들에게 보냈다. 그제서야 이것이 '진귀한 역사 문헌'이라는 사실을 알게 되었지만 그때는 히로히토 일왕이 이미 사망한 후였다. 우리는 이 담화록을 통해 히로히토 일왕이 '제국의 정치'에 '수동적'으로 '관여한' 것이 아니었음을 확인할 수 있다.

이 『독백록』은 히로히토 일왕이 일본 전쟁 기간 정치에 기여한 역할을 이해하는 데 특별한 가치가 있다. 이는 히로히토 일왕이 스스로 인정한 것이며, 담화의 시기 또한 국내외에서 히로히토 일왕의 책임 추궁을 요구하던 도쿄재판 이전, 앞서 인용한 맥아더의 편지와 같은 시간대에 작성된 것이다. 그러므로 히로히토 일왕이 일부러 숨기지 않더라도 적어도 자신의 책임에 관한 혐의를 추가하지는 않았을 것이다. 여기서 특별히 담화 시기를 지적한 것은 사실 히로히토 일왕은 미국과 특히 맥아더와 일종의 묵계默契가 있었던 것 같다. 왜냐하면 담화 중에 당시 다나카 기이치(田中義一) 내각을 억지로 퇴진하게 해서 다나카를 동정하는 유언들이 쏟아져 나왔다고 여러 번 언급하고 있다. 그 후 '2·26(일본 왕도과 청년 장교들이 일으킨 쿠데타)과 종전 두 가지 사건을 제외하고는 어떤 일에 부딪쳐도 반드시 '보필자 진안을 기다렸으며 진언과 상반되는 그 어떤 결정도 내리지 않았다고 주장했다. 이는 맥아더가 언급했던 "보필자의 진언에 기계적으로 응답했을 뿐이다"라고 한 내용의 복사판인 셈이다. 그리고 『독백록』 마지막 부분에서 주장한 바와 같이 만약 전쟁 개시 결정이 부결되면 "나 주변의 측근들이 살해당할 것이고 나의 목숨도 보장받지 못할 것이다"라고 적고 있는데, 이는 맥아더가 말한 일왕이 만약 대세를 어기면 큰 위험에 빠질 것이라는 말과 일맥상통한다. 따라서 그런 상황에서 진행된 담화에서 히로히토 일왕은 자신의 역할을 축소할 필요가 있었을 뿐 과장할 이유는 없었다. 때문에 우리는 이 『독백록』을 통해 히로히토 일왕의 역할은 실제 상황의 축소일 뿐 확대되지는 않았다고 보아야 한다. '비공식'적인 담화였어도 마찬가지였을 것이다.

『독백록』에서 다나카 해임, '2·26' 및 종전에 대한 역할 이외의 모든 행위는 모두 피동적이었다고 주장하고 있지만 실제 사실은 『독백록』의 기록과 다르다. 『독백록』에서 관련 사례를 아주 쉽게 많이 찾아볼 수 있는데 아래에 몇 가지 예를 들어 증명하고자 한다. '상하이 사건'(제1차 淞滬战役)이라는 절에서 히로히토 일왕은 휴전에 대해 이렇게 말하고 있다.

> 상하이에서 전쟁 지역을 그 정도로 통제하고 사건 확대를 막은 것은 시라카와(白川義則—원작 주, 이하 같음) 대장의 공로다. 3월에 휴전했는데 이는 칙명을 받든 것이 아니라 <u>내가 특별히</u> 시라카와에게 일을 커지게 하지 말라고 <u>명령했기</u> 때문이다.

'칙명을 받든 것'이 아니라는 뜻은 군령부문의 명령에 의해 문서에 서명한 것이 아니라는 것이다. 여기에서 알 수 있듯이 히로히토 일왕은 '보필자 진언'을 기다릴 필요가 없었을 뿐더러 '법에 따라 행동'할 필요도 없었다. 사실 이는 제도를 초월한 행위이다. '지나사변支那事變과 3국 동맹三國同盟'이라는 절에서 제2차 송호전역淞滬战役 때 상하이에 증원한 사실을 언급했다. 당시 참모본부 제1 부장인 이시와라 간지(石原莞爾)는 소련에 맞서고 '만주국'의 안위가 일본의 최우선 과제라고 주장하며 상하이에서의 전쟁 확대를 반대했다. 일본군 전쟁지지파의 격렬한 반대로 이시와라는 결국 사직하고 물러났다. 그러자 일본군은 끊임없이 병력을 늘렸고 전쟁 규모는 갈수록 커졌다. 이 절에서 본 바와 같이 병력을 늘린 것은 히로히토 일왕이 추진한 것이다. '할힌골(Nomenkan) 전투'라는 절에서 히로히토 일왕은 다음과 같이 말했다.

> 할힌골(Nomenkan) 쪽의 소련과 만주국의 국경(정확하게는 만주국과 몽골 국경임)이 분명하
> 지 않았기 때문에 양측은 서로 불법 침략이라고 주장했다. 당시 <u>나는</u> 야마다
> <u>오토조</u>(山田乙三. 우에다 겐키치[植田謙吉]가 관동군 사령관임. 야마다는 전쟁 종료 때의 관동군
> 사령관임) 관동군 사령관에게 만주 국경을 엄수하라는 <u>명령</u>을 내린 <u>적이 있다.</u>
> 그러므로 관동군과 침입한 소련군 간에 교전하는 것은 이유가 있다. 또한 일만공동
> 방위협정의 입장에서 만주군이 전투에 참가한 것도 정당하다.

이것도 히로히토 일왕이 내린 명령이다. '아베내각지사'(阿部內閣之事)란 소절에서
히로히토 일왕은 풍문으로 들은 '군부대신'(육해군 대신. 여기서는 육군 대신을 가리킴)
인선이 적당하지 않은 것 같아서 "<u>나는</u> 아베(阿部)에게 우메즈 요시지로(梅津美治郎)나
시종무관장인 하타 슌로쿠(畑俊六)를 육군대신으로 임명하라고 <u>명령했다</u>"고 말했다.
'요나미(米內) 내각과 군부'라는 절에서는 히로히토 일왕은 "일본과 독일의 동맹을
저지하기 위해 나는 요나미를 내각 총리대신으로 임명했다. 동시에 하타(畑)를 불러서
요나미를 지지하라"고 지시했다고 밝히고 있다. 또한 '로마교황청에 사절을 보냄'이
라는 절에서는 히로히토 일왕은 전쟁 개시 이후 일본이 처음으로 로마 교황청에
사절단을 보낸 것은 '나의 생각'이었다고 말했다.

히로히토 일왕은 어떤 일에 대해서는 적극적인 태도를 취하지 않았지만 권리가
없었던 것은 아니다. '삼국동맹'이란 소절에서 히로히토 일왕은 이렇게 말한다.

> 결과적으로 말하면 나는 일독동맹을 찬성했지만 결코 만족할 만한 찬성은 아니었다.
> 마쓰오카(松岡)는 미국이 참전하지 않을 것이라고 믿었다. 내가 마쓰오카에게 말했
> 던 바와 같이 미국에 있는 독일계가 독일과 이탈리아의 편을 들 것인지는 확신할
> 수 없다. 그러나 나는 마쓰오카가 거짓말을 할 거라고는 믿지 않았기 때문에
> 반신반의하며 동의했다. 동시에 소련의 문제에 대해서는 고노에(近衛)에게 소련과
> 독일의 관계를 주의 깊게 살피고 확인하라고 지시했다.

미일전쟁 전 일본과 미국의 내각조직 상황이 비슷했다. '고노에(近衛)의 사퇴와 도조(東條)의 내각 조성'이라는 절에서 히로히토 일왕은 이렇게 말한다.

> 고노에의 수기에 히가시쿠 니노미야(東久邇宮)를 총리대신으로 임명했다는 기록이 있는데 이는 육군이 추천한 것이다. 나는 황족이 정치적 책임자가 되는 것이 좋지 않다고 생각한다.…… 이렇게 만약 황족을 총리로 임명했다가 전쟁이 발발하면 황족은 전쟁 도발에 대한 책임을 져야 하는데 나는 이런 것이 좋지 않다고 생각한다. 더구나 히가시쿠 니노미야도 그런 뜻이 없으므로 나는 육군의 요구를 받아들이지 않고 도조에게 내각을 구성하라고 명했다.

히로히토 일왕에게 실권이 없었던 것이 아니라 단지 책임을 지고 싶지 않았음을 짐작할 수 있는 대목이다. 히로히토 일왕은 많은 장소에서 소극적인 태도를 표한 것도 이런 이해타산에서 비롯된 것이다. '개전 결정'이라는 절에서 히로히토 일왕은 개전을 결정할 때 일본이 승리하지 못할까 봐 우려했다고 밝히고 있다.

도조는 전쟁 기간에 권력이 가장 컸던 일본 총리로 뽑히며 히틀러, 무솔리니와 함께 '독재자'로 간주되고 있다. 그럼에도 불구하고 그는 군주의 명을 받들어야 하는 일개 '총리'일 뿐이었다. 히로히토 일왕은 '도조 내각의 내정'이라는 절에서 "도조 내각이 왜 무너졌는지, 왜 내가 도조내각을 무너뜨린 것이 아닌지에 대해 이야기하고 싶다"고 밝히고 있다. 이어진 내용에서 도조 내각이 무너진 이유는 밝혔지만 자기가 질문을 던진 두 번째 문제에 대해서는 언급하지 않았다. 그러나 히로히토 일왕에게는 확실히 '도조 내각을 무너뜨릴' 만한 힘이 있었다. 히로히토 일왕은 이 절에서 "도조를 통해 모든 관료들에게 나의 생각을 전달할 수 없었을 뿐만 아니라 국민들에게도 전달할 수 없었다"고 밝히고 있다. 그 원인은 도조가 자신을 능가해서가 아니라 "도조가 겸직이 많아서 매우 바빴기" 때문이라고 말했다. '도조란 사람'이라는 절에서 히로히토 일왕은 '역사상 유례없는' 일왕의 '재가裁可'를 취소해 달라고 상소한 사건을 언급했다. 사건 경과는 다음과 같다. 1944년 내부에

서로 다른 의견이 있어서 도조는 더 이상 참모총장을 겸임하지 않았다. 도조가 후시미노미야(伏見宮)에게 우시로쿠 준(后宮淳)을 후임으로 임명하자고 상의했지만 후시미노미야는 거절했다. 도조가 히로히토 일왕에게 보고했을 때 히로히토 일왕은 다음과 같이 말했다.

> 원수元帥의 의견에는 일리가 있었다. 나는 그에게 능력 있는 후선인이 있는지 물었다. 도조가 물러난 뒤 우시로쿠를 참모총장으로 임명해 달라는 상소문을 잘못 보내왔지만 나는 재가해 주었다.
> 도조는 나의 의도를 알아차린 것 같았다. 내가 이미 재가했음에도 불구하고 곧 참모총장에 관한 상소문을 취소해 달라고 주청해 왔으며 우메즈(梅津)를 추천했다. 도조가 이렇게 이미 재가한 상소문을 취소해 달라는 주청을 올린 것은 전례가 없었고 후례도 없을 일이다.

이 인용문을 통해 일왕의 명문화된 법령이라도 즉 일왕의 '뜻'일지라도 도조는 커다란 영향력을 갖고 있음을 알 수 있다.(이 절에서 도조에 대한 히로히토 일왕의 평가는 상당히 긍정적이다. "상황을 잘 파악한다", "목숨을 걸고 최선을 다해 일한다", "생각이 주도면밀하다", "맡은 일을 잘한다", "국민의 뜻을 잘 살핀다"라고 평가하면서 도조를 두둔했다. 예를 들면 1943년 봄과 여름에 동아시아를 방문한 것에 대해 일본 고위층으로부터 '자기 홍보'라는 비평을 받게 되자 히로히토 일왕은 "자신이 재가한 것"이라고 밝혔다.)

고이소 구니아키(小磯國昭) 내각 이후 일본군이 연이어 실패하고 육해군 간의 갈등이 날로 심해지자 구니아키는 어쩔 수 없이 사직했다. 후임 인선 중의 한 명인 스즈키 간타로(鈴木貫太郎)는 원래 총리직을 맡지 않으려다가 히로히토 일왕의 설득으로 받아들였다. 그러므로 도조뿐만 아니라 그 당시 그 누구도 일왕의 뜻을 거역할 수도 없었고 거역하려 하지도 않았다. 위협을 느낀 쿠데타들은 모두 '청군측淸君側' 등의 일왕을 옹호한다는 명목을 내걸었다고 한다. '2·26사변'은 일왕이 명을 내려 진압되었는데 사형을 선고 받은 피고인들은 사형 집행 직전에 모두 "일왕

만세"를 외쳤다. 따라서 이국인의 입장에서 보면 전쟁 기간 일본에는 왕권을 위협할
만한 세력이 없었다.

포츠담선언을 받아들인다는 히로히토 일왕의 '옥음玉音'[1]은 전쟁 종료에 관건적
인 역할을 했으며 일본에서 주도적인 영향력을 가진다. 많은 일본인들은 이 선언을
'성단聖斷'이라 칭한다. 예를 들어 '만세일계萬世一系의 일왕'은 '세계의 최고 문화'라고
치켜세운 하라코 쇼조(原子昭三)는 『세계사로부터 본 일본일왕』이라는 책에서 "국가
체면의 정수를 가장 잘 나타낸 것이 바로 이 성단聖斷이다"라고 하면서 이를 통해
히로히토 일왕의 '평화를 사랑하는' 마음을 엿볼 수 있다고 밝혔다. 사실 시간을
질질 끌며 전쟁을 끝내지 않은 이유는 요행을 바라는 일왕의 태도와 관련이 있다.
예로 들어 레이테(Leyte) 섬 전쟁 전에 히로히토 일왕은 '타협의 여지'를 만들기
위해 미국에 큰 타격을 주기를 원했다. 레이테 섬 점령 이전뿐만 아니라 미군의
반격이 시작되고 일본의 '승리'가 날이 갈수록 묘연해졌음에도 히로히토 일왕은
여전히 이런 환상을 품고 있었다. 예컨대 히로히토 일왕은 다음과 같이 말했다.

> 뉴기니(New Guinea) 섬의 스탠리(Stanley Range) 산맥이 공격당한 후(쇼와 18년 9월) 승전
> 가능성이 이미 없어졌다. 그래서 나는 어디에서든 적에게 타격을 주어 화해할
> 수 있는 기회를 얻기 위해 노력했다.

---

1) 역자 주: 玉音放送이란 당시 일본제국의 쇼와 일왕이 무조건 항복을 알리는 '대동아
전쟁종결의조서'(大東亞戰爭終結ノ詔書), 줄여서 '終戰詔書'를 읽은 라디오 방송을 말
한다. 일본 정부는 제2차 세계대전이 끝날 즈음 일본 군대의 무조건 항복을 요구하
는 포츠담선언을 수락하여, 이 방송을 통해 일본 국민들에게 일본의 항복을 알리게
된다. 이 옥음방송은 오키나와 전투, 히로시마와 나가사키 원자폭탄 투하, 소련의
만주침공 이후인 1945년 8월 15일 일본 표준시 기준 정오에 NHK 라디오 방송을
통해 방송되었다. 한편 '항복방송'에는 '무조건 항복하겠다'는 직접적인 표현은 없
다. 옥음은 일본어에서 일본 일왕의 목소리를 높여 부르는 명칭으로 알려져 있다.
여기서는 옥음방송이라는 표현을 스스로 사용하였지만, 대한민국, 중국, 동남아시아
에서는 그러한 자칭 '옥음방송'의 원문 주제인 '종전조서'를 가리키는 항복방송 혹은
종전선언이라고 지칭하여 방송의 목적을 강조하여 부르기도 한다.

당시 일본의 열광적인 전쟁 분위기 속에서 여지없이 참패를 당하지 않고는 전쟁을 포기하기가 확실히 어려웠을 것이다. 그리고 적어도 전쟁이 끝날 때까지 일왕은 '평화'를 위해 의미 있는 시도를 하지 않았다고 할 수 있다.

상술한 히로히토 일왕의 자술을 통해 전쟁 기간 일왕의 역할이 맥아더의 주장과 많이 다르며 히로히토 일왕의 면책 이유가 성립되지 않는다는 사실을 확인할 수 있다. 또한 만약 도조 등이 전쟁 책임을 져야 한다면 제1 순위의 책임자는 마땅히 히로히토 일왕이어야 한다. 도쿄재판에서의 각종 의혹 및 그 자체가 적당한지는 또 다른 문제이다. 만약 히로히토 일왕이 면책된다면, 도쿄재판의 앙리 베르나르(Henri Bernard) 프랑스 판사가 지적한 것처럼 도쿄재판에서 유죄 판결을 받은 기타 A급 전범에게 공평하지 않다고 하겠다.

3) 쇼와 일왕의 면책으로 인한 '공동모의'죄 핵심 내용의 상실

히로히토 일왕의 면책이 전쟁이 끝날 무렵, 일본군의 저항을 피하고 연합군이 일본을 점령하여 안정을 유지하는 대가와 일본 전환기의 혼란을 줄이는 등의 역할을 했다는 것은 자명한 사실이다. 그러나 히로히토 일왕에 대한 부당한 면책은 분명히 돌이킬 수 없는 심각한 결과를 초래했다. 그중에서도 도쿄재판에 미친 가장 부정적인 영향은 바로 '공동모의'죄가 정당한가 부당한가 하는 문제였다.

'극동국제군사재판헌장' 제2장 제5조 1항은 "평화에 반하는 범죄란 선전포고를 했거나 선전포고를 하지 않고 침략전쟁을 계획하고 준비하여 전쟁을 일으킨 행위, 또는 국제법, 조약, 협정 및 서약을 위반하고 전쟁을 일으킨 행위, 또는 상술한 행위를 실현시키고자 공동계획 또는 공동모의에 참여한 행위를 말한다"고 규정하고 있다. 이 조항에서 '공동모의'는 '평화에 반하는 범죄'의 총칙으로 도쿄재판에서 가장 중요한 기소 소인의 하나였다. 검사 측이 제출한 55개 공소사실 중에서 '공동모의죄'가 1위를 차지했을 뿐만 아니라 모든 피고인이 공동모의죄로 기소되었다. 결과 마쓰이 이와네(松井石根)와 시게미쓰 마모루(重光葵)를 제외한 23명의 피고인이 공동모의죄로 유죄를 선고 받았다.

공동모의죄는 또한 피고인과 변호사 그리고 법정 밖의 반대자들까지 '사실에 위배되는 모함'이라고 한결같이 주장하는 죄목이다. 도쿄재판의 반대자들은 오늘날까지도 이 죄목이 가장 받아들일 수 없는 죄명이라고 말한다. 그 이유는 일본의 정치 상황이 나치독일과 완전히 다르기 때문이다. 일본은 메이지유신 이후부터 현대 의회민주제를 실시했는데 쇼와 전쟁 발발 때까지 질적인 변화가 없었다. 당과 당 간의 정책이 달랐을 뿐만 아니라 내각과 내각 간의 정책도 빈번히 변경되었으며 내각과 군대 측의 정책도 많이 달랐다. 그리고 정부 내 예컨대 외무성과 대동아성(태평양전쟁 발발 후 설립), 기획원 과 군수성(軍需省) 간에 갈등이 있었고 해군과 육군도 의견 일치를 이루지 못했기 때문에 '공동모의'를 할 수 없었다는 것이다. 이렇게 주장하는 사람들은 독일에도 친위대와 국방군 간의 갈등 같은 것이 존재했을 거라고 여기지만 일본의 상황은 독일과 근본적으로 다르다고 생각한다. 왜냐하면 일본에는 독일처럼 지도자(히틀러와 같은 독재자) 한 명, 하나의 정당(독재적인 국가사회주의당), 하나의 제도(국가사회주의)가 없었기 때문이다. 그러므로 뉘른베르크재판의 '공동모의죄'를 도쿄재판에 그대로 적용하는 것은 적절하지 않다는 것이다.

검사 측의 기소와 재판소의 판결은 1928년 이래 일본의 침략 역사에 대해 거시적으로 서술한 것이다. 기성사실이라는 입장에서 보면 이런 결론이 그나마 유력하다고 할 수 있지만 문제는 그것이 피고인의 책임 관련성과는 좀 차이가 있다는 점이다. W. F. 웨브 재판장은 피고인의 개인적인 입장에서 전쟁책임에 대해 논술했지만 그때 당시 공개되지 않아 아쉬움이 남는다. 그러나 '공동모의'라는 관점에서 살펴보면 히로히토 일왕의 면책이 핵심적인 문제이다. 왜냐하면 공동모의의 주축인 일왕을 배제하면 모든 피고인의 공동모의죄가 성립되지 않기 때문이다. 다시 말해 만약 일왕이 면책되지 않는다면 피고인들이 서로 모르는 사이라거나 원래부터 반목하는 사이였다는 주장이 설 자리를 잃게 될 것이며 변호인 측도 '공동모의'죄에 대한 변호를 할 수 없게 될 것이다.

소결

도쿄재판을 둘러싼 논쟁은 재판 당시 판사들 간에 의견 차이가 존재했던 것처럼 논의의 여지가 남아 있다. 그렇다고 일본 부정파의 전면적인 반대 의견이 의미를 가지는 것은 아니다. 아베 신조(安倍晋三)는 총리 신분으로 중의원 예산위원회와 같은 공식적인 장소에서 부정파를 대변하여 "도쿄재판은 승자의 재판"이라고 주장했다. 이에 우리는 역사적 사실에 기반하여 아베와 일본 부정파들에게 '승자의 재판'이란 어떤 것인지 설명하고자 한다.

저우지탕(周繼棠) 사건

1938년 1월 28일, 일본 중지나 방면군 군법회의는 상하이에서 '군율위반사건'을 재판했다. 이 사건은 일본군의 '중지나 방면군 군법회의[2] 일지'에 간결하게 기록되어 있다.

일본군 법무부의 전쟁일지와 군법회의 일지는 내부적으로 일본 군대의 군기 상황을 가장 잘 반영하는 기록이다. 일본군이 전쟁 종료 직전부터 관련 문헌을 대규모로 소각했기 때문에 오늘날 찾아볼 수 있는 일본군 법무부와 군법회의 일지는 1937년 11월 5일자 진산웨이(金山衛)에서 상륙한 일본 제10군의 '제10군 법무부 일지'와 그 후에 설립된 제10군과 상하이 파견군을 협조한 군사지휘기관 중지나 방면군의 '중지나 방면군 군법회의 일지' 이 두 부밖에 없다. 이 두 부의 일지가 오늘까지 남아 있었던 것은 제10군 법무부 오가와 세키지로(小川關治郎) 부장이 보존하고 있었기 때문이다.

'중지나 방면군 군법회의 일자' 중의 1938년 1월 27일 '법무국장 서류 발송'이라는

---

2) '군법회의'는 보통 '군사재판소'로 번역한다. 그런데 일본이 점령지의 군민에 행한 재판을 '군율회의'라 칭했고, 미국이 일본을 점령한 기간에 연합국이 설립한 법정을 '군사재판소'라 칭했다. 이 부분에서 '군사재판'은 '군율회의'에 해당한다. 따라서 뒤 섞임을 피하기 위해 여기에서는 '군법회의'를 사용하고자 한다.

문서에 '재판청구건 보고서'가 있는데 거기에 '周△△ 6명'이란 말이 나온다. 그런데 일지에는 매 사건마다 모두 있는 '범죄 사실 개요'와 판결문이 없을 뿐더러 일지 마지막 부분에 첨부한 '사건 처리 개요 통보'에도 관련 기록이 없다. '제10군 법무부 일지'에서도 아무런 흔적을 찾을 수 없어 미스터리 사건으로 묻혔다가 『오가와 세키지로 일기』(小川關治郎日記)가 출간되면서 의문이 풀렸다.

『오가와 세키지로 일기』 중 1월 28일 일기에 저우지탕 등 6명의 재판과 판결 관련 상황이 기록되어 있다.

> 오전 9시에 저우지탕(周繼棠) 등 6명에 대한 군율 위반 사건을 재판했다. 우두머리인 저우지탕은 제2구역 대장으로 원래 불량배였다. 수하에 졸병 500명이 있었으며 겉으로 보기에는 듬직해 보이는 사람이었다. 1시쯤에 재판이 끝난 후 곧 집행단계에 들어갔고 5시에 사형이 집행됐다. 나는 검사 신분으로 재판에 참석했고 또 집행지휘 관으로 헌병에게 집행지시를 내렸다. 범인은 재판에서 자신에게 불리한 점에 대해 극구 부인했으나 집행 시에는 아무런 추태도 부리지 않았다. 사형장에 들어갈 때에도 침착하고 두려워하는 기색이 전혀 없었으며 아무 말도 하지 않았다. 따라서 사형은 무난히 집행되었다.…… 범인 이름(숫자는 나이임—원저 주): 저우지탕(周繼棠. 34), 팡자취안(方家全. 28), 양광위안(楊光薗. 21), 쉬샹칭(徐祥慶. 17), 장만군(張滿棍. 23), 구촨윈(顧傳云. 30), 천쿤린(陳坤林. 29).

저우지탕 등이 저지른 '범죄행위'는 이날 일기에는 기록되어 있지 않다. 24, 26일의 일기를 보면 저우지탕 등에 대한 재판은 유격대의 이름으로 진행되었다. 24일 일기에는 다음과 같이 기록되어 있다.

> 하루 내내 저우지탕 등 6명의 군율 위반 사건 서류를 조사했다. 불량 청년들로 구성된 별동대가 유격전술에 따라 일본군의 후방을 혼란시킬 목적으로 상하이 전역에서 빈번하게 활동했다. 난징이 함락된 후에 대부분 광둥 쪽으로 피신하고, 소수 잔당이 남아 지하 활동을 이어갔다. 이 무뢰한(불량배—원저 주)들은 생활고에

쫓겨 별동대에 참가했다.

26일 일기 내용은 다음과 같다.

저우지탕 등 6명에 대한 군율 위반 사건의 재판요지를 작성했다. 결론은 다음과 같다. "피고인들이 소속되어 있는 별동대는 일본군에게 피해를 준 반역집단이다. 이들의 행위는 일본군에 지대한 영향을 미쳤을 뿐만 아니라 일본제국이 추구해 온 동양 평화에도 큰 걸림돌이 되었다. 그러므로 이처럼 극악한 범죄자들을 엄격히 처벌해야 하며 중한 벌을 내려야 한다."

이 사건의 자세한 심리 과정, 예를 들어 피고인들이 어떤 '범죄'를 저질렀는지? 자신을 위해 어떤 변호를 했는지? 어떤 법률에 근거하여 처벌했는지? 등 구체적인 사안에 대해서는 확인할 길이 없다. 그러나 앞서 인용한 내용에서 알 수 있듯이 군율회의³⁾에서 재판 시작 전에 이미 '중벌을 내려야 한다'고 결정했고 재판은 그냥 형식적으로 진행된 것뿐이었다. 그리고 개정에서 판결까지, 판결에서 집행까지 불과 하루 밖에 안 걸린 것을 보면, 형식적인 절차도 제대로 진행하지 않았다. 많은 일본인들은 일본군이 중국 국민에 대한 처형(전쟁터 외의 처결을 말함)을 언급할 때마다 모두 군율회의의 재판을 거친다고 하는데, 그 뜻인즉 모든 처형은 '합법'적인 근거에 기반한다는 것이다. 그러나 저우지탕 사건을 통해 이런 '재판'이 아무런 실질적 의미가 없음을 알 수 있다. 뿐만 아니라 만약 오늘의 관점에서 보면 여전히 많은 일본 사람들이 강조하는 군법회의를 통해 재판한 일본군의 범죄 사건은 유명무실 할 뿐만 아니라 아무런 형평성도 없다는 것을 알 수 있다.

제10군과 중지나 방면군 군법회의에서 재판한 일본군의 방화, 살인, 약탈, 성폭행 등 사건 중에서 가장 중한 처벌을 받은 피고인은 고작 4년 금고형을 선고 받았고, 의도적 살인과 성폭행을 저지른 많은 피고인이 불기소 처리되었다. 예를 들어

---

3) '군율회의'와 '군법회의'는 같은 인원들로 구성되었다.

예비포병 제1중대 일병 辻모某(당사자의 '명예'를 고려해서 일지, 일기를 출간할 때 당사자의 이름을 한 글자만 남기기로 했음. 이하 동일)의 살인 사건이 여기에 속한다.

쇼와 12년(1937) 11월 29일 오후 5시쯤 자싱(嘉興) 숙영지에서 피고인은 중국술을 마시고 만취한 상태에서 강한 적개심으로 인해 혐오심이 생겨 지니고 있던 총검으로 지나가는 중지나인 세 명을 찔러 살해했다.

이 '범죄 사실 개요'에서 언급하고 있는 '만취'와 '적개심'은 사실상 관대처벌을 위해 복선을 깔아 놓은 것이다. 즉 일본 군법회의 판결문에 관용되는 용어는 '정상참작할 만하다'이다. 현재도 '만취'가 '원안'이라고 생각하는 일본인들이 있을지도 모른다. 그러나 첫째, 역대 여러 버전의 일본 육군형법에 의하면 살인은 반드시 사형, 종신형, 장기금고형을 선고해야 한다. 둘째, 세 명을 죽인 경우 한 명을 죽인 경우보다 죄질이 무겁다. 셋째, '정상참작'에도 마지노선이 있다. 중범죄를 경범죄로 줄여서도, 면책해서도 안 된다. 하지만 辻모는 정당한 이유 없이 중국 국민을 세 명이나 살해했지만 군법회의에서 소위 '3○1조 고지三○一條告知'에 의거하여 불기소 처리되었다.

이 밖에 제6사단 보병 제45연대 7중대 상등병 外모의 성폭행 사건 또한 그러하다.

피고인은 쇼와 12년 11월 27일 낮에 군량과 마초를 징발徵發하러 펑징전(楓涇鎭)에 갔다가 길에서 만난 지나 여자애(15세)가 도망치려는 것을 보고 악한 마음이 생겨 그 여자애를 성폭행했다.

'공무'수행 중이었던 外모는 백주대낮에 그야말로 방자하기 그지없는 범죄를 저질렀지만 군법회의에서 역시 '3○1조 고지三○一條告知'에 의거하여 불기소 처리되었다

형량이 적절하지 않을 뿐만 아니라 용의자에 대한 조사도 '편파적'이었다. 예컨대

예비 상등병 植모는 살인 증거가 확실했지만 군의부 아사오 도라오(早尾虎雄) 중위(가나자와 의과대학(金澤醫科大學))에게 '정신' 감정을 받았다. 감정 항목은 이른바 '지남력(指南力)', '접수력', '기억력', '지식', '비판능력', '망상 및 환각', '관념 판단', '협박 관념', '감정', '의자' 등 무려 7가지 30종에 이르렀다고 한다. 植모의 감정 결과서도 매우 복잡했다. 과음으로 "제1의식이 돌아오기 전에 제2의식(극히 원시적이다.—원저 주)이 일으킨 운동의 식에 지배되어 착각을 일으키는 바람에 부당한 행위를 하게 되었다"는 것이다. 이런 복잡한 검사를 거치면 아마 그 누구도 '정상'이라는 결과를 얻기 어려울 것이다. 따라서 정신 감정을 했다기보다는 용의자의 범죄 탈출을 위한 이유를 찾았다고 하는 것이 더 적절할 것 같다. 이러한 조사는 저우지탕(周繼棠) 등 중국인들을 '즉결처형'한 것과 선명한 대조를 이룬다.

저우지탕 등 사람들의 구체적인 사건 경위는 알 수 없지만 일본군의 인명과 재산에 아무런 손실을 끼치지 않은 것만은 분명하다. 사건 일지와 일기에는 리신민(李新民), 루단수(陸丹書) 등의 사제 수류탄 투척 사건에 관한 기록이 있다. 일본군에게 그 어떤 피해를 입히지 않았음에도 불구하고 자세히 기록되어 있다. 만약 일본군에게 피해를 입혔다면 기록이 없을 리가 없다. 저우지탕 일당에 대한 가중처벌과 십모(土某)에 대한 불기소 처분은 일본 군율회의가 재판이라는 명분을 내세워 중국인들을 진압했다는 증거이다. '법적 근거'는 차치하더라도, 재판은 공정성과 무관하게 이루어졌다.

저우지탕 사건을 피고인에게 충분한 변호권을 주기 위해 긴 시일 동안 진행된 도쿄재판과 비교하면, 어떤 재판이 '승자의 재판'이고 어떤 재판이 '문명한 재판'인지 자명해진다.

제7장 증거-난징대학살

오랜 기간 동안 일본 우익은 줄곧 도쿄재판을 승리자의 심판이라고 부르짖으며 공정성이라고는 찾아볼 수 없다고 했다. 예컨대 도쿄재판 당시 제2복원성에 재직하면서 대부분의 재판에 참가했다는 후지 시노부(富士信夫)는 『난징대학살은 이렇게 만들어진 것이다—도쿄재판의 기만』이란 글에서 도쿄재판이 검사와 변호인 양측의 증거를 대함에 있어서 '매우 불공평했다'고 주장했다.

> 법정의 판결은 검사 측에서 제출한 증거와 검사 측의 최종 진술을 근거로 한 것이다.…… 나는 검사 측에서 제출한 증거가 모두 잘못된 것이고 변호인 측에서 제출한 증거가 모두 맞다고 하는 것이 아니다. 내가 하고 싶은 말은 단지 상식을 가진 일본인으로서 검사와 변호인 양측의 증거를 열독하는 과정에 검사 측에서 제출한 증거 가운데는 왜곡되고 과장된 부분, 그리고 허구로 얼룩진 부분이 매우 많았음을 느낀 반면, 변호인 측에서 제기한 증거 중에는 합리적인 내용이 비교적 많았다는 것이다.

1980년대 일본의 난징대학살을 허구라고 주장하는 단체의 대표 인물인 다나카 마사아키(田中正明)는 난징대학살을 원천 부정하기 위해 「난징대학살의 허구」라는 글에서 이른바 '사살'을 '허구해 냈다', 즉 도쿄재판 전에 세상 사람들은 '난징대학살'이 존재했다는 사실을 몰랐으며 '난징대학살'은 도쿄재판소에서 완전히 꾸며낸 것이라고 주장한 것이다.

다나카 마사아키(田中正明)의 '허구'론은 일본 우익파의 저서에서 지속적으로 답습되었다. 이타쿠라 요시아키(板倉由明)는 「난징대학살의 사실」에서 "최초로 '난징대학살'이 문제시된 것은 극동국제군사재판소에서 비롯된 것인데 사실 이때까지만 해도 '난징대학살'이라는 표현조차 존재하지 않았다"고 주장했다. 마쓰무라 도시오(松村俊夫)는 「'난징대학살'에 대한 큰 의문」에서 "같은 시대의 자료와 극동국제군사재판소, 난징군사재판소의 자료 및 문제가 부활한 후 중국 측에서 새로 준비한 자료와 증인의 증언을 자세히 검토해 보면, 헛소문에 해당하는 이 사건이 전파되는 과정을 분명히 알 수 있다"고 했다. 1980년대에 40여 명 '당사자'를 인터뷰한 하타케나카 히데오(畠中秀夫)는 「기문·난징 사건」 중에서 다음과 같이 주장했다.

> 난징 사건의 증거, 증언이 대부분 허위적인 내용을 포함하고 있는 것으로 여겨져 왔다. 도쿄재판의 법정에 제출한 자료로부터 유명 신문 매체의 보도 중에도 상당수 존재하여 난징 사건의 진실을 분명히 파악하기가 더욱 어려워졌다. 우리는 어떤 증거와 증언을 믿어야 할지 더욱 곤혹스러워졌다.

허구파들은 일치하게 도쿄재판에서 난징대학살을 확정한 것은 재판소에서 오로지 검사 측만 감싸면서 변호인 측의 '진실하고' '합리적인 증거'를 무시했기 때문이라고 주장했다. 그럼 사실은 과연 어떠한가? 본 장에서 우리는 원자료를 통해 변호인 측의 '합리적인 증거'를 검토해 보고자 한다.

1. 마쓰이 이와네(松井石根)의 증언

난징대학살의 제1책임자인 마쓰이 이와네(松井石根)의 '선서진술서'에는 총 11조가 있는데 우리는 아래에서 그 중요한 내용을 선택하여 검토해 보고자 한다.

1) 난징 공격은 '우발'적인가?

'선서진술서' 제1조에서는 '8·13 사건' 이후 "상하이에 남아 있는 일본 군부대와 국민이 위협을 받기 때문"에 강남江南으로 출병하였고 상하이로 군대를 파견한 것은 "그 지역 근처에 있는 거주민의 생명과 재산을 보호하기" 위한 것이라고 했다. 제2조에서는 "본인이 예비역에서 상하이 파견군 사령관으로 기용된" 것은 "신속하게 사건을 해결하고 피차간의 무력항쟁을 확대하지 않기" 위해서라고 말했다. 제4조의 "중지나 방면군의 구성 및 난징을 공격하기로 결정한 상황" 중에는 다음과 같은 기록이 있다.

> 난징을 근거지로 한 중국군이 피차간의 대규모적인 전투에 호응하기 위해 점차 북쪽으로 전진하여 장쑤(江蘇), 저장(浙江) 쪽에서도 공격 작전을 준비하였다. 각 지역에서 대군을 모집하여 난징 근처의 근거지를 점령하지 않으면 중지나中支那 일대의 치안을 유지할 수 없었고 우리 측의 권리와 이익도 유지할 수 없었다. 따라서 일본은 강남의 전면적인 안정을 회복하기 위해 난징을 공략하기로 했다.

'8·13' 전투는 어떻게 일어났는가? 난징 공격은 계획된 것인가? 아니면 '우발적인 것인가? 이들은 본디 난징대학살과는 무관한 별개의 문제이다. 이 사건을 판별하고 분석하려면 여전히 두 가지 문제를 고려해야 한다. 첫째는 마쓰이 이와네(松井石根)가 도쿄재판에서 한 상기의 진술에서 자신의 행위를 은폐했다는 것이고, 둘째는 이런 은폐 행위가 마쓰이 이와네의 책임 인정에 영향을 미친다는 것이다.

현존하는 일본 측의 문헌에서 알 수 있는 바와 같이 일본군 고위지도자의 초기 출병 명령은 확실히 "상하이 근처의 적을 소멸하고 상하이 북쪽지역의 중요한 지역을 점령"하려는 것이었다. 양측이 계속 병력을 투입함에 따라 전쟁이 전면적으로 확대되었어도 일본 참모본부는 두 차례에 걸쳐 우푸(吳福)와 시청(錫澄)의 전선(制令線)을 넘으면 안 된다는 명령을 내렸다. 그러나 일본군은 중앙의 명령을 한쪽에 제쳐 두고 전선을 계속 확대하였는데 특히 난징을 공격한 것은 완전히 현지 일본군의 '진취심'에 의한 결과였다. 그중 마쓰이 이와네의 의지가 가장 큰 역할을 했을 것임은 의심의 여지가 없다. 사건 발생 시 마쓰이 이와네 본인과 부하의 일기를 보면 그가 도쿄재판에서 한 진술에서 자신의 행위를 은폐했음을 알 수 있다.

마쓰이 이와네는 법정 심문에서 자기의 일기장이 이미 소각되었다고 거짓 증언을 했다. 1980년대 난징대학살이 일본에서 치열한 논쟁을 일으키고 있을 때 당시 허구파의 대표적인 인물이었던 다나카 마사아키(田中正明)는 마쓰이 이와네의 양녀인 마쓰이 히사에(松井久江)가 제공한 단서에 따라 자위대 제34연대(이타즈매板妻 주둔부대) 자료관 유물저장실에서 마쓰이 이와네의 전시와 전후의 일부 문헌을 찾아냈다. 그중에서 제일 중요한 것이 바로 마쓰이 이와네의 전시 일기. 일기는 1937년 11월 1일(蘇州河 전투)부터 이듬해 2월 28일(소위 '개선')까지의 내용이 망라되어 있는데 10월 전의 부분이 없다. 그 후에 이 훼손된 내용을『마쓰이 이와네 대장의 전쟁일지』라는 제목으로 일본 부용책방에서 출판할 때에도 일본 학자들은 정리자인 다나카 마사아키(田中正明)가 일기 원문 중 900여 곳을 왜곡했다고 지적했다. 훗날 이 일기를 일본 구군인단체 가이고사(偕行社)에서 문장부호를 다시 교정하고 약간 줄여서『난징전 사자료집』에 수록하였다. 1992년, 일본 방위연구소 전쟁역사부 연구원인 하라 다케시(原剛)는 같은 팀의 자료실에서 마쓰이 이와네가 쓴 8월 15일부터 10월 30일까지의 일기를 찾아내어 이 부분을 보완한 후 기존에 출간된 부분을 합쳐『난징전사자료집 II』에 수록했다.(오독을 피하기 위해서 그랬는지 재판 부분에서는 원래의 문장부호를 삭제했다.) 아래에 우리는 마쓰이 이와네가 자신의 일기에 어떻게 기록했는지 살펴보기로 한다.

'8·13사건'이 발생한 다음 날, 일본은 '상하이 파견군'을 결성하고 마쓰이 이와네가 사령관을 맡았다. 오후에 육군성 차관은 긴급 전보를 보내 마쓰이 이와네를 도쿄로 불렀다. 그날 밤 마쓰이는 후지산 산기슭의 투숙지에서 도쿄에 있는 육군대신인 스기야마 하지메(杉山元)의 관저에 도착했다. 그는 일기의 서두에 이번 만남의 소감을 기록했다.

> 육군의 의향은 아직도 중국을 주요 전쟁터로 삼으려 하지 않고 있다. 단지 해군의 요청으로 증원의 의미로 상하이에 파병한다는 편이 차라리 더 낫다.…… 이번에 중국에 파병을 하면서 정부에서는 예전의 국부적으로 해결하면서 확대하지 않는

방침을 철회하였다. 그 목적은 일본과 중국의 관계를 전면적으로 회복하기 위해 중국군 전체가 항쟁하고 있는 난징 정부에 강력히 요구하여 반성하게 하는 데에 있다. 해군 당국은 이에 대해 이미 강경한 태도를 보였지만 육군, 특히 참모본부의 방침은 아직 거기에 이르지 못했다. 육군의 주요 작전목표는 여전히 중국 북쪽 지역에 제한되어 있고 정부 측의 태도가 아직 명확하고 일치하지 못하며 외무성 당국 또한 최전선의 외교 교섭만 바라보고 있는 듯한바 무력으로 압박을 피하려고 노력하는 의지가 아직 사라지지 않았다. 향후 시국의 발전에 대한 우리 정부와 군부의 태도가 상당히 걱정스럽다.

오카다 쇼(岡田尙) 등 변호인 측의 증인은 마쓰이가 중일전쟁에 대해 '아쉬움'의 마음을 가지고 있다고 말한 적이 있는데 마쓰이 이와네가 이 때문에 '우려한' 것은 아닐까? 마쓰이의 일기를 살펴보면, 첫날부터 마침 명확한 답이 나와 있다. 그는 8월 15일의 일기에 "철퇴로 중지나 당국을 정신 차리도록 해야 함에 통감한다"라고 썼다. 다음 날 마쓰이는 스기야마(杉山)를 만나서 다음과 같이 말했다.

오늘날의 시국은 이른바 불확대 방침을 해소하고 전면적으로 해결하는 단계에 접어들었습니다. 중국에 대한 전면적인 정책 및 중국과의 작전을 고려하면 전력으로 중지나 특히 난징 정부를 목표로 무력과 경제적 압박을 통해 전체 국면을 해결하는 방향으로 진입해야 합니다. 우리 육군이 만약 과거를 계속 생각하거나 러시아 및 기타 국가와의 관계를 지나치게 염려하여 사방을 살피고 작전을 회피한다면 미래의 국책은 위험에 빠지게 될 것입니다.…… 상술한 이유로 우리 군은 난징 공격을 목적으로 중지나에 필요한 병력(5개 사단)을 파견하여 단번에 난징 정부를 멸망시켜야 합니다. 난징 정부에 대한 압박은 강한 무력 이외에 경제, 재정적인 압박도 가하면 더 효과적일 것입니다.

마쓰이 이와네의 말에 의하면, 스기야마는 자신의 의견에 대해 '개인적으로 다른 의견이 없는 것 같아 보였는데' 참모본부의 의견을 고려하여 '동의를 표하지 않았다'고 했다. 마쓰이는 육군부의 '결심이 아주 부족한' 것에 대해 '매우 큰 유감을 표했다.' 당일 오후 마쓰이는 요나이 미쓰마사(米內光政) 해군대신과 만났는데, '시국에 관한 해군대신의 의견이 본인의 상기 의견과 거의 똑같았다'는 것에 대해 '매우 기쁘다'고 했다. 그 후 중국으로 출발하기 전 며칠 동안 마쓰이 이와네는 군대와 정부의 정상들을 모두 방문하여 '단번에 난징 정부를 멸망시킬 데 관한' 자신의 의견을 내놓았다. 당시 일본 고위층에서의 상하이 출병 방침이 여전히 국부적인 전쟁이기 때문에 마쓰이는 책임을 지지 않아도 되는 군대와 정부의 요원들 중에서 일정한 호응을 얻기는 했지만 가장 관건적인 인물의 태도가 그를 실망하게 했다. 예를 들어 17일에 그는 고노에 후미마로(近衛文麿) 총리를 방문하였는데, 고노에는 '찬성과 반대를 명확하게 말하지 않았다.' 이는 마쓰이에게 '유감'을 남겼다. 18일 마쓰이는 참모본부 차장으로 취임한 지 얼마 안 되는 다다 하야오(多田駿)와 총무부장인 나카시마 데츠조(中島鐵藏), 작전부 부장인 이시와라 간지(石原莞爾), 정보부 부장인 혼마 마사하루(本間雅晴) 등을 만났는데, 상대방 특히 그중에서 이시와라의 태도가 '소극적'이어서 마쓰이는 '매우 유감'스럽게 생각했다. 마쓰이는 일기에 이번 만남에 대한 구체적인 내용을 기록하지 않았지만 상하이 파견군 참모장인 이누마 마모루(飯沼守)의 일기에는 상세하게 기록되어 있었다. 주요 내용은 마쓰이의 주장이었다. 즉 '국부적인 해결 방법과 불확대 방안을 포기해야 한다', '과감하게 필요한 병력을 투입하여 전통적인 정신으로 속전속결해야 한다. 북지나에 주력을 사용하기보다는 난징에 주력을 투입하는 것이 더욱 필요하며' '단기간에 난징을 공략해야 한다'는 것이었다.

이와 같이 난징을 공격하여 점령하고 국민당 정부를 뒤엎자는 주장은 일본군 고위층에서 난징 공격 결정 전 마쓰이가 끊임없이 제기했고 시종일관 변하지 않았다. 예컨대 상하이 바오산(寶山) 지역에서 상하이 전투로 맞붙어 승패를 가늠하기 어려운 시기인 9월 17일에 그는 참모차장에게 보낸 '군부의 의견진술' 외에 별첨한 '나의 개인적인 의견'에서 전쟁의 제3단계를 '난징 공략'으로 정했다. 그때는 10월 말에 중국군 부대가 완전히 붕괴하여 패퇴할 줄은 상상도 못했는바 제3단계를 다음 해 3월로 예상했다. 여기에서도 마쓰이가 난징을 공략하려는 결심에는 추호의 동요도 없었음을 알 수 있다. 10월 하순에 상하이 지역의 전쟁이 끝날 무렵, 마쓰이는 20일의 일기에 이렇게 적었다. "나는 참모본부의 스즈키(鈴木) 중좌더러 참모차장에게 나의 뜻을 전달해 달라고 부탁했다." "상하이 서부 전투가 일단락됨에 따라 방면군으로 적어도 두 개 부대가 편성되어야 하며 부대의 작전 목표는 마땅히 난징이어야 한다." 3일 후의 일기에는 다음과 같이 기록하였다. "이날 육군성 나카야마(中山) 소좌가 도쿄로 돌아갔다. 나는 스기야미(杉山) 대신에게 서신을 보냈는데 주요 내용은 다음과 같다.…… 3. 강남지역의 작전목표는 반드시 난징이어야 한다.…… 4. 현재 일본의 정책은 난징 정부를 무너뜨리는 것이 핵심이 되어야 한다." 11월 15일, 참모본부 가게사 사다아키(影佐禎昭) 책략과장과 육군성 가네시로 시바야마(柴山兼四郎) 군무과장이 상하이 파견군으로 출장 왔을 때 마쓰이는 여전히 '난징 공략의 필요성을 역설했다. 11월 22일 중지나 방면군이 '향후 작전에 대한 의견 진술'에서 "지금 적들의 퇴세 기회를 타 난징을 공격해야 한다"(마쓰이는 당일의 일기에서 지역군의 이러한 의견이 '나의 의견'이라고 분명하게 기록했다.)고 했음을 다시 피력했다. 11월 25일, 다다 하야오(多田駿) 참모차장한테서 전보가 왔는데 중지나군의 행동을 우시(無錫), 후저우(湖州) 일대까지 확대할 수 있지만 더 이상 서쪽으로 확장하면 안 된다고 지시했다. 마쓰이는 일기에서 "우유부단하고 눈앞의 안일함만 챙기는데 불가사의"라고 불평을 토했다.

마쓰이 이와네의 일기에서 알 수 있듯이 그가 도쿄재판에서 난징을 공격하고 그 일로 중국 군대가 집결되는 등 사후의 원인에 대한 진술은 진실을 감추고 있음이 분명하다. 이러한 은폐는 법정에서 그가 전쟁에 대해 져야 하는 책임을 판정하는 데에 직접적인 영향을 주었다.

2) '마쓰이 이와네 사령관'의 군기 엄수 명령 여부

'선서진술서' 제2조에서 마쓰이는 자신이 중국에서 재직한 12년 간 '중일친선'을 위해 힘썼다고 하면서 다음과 같이 부언했다. "…… 나는 이번 출병이 중·일 양국 국민들에게 원한의 씨앗을 심어 놓지 않고, 향후 친선과 협력의 분위기를 조성하기 위해 부하들에게 특별히 이 정신을 철저하게 따르도록 요구했다. 그래서 출병 시 다음과 같은 훈시를 했다. 제1조, 상하이 근처의 전투는 일본군에 도전하는 적군들을 전문 상대하는 것이므로 중지나 관민들에 대해 최대한 선무宣撫하고 보호해야 한다. 제2조, 각국의 거주민과 군대가 연루되지 않도록 주의하고 각국의 관원 및 군부대와 오해가 생기지 않도록 밀접한 관계를 유지해야 한다." 제3조, '상하이 근처의 전투 상황'에서 상하이 전쟁 때 "나는 부하들에게 중지나 양민을 보호하고 보듬으며 외국의 권익을 존중하라고 누누이 명령했다. 그중의 한 예가 난징 근처의 한 전투가 나의 명령에 따른 결과 난징은 그 어떤 피해도 입지 않고 전투가 끝났다'라고 말했다. 제5조, '난징 점령 시의 조치 및 소위 난징 강탈폭행 사건' 중에서 "나는 난징을 공격할 때 일본 정부의 한결같은 방침에 따라 최대한 전쟁을 일반적인 전투 범위로 한정하려고 노력했다. 그리고 내가 다년간 지니고 있던 일본과 중국의 협력 및 공동번영의 신념에 따라 이 전쟁이 전면적인 국민 전투가 되지 않도록 최선을 다해서 주의할 것을 요구했다. 또한 나는 상술한 목표를 달성하기 위해 군기와 풍기를 숙정하라고 특별히 명령했다"고 말했다.

마쓰이 이와네가 이같이 군기와 풍기를 강조한 진술은 변호인 측의 일치한 '증명'을 얻었다. 예를 들어 이누마 마모루(飯沼守)는 "마쓰이 대장은 전체 장병들에게 누누이 불법행위를 근절하라고 훈시했다"고 말했다. 제10군 오가와 세키지로(小川關治郎) 법무부장은 "마쓰이 사령관이 군대 규율과 풍기를 엄수할 것을 요구하였고 중지나 양민과 외국인의 권익을 보호하기 위해 법을 엄격하게 적용하라고 요구했다"라고 말했다. 이누마 마모루와 오가와 세키지로 등 사람들의 상황이 특별했던터라 이누마 마모루는 어떤 '훈화'는 그가 직접 전달했다고(12월 4일) 하였고, 오가와 세키지로의 직무가 바로 군대 규율과 풍기를 주관하는 것이었기 때문에 내부적으로 유력한 증거를 찾아내지 못하면 실질적인 의미가 있는 반박을 하기가 어려웠다고 했다. 도쿄재판소에서 검사 측이 반박하지 않은 것은 이런 증거가 없었거나 반박하기 어려웠기 때문이라고 생각된다.

오늘날 몇몇 당사자의 일기를 펼쳐 보면서 우연히 발견한 것으로, 사건 발생 당시의 기록은 마치 그들이 도쿄재판에서 증언을 하기 위해 미리 준비한 반증과도 같았다. 마쓰이 이와네의 일기를 보면 상하이 전투 기간이든지 난징을 공격하는 과정이든지 모두 소위 "군부대의 규율과 풍기를 엄숙히 하라고 명령한다"라는 기록이 없다. 마쓰이의 일기에서 찾아볼 수 없을 뿐만 아니라 「이누마 마모루의 일기」 중 8월 15일에서 12월 17일까지의 내용에도 마쓰이가 군부대의 군기와 풍기를 주의하라고 요구하는 기록이 없었다. 일반적으로 기록의 유무와 사실 여부를 단순하게 동일시할 수는 없다. 만약 일기에 대충 기록하고 또 어떤 일이 중요한 것이 아니라면 기록하지 않았을 가능성도 배제할 수 없다. 그러나 마쓰이 이와네와 이누마 마모루 두 사람의 일기에서 간취되는 차이점은 모두 매우 상세할 뿐만 아니라 더욱이 관건적인 것으로 마쓰이와 이누마 그리고 기타 피고인 측의 증인들도 한 목소리로 모두 이런 '훈화'를 마쓰이가 특별히 강조한 것이라 말한 점으로 미루어 관련 기록이 완전히 '누락'되었을 가능성을 상정하기 어렵다. 따라서 일기에 기록되지 않은 것은 그들이 도쿄재판에서 증명하고자 했던 것들이 모두 사실이 아님을 설명한다. 이누마 마모루의 일기와 마쓰이의 일기에서 군부대의 군기와 풍기를 언급한 것은 모두 12월 18일, 즉 일본군이 난징에 진입한 후의 행위가 서양의 매체와 재중 특히 난징에 있는 서양 인사들의 항의를 받게 되자 일본 최고의 군정당국에서 압력을 받아 책망을 한 후였다. 두 사람이 약속이나 한 듯 일치하게 증언하였지만 그 반면에 마쓰이 이와네가 12월 17일까지 소위 "군기와 풍기를 엄숙히 하라"는 '훈시'를 내린 적이 없음을 증명할 수 있다.

만약 마쓰이와 이누마 마모루가 고의로 혼란을 불러 일으켰다고 한다면, 오가와 세키지로의 증언은 완전히 터무니없이 꾸며낸 것이다.(상세한 내용을 후술하기로 한다.)

3) 마쓰이 이와네의 중국 정부와의 '전면적인 협력 교섭' 의향 여부

'선서진술서' 제6조 '난징 점령 후의 행동'에서 그는 "장제스(蔣介石) 정부와 전면적으로 협력하고 교섭할 필요가 있다고 생각되어 상하이 근처의 중지나 요인들과 함께 노력하는 동시에 특별히 푸젠(福建)과 광둥(廣東)으로 사람을 보내 천이(陳毅) 및 쑹쯔원(宋子文)과 연락하도록 했다"고 말했다.

마쓰이 이와네의 이런 자술이 가능한지는 앞서 인용한 마쓰이가 끊임없이 난징을 공격하고 중국 정부를 무너뜨리자는 주장을 통해 판단할 수 있다. 비록 마쓰이가 '선서진술서'에서 말한 '협력과 교섭'이 난징을 점령한 이후였지만 상술한 마쓰이의 일관된 주장만 봐도 사실이 아님을 알 수 있다. 여기에서 일본이 난징을 점령한 후의 마쓰이의 일기를 다시 검토하여 당시 마쓰이가 다른 생각을 갖고 있었는지 확인하고자 한다. 12월 30, 31일의 일기는 다음과 같다.

> 오늘 리저이(李澤一), 천중푸(陳中孚), 쉬안예(萱野) 등을 만나 향후의 전략을 지시하고 그들의 의견을 들었다. 상하이 평화운동이 점점 성숙되어 가고 있고 최근에는 기세가 고조되고 있다.
>
> 최근에 리저이는 홍콩에 가서 쑹쯔원(宋子文) 등과 연락하여 국민 정부 향후의 동향을 탐색하려고 한다. 나는 그에게 쑹쯔원을 이용할 수는 있지만 새로운 정권에 참여시키면 절대 안 된다는 의사를 전달했다.
>
> 천중푸의 말에 의하면 한커우(漢口)에 있는 쥐정(居正)의 아내가 우리 측의 의향을 알아보기 위해 상하이에 왔다고 한다. 천중푸는 그에게 현재는 반공과 범아시아주의 (提唱) 외에 특별한 요구가 없다고 대충 전했다고 한다. 또한 쥐정과 국민당 정부의 일부 사람들이 장제스의 하야를 전제로 일본과 평화교섭을 원한다는 뜻을 전해 왔다. 나는 천중푸에게 그들이 새로운 정권을 수립하는 전제 조건은 장제스를 하야시킨 후 현재의 국민당 정부를 해산하는 것이라고 말했다.

이날 일기의 여백에는 또 다음과 같은 내용이 적혀 있었다.

> 원쭝야오(溫宗堯)는 탕사오이(唐紹儀)의 대표로 방문하여 장제스는 어떻게 해서든지 반드시 하야하여 외유하도록(외국으로 가는 것을 가리킴—인용자) 해야 하고 양광(廣東,

廣西)은 독립하여 영국과의 관계를 반드시 단절시켜야 한다고 말했는데, 나는 그의 의견에 동의했다. 원쭝야오는 다가오는 봄에 탕사오이의 뜻에 따라 광둥으로 갈 것이니 우리 측도 협조하기 위해 와치(和知) 대좌를 보낼 것이다. 우리 군이 광둥을 공격하려면 양광의 일을 처리해야 한다. 이 일은 연구할 만하다.

1월 2일 일기에는 중지나 방면군 쓰카다 오사무(塚田攻) 참모장이 도쿄에서 돌아온 후에 한 보고와 마쓰이 이와네의 의견이 적혀 있었다.

쓰카다 참모장이 도쿄에서 돌아왔다. 그의 보고에 따르면,
첫째, 군부대(지역군을 가리킴—인용자)의 작전에 대해 참모본부는 매우 소극적이며 향후에도 작전 범위를 확대하지 않으려고 한다.
둘째, 앞으로의 사후 조치에 대해 정부에서는 아직 아무런 결정도 없다. 그렇지 않으면 국민당 정부와 타협하거나 새로운 정권 수립을 원하는지에 대해 지금까지 아무 방안도 없어서 의외이다.
셋째, 군부대의 전략에도 열정이 없으므로 자연히 내가 희망하는 인원을 파견하는 의견에 동의하지 않았다. 특히 내가 직접 대신에게 보낸 서한에 대해 답장을 주지 않았고 쓰카다 소장에게 차관과 교섭하라고 했다. 그의 우유부단함이 실로 놀랍다.
아무튼 정부에서 현재의 국민당 정부를 분명히 파악하는 것이 향후 작전과 전략의 선결 조건이라 하겠다.

1월 4일의 일기에는 마쓰이 이와네가 가와교에 시게루(川越茂) 일본 주중대사와 가와이 다츠오(河相達夫) 외부성 정보부장을 만나 '시국의 사후처리'에 대해 토론을 했는데, 제1조가 바로 "정부는 반드시 어떤 형식으로든 국민당 정부를 부정한다고 공개적으로 선언해야 한다"는 것이었다는 기록이 있다. 다음 날 마쓰이는 육, 해군 막료와 전쟁이 발발한 후 중국에 와서 비공식적으로 교섭하고 있던 후나츠 다츠이치로(船津辰一郞. 공식 신분은 '재중방직동업회' 이사장, 그 후에는 '대도정부 고문')를 불러서 전날의 토론 사항을 전달했다. 1월 6일의 일기는 다음과 같다.

원쭝야오(溫宗堯)가 양광 독립운동을 상의하려고 방문하였다. 원쭝야오는 8일에 상하이에서 출발하여 홍콩에 가서 현지의 동지들과 협의하기로 하였다. 나는 우리 측에서 와치(和地) 대좌를 파견할 것이고 가능하다면 나카이(中井) 중좌도 홍콩으로 보내 협조하도록 할 것을 약속했다.

1월 7일 일기

최근에 대사관 및 해군과 연락한 결과 지금 일본 정부에서는 국민 정부를 부정하기로 이미 결정하였다(는 것을 알게 되었음). 우리는 어떠한 형식으로든 대내외적으로 이 결정을 선언하는 것이 향후의 작전과 전략에 매우 중요한 영향을 끼친다고 일제히 주장했다. 이 의견을 대신과 총장에게 제기하는 동시에 해군과 대사관에서도 각자 보고하라고 했다. 그리고 인사국 국장에게 고노에(近衛) 총리, 히로타(廣田) 외상, 스기야마(杉山) 육상 등 세 사람에게 편지를 건네 달라고 부탁했다. 편지에는 상술한 방침에 따른 향후의 작전 및 임무, 그리고 실행기관으로 상하이에 내가 통제하는 특별기관을 설립하는 것, 해(군)와 외(무) 대장 및 상공 등 정부의 인적 자원을 망라하고 향후 군사, 정치, 경제 등 제 문제의 연구 및 해결방안 등 내용을 언급했다.

당일 일기의 여백에는 다음과 같은 내용도 기록되었다.

쉬저우(徐州) 근처의 룽하이(隴海) 철로를 점령하고 소금 운반통로를 차단하며 앞으로 저장(浙江)에서의 정권 범위 확대 사항을 상의하려고 제10사단과 연락했다.

1월 10일 일기

일본 내 신문 보도에 의하면 어제 도쿄 내각에서 회의를 했다. 내각과 최고사령부가 협의하였는데 참의와 논의하여 향후의 중지나에 대한 정책과 관련하여 보다 구체적인 결정을 내린 듯하다. 비록 세부적인 내용에 대해서는 아직 모르지만 우리 정부의 정책이 점차 명확해지고 있다. 이로써 우리 군의 작전과 전략이 더 분명해질 뿐만 아니라 중지나 사람들의 주목도 받을 수 있다. 결과가 명확해진 후에 더 적극적인 행동을 취했으면 좋겠다.

1월 15일 일기
이토(伊藤) 공사가 와서 정부의 태도를 전달했다. 독일의 조정 활동이 아직 끝나지 않아서 정부는 이에 대해 아직도 머뭇거리면서 행동을 취하지 못하고 있다. (이토가 말하기를) 정부로 하여금 빨리 결단을 내리도록 재촉해야 한다고 했다. 이는 실로 놀라운 일이다. 하라다(原田) 소장을 소환하여 다시 현재의 형세에 대해 지역군의 의견을 제기하게 하고 동시에 하라다 소장에게 도쿄로 돌아가서 당국을 재촉하라고 명령한 것이다.

1월 16일 일기
오늘 정부에서 앞으로 "국민당 정부를 (교섭) 상대로 생각하지 않는다"는 성명을 발표했다.(즉 국민당 정부를 승인하지 않는다는 뜻—인용자) 그 진정한 의미를 아직 자세히는 모르지만 나의 주장과 한 걸음 더 가까워진 것은 의심할 바 없다. 단지 정부의 결단이 여전히 불안하므로 이때 각 부처에서 모두 정부에 진언해야 한다고 생각하며 향후의 인식을 공고히 하는 동시에 관련 전략이나 작전상에서 두말할 필요 없이 한 발 더 나아가야 한다. 이토 공사, 쓰카다와 하라다 등 두 소장과 깊이 의논한 후 상술한 결정을 내렸고, 이를 바탕으로 현지의 각종 방침을 신속히 작정하라고 명령했다.

1월 15일 일본 본진 내각 연락회의에서는 중국 정부를 더 이상 인정하지 않기로 결정했으므로 앞서 인용한 내용은 마쓰이가 일본 정부가 중국 정부를 인정하지 않는다는 정보를 알게 되었을 때까지만이다. 왜냐하면 그 뒤로 비록 마쓰이 이와네가 중국 정부를 적극적으로 무너뜨리려고 한 행위 또한 이미 '명령을 받드는' 한계를 훨씬 초과하였지만 우리는 일단 이 책임을 일본 최고위급 지도자의 장부에 적어 놓을 것이기 때문이다.

본 절에서 마쓰이 이와네의 이 시기의 일기를 상세하게 인용한 것은 이 내용이 마쓰이 이와네가 도대체 어떤 책임을 져야 하는지와 관련하여 매우 관건적인 증거이기 때문이다.

4) 서방 국가의 이익 보호 여부

앞서 인용한 '선서진술서' 제2조에서 "각국 거주민과 군대를 건드려서는 안된다"고 말했고, 제3조에서는 "나는 부하에게 누누이 외국 권익을 존중하라고 명령했다"고 이야기했다. 그리고 제6조에서는 "영국과 미국 해군 사령관 및 각 국가의 문무관과 적극적으로 연락하여 전투 중에 발생한 사건에 대해 사후처리를 했다"고 밝혔다.

마쓰이 이와네가 '외국 권악을 각별히 존중했다는 것이 사실일까? 우리는 여전히 그의 일기를 통해 검토해 보고자 한다. 1937년 8월 26일 휴 크내치불 휴게센(Knatchbull-Hugessen, H. M.) 영국 주중대사가 기차를 타고 난징에서 상하이로 가는 도중 우시(無錫)에서 일본 군용기의 사격을 받고 중상을 입었다. 이 일로 영국 등 서양 국가의 강력한 불만을 일으켜 일본은 신속히 사과했다. 마쓰이 이와네는 이 일을 30일의 일기에 기록했다. 그가 며칠 지나서야 이 일을 기록한 것에서 그의 불쾌한 감정을 엿볼 수 있다. 그는 처음에 "일본 해군의 비행기"인 줄 알았는데 어제 안 사실이지만 일부 "중지나 비행기"에도 "일본의 국기"를 칠했기 때문에 "우리 군의 소행이라고 단언할 수 없다"고 말했다.

> 일본군이 사격했다 하더라도 사전 예고 없이 전쟁터를 지나는 내부와 외부 인원이
> 전투로 피해를 입었다면 그것은 어쩔 수 없는 일이다. 그러므로 일본 정부에서
> 그렇게 급하게 유감의 뜻을 표할 필요가 없는데 일본 정부 및 상하이 외무와
> 해군의 태도는 지나치게 당황해하는 듯하다.

같은 날 일기에 마쓰이는 전쟁 시작 후에도 영국 상선이 여전히 무역활동을 진행하는 것에 대해 불만을 표했고, 해군이 중국 연안을 엄격하게 봉쇄해야 한다고

주장했다. 마쓰이는 영국뿐만 아니라 모든 서양 국가의 함선이 황푸강(黃浦江)과 우쑹커우(吳淞口)에서 정상적으로 순항하는 것에 대해 적대감을 드러냈다. 9월 1일 제3사단이 우쑹전(吳淞鎭)을 공격할 때 마침 프랑스의 군함이 지나가고 있었다. 마쓰이는 그날 일기에 이를 '장난'이라고 칭하며 제3함대와 일본대사관이 프랑스에 '거세게 항의할 것'을 요구했다. 그리고 "이런 일이 또 생기면 우리 육군은 프랑스 함선의 안전을 보증할 수 없다"고 말했다. 9월 20일 일기에는 황푸강 하류의 영국 상선이 떠나야 한다고 한 다음 아래와 같이 기록했다.

> 만약 이 선박들이 본 경고에 응하지 않고 여전히 현재의 위치에 정박한다면 전투로 인해 피해를 입더라도 우리 군은 그 어떤 책임도 지지 않을 것이다.

다음 날의 일기에 마쓰이는 이렇게 기록했다.

> 오늘 위협 목적으로 최근에 황푸강 하류에 임시 정박해 있는 영국 선박을 향해 폭탄 몇 발을 발사했는데 선박 근처의 수중에 떨어졌다. 그중에 두 척은 황급히 닻을 올리고 출항하여 목적을 달성했다. 그러나 한 척은 여전히 완고하게 원래의 자리에 머물러 있다.……

이게 바로 마쓰이 이와네의 진심이다. 만약 마쓰이가 '외국 권익' 의식이 완전히 없는 것이 아니라고 한다면, 이런 의식은 일본군의 야욕에 비하면 미미하다고 할 수 있다. 10월 1일 일기에서 마쓰이는 그가 일본대사관으로 하여금 서양 기자에 영향력을 행사할 것을 요청한 일을 기록했다. 여기서 마쓰이가 외국의 여론을 완전히 의식하지 않았던 것은 아님을 알 수 있다. 그런데 마쓰이의 관심은 자기의 군대가 바른 행동을 하도록 요구하는 데 있었던 것이 아니라 단지 다른 사람으로 하여금 자신에게 순종하게 하며 외국 매스컴이 일본군에 대해 부정적인 보도를 하지 못하도록 하는 데 있었다. 마쓰이가 서양 기자에게 영향력을 행사할 때 사용한 한자는 '조종' 두 글자였다. 그가 말한 '조작'할 필요가 있다고 '통감'한 원인은 9월 28일 국제연맹에서 일본이 중국의 도시를 폭격했다고 비난하는 '불법' 결의안을 통과시켰기 때문이다. 일기를 수록한 『난징전사자료집』에는 '불법' 두 글자 아래에 주석이 달렸는데 결의를 '비난한다'는 뜻이 내포되어 있다고 한다. 그다음 아래와 같은 말을 기록했다.

소문에 따르면 상하이에 있는 대사관 측에서 외국 기자들을 매수하는 그 어떤 수단도 사용하지 않았다는 것이 실로 놀랍다. 육, 해군 무관들이 최선을 다해 긴급조치를 취하지 않으면 향후의 홍보전에 매우 불리한 결과를 가져올 수 있으니 참으로 걱정스럽다.

마쓰이 이와네는 한시漢詩에 대해 특별한 취향이 있는데 치열한 전투 중에도 끊임없이 시를 지었다 한다.(칠언절구가 가장 많다.) 따라서 그는 자신의 진실한 생각을 정서가 분명히 드러나는 '조종', '불법' 등의 한자를 통해 중국 사람들에게 생동하게 전달할 수 있었다.

상하이 교외인 다창(大場) 등지의 중국군 부대의 방어선이 뚫린 뒤, 일본의 포화는 시내로 타들어와 서양 국가의 이익과 직접적인 충돌이 생겼다. 10월 29일, 일본군 제3사단 포병은 상하이 시내의 여러 곳을 폭격하였는데 제스필드 공원(Jessfield Park, 오늘날의 中山公園)에서 폭격을 당해 여러 명의 영국 병사들이 사망했다. 이에 영국 측은 일본군에 항의를 제기했다. 마쓰이는 비록 일기에 '유감'이라고 기록했지만 그 원인을 "영국군이 우리 측의 요구에 따라 중산차오(中山橋) 근처로 철수하지 않았기" 때문이라고 했다. 그는 같은 날 프랑스 조계지인 하비로(Avenue Joffre, 오늘날의 淮海路)에 대한 일본군의 폭격에 대해 '중국군의 장난과 전략'이라고 생각했다. 10월 31일 마쓰이는 일기에 포화가 영국군 관할 지역까지 퍼진 것은 영국군과 '중국군의 수비구역이 맞닿아 있었기' 때문이라고 했다. 그리고 뒤에는 "영국과 프랑스 부대는 처음부터 중국군에 대해 동정과 지원의 태도를 가지고 있었다"고 하여 마쓰이의 불편한 심경이 잘 반영되어 있다. 그는 일본군이 '강경한 입장'을 취해야 한다고 생각했던 것이다.

중국군이 패배함에 따라 서양 국가들의 주상하이 영사관과 군부대의 태도도 누그러지기 시작했으며 그들에 대한 마쓰이의 태도도 예전보다 '침착'해졌다. 11월 2일의 일기에 그는 영국, 미국, 프랑스, 이탈리아 등 각국이 "우리 측의 방침을 대체적으로 이해한다"고 적었다. 그래서 마쓰이는 각 사단에 "상하이 서남지역에 있는 외국인의 재산을 보호하라"고 요구하면서 '단서'를 붙이지 않았다. 그렇다고 마쓰이의 입장에 근본적인 변화가 생겼다고 하는 것은 아니다. 마쓰이의 입장 중에서 서양 각국이 일본군에 복종해야 한다는 기본 관점은 바뀌지 않았다. 11월 10일의 일기에는 마쓰이의 뜻이 잘 반영된 한 단락의 기록이 있다.

영국 함대 사령관과의 첫 만남.
오늘 영국 함장 및 육군 사령관과 장완(江灣)의 한 학교에서 만났다. 영국 함장은 예전의 무례한 태도를 바꾸었고 영국군은 일본군의 작전을 방해할 생각이 없다고 매우 공손하게 누차 입장을 표했다. 그의 가련한 몰골은 웃음을 금할 수가 없었다. 나는 그에게 일반적인 국제 예의로 인사한 후 우리 군은 보급을 위해 쑤저우허(蘇州河), 황푸강 및 철도를 사용할 것인데 이에 방해하는 사람은 중지나인이든 외국인이든 모두 똑같이 필요한 방위수단으로 대처할 것이라고 예고했다. 영국 함장은 이에 총영사 등과 협의하여 조치를 취할 것이라고 했다. 나는 이것이 필요하다고 생각한다. 그들이 완전히 일본군의 의지에 따라 행동하도록 해야 한다.……
상기 회견 이후 영국, 미국, 프랑스, 이탈리아 등 각국의 주중국 일본대사관의 무관들을 만나서 앞서 영국 함대 사령관에게 한 말을 이야기하고 각국의 관리와 군부대가 적당한 조치를 취하기 바란다고 했다. 각국 무관들의 태도는 모두 공손했고 일본군과 나에 대한 경건한 마음을 표했는데 사실은 일본군의 위력에 눌린 것이다.

이 기록에서 마쓰이 이와네가 '국제 예의'를 보여 준 전제는 우선 서양 국가가

'일본군을 방해할 생각이 없다'는 것임을 알 수 있다. 11월 17일 마쓰이는 영국 해군 군함에 가서 영국 군함 함장을 방문했다. 영국 함장은 '매우 공손했고 마쓰이의 태도도 전날과 같이 '온화'했을 뿐만 아니라 "각 국가의 권리에 피해를 주지 않는다", "동양 평화"와 같은 말을 했다. 그러나 같은 날 '아군'인 이토(伊藤述史) 공사를 만날 때 마쓰이가 말한 '진심'은 또 다른 것이었다.

> 오늘 이토 공사를 사령부로 불러 향후 상하이 조계지의 조치와 관련하여 나의 의견을 전했다. 그는 나의 의견에 완전히 동의하였으며 앞으로 외무당국에 열심히 재촉하겠다고 약속했다. 그리고 일반적인 국제정세로 보아 해군은 영미 등 여러 국가를 신경 쓸 필요가 없다. 언론과 행동을 현재 우리에게 유리한 작전 형세로 이용해야 한다. 향후 프랑스 조계지를 포함한 공동 조계지의 중지나 정부와 중지나 사람의 반일행위를 최선을 다해 금지해야 한다. 중지나 정부로 하여금 상하이 각국의 권리를 이용하는 이른바 유럽과 미국에 의존해 지속적으로 항전하려는 의지를 포기하게 하고 태도상에서도 엄격하고 명확한 자각성을 가지게 해야 한다.

11월 21일 마쓰이 이와네는 일본 주중 무관 하라다 구마키치(原田熊吉)에게 프랑스 조계지 당국에 항일활동을 금지할 데 관한 요구를 전달하라고 명령하고 "만약 우리 군의 요구를 만족시키지 못한다면 우리 군은 작전수요에 따라 단호한 조치를 취할 것"이라고 위협했다. 11월 24일 프랑스 주중 육군사령관이 처음으로 마쓰이를 방문하였는데 그의 태도도 영국 사령관처럼 '매우 공손했다. 그런데 프랑스대사관과 조계지 당국은 일본의 요구와 저촉되는 부분이 좀 있었다. 그러자 마쓰이는 사정없이 "만약 프랑스 당국이 일본 측의 성의(프랑스 측이 일본군에 복종하라고 요구함을 가리킴—인용자)를 인식하지 못하고 무조건 프랑스 조계지의 특권을 주장한다면 우리 측은 난스(南市) 근처의 프랑스 군부대에 단호히 조치를 취할 것"이라는 강경한 발언을 서슴지 않았다. 11월 26일 프랑스 주중 해군 함장과 상하이 총영사가 마쓰이를 방문하였는데 마쓰이는 그날의 일기에 다음과 같이 기록했다.

그들이 찾아온 의도는 예의상의 방문 이외에 주로 향후 우리 군이 프랑스 조계지에 대해 무난한 태도를 취하기를 바란다는 내용을 전달하기 위한 것이었다. 나는 프랑스군이 프랑스 조계지 특히 난스에서 치안을 유지할 때 반드시 일본군과 협력해야 한다고 말했다. 그러므로 난스에 있는 우리 군의 보급 연락을 위해 우리 군은 프랑스 조계지의 일부 강변을 사용해야 교통이 원활하다고 말했다. 그들은 우리 군과의 협력에 다른 의견이 없었지만 무장군인이 프랑스 조계지를 통과하는 것은 조약과 프랑스의 권익상 인정하기 어렵다고 말했다. 나는 그렇다면 우리 측은 난스에 있는 프랑스 군부대에 조치를 취할 수밖에 없다고 말했다. 위협하는 동시에 나는 그들이 조계지 안에 있는 중국의 국가 은행을 봉쇄하기를 원한다고……

12월 3일 일본군 제101사단이 상하이 공동 조계지에서 시위행진을 했는데 난징루에 도착했을 때 행인이 투척한 수류탄에 맞아 일본군 세 명과 대사관 경비병 한 명이 다쳤다.(수류탄을 투척한 청년은 현장에서 사살되었다.) 조계 당국에서는 "일본군이 만약 방위할 필요가 있다고 생각한다면 조계지 내에서 독자적으로 '청소' 행동을 취할 수 있다"는 데에 어쩔 수 없이 동의했다. 마쓰이는 이 일을 기록한 후 "이는 폭발사건의 공이다"라고 말했다.

상술한 바와 같이 만약 마쓰이 이와네가 '외국 권익'에 대한 의식이 조금도 없는 것이 아니라면 기껏해서 "나에게 순종하는 자는 흥성할 것이다" 정도의 태도를 보였을 뿐, 절대로 그가 도쿄재판에서 위장한 것처럼 외국 권익을 보호하는 모범은 아니었다는 것을 알 수 있다.

5) '레이디버드호 사건'에 대한 마쓰이 이와네의 사과 여부

마지막으로 '레이디버드호'(HMS Ladybird) 사건에서의 마쓰이의 실제 행동을 검토해 보고자 한다. '선서진술서' 제11조 '레이디버드호, 파나이호 및 기타 외교 관련 사항'에서 "하시모토(橋本) 대좌가 12일 새벽 짙은 안개 속에서 양쯔강(揚子江)에서

운항하는 중국 병사들이 탑승한 선박 몇 척을 발견하고 폭격을 가했는데, 우연히 레이디버드호를 격중했다. 나는 즉시 제10군 사령관에게 영국 해군 함장에게 사과하라고 명령하였고 나 자신도 난징에서 상하이로 돌아간 후 바로 영국 해군제독 리틀(Little)을 방문하여 사과의 뜻을 표했다"고 진술했다.

12월 12일, 난징이 함락하기 전날 아침에 레이디버드호 등 영국 군함과 상선 4척이 우후(蕪湖) 근처에서 일본군 제10군 야전중포병 제13연대의 폭격을 맞아 피해를 입었다. 같은 날 오후 미국 군함 파나이 호(USS Panay) 및 스탠더드 오일(Standard Oil) 회사의 선박 세 척이 난징 상류에서 일본 해군 제12항공대의 비행기에 의해 격침되었다. 이에 대해 영미 양국은 강력한 항의를 제기하였다. 그 당시 일본은 아직 영미 양국에 전면적인 태도 표명을 하지 않았던 터라 일본 정부는 13일에 공식적인 '사과'를 했다. 다음 날 히로타 고키(廣田弘毅) 일본 외무상은 영미 양국의 주일 대사에게 서한을 보내 사과의 뜻을 표하는 것 외에 손해를 배상하겠다고 했다. 당시 이 사건이 일본에 가져다준 실제적인 압력은 난징대학살 자체보다 훨씬 컸다. 일본 정부의 반응이 빨랐을 뿐만 아니라 각계에서도 영미, 특히 미국에 사과의 뜻을 표했다. 예를 들어 야마모토 이소로쿠(山本五十六) 해군성 차관이 미국대사에게 사과를 했으며 유명한 출판인 이와나미 시게오(巖波茂雄)는 『도쿄니치니치신문』의 손해 배상 모금 제안에 따라 천 엔을 기부했다. 그때 당시 군부대 측에서도 압력에 의해 육군과 해군에서 모두 전문요원을 현장에 파견하여 조사하고 일정한 조치도 취했다. 예를 들면 먼 훗날 '명성이 자자하게' A급 전범이 된 하시모토 긴고로(橋本欣五郎)가 바로 이 일로 인해 야전중포병 제13연대 연대장에서 군부대를 떠난 것이다.

파나이호를 격침한 것은 해군 항공병으로 마쓰이 이와네의 관할권에 속하지 않으므로 여기서 우리는 마쓰이의 레이디버드호 사건에 대한 태도만 검토해 보기로 한다. 마쓰이가 일기에서 이 일을 처음 기록한 시간은 사건 발생 다음 날이었다. 그때 그는 이미 이 일이 '앞으로 조만간 문제를 일으킬 것'이라고 예감했다. 그러나 그는 동시에 "이 위험한 지역에 남아 있는 제3국 국민과 함선이 불의의 재난을 당한다 해도 어쩔 수 없는 일이다. 게다가 우리 측에서는 이 지역에 있는 전쟁터의 위험을 이미 예고하였다"고 말했다. 이 날의 일기는 이 말로 끝났는데 분명한 것은 마쓰이는 잘못이 일본군에 있다고 생각하지 않았다는 점이다. 마쓰이가 일기에 두 번째 레이디버드호 사건을 언급한 것은 3일 뒤인 16일인데 그때 그는 일본 정부에서 이미 사과한 것을 알게 되었으므로 일기의 첫머리에 이 일을 기록했다.

우후(蕪湖) 영국 군함 사건.
12일 영국 군함, 상선 피해 사건과 관련해 우리 정부는 진상을 잘 모르는 상황에서 영국에 즉시 사과했는데 아무래도 당황해서 어찌할 바를 몰랐을 것이다. 일이 이렇게 된 이상 나는 어쩔 수 없이 진상을 조사할 수밖에 없었고 책임자에 대한 처분이 절대 필요 없다는 결과를 이미 전보를 통해 도쿄에 보냈다.

그 후 마쓰이의 일기에는 이 일에 대한 기록이 없다. 마쓰이는 매일 발생한 일을 상세하게 기록하는 습관이 있었으므로 만약 정말로 그가 도쿄재판소에서 말한 대로 "나는 즉시 제10군 사령관에게 영국 해군 함장에게 사과하라고 명령하였고 나 자신도 난징에서 상하이로 돌아간 후 바로 영국 해군제독 리틀(little)을 방문하여 사과의 뜻을 표했다"는 일이 있다면 그의 일기에 일언반구도 남기지 않을 수 없다. 마쓰이의 일기에는 분명히 리틀(little)과 서로 '방문'한 기록이 있기는 하지만 레이디버드호가 폭격을 당한 사건이 발생하고 난징에서 상하이로 돌아간 후가 아니어서 '사과를 표하'는 일이 있을 리가 만무하다. 마쓰이와 리틀의 만남은 일기에 앞서 인용한 11월 10일의 영국 함장이 마쓰이를 '방문한' 것과 같은 달 17일에 있는 마쓰이의 답방밖에 없다. 마쓰이는 17일의 일기에 영국 함장을 'リットル'로 기록하였고 '선서진술서'에 분명히 밝힌 'リットル'가 바로 '리틀'(little)이다. 이로써 알 수 있다시피 도쿄재판에서 레이디버드호 사건에 관한 마쓰이의 증언은 위조 정도가 매우 심한 이중 위증이다. 왜냐하면 '즉시 방문'이라는 일이 없었을 뿐만 아니라 '사과했음'이 그의 실제 행동과는 완전히 반대였기 때문이다.

본 절에서 검토한 내용들, 예컨대 '레이디버드호 사건'에서 마쓰이 이와네의 태도를 사실대로 진술했더라도 그의 양형에는 아무런 영향도 끼치지 않았을 것이다. 그러나 여기서 지면을 아끼지 않고 분명히 밝히는 이유는 마쓰이가 도쿄재판소에 제공한 거짓 증언들이 우연한 실수가 아니라 재판에 대응하기 위한 목적이 명확한 위조라는 것을 설명하기 위해서이다.

도쿄재판소의 검사 측과 법정은 마쓰이의 증언에 실질적인 의문을 제기하지 않았으므로 법정은 검사 측이 기소한 38개 공소사실 중의 37개 공소사실을 기각했다. 특히 원래 피할 수 없는 제27항 "중국에 실시한 침략죄"도 이로 인해 단지 '부작위'라는 소극적인 범죄행위로 교수형이라는 최고 양형을 받는 적절성의 문제를 남겼고, 더욱이 마쓰이를 A급 전범으로 볼 수 있는지 하는 것과 같은 중대한 문제도 남겼다.

2. 오가와 세키지로(小川關治郎) 증언에 대한 검토

오가와 세키지로는 일본군이 난징을 공격한 주력부대 가운데 하나인 제10군의 법무부장이고 당시 일본 전임 법무관 중에서 경력이 제일 풍부한 사람이다. 오가와는 1937년 11월에 제10군과 함께 진산웨이(金山衛)에 상륙한 후 자싱(嘉興), 평왕(平望), 후저우(湖州) 등 지역을 거쳐 서쪽으로 난징까지 진입했다. 난징을 점령한 이후인 12월 말에 제10군은 항저우(杭州)로 이동해 주둔하였는데 오가와는 항저우를 한 번도 떠나지 않았다. 다음 해 1월 7일에 오가와는 상하이에 가서 중지나 방면군 군법회의(방면군은 제10군과 상하이 파견군을 조율하는 작전 지휘기구로 법무부를 설립하지 않았음)를 소집했다. 2월 14일 중지나 방면군 및 관할하고 있던 제10군과 상하이 파견군의 편제가 취소되었다. 일주일 후 오가와는 마쓰이 이와네(松井石根)와 중지나 방면군 사령관 쓰카다 오사무(塚田攻) 참모장 등과 함께 일본으로 돌아갔다. 도쿄재판에서 난징대학살 사건의 변호인 측 증인 중에서 오가와는 상당히 특별한 사람이었다. 오가와의 특별함은 그가 직접 전쟁을 경험한 사람이라는 데 있지 않다. 당시 증인 중의 대부분은 사건 발생 시 난징 현지에 있었던 경력이 있다. 그리고 오가와의 지위가 비교적 높은 위치에 있는 것도 아니다. 왜냐하면 당시 증인 중에는 중, 하급 장교 이외에 상하이 파견군 이누마 마모루(飯沼守) 참모장과 같은 고위급 장교도 있었다. 오가와의 특별함은 그가 제10군과 중지나 방면군의 법무부의 기관장으로 군부대의 군기와 풍기가 그의 '전공'이라는 데에 있다. 따라서 그의 증언은 문외한인 제3자들에게는 비교적 쉽게 '권위적'인 증언으로 간주되며 적어도 '전문가'의 증언으로 여겨진다. 그리고 많은 증인들이 일본군의 그 어떤 폭행도 한사코 부인한 것과 달리 오가와는 일본군이 일정한 폭행을 실행했다고 인정하였으므로 일정한 부분에서 모두 거짓으로 꾸미지는 않았음을 알 수 있다. 비록 우리는 오가와의 증언이 당일 법정에 일본군의 책임을 묻는 데에 어떤 역할을 했는지 판단할 수는 없지만, 오가와의 증언을 두고 법정과 검사 측에서 그 어떤 의혹도 제기하지 않은 것 자체에는 특별한 의미가 있다.

1) 오가와 세키지로의 '선서진술서'

오가와 세키지로의 '선서진술서'(변호인 측 문서 제2708호, 법정 증거 제3400호)는 다음과 같다.

1) 본인은 1937년 9월 말쯤에 제10군(사령관은 야나가와(柳川) 중장) 법무부장으로 임명되어 항저우만(杭州湾) 북쪽 연안에 상륙하여 난징 전투에 참가했다. 다음 해 1월 4일에는 중지나 방면군 소속으로 마쓰이 사령관의 직속이었다.

2) 제10군은 항저우만에 상륙한 후 중지나 방면군의 지휘를 받았다. 마쓰이 사령관은 군기와 풍기를 엄수하라고 명령하였는데, 물론 엄격하게 법에 의해 중지나 양민과 외국 권익을 보호하는 것도 포함되어 있었다.

3) 본인은 난징에 도착하기 전까지 도합 20건의 군기범들을 처벌했다. 그중 성범죄자들을 처벌함에 있어서 어려웠던 점은 성폭행인지 간통인지 명확하게 구별할 수 없음에 있었다. 그 이유는 중지나 여인들이 먼저 일본군을 집적거리는 일이

오가와 세키지로의 선서진술서.
오가와 세키지로는 '선서진술서'에
서 38년 1월 4일 상하이에서 마쓰
이 이와네를 만났을 때 "범폭행위
를 엄정히 처벌하라"는 명령을 받
았다고 진술했다.

비일비재하였는데, 일단 그 성 장면이 양민이나
다른 사람들에게 발각되기만 하면 그 여인들은
180도로 태도를 바꿔 성폭행이었다고 하였기 때문
이다. 그러나 성폭행인지 아닌지를 막론하고 나는
모두 기소하였고 사실에 따라 법적으로 처리했다.
만약 협박 수단을 사용했다면 바로 엄격한 처벌을
내렸다.

4) 본인은 12월 14일 정오에 난징에 진입했고 오후에
제10군 경비지역(난징 남쪽)의 일부 지역을 순찰하
면서 중국 병사의 시체를 여섯, 일곱 구만 보았을
뿐 다른 시체는 보지 못했다. 제10군은 12월 20일에
난징에서 철퇴하고 항저우로 이동하여 작전했다.
난징에 있는 동안 본인은 일본 병사의 불법행위에

대해 들은 적이 없으며 불법 사건으로 기소된 일도 없었다. 일본군은 전투
태세였고 군기도 매우 엄격했다. 마쓰이 사령관이 하향식으로 불법행위를 허락하
는 명령은 당연히 없었으며 불법행위를 허용하는 명령도 하지 않았다.

5) 헌병은 마쓰이 사령관의 명령을 엄수하였다. 당시 가미스나(上砂) 중좌(헌병)는
본인의 작은 죄를 기소하지 않은 판결이 너무 관대하다고 항의를 제기했다.
일본 병사의 불법행위를 엄격하게 단속했다.

6) 1938년 1월 4일 본인은 상하이의 사령부에서 마쓰이 대장과 만났는데 그때
대장은 특별히 강조하는 말투로 "범죄에 대해 단호하게 처단해야 한다"고
요구했다. 나는 이 명령에 따라 자기의 임무를 엄격하게 실행했다.

쇼와 22년(1947) 10월 6일 도쿄에서의 진술서
오가와 세키지로

오가와의 증언은 1947년 11월 7일 오전에 낭독되었는데, 그 전의 이누마 마모루(飯
沼守)와 그 후의 사카키바라 가즈에(榊原主計)가 검사 측의 반복적인 심문을 받은
것과는 달리 검사 측과 법정에서는 오가와의 증언에 대해 한 마디의 질의도 하지

않았다.

오가와 세키지로의 증언이 변호인 측 증언 중에서 차지하는 편폭은 길지 않지만 언급한 내용들, 마쓰이가 군기와 풍기를 엄수하라고 명령함, 일부 단순 폭행인지, 성폭행인지 아니면 '간통'인지 분명하지 않음, 난징에서 시체를 6, 7구만 봤음, 불법행위에 대해 들은 적이 없음, 불법행위가 엄격하게 단속되었음, 마쓰이가 직접 군기와 풍기를 '특별히 강조했다'는 점 등은 모두 사실과 다르다. 아래에 우리는 제10군과 중지나 방면군의 법무부 일지 및 사건 발생 시 오가와의 기록을 하나하나 대조하며 증명을 이어갈 것이다.

2) 군내 군기와 풍기를 엄수하라는 '마쓰이 사령관'의 명령 여부

도쿄재판 시, 피고 측과 마쓰이 이와네(松井石根)는 암묵적으로 마쓰이가 군부대를 이끌고 중국으로 진입할 때 군기와 풍기를 강조했다고 이구동성으로 주장했지만 이 일이 거짓인 것은 이미 마쓰이의 증언에서 분명히 밝혀졌다. 오가와의 증언을 더 자세히 검토하기 위해 여기서 가감 없이 오가와의 일기에 비추어 이 문제에 대해 논해 보고자 한다. 오가와는 '선서진술서'에서 마쓰이가 말하는 군기와 풍기를 두 번 언급했다. 한 번은 '엄수하다'와 '엄한 법 적용'이라고 했고 또 한 번은 '특별히 강조했다'고 했는데 말투가 신중한바 이는 관례에 따라 공무를 처리하는 데 쓰이는 상투적인 말이 아니다. 매일 매일 만난 사람과의 일을 기록하는 오가와의 습관으로 볼 때, 이런 직접적인 지시를 생략할 리가 없다. 그러므로 오가와의 일기를 모두 읽은 후에 마쓰이의 이와 비슷한 담화가 없을 때 우리는 자연히 '증언'이 진실이 아니라고 단정 지을 수 있다. 오가와의 증언이 거짓인 것을 단정 지을 수 있는 또 하나의 이유는 그의 일기에 이런 내용이 기록되어 있지 않을 뿐만 아니라 일기에 아래와 같은 기록이 있는데 여기에서도 오가와의 꼬리가 드러나기 때문이다. 증언 제6조에는 "1938년 1월 4일 상하이의 사령부에서 마쓰이 대장과 만났다"는 기록이 있는데 시간, 장소, 인물이 모두 매우 구체적이다. 당시 검사 측의 어려움을 상상할 수 있다. 그러나 이렇듯 구체적이고 정확했기 때문에 우리는 이 진술서를 일기와 대조해 볼 수 있었다. 오가와는 1월 4일의 일기에 두 번째로 제10군 사령관 야나가와 헤이스케(柳川平助) 중장을 찾아가서 아무개(일기가 출판될 때 모든 관련 인원의 이름은 모두 생략되었음) 소좌의 사건에 대한 이야기를 나눴고 또 병기, 군의관, 수의사, 법무부 각 부서의 환송회에 참가한 상황으로 보아 그때 그는 제10군 사령부 주둔지 항저우를 결코 떠나지 않았다. 오가와는 7일에 항저우를 떠나 상하이의 중지나 방면군에 가서 도착 신고했으며 15일에야 마쓰이를 만날 수 있었다. 15일의 일기에는 마쓰이와 만난 상황이 상세히 기록되어 있다. 마쓰이는 대중국 책략에 대해 이야기를 나누었는 바 장제스(蔣介石) 정권을 어떻게 무너뜨릴 것인가, 친일파 정권을 어떻게 수립할 것인가, '수많은 일본인이 중국으로 이민하는 백년계획'을 어떻게 실현할 것인가 하는 문제를 토론했는데, 거기서 군기와 풍기에 관한 말은 한마디도 없었다. 군기와 풍기에 관한 이야기를 하지 않았을 뿐만 아니라 이날 일기에는 음미할 만한 오가와의 느낌이 한 단락 남아 있다.

> 사령관(마쓰이 이와네 대장—원주)은 위엄을 지키려는 것인가? 아니면 천성적으로 오만한 것인가? 지금까지 만난 대장들과 비교하면 좀 이상한 스타일이다. 나는 지휘관이 거만을 떨지 않고 자기의 방침을 부하로 하여금 이해하도록 하는 것이 좋다고 생각한다. 허세를 부릴 필요가 전혀 없다. 지나치게 거만을 떨면 아무래도 상대가 진술한 의견을 충분히 고려할 수 없게 되고 따라서 여러 가지 의견도 상사로 하여금 이해하기 어렵게 한다. 특히 지휘관과 부하의 관계에서 부하가 위의 의견을 충분히 이해하고 위에서는 부하의 의견을 충분히 연구하며 의견이 있는 사람의 의견을 경청하는 것은 절대 무익한 일이 아니다.…… (여기의 줄임표는 원문에 있는 것이다.—인용자) 거만을 떠는 원인은 무엇일까?

마쓰이 이와네라는 사람과 관련해 여러 가지 평론이 있지만 종래로 '오만하다' 또는 '거만하다'라고 말한 적은 없다. 마쓰이가 오가와에게 준 인상이 다른 사람과 다른 이유는 바로 마쓰이를 곤혹스러운 처지에 빠뜨린 군기와 풍기에 있었다.

오가와 세키지로의 일기. 1938년 1월 4일, 오가와 세키지로의 행적을 상세히 기록하고 있다. 그는 제10군 군부인 항저우를 떠나지 않았다. 일기는 1938년 1월 15일 마쓰이 이와네를 만나 나눈 이야기가 상세히 기록되어 있지만 범죄나 군대의 기풍과 군기 관련 내용은 없다.

일본군이 난징에 진입한 후, 난징에서 쫓겨난 『뉴욕 타임스』의 프랭크 틸먼 더딘(F. Tilman Durdin) 기자가 12월 17일에 내보낸 첫 번째 기사를 시작으로 서양의 신문에서는 일본군의 폭행을 대서특필하기 시작하였다. 난징안전지역국제위원회의 서양 인사들은 일본군이 난징에 들어온 사흘날부터 주난징 일본대사관에 매일 고소와 항의를 제기했다고 했다. 이런 기사와 항의는 재빠르게 일본의 정부와 군부대의 고위층에 전달되었다. 이러한 압력으로 일본군 중앙에서는 어쩔 수 없이 문서를 보내 훈계하고 사람을 파견하여 중지나 방면군의 군기와 풍기를 단속하라고 했다. 일본군 고위층의 압력으로 마쓰이는 매우 난감하게 되었으며 적국의 수도를 공략한 즐거움도 이로 인해 일소되었다. 이런 배경 하에서 중지나 방면군 군법회의가 임시적으로 규합되었기 때문에 마쓰이로 말하면 당연히 그의 뜻에 의해 소집된 것이 아니다. 따라서 오가와는 나이와 경험이 비슷하고 아무 갈등도 없는 마쓰이에 대해 평소와 완전히 달리 '오만하고' '거만하다'고 하였는데 그것이 진심이든 애써 거만한 척했든 전달하고자 한 것은 군기와 풍기에 대한 위화감에 불과하다.

3) '성폭행'과 '간통'의 불명不明 여부

일본군의 성폭행은 각종 기록, 특히 문예 작품을 통해 오래전부터 중화민족의 기억 속에 각인되어 있다. 그러나 중국과 달리 일본은 극소수의 '학살파'와 이에 맞서는 '허구파' 외에 주류 사회에서는 계속 이 일을 숨기려고 한다. 이는 그들이 일반적으로 '난징 사건'을 기록할 때 학살만 기록하고 성폭행을 생략한다는 데서 쉽게 보아 낼 수 있다. 지난 1990년대 이후, 허구파는 성폭행에 대한 부인을 강화하기 시작하였고 사건 발생 시의 관련 기록을 모두 '헛소문'이라고 떠들며 부정했을 뿐만 아니라 한발 더 나아가 '성폭행의 실태' 또는 '자발적인 매음', '중국인이 일본 병사로 위장하여 한 행동', '중국 병사의 반일을 위한 교란 작업'이라고 주장했다. 성폭행에 대한 부정은 비록 근년에 점차 고조되어 가고 있지만 기타 폭행을 부정하는 것과 마찬가지로 그 근원을 소급해 보면, 모두 도쿄재판에서 그 뿌리를 찾을 수 있다. 오가와가 언급한 이른바 '성폭행'과 '간통'의 불명확함은 오늘날 성폭행을 부정하는 최초의 모습이었다.

성폭행을 부정하는 원인은 피해자 본인들이 고소하는 경우가 극히 적다는 것과 긴밀한 관계가 있다. 또한 점령군을 상대로 하는 약세 입장 이외에 중국의 절개 관념 및 정조 관념과도 관련이 있다. 예로부터 중국인들은 '의義'를 중요시했고, 중요한 시기에는 정의를 위해 목숨을 바칠 수밖에 없었다. '의義'를 여자의 의무로 바꾸면 바로 '모든 것보다 중요하고' 더 무거운 '정조'(郭岐는 『함락된 도성에서의 피눈물의 기록』에서 일본군의 성폭행을 기록할 때 "여자의 정조가 그 무엇보다도 중요하다"고 말했다.)이다. 그러므로 중국에서 한 여인이 능욕을 당했다는 것, 특히 '짐승과 같은 병사'의 모욕을 당했다는 것은 일생을 망치는 것과 다름이 없고 죽음의 길을 택하지 않더라도 슬픔과 고통을 삼킬 수밖에 없으며 대중 앞에 얼굴을 드러내고 고소하기는 더욱 어렵다. 그렇기 때문에 일본 점령군을 고소한다는 것은 마치 호랑이에게 고기를 달라는 격이므로 전후에도 실제 이름으로 억울함을 호소하는 사람이 매우 적었다. 그런데 일지와 일기를 대략 읽어 보면 그중에는 상하이, 항저우, 후저우 등 지역에서 발생한 많은 성폭행 사건이 기록되어 있을 뿐만 아니라, 군법회의에서 작성한 고소장과 판결, 피해자의 고소와 양측 당사자의 진술도 의외로 상세히 기록되어 있음을 발견하게 된다. 특히 군법회의에서 작성한 고소장과 판결문, 피해자의 고소 등 후자가 완전히 뜻밖인데, 이로 하여 이른바 성폭행이나 '간통'이 확실하지 않다는 망언과 성폭행이 단지 '소문'일 뿐이라는 주장은 스스로 거짓임이 드러난 것이다.

우리는 관련 자료를 인용해 관련 상황을 증명해 보고자 한다.

제10군은 1937년 11월 5일에 진산웨이에 상륙하기 시작했고, 8일에 오가와가 사령부와 함께 상륙했다. 그날 법무부에서는 가미스나 쇼시치(上砂勝七) 헌병대장이 올린 '진산웨이성 근처에서의 약탈과 폭행 등 군기문란 상황'에 대한 보고를 받았고 그 후에도 방화, 강탈 상황이 가끔 전해졌다. 제10군 법무부의 일지에서 헌병대가 보고한 '강제 성추행' 사건을 최초로 언급한 것은 15일의 일지였다. 그리고 '성폭행' 사건을 분명하게 기록한 것은 하루 지난 후였다.

오전 8시 30분에 헌병대장 가미스나 중좌가 와서 속출하는 강탈, 성폭행 등 사건을 오가와에게 신고하고 상의했다.

여기에서 '속출'이라는 두 글자를 주의해야 한다. 과거에 일본군의 폭행 '원인'을 논의할 때는 소위 군국주의의 '야만성' 등 일본군 자체의 요인을 강조하는 이외에 대부분은 '전투가 치열하다'와 '보복' 등을 '객관적인 원인'으로 내세웠다. 그러나 법무부 일지 가운데의 해당 기록을 통해 '성폭행'이 처음부터 그림자처럼 일본군을 따라다녔으며 외부적인 원인은 적어도 그렇게 중요하지 않았음을 알 수 있다.

일지에서 처음으로 구체적인 성폭행 사건을 기록한 것은 11월 25일이었다.

오전 3시 30분에 진산군병참의 헌병대장 마쓰오카(松岡) 대위가 본부로 찾아와서 진산 근처 제6사단 관할 부대의 하사관 5명이 성폭행, 살인 및 미수 현행범이 된 사건과 관련하여 오가와에게 연락을 취하고 수사 지휘를 받았다.

같은 날의 일지에는 또 오가와가 법무부 성원인 다시마 류이치(田島隆一)에게 오전에 범죄 현장인 딩자러우(丁家樓)에 가서 조사하라고 명령했다는 기록이 있다. 이 사건은 12월 22일에 판결하였다. 사건에 연루된 사람은 제6사단 보병 제13연대 제3대대 본부 소하물[1] 특무병 島□□□(당사자의 소위 '명예'를 고려해 출판 시 성명의 첫 번째 글자만 남기고 나머지는 네모로 대신했다.), 같은 대대 제12중대 상병 田□□□, 같은 대대 오장 內□□□, 같은 대대 제9중대 鶴□□□ 등이다. 중국 방면군 군법회의 일지에 남긴 판결서에는 사건에 관련된 상세한 기록이 있다. 이 사건이 매우 전형적이어서 사건의 주요 경위를 아래에 옮겨 본다.

첫째, 같은 달(11월) 24일 오전 10시쯤에 피고인 內□□□는 상술한 빈 방 근처에 남아 있었고 피고인 島□□□는 田□□□와 鶴□□□ 및 앞선 기록에서 이미 사망한 藤□□□(12중대 일등병. 金山에서 楓涇으로 가는 도중에 여러 피고인들과 만났다. 오가와의 일기에 의하면 이 사람은 나중에 자살했다.—인용자)는 각자의 행장을 운반하기 위해 근처의 마을에 노동력을 찾으러 갔다. 도중에 鶴□□□는 內□□□가 있는 곳으로 돌아갔고, 기타 피고인 島□□□와 田□□□ 및 이미 사망한 藤□□□는 공동 상의 하에 중국 여인을 찾아 납치하고 성폭행했다.

1. 피고인 島□□□는 같은 날 오전 약 11시경에 같은 현 딩자루(丁家路. 바로 제10군 범무부 일지 중의 '丁家樓'임—인용자)에 있는 潘△△(18세) 집 근처에서 피고인을 보고 도망가는 潘△△를 쫓아갔다. 그리고 소지한 소총으로 그녀를 겨냥하며 위험한 후에 두려움에 도망을 포기한 그녀를 강제로 데려왔다. 같은 날 오후 4시쯤에

---

1) 일본군에서 소하물(대하물도 같음)은 대대 이상의 군부대의 화물을 운송하는 부대를 가리킨다. 소하물은 탄약 등 전투와 직접적인 관련이 있는 화물운송을 담당한다.(대하물은 군량과 마초 및 기타 전투와 직접 관계가 없는 화물운송을 담당한다.)

같은 마을에 있는 李△△(18세)의 집에 들어가서 저항하는 그녀를 마찬가지로 강제로 데려왔다.

2. 피고인 田□□□는 같은 날 정오 때 상술한 마을에서 중국 여자를 수색하던 중 張△△(20세)를 보고 추격하여 소지한 총검으로 협박한 후 그녀가 두려워서 도망을 포기한 틈을 타 강제로 데려왔다.

3. 사망한 藤□□□는 같은 날 오후 약 4시쯤에 상술한 마을 근처 강가에 묶어 놓은 배 위에서 일하고 있던 做△△(23세)와 做◎◎(22세)를 발견했다. 가까이 접근한 후에 소지한 권총으로 그녀들을 겨냥하며 협박했다. 그녀들이 두려워하는 틈을 타 강제로 데려왔다. 다음 같은 시간대에 같은 장소 근처의 陸△△(16세) 집에 들어가서 그녀에게 "이리 와, 이리 와"라고 했다. 그러나 말을 듣지 않자 걸어가서 그녀를 발로 여러 번 차서 겁먹게 한 후 강제로 데려왔다.

상술한 중국 여자 6명은 근처 강가에 묶어 놓은 작은 배를 타고 마을과 0.5킬로미터 떨어져 있는 앞서 기술한 군부대의 캠프 빈 방으로 납치되었는바 약탈의 목적을 이루었다.

둘째, 피고인 內□□□와 鶴□□□는 같은 날 오후 약 8시에 앞서 언급한 숙소에 돌아와 중국 여인 몇 명이 실내에 있는 것을 발견하였다. 피고인 島□□□ 등이 정욕을 만족시키기 위해 납치해 온 것임을 알게 되었고 사망한 藤□□□는 "한 사람이 한 명씩이다"라고 했다. 피고인 內□□□는 간음을 목적으로 潘△△를, 피고인 鶴□□□는 做◎◎를 성폭행했다.

셋째, 피고인 島□□□는 田□□□, 內□□□, 鶴□□□ 및 사망한 藤□□□와 공동 상의하여 같은 날 오후 약 9시 30분경 앞서 기술한 각자의 숙소에 들어가 상술한 중국 여인들이 그들의 위세로 두려움에 떨며 반항하지 못하는 상황에서 피고인 島□□□는 李△△를, 피고인 田□□□는 張△△를, 피고인 內□□□는 潘△△를, 피고인 鶴□□□는 做◎◎를, 이미 사망한 藤□□□는 做△△를 각각 간음했다.

넷째, 피고인 島□□□

1. 같은 날 오전 약 11시쯤, 앞서 기록한 潘△△ 집 근처에서 탄유린(潭友林, 53세)을 봤다. 그녀에게 손을 흔들어 오라고 했지만 응답하지 않자 곧 살의가 생겼다. 그래서 소지한 소총으로 정면에서 그녀를 사격하여 왼쪽 가슴 심장을 명중했다. 그녀는 심장을 관통한 총상으로 즉시 사망했다.

2. 같은 날 오후 약 2시에 앞서 기술한 마을 허천씨(何陳氏, 26세) 집 앞뜰에서 그녀를 보고 "이리 와, 이리 와"라고 했다. 그녀가 무서워서 방 안으로 도망가는 것을 보자 살의가 생겼다. 그래서 소지한 소총으로 그녀의 뒷모습을 향해 사격하여 그녀는 오른쪽 허벅지에 총상을 입었지만 죽지 않았다.

3. 같은 날 오후 약 5시, 앞서 기술한 작은 배에서 납치된 중국 여인을 감시하고 있는데 피고인을 체포하려는 헌병들에게 길을 안내하는 이름을 모르는 중국인 한 사람이 작은 배 근처에 나타났다. 그 사람이 납치한 여인들을 찾으러 왔다고 판단하고 살의를 품게 되었다. 그래서 소지한 소총으로 그 사람을 향해 두 발 발사했다. 하지만 모두 빗나가 죽지 않았다.

......

24일 장쑤성 진산현 사정방(沙涇坊)의 일본 군인이 중국 여인을 납치하고 살해했다는 보고를 받았다. 수사한 결과 같은 날 오후 약 11시 40분쯤 같은 현의 딩자루에 있는 루룽칭(陸龍慶)의 집 빈 방에서 판결서에 기록한 중국 여인과 동침하고 있던 여러 피고인과 藤□□□를 체포했다.

이 사건의 특징은 집단 성폭행일 뿐만 아니라 탄씨와 허씨, 이 두 사람이 반항하지 않았음에도 불구하고 島모는 마음에 들지 않으면 제멋대로 총을 쏘아 대 '강박'성의 특징이 유난히 두드러진 데 있다. 제10군과 중국 방면군의 일지에 기록된 이 사건이나 이와 비슷한 사건에 관한 기록은 오가와가 도쿄재판소에서 말한 '성폭행'과 '간통'이 '분명하지 않다'는 망언이 거짓임에 의심할 나위 없음을 증명한다. 또한 제10군 일지에는 헌병대장이 오가와의 지시를 받은 일과 오가와가 사람을 파견해 현지에 조사하라고 보낸 일이 분명하게 기록되어 있기 때문에 오가와 본인도 사실은 의심할 바 없이 잘 알고 있었을 것이다.

그렇다면 일지를 분명하게 기록하지 않아서 오가와 본인이 상황을 잘 모를 가능성은 없는가? 이는 문제가 될 리 없다. 왜냐하면 일지를 오가와 본인이 기록하든 말든 오가와가 일지를 보관한다는 자체만으로도 그가 상황을 몰랐을 가능성을 배제할 수 있기 때문이다. 그러나 일본 허구파들이 소위 '간접증거'에 대해 갖은 방법으로 트집을 잡는 일관된 표현으로 보아 그들은 오가와가 그 상황을 알든 모르든 상관없이 단언할 수 없다고 주장할 것이다. 다행히 우리는 그 가장 직접적인 증거를 오가와의 일기에서 찾아볼 수 있었다. 11월 25일 제10군 법무부에서 간단하게 기록한 일지에 비해 같은 날 오가와의 일기에는 이 일이 더 상세하게 기록되어 있을 뿐만 아니라 당시 오가와의 심리를 보여 주는 대목도 포함되어 있어 아주 좋은 증거자료가 된다.

어젯밤 3시 반에 마쓰오카(松岡) 헌병대위가 늦은 밤임에도 불구하고 중요한 사건을 보고하러 왔다. 사건은 제6사단 병사 5명(그중에 우두머리 한 명)이 약 1.5킬로미터 떨어진 마을에서 열몇 살에서 26살이 되는 여성을 납치하여 모처의 빈 주택에서 <u>자의적으로 성폭행을 했다</u>는 것이었다. 뿐만 아니라 납치 과정에 도망가는 55세 여성을 사살하고, 또 다른 여성의 허벅지에 총상을 입혔다고 한다. 군기문란 사태가 극에 달해 말로 형용할 수 없다.

△(일기에 있는 부호─인용자) 일본 정부는 앞으로 중국 정부를 적으로 삼더라도 일반 국민을 적으로 삼지는 않을 것이라고 선언했다. 그러나 일본 병사들이 무고한 민간인들에게 저지른 범죄행위는 <u>하늘에 가닿을</u> 죄이다. 이런 상황에서 일반 중국 국민 속에서 날로 고조되고 있는 반일 기운을 어떻게 이해해야 하는가? 일본제국의 앞날을 생각하노라니 갑자기 <u>등골이 오싹해진다</u>.

'자의적으로 저지른 성폭행'이 '극에 달해' '말로 형용할 수 없을' 지경에 이르렀다. 오가와의 일기에는 이와 유사한 '개탄'이 적지 않다. 상술한 사건이 일어난 전날과 그다음 날의 일기에서도 이런 상황이 나타난다. 앞서 인용한 일기의 이틀 전(23일)에 오가와는 다음과 같이 적었다.

가는 곳마다에서 자의적 성폭행, 약탈, 방화를 저지르며 대수롭지 않게 여긴다. 황군으로서 참으로 입에 담기 어려운 치욕이다. 일본인으로서, 특히 일본 사회의 중추가 되어야 할 청년들이 이렇게 지나친 방자함을 즐기다가 승리하여 귀국한다면 앞으로 일본 사회에 어떤 영향을 줄 것인가? 정말 생각만 해도 소름이 끼친다. 나는 일본 정부 당국이 이에 대해 연구하고 사상 문제에 대해 근본적인 개혁을 진행해야 한다고 생각한다. 이는 좀 극단적인 의견이다. 누군가는 일본 병사들이 중국 병사들보다 더 잔인하고 포악하다고 했는데, 일본 사람으로서 우리는 더 할 말이 없다. 듣는 데 의하면 중국 사람들은 우리 일본 사람을 맹수라고 부른다고 한다. 일본 병사를 금수병사라고 부르는데, 듣기만 해도 치가 떨린다. 중국인 입장에서 바라보면 당연히 그럴 것이다. 일본 병사들이 저지른 끔찍한 만행은 우리가 직접 보고 들은 것만 해도 이루 말할 수 없다.

11월 26일 일기
여러 면의 관찰에 의하면 최전선의 부대뿐만 아니라 후방부대의 교활한 병사도 일부러 부대에서 낙오하여 민가에 들어가 악행을 한다. 예컨대 앞서 기술한 살인, 약탈, 성폭행 사건의 피고인이 바로 이런 유형이다. 결국 정직하고 성실한 병사는 최전선에서 용맹하게 분투하면서 조금만 방심하면 바로 전사하는데, 교활한 놈들은 제멋대로 날뛰며 아무 전투에도 참가하지 않으므로 국적, 반역자, 병충에 가깝다고 해도 과언이 아니다. 생각할수록 감회가 깊다.
…… 그들은 일본 병사를 보면 바로 도망간다. 여인과 아이들은 일본 병사를 매우 무서워하는 것 같다. 이는 일본 병사들이 악행을 많이 한 탓이다. 만약 아무 악행도 하지 않았다면 당연히 도망갈 이유가 없다. 정말 유감스러운 일이 아닐 수 없다.
황군의 체면은 무엇인가? 전쟁이란 무엇인가? 나로서는 당초 아무런 판단도 할 수 없었다. 그러나 상술했듯 일본 사람을 대하는 중국 사람들의 감정과 일본 병사들의 자질이 앞으로의 청년 세대들에게 미칠 영향을 생각하면 참으로 소름이 끼친다.

오가와가 '제멋대로 성폭행'하는 등의 만행에 대해 '치가 떨린다', '유감스럽다',

'소름이 끼친다'고 한 것을 보면 오가와가 도쿄재판 법정에서 한 '확실하지 않다'는 증언은 허위진술임에 추호도 의심할 여지가 없다.

4) 오가와가 난징에서 '중국 병사들의 시체를 6, 7구밖에 보지 못했다'는 진술의 진실 여부

일본이 '난징 사건'에 대해 논하는 목적과 우리가 난징대학살에 대해 주목하는 목적은 근본적으로 다르다. 예컨대 사망자가 군인인가 민간인인가, 작전 중에 사망한 군인이 전투원인가 아니면 무기를 내려놓은 포로인가, '처결된' 포로는 국제법이 규정한 포로의무를 준수했는가, '합법적인' 재판을 거쳤는가, 심지어는 살해당한 민간인이 저항에 참가했는지에 따라 중립적인 '민간인'으로 볼 수 있는가 하는 등등의 문제이다. 이런 문제들은 우리의 시야에 없을 뿐만 아니라 우리는 이런 문제 제기 자체를 감정적으로 받아들이기 어렵다. 그러나 어떻게 해석하든지 허구파는 항상 최대한 사망 인수를 줄이려고 하는데 이런 축소 의도도 마찬가지로 도쿄재판의 피고인 측의 입에서 나오기 시작한 것이다. 그중 오가와가 말한 난징에서 '중국 사병의 시체를 6, 7구만 보았다'는 증언이 그 전형적인 예이다.

일본은 전쟁이 끝날 무렵, 특히 군부대 측의 문헌문서를 소각하라는 하향식 명령을 공식적으로 내린 적이 있으므로 관련 자료가 10%도 남아 있지 않은 상태다. 그렇지만 소각하고 남은 일본 문헌만 보아도 일본군이 난징을 점령하는 과정에 많은 시체가 있었다는 것은 족히 알 수 있다. 여기서 '중국 지역 함대' 사령부 야스야마 고도(泰山弘道) 해군 군의관 대좌의 일기를 인용하여 이 일에 대한 이해를 돕고자 한다.

야스야마 고도는 12월 16일에 수상비행기를 타고 난징에 도착했다. 오후 2시, 그는 함대의 '기관장', '재무감독관' 일행과 함께 전쟁터를 '참관'하였다. 그는 그날의 일기에 다음과 같이 적었다.

샤관 부두(下關碼頭)부터 건설하고 있는 일직선으로 뻗은 넓은 도로에서 달리며 보니 노면에는 소총탄이 어지럽게 흩어져 있었는데 마치 황동을 깔아놓은 모래알 같았다. 도로 옆의 풀밭에는 중국 병사의 시체가 그대로 버려져 있었다.

얼마나 지나지 않아 샤관에서 난징으로 통하는 이장면(挹江門)에 도착했는데 높이 솟은 석문 아래는 아치형의 도로가 있었으며 도로 높이의 3분의 1은 흙으로 묻혀 있었다. 문으로 들어가니 샤관 쪽으로 언덕길 하나가 형성되어 있었다. 자동차가 천천히 앞으로 전진하자 마치 공기를 꽉 채운 고무자루 위에서 천천히 앞으로 달리는 듯한 느낌이었다. 이 자동차는 사실 수없이 많은 적군을 묻은 시체 위를 달리고 있었다. 아마도 토층이 얇은 곳을 달렸는지 달리는 과정에 갑자기 흙 속에서 살덩어리가 삐져나왔는데 처참한 모습은 정말 말로 표현하기 어려웠다. 겨우 현관을 통과하여 난징의 한쪽으로 들어가니 첩첩이 쌓인 적군의 시체는 검게 탔고 쇠주머니와 총검도 꺼멓게 그을었다. 철망을 만들 때 사용하는 철사가 불타서 무너져 있었고 문기둥의 남은 나무가 서로 겹쳐 있고 쌓인 토양도 불타서 검은색이 되었다. 어지럽고 코가 찡하게 하는 모습은 실로 말로 형언할 수 없다.

문 오른쪽 언덕에는 '중국과 일본은 공존할 수 없다'란 글이 새겨져 있었는데 이는 장제스(蔣介石)가 남긴 항일의 흔적이었다. 시내에 접근하자 적군이 버린 평상복과 남색 솜저고리로 도로는 남루한 의복 천지였다. 또한 황갈색의 군복을 입고 멋진 가죽 각반을 차고 손과 발은 뻣뻣하게 반듯이 누워 있는 적군 장교의 시체도 곳곳에서 볼 수 있었다.

위에서 인용한 일기는 야스야마 고도가 난징에 도착한 그날, 친히 목격한 장면에 불과하다. 난징에 있는 3일간, 그는 가는 곳마다 수많은 시체를 보았다. 예를 들어 다음 날(17일) 아침에 샤관의 다른 두 곳에서 그는 '겹겹이 쌓인 시체'를 보았으며 '얼굴이 피범벅이가 되어' '살려달라고 비는' 중국 병사 한 명이 일본 '예비병'(상비병역은 이미 충분하여 다시 소집한 나이가 많은 병사)에 의해 뒤편 근거리에서 총살당하는 모습을 직접 봤다. 오전에는 중산베이루(中山北路) 길가에서 '겹겹이 쌓인 시체'를 보았고, 오후에는 오카와치 덴시치(大川内傳七) 상하이해군 특별 해병대 사령관 등과 샤관

하류의 장딩(江汀)을 '시찰하면서' '수없이 많은 까맣게 탄 적군의 시체"를 봤다. 그리고 강둑 위에서 '일본도의 맛을 본' '적군의 시체 6~70구'를 보았다. 18일에는 우선 스쯔린(獅子林)에서 '여기저기 버려진 적군의 시체'를 보았고 또 산기슭에 있는 병영 밖에 '흩어져 있는 시체'를 보았다. 중산궁위안(中山公園)에 가서도 또 '흩어져 있는 적군의 시체'를 보았다.

야스야마 고도 및 그와 비슷한 증언은 오가와가 말한 '중국 병사의 시체를 6, 7구만 봤다는 증언이 사실에 맞지 않음을 완전히 입증하고 있다. 이 점은 의심할 여지가 없는데, 본 절에서 해결해야 할 문제는 오가와가 일부러 거짓 증언을 했는가, 또는 오가와 본인이 정말 '중국 병사의 시체 6, 7구만 봤는가' 하는 문제이다. 우리는 계속 오가와의 일기를 검토할 것이다. 오가와는 증언에서 '난징에 진입한 날'이 '12월 14일'이라고 했다. 그래서 우리는 우선 이날의 오가와 일기를 살펴보기로 한다. 오가와는 이날 일기에 자기의 견문을 매우 자세하게 기록하고 있는데, '난징에 진입했을' 때의 상황은 다음과 같다.

> 길가에는 중국 정규군 병사(앞에 같은 말에 '시체 두 글자가 있어서 여기서는 생략한다.—인용자) 들이 겹겹이 쌓인 채 불에 활활 타고 있었다. 일본 병사들은 발밑에 가로 누워 있는 시체에 대해 아무 감각도 없는 것 같았다. 도로가 비좁아 불타고 있는 시체 위를 타넘고 앞으로 가는 병사들을 볼 수 있었는데 그들은 시체에 대해 금방 아무 감각도 없게 된 것 같았다. 드디어 남문에 도착했다. 돌로 쌓아 만든 성벽의 높이는 약 10미터 정도였고 어제 전투 중에 우리 측 포탄에 파손된 부분이 있는데 성벽 두께가 자동차 도로와 비슷해서 일반 포탄으로는 도저히 무너뜨리기 어려워 보였다. <u>성문으로 들어가니 양측에 중국 병사들의 시체가 겹겹이 쌓여 있었다.</u>

원래 '중국 병사의 시체 6, 7구밖에 못 봤다'고 말하던 오가와가 직접 본 것은 '겹겹이 쌓여 있는 시체'였다! 오가와가 증언을 한 동기가 어떻든 그의 증언을 일기와 대조해 보면 위증이라고 할 수밖에 없다.

사실 진산웨이에 상륙할 때부터 거의 가는 곳마다 오가와는 중국 사람의 시체를 보았다. 예를 들어 11월 14일 오전에 장옌전(張堰鎭)으로 가는 도중에 '강, 못, 밭 도처에는 시체 천지'였고 '시체는 부지기수'였다. 오후에 진산에 도착했을 때 본 시체 중에는 의외로 '알몸'도 있었다. 11월 17일 진산 교외에 갔을 때 '오늘도 중국 사람의 시체가 있다'고 했다. 11월 28일 후저우로 가는 도중에 '겹겹이 쌓인 시체'를 보았는데, 그중에 상당한 부분의 사람들은 민간인 복장을 입고 있었다고 했다. 오가와는 12월 10일의 일기에 '길가는 도중 여러 지역에서 중국 사람의 시체를 보았는데 부지기수였다'고 기록했다. 이렇게 수많은 시체를 본 오가와의 감각은 마비되어 버렸는데, 바로 그가 12월 11일의 일기에 기록한 그대로이다.

처음 이씨네 집에서 진산(金山)으로 가는 도중에 중국 사람의 시체를 보았는데 그때 왠지 이상한 느낌이 들었다. 수많은 시체를 본 탓인지 후에는 점점 무감각해졌 다. 지금의 느낌은 내륙에서 강아지의 유해를 보는 것과 같은 느낌이다.

오가와는 시체에 대한 느낌이 '이상함'에서 이미 '예사로운 일로 되어 버렸지만 그렇다고 보고도 못 본 체하거나 기억에서 깨끗이 지워지지는 않았을 것이다. 특히 유에서 무로 변하여 상반된 기억으로 남지 않았을 것이다.

오가와는 법무부장으로서 전쟁의 최전선에 직접 가지 않았으므로 일기에는 살인과 같은 살벌한 과정이 기록되어 있지 않다. 그러나 그의 일기에는 일본군이 중국 민중을 학대하는 장면을 친히 목격한 내용이 적지 않다. 앞서 인용한 11월 25일 일기 아래에 다음과 같은 말이 있다.

일본 병사가 중국 사람들을 부리고 총으로 겨누는 것을 보니 완전히 고양이와 개를 대하는 것과 같았다.······

11월 29일 일기
어떤 병사는 중국 사람더러 짐을 짊어지게 하고,······ 조금이라도 복종하지 않거나 복종하지 않는 기색을 보이면 바로 처벌하였는데 정말 할 말이 없었다. 도중에

병사 두 명이 총검을 꺼내 누워 있는 지나인을 찌르는 장면을 봤다. 또 다른 지나인 한 명이 피투성이가 되어 매우 고통스러워하고 있었다. 이를 본 후 전패국의 국민이 더할 나위 없이 불쌍하다는 생각이 들었다.

그때 중국인을 강제로 징용하여 짐꾼으로 부리는 상황이 비일비재했다. 12월 11일 일기에는 다음과 같이 기록되어 있다.

중국 사람들은 목숨을 걸고 짐을 날랐는데 그중에 상당수는 노인이었다. 전패국의 양민보다 더 불행한 것은 없다. 이런 상황에서 우리 군의 병사에게 조금이라도 불복종하면 바로 처벌한다. 만약 도망친다면 즉시 처결한다. 그래서 중국 사람들은 진퇴유곡에 빠져 어쩔 수 없이 오직 명령만 따를 뿐이다.

'만약 도망친다면'은 비록 '가장'이지만 오가와가 몸소 그곳에서 견문하여 추리한 것이므로 근거가 없는 것이 아니다. 제10군이 상륙한 후에 치열한 저항을 겪지 않았지만 오가와가 제10군을 따라 지나가는 곳마다 시체가 수두룩했는데 이 중에 상당 부분은 이와 같이 마음대로 '처결한' 피해자들이다. 오가와가 상륙한 다음 날 일기에는 아래와 같은 기록이 있다.

오후에 헌병대장 가미스나(上砂) 중좌가 진산웨이성 근처의 상황을 시찰한 후 이야기한 바에 의하면, 진산웨이성 근처의 강탈이 매우 심각하고 무익한 살상이 무척 처참한데 만약 계속 이런다면 매우 큰 문제가 생길 것 같아서 몹시 불안하다고 했다.

'무익한 살상'이 '매우 처참하다'라는 말에서 오가와가 그의 일기에 기록했던 일본군의 행동에 대한 강렬한 '유감'과 '소름 끼침'을 연상해 보면 오가와는 도쿄재판소에서 단호히 시체를 '못 봤다'고 말한 것은 아니더라도 고의로 위증을 했다는 것만은 분명하다.

5) '일본군 불법행위의 엄격한 단속' 여부

도쿄재판소에서 피고인 측의 기본적인 입장은 난징에서의 일본군의 대규모적인 폭행을 부인하고, 일본군의 제한된 '불법행위'도 모두 '엄격한 처벌'을 받았다는 것이다. 제36연대 연대장 와키사카 지로(脇坂次郎)가 말한 그의 부하가 신발 한 짝을 주웠다고 군기 처벌을 받은 것이 그 가장 전형적인 예다. 증거의 제한으로 당시 검사 측이 비록 상당수의 상반된 증거를 제시했지만 피고인 측과 거의 '각자가 자기주장만 고집'하고 말았다. 그 원인은 상시 피고인 측의 이와 같은 증언을 근거로 이러한 의혹을 제기하지 않았기 때문에 상술한 상황이 나타났고 오늘날까지도 일본에는 도쿄재판소에서 검사 측과 변호인 측의 증거에 대해 '매우 불공평'하게 대했다고 주장하는 사람들이 있다.

오가와는 12월 14일에 난징에 도착했고 19일 아침에 후저우(湖州)로 떠났다. 난징에 있는 며칠 동안 주로 '입성식', '위령식' 등 행사에 참가했고 육군성 법무부 요원 및 상하이 파견군 법무부장 등을 만났다. 난징에 있을 때의 일기에서는 '화재'에 대한 기록 외에 일본군의 '불법행위'들은 기록하지 않고 있다. 따라서 오가와의 증언 중에 "일본 병사의 불법행위가 엄격하게 단속되었다"라는 증언과 "엄격히 처벌했다"라는 증언은 난징 이외의 일을 가리킨다. 도쿄재판소에서는 중국 방면군이 관할하는 두 군부대가 난징 이외의 지역에서 저지른 폭행에 대해 추궁하지 않았다. 오가와의 증언은 그것을 바꿔치기 하려는 데에 목적이 있다. 즉 난징 이외에서는 '불법행위'가 없었다는 것으로 난징 시내에서도 폭행이 없었음을 증명하려는 것이었다. 이는 본디 무의미한 것으로, 도리는 아주 간단하다. 왜냐하면 난징 이외의 지역에서 '불법행위'가 없었다고 난징에서도 불법행위가 없었다고 할 수 없기 때문이다. 비록 오가와의 증언이 '난징대학살' 사건에는 증명력이 없지만 우리가 오가와 증언의 진실성을 검증하는 데에는 중요한 근거를 제공해 주고 있다.

앞에서 언급했듯이 11월 25일에 오가와가 진산에 있을 당시 딩자러우(丁家楼) 성폭행 사건을 조사하라고 법무부의 다시마 류이치(田島隆弌)를 파견한 적이 있다.

오가와는 그 다음 날 일기에 "현장의 조사 상황을 들어보니 악렬함이 상상을 초월했다"고 기록했다. 이와 같은 일본군의 '불법행위'와 '악렬한' 행위, 그리고 이에 대한 오가와의 '유감', '소름 끼치는' 느낌은 앞에서 진술한 바와 같이 오가와의 일기에 매우 많이 기록되어 있다. 그럼 이런 '불법 행위'는 모두 '엄격한 처벌'을 받았는가?

제10군 법무부 일지에 기록된 사건에 연루된 사람은 총 118명이다. 그중에 기소되지 않은 사람이 반 이상을 차지하는 60명이다. 거기에 제10군 편제를 폐기하느라 제때에 처리하지 못한 16명을 더하면 실제 처벌받은 사람은 36%도 안 된다. 기소를 면제받은 사건과 관련된 사람은 다음과 같다. 살인 용의자 24명, 살인 교사범 1명, 살인 협조범 5명, 상해 치사범 1명, 성폭행 상해범 1명, 약탈과 성폭행범 1명, 성폭행범 3명, 약탈범 7명, 폭행범 1명, 상해범 1명, 방화범 2명, 강제 성추행범 1명, 성추행범 3명, 절도범 2명, 장교에게 폭행을 실시하고 위협하며 약탈한 장교 1명, 장교를 모욕하고 위협하며 살인을 준비하고 업무를 방해하며 과실로 상해한 상해범 1명, 육군소집규칙 위반자 2명, 병역법 시행규칙 위반자 3명 등이 있었다. 여기서 알 수 있듯이 소수의 일본 사관과 병사 간의 충돌 외에 살인, 성폭행, 약탈, 방화 등 중죄가 대부분을 차지했다.

여기서 기소를 면제받은 세 건의 구체적인 사례를 살펴보기로 한다.

첫째, 제10군 예비군 보병 제4대대 제4중대 소위 舍□□□ 등의 집단 학살사건.

① 재무감독 岡□□□ 소위는 야전 의복양식공장 진산지부에서 근무하고 있는데, 자기 숙소 근처에 잡거하고 있는 많은 중국인들이 위험한 언행을 하거나 물품을 절도하는 것 같아 불안감 때문에 같은 소에 있는 경비장 舍□□□ 소위에게 하소연했다. ② 그래서 쇼와 12년 12월 15일에 舍□□□는 부하 26명을 휘동하고 상술한 중국인 26명을 체포했다. 헌병대로 끌고 가는 도중 도망가려는 자가 있어 전부 몰살했다.(뒤에 살인과 살인 협조자의 명단을 상세히 열거할 것이다.―인용자)

이 사건 중의 26명이 모두 살해당했다. 당시 진산은 일본군의 '든든한 후방'이었으므로 현지의 민중은 절대 일본군을 건드리지 못했다.(당시 그의 어머니는 金山과 멀지 않은 1浦에 살았는데 일반 민중들은 일본군을 피하기도 바빴는데 누가 감히 자발적으로 화를 자초하겠느냐고 했다.)[2] 의심하는 바가 사실이라도 '물품 절도'에 지나지 않았을 것이며 또한 애매모호하게 소위 '것 같다'였으므로 결코 살해당할 아무런 이유도 없다. '죄'가 있지만 처벌할 정도는 아니며 '도망'도 소위 '의도'적이었다면 더욱 죄가 될 수 없다. 그리고 26명 군인이 같은 수량의 민간인을 압송하였는데(난징학살 때 압송되는 사람은 항상 압송하는 사람의 수십 배였고 모두 군인이었다.) 조금이라도 이성을 가진 사람이라면 '도망'가려는 '의도'가 없었을 것이다. 의도가 있더라도 감히 쉽게 실행하지 못했을 것이며 누가 진짜 도망간다면 총을 쏘거나 한 사람만 죽여도 나머지 사람들이 목숨을 걸고 계속 도망갈 리가 없다. 그러므로 비록 고소장의 진술은 분명히 일본군의 죄를 면제하고자 한 것이었지만 고의적인 살인 사실을 덮어 감출 수는 없다.

둘째, 예비산포병 제1중대 일등병 辻□□의 살인 사건.

쇼와 12년(1937) 11월 29일 오후 약 5시쯤에 피고인은 자싱(嘉興) 숙영 중에 중국술에 곤드레만드레 취해 강한 적개심이 동하고 증오심이 생겨 소지한 총검으로 통행 중인 중국인 3명을 살해했다.

'술에 곤드레만드레 취했음'에도 '총검'으로 세 사람을 살해했다. 만약 피살자들이 잡혀 꼼짝 못하는 상황이 아니라면 이 상황은 상상하기 어렵다. 그리고 '술에 곤드레만드레 취했'으면 육친도 몰라볼 텐데 피고인이 말한 '적개심이 동했다'는 것은 단지 죄를 면제받기 위한 핑계일 뿐이다. 판결문은 그대로 기록했는데 한쪽만 두둔하거나 용인하지 않더라도 추세에 맞추어 행동하거나 책임을 다하지 않은 죄를 면할 수는

---

2) 오가와의 일기에는 가는 곳마다 민중들이 매우 '순종적'이었다는 기록이 적지 않다. 예를 들어 오가와가 진산에 있을 때의 기록 중에는 "진산에 온 후 현지의 중국 주민들은 모두 보살처럼 정말 순종하고 우리에게 겸손하게 인사한다. 특히 아이들은 움직이지 않은 자세로 최고의 경례를 해서 가엾은 마음을 금할 수 없었다"는 말이 있다. 『ある軍法務官の日記』, 59쪽.

없다.

셋째, 제114사단 공병 제114연대 제1중대 일등병 高□□□□의 '강제 성추행' 사건.

쇼와 12년 12월 31일 오후 2시 30분쯤, 피고인은 후저우에 숙영 중이었는데 후저우 성내 타이량차오(苔梁橋) 근처에서 지나가는 중국 여아(8세)를 감언이설로 속여 근처에 있는 빈 방으로 데리고 가서 성폭행했다.(이 사건의 죄명은 '성폭행'이다.—인용자) 그는 헌병에 의해 체포되었다.

일본군이 난징을 점령했을 당시, 성폭행을 당한 피해자의 연령은 할머니에서 어린이까지 전 연령대에 걸쳐 있었다. 예컨대 베이츠(Miner Searle Bates)의 문헌 중에는 "최연소로 11세 아이에서부터 최고령의 53세 여인에 이르기까지 성폭행을 당했다"고 기록되어 있다. 당시 서양 사람들의 기록에는 이와 유사한 기록이 상당히 많다. 맥컬럼(James McCallum)은 편지에서 "11살과 12살 소녀, 50세 여인도 성폭력에서 벗어나지 못했다"고 했다. 11, 12살 아이가 성폭행을 당한 것도 놀랍지만 일지에 기록된 高모의 사건을 통해서 11살도 최저 연령이 아니었음을 알 수 있다. '감언이설'로 유괴할 수 있고 아무 판단력도 없는 여아에게 폭력을 실행하지 않았다고 해도 이것은 분명 '성폭행'이다.

위에서 기소가 면제된 세 범죄행위의 사례에서 보듯 '불법행위'에 대한 일본군의 '엄격한 처벌' 여부는 말하지 않아도 자명하다. 사실 기소가 면제된 사건과 같이 가장 설득력이 있는 사례를 들지 않더라도 기존에 '처벌'을 받은 사건만 보아도 '엄격한 처벌'이 아니었음은 완전히 입증될 수 있다. 아래 이와 관련한 사례 세 건을 예로 들어본다.

첫째, 제6사단 공병 제6연대 제10중대 일등병 地□□□□ '살인 성폭행' 사건. 12월 14일 地모와 동료가 선후로 채씨 여인을 성폭행하고 돌아왔다.

같은 달 17일 오후 3시경, 앞서 말한 중국 여인에 집착하여 다시 숙소를 떠나 성폭행하러 갔다. 도중에 앞서 언급한 藤□□□(앞서 성폭행을 한 사람 중의 한 명─인용자)를 만나 같이 蔡△△ 집으로 가자고 했다. 그들은 집 밖에서 그 여인을 불렀다. 마침 집 앞에 그 여인의 남편인 蔡○○가 큰소리로 뭐라고 외치면서 피고인에게 다가왔다. (피고인) 자기의 행위를 저해하기 위해 오는 것이라고 판단하고 즉시 살의를 품었다. 그리고 소지한 권총으로 蔡○○를 향해 연속 세 발 쐈는데 그중의 두 발이 그의 뒤통수와 왼쪽 가슴을 명중하여 비관통 총상으로 즉시 사망했다.

성폭행에 대해 아무 숨김도 없이 노골적으로 '그 여인을 불렀다'는 것은 이미 창궐하기 그지없었다는 것을 말해 준다. 피해자의 남편을 보고도 추호의 수치심도 없었을 뿐만 아니라 오히려 총으로 죽여 버렸다. 이처럼 죄악은 악렬하기 짝이 없지만 징역은 4년밖에 받지 않았다.

둘째, 제6사단 보병 제13대 일등병 占□□□ '상해 성폭행', 川□□□ 성폭행 사건.

피고인 두 명은 진산현 진산에 숙영 중이었다. 피고인 占□는 ① 쇼와 12년 12월 25일에 야채를 구입하기 위해 진산 북쪽의 약 3킬로미터에 있는 이름이 분명하지 않은 마을에 갔는데, 이때 이 마을에 있는 중국 농가에서 이름이 분명하지 않은 중국 여인(18, 19세)을 위협하여 그 여인이 두려워서 반항하지 못하는 사이 성폭행을 했다. ② 같은 달 12월 27일에 마찬가지로 야채를 구입하기 위해 진산현 차오자방(曹家浜)에 갔다. 거기에 모여 있는 40여 명 중국인이 자기를 잡아 구류할 것 같아 중국의 작은 배를 빼앗아 도망하는 도중, 그들이 쫓아오는 것을 막기 위해 모여 있는 사람들을 향해 소지한 권총으로 쏴 중국 남자 한 명이 허리 부위에 관통하지 않은 총상을 입었다. 같은 날 밤 진산현 스자러우(師家樓)에 있는 중국 농가에서 숙영하면서 한밤중에 옆집에 침입하여 자고 있는 중국 여인(32세)을 성폭행했다. 앞서 말한 중국 여인의 집에서 같이 숙영하던 피고인 川□는 占□에게서 옆집에 있는 중국 여인을 성폭행했다는 말을 들은 후 바로 그 집에 갔다. 그는 소지한 총검으로 그 여인을 협박하고 성폭행했다.

이 사건 중의 占모는 상습범으로 성폭행을 잇달아 두 번 실행했으며 두 번째는 배를 빼앗고 사람이 다쳤지만 결국 징역 2년밖에 받지 않았고, 川모는 징역을 1년밖에 받지 않았다.

셋째, 제18사단 보병 제124연대 제4중대 상등병 淺□□□ 살인 사건.

피고인은 후저우 숙영 중, 쇼와 12년 11월 29일 동료와 함께 야채를 구입하러 가서 근처 논밭에 심은 야채 약 5관목(1관목은 약 3.75킬로그램이다.—인용자)을 뽑았다. 피고인은 근처에 있는 농가에 가서 씻어야 할 야채를 중국 여인 세 명에게 주고 씻으라고 했다. 그중 중국 여인 한 명(방면군의 일지에 의하면 劉阿盛이라고 한다.—인용자)이 빠른 속도로 무엇을 말하였는데 마치 하기 싫다고 하는 것 같았다. (피고인은) 일본 군인을 모욕하는 줄로 알고 소지한 보병 권총으로 쏴 죽였다.

피살된 여인이 뭐라고 했는지 피고인은 분명히 몰랐다. 하지만 단지 '마치' '느낌'만으로 총을 쏴 죽였다는 것은 뭐라고 말해도 고의 살인이지만 오히려 1년 6개월의 징역밖에 받지 않았다.

전시 일본 형법에 따르면 살인과 성폭행은 모두 중범죄이다. 예를 들어 '강도 성폭행'은 '무기징역 및 7년 이상의 징역'(육군형법 제86조)을 받아야 한다. 따라서 제10군 법무부에 의해 기소를 면제받은 사건이 아니라도 처벌이 죄에 비해 약했고 경중이 완전히 부적절했으며 결코 이른바 '엄격한 처벌'을 받지 않았던 것이다.

6) 법무부장으로서의 고민

일본군의 범죄를 어떻게 처리할 것인가 하는 문제는 일본 법무부장인 오가와 세키지로를 몹시 괴롭혔던 난제의 하나였다. 오가와의 일기에는 수많은 관련 기록이 보존되어 있다. 오가와의 증언이 이미 거짓임을 증명한 기초 위에 부언한다면 법무부에서 일본군의 통제를 따르지 않는 장병에 대한 무기력함 및 법무부의 기능과 일본군 자체의 메커니즘 충돌에 대한 인식이 각인될 수 있었음을 감안할 때, 오가와가 도쿄재판 때 이런 문제에 대해 '망각했을' 가능성은 전혀 없음을 알 수 있다.

일본군 군법회의는 법무부 직원(직업군 법무관)과 이른바 '검을 가진 법관'(군사인원)으로 구성된다. 명목상 군법관과 '검을 가진 법관'은 직권 상에서 아무 차이도 없다. 그렇지만 『일본현대사 자료·군사경찰』 편집자가 지적한 바와 같이 군법관은 "병과 장교=' 검을 가진 법관'의 판사 아래에서 단지 무력한 사무관만 담당하는 일면도 있다." 사실 '~도 있'을 뿐만 아니라 일본군법회의법에 군법회의 의장이 군사령관, 사단장 등 각급 수장(고급 군법회의 의장은 육군대신이다.)이라고 규정하였으므로 '재판권과 군대 지휘권의 일치'를 보여 주고 있다. 이 제도적인 규정은 직업 법무관이 법에 따라 집행하는 것을 제한하고 있다.

제도적인 규정 이외 법무부는 사령부 내에서 중시를 받지 못했다. 예컨대 부관부에서 일부러 법무부와 사령관을 동행하지 못하도록 하는 것, 법무부 대우 측면에서 받는 차별 등등은 오가와의 일기에도 많이 기록되어 있다. 군법회의의 최종 결정권은 군법회의 의장을 맡은 각급 사령관의 손에 있었다. 따라서 일상 사무를 담당하는 법무부로서는 효율적인 기능을 발휘하기 위해서든 아니면 정상적으로 돌아가도록 하기 위해서든 반드시 수시로 사령관과 긴밀한 연락을 유지해야 한다. 왜냐하면 참모부, 부관부, 관리부, 병기부, 경리부, 군의부, 수의부, 법무부 및 통신반 등 군부의 각 부서는 원래 사령관을 따라 동행해야 하지만 의도적으로 배정하지 않으면 법무부는 사령관의 근처에 있어야 한다. 그러나 오가와의 일기에서 찾아볼 수 있듯이 부관 부문은 번번이 법무부를 군부에서 따돌리려고 했다. 11월 24일의 일기에 기록한 것처럼 오가와는 이에 대해 매우 큰 불만을 품고 있었다.

내일 자싱으로 출발해야 하는데 무슨 이유인지는 모르겠지만 갑자기 우리더러 모레로 미루라고 했다. 이에 대해 우리는 항의했다. 이유는 다음과 같다.
……
둘째, 군법회의의 모든 사무는 사령관이 결정하므로 우리 사무는 사령관을 떠나서는 실행될 수 없다. 만약 사령관과 우리가 떨어져 있어 사령관의 결재를 받지 못한다면 신속함을 가장 중요시해야 하는 전지군법회의의 절차가 지연되게 된다. 현재 구속 중인 세 명의 방화 용의자도 검사의 조사가 이미 끝났지만 사령관의 명령을 받지 못해 기소하지 못하고 있으며 사건 처리도 지연될 수밖에 없다.

이 절의 여백에는 다음과 같은 기록이 있다.

우리는 직무를 독단적으로 시행할 수 없다. 만약 우리가 소용없다고 생각한다면 정말 유감스럽다.

소위 '소용없다'라고 한 것은 오가와의 공연한 의심이 아니라 이는 대소사에서 모두 알 수 있듯이 법무부가 중시를 받지 못했으므로 환영도 못 받는 상황에 이르렀다는 것을 말해 준다. 대우 측면에서 보잘것없어 보이는 작은 일을 예로 들어본다. 12월 10일 제10군 군부에서는 후저우에서 리수이(溧水)로 이동하면서 부장과 부관들은 모두 비행기를 탔지만 오가와만은 자동차를 타도록 배치하였다. 오가와는 이를 '차별대우'라고 생각하고 그날 일기에 자신의 '분노'를 기록했다. 이런 상황은 문관의 지위가 보편적으로 낮은 것과 관련이 있다. 오가와는 12월 12일의 일기에 이에 대한 진실한 사실을 다음과 같이 기록했다.

우리 문관들은 어쩔 수 없이 이런 차별대우를 받는다.(특히 군인의 위세가 날로 난폭해지고 군인식으로 자기 맘대로 한다. 원주: 괄호 안에 있는 원문은 취소선으로 삭제되었다.) 은혜를 베푸는 것을 받기만 한다면 우리는 어떤 질투를 받을 수도 있지만 모든 상황에서 사실 우리는 <u>애물단지</u>로 간주되고 있다.

그러나 법무부에 대한 '차별대우'는 전쟁 상황에서 무사가 문관을 얕잡아 보는 데서 기인된 것일 뿐만 아니라 고의적인 차별대우는 법무부의 기능이 일본군의 문란한 군기와 확실히 상충되는 측면이 있었기 때문이다.

오가와는 12월 8일의 일기에 "스카모토(塚本) 부장은 모든 일에 소극적이고 아무 일도 하지 않는다"고 기록했다. 스카모토는 앞서 언급한 상하이 파견군 법무부 부장 스카모토 히로지(塚本浩次)이다. 오가와는 일기에 '아무 일도 하지 않는다'와 '소극적'인 원인을 '내부에 화합이 부족'하기 때문이라고 들었다고 기록했다. 그러나 당시 일본의 상황을 보면 단지 대인관계 문제로 '아무 일도 하지 않는다'는 것은 실로 상상하기 어려운 일이다. '하지 않는' 원인은 법무부의 업무를 실행하기 어려운 것과 관련이 있을 것이다. 도쿄재판 시 적지 않은 일본 군인들이 각 부대의 법무부에 대한 항의를 언급했는데, 그 이유는 바로 법무부의 처벌이 너무 엄격하다는 것이었고, 그중에 스카모토 히로지가 있었다. 그는 "상하이 파견군 법무부의 엄격한 처벌과 작은 죄조차도 규명하는 태도에 각 부대가 모두 비난을 했다"고 말했다. 상하이 파견군 이누마 마모루(飯沼守) 참모장도 "군기가 매우 엄해(문장의 뜻에 의하면 지나치게 엄함을 가리킨다.—인용자) 제16사단이 법무부에 항의를 제기하는 일이 발생했다"고 말했다. 일지에 기록된 수많은 중죄를 가볍게 벌하거나 처벌하지 않는 판례로 보아 '엄격하다'는 말은 완전히 터무니없는 것이다. 법무부에서 아무리 방임한다 해도 법무부의 특징으로 말미암아 일본군 장병들이 받아들일 수 없는 것이었다.

스카모토 부장이 말한 '비난'은 오가와의 경험을 통해서도 알 수 있다. 오가와는 1938년 1월에 방면군에 파견되었다. 그는 방면군과 다른 군의 분명한 차이는 직속 부대가 없으므로 '인정'을 고려할 필요가 없다고 생각했다.

> (군에 있을 때) 군부대가 부하의 범죄행위에 대해 직접적인 책임 문제가 있음을 고려해야 하는 한편, 부하에 대해 인정사정을 봐줄 데 관한 의견도 상당했으므로 우리는 사령관에게 의견을 조목별로 써서 진술할 때 전전긍긍하며 깊이 생각할 수밖에 없었다.

소위 '의견이 상당하다'는 바로 스카모토 히로지가 말한 '각 부대'의 '비난'이다. 당시 직업 법무관의 무력한 처지에 대해 오가와의 딸은 어렸을 때 상징적인 의미를 지니는 경험이 있었다고 한다. 오가와 미쓰요(小川光代)는 자기가 초등학교에 다닐 때 법무관인 아버지의 금장과 군모 둘레의 색깔이 특별하고(흰색. 당시 육군은 빨간색, 해군은 검은색, 기마병은 초록색, 항공병은 파란색 등이었다.) 보기 드문 것이어서 사람들이 곁눈질해 보았다고 했다. 그의 동창은 심지어 "너의 아버지는 중국병이야?"라고 물었다고 한다. 이로 인해 소녀 미쓰요는 매우 괴로워했다. 그래서 그는 "만약 아버지가 일반 군인이었으면 얼마나 좋을까? 얼마나 멋있을까? 나는 내가 너무 불쌍하다"고 생각했다고 한다.

스카모토 히로지가 '모든 일에 소극적이고 아무 일도 하지 않는다'는 것은 상술한 바와 같이 부득이한 처지 때문이었다. 제10군의 상황은 상하이 파견군처럼 그렇게 심하지는 않았지만 법부무의 처지는 여전히 진퇴양난이었다고 할 수 있다. 따라서 많은 사건이 법무부에 와서는 모두 유야무야 처리될 수밖에 없었다. 이로 인해 법을 집행하는 헌병의 불만을 야기시켰다. 오가와는 12월 25일 일기에 다음과 같이 기록했다.

> 가미스나(上砂) 중좌가 업무 상의차 법무부에 왔다. 중좌는 최근에 발생한 성폭행 사건이 대부분 기소되지 않아 헌병들이 애써 고발해도 결국은 허사라고 했다. 나는 그럴 것이라고 대답했다. 그러나 나는 전쟁 중의 실정, 범인의 당시 심리, 중국 여인들의 정조관념, 지금까지의 범죄 횟수(실제 숫자는 매우 크다.—원주), 고발되지 않고 끝난 사람과 가끔 고발된 사람의 수량 비교 등은 고려할 수밖에 없는 요인이라고 생각한다. 그리고 단순히 이론적으로 말하면 간음은 당시 정세에서 모두 형법 178조에 말하는 반항할 수 없는 틈을 타 실행한 것이라고 단언할 수 없으며 요구를 쉽게 받아들인 사람도 있을 것이라는 생각도 해야 한다. 따라서 간음 사실이 있다고 해도 즉시 성폭행으로 판단하면 아무래도 경솔한 것이다. 범죄 당시의 상황을 참작한 후에 어떻게 처리해야 할지를 결정해야 한다. 그래서 중좌의 요구에 바로 응답하지 않았다.
> 또한 중좌는 향후 전쟁이 중지하고 나중에 (성폭행이) 증가하면 선무宣撫(백성을 위로하고 도와주는 일) 작업에 영향을 미칠 것이라고 우려하였는데, 나도 그럴 수

있다고 생각한다. 그러나 다른 한편으로 위로시설이 마련되면 성폭행 증가를 방지할 수 있을 것이다. 또한 사람은 전쟁 중에 목숨도 마다하는데 여인을 접하면 매우 큰 충동을 느끼기 때문에 휴전하면 증가할 거라는 우려는 불필요한 것이다.

가미스나 쇼시치(上砂勝七) 헌병 대장은 「헌병 31년」에서 제10군의 군기와 풍기가 파괴되었다고 했지만 일본의 일부 노병들은 대수롭지 않게 여겼고 거짓말이라고 생각했다. 예컨대 제10군 참모 요시나가 스나오(吉永朴) 소좌는 "가미스나 씨의 이와 같은 논술은 매우 유감스럽다"고 말했다. 앞서 인용한 가미스나 본인과 관련 기록을 통해 이것은 가미스나의 기억을 부인하는 사람들에 의해 날조된 것임을 알 수 있다.

당시에 불기소로 헌병의 불만을 초래하는 상황이 가끔 발생했다. 예를 들어 가미스나가 법무부를 방문한 다음 날(26일) 마츠오카(松岡) 대위는 모 소좌를 불기소로 처리하는 것에 대해 또 불만을 표했다.

간부를 추궁하지 않으면 불공평하다. 만약 대장을 적당히 처벌하지 않으면 자기도 앞으로 병사의 사건을 고발하지 않을 것이라고 했다.

오가와는 법무부가 무시당하는 것에 대해 분이 가라앉지 않아 자주 일기에 이 일을 기록했다. 앞선 제3절에서 우리는 일기를 통해 오가와가 성폭행인 것을 분명히 알고 있음을 증명하였지만 헌병이 불만을 표할 때는 또 억지로 이해하는 척도 했다는 것을 알 수 있다. 오가와가 일부 성폭행이 '간음'일 수도 있다고 한 것은 진심어린 인정 여부를 막론하고 당시 상황에서 이는 그가 취할 수 있는 유일한 태도이었다. 일찍 12월 3일의 일기에서 그는 이런 진퇴양난의 난처한 태도를 털어놓았다.

내가 하는 일이 만약 사건이 적고 한가하다면 다른 사람들은 법무부가 소용없다고 생각하고 그 존재를 무시할 것이다. 반대로 만약 사건이 많고 바쁘면 적어도

관련 부서를 불쾌하게 할 것이다. 지나치게 열심히 한다면 비판을 받지 않을
수 없다.

가미스나가 성폭행의 불기소 처분에 대한 불만을 표한 이틀 전의 일기는 일지에서
볼 수 없었던 중요한 '방침'(23일)을 남겼다.

성폭행 사건에 대해 지금까지 최악의 사건만 기소하는 방침을 채택하고 처분도
소극적인 입장을 취했다. 만약 같은 사건이 빈번하게 발생한다면 조금이라도
더 깊이 있게 고려하지 않으면 안 될 것이다.

이 방침을 사령관이 결정한 것이든 아니면 오가와나 법무부에서 '정세를 잘
살펴' 스스로 정한 것이든 모두 중요하지 않다. 중요한 것은 우리에게 일본군의
군법체계가 폭행에 대해 분명한 방임 방침을 실시한 적이 있음을 알려 주었다는
것이다.

소결

앞서 서술한 바를 종합하면 우리는 다음과 같은 총체적인 결론을 내릴 수
있다. 즉 마쓰이 이와네(松井石根), 오가와 세키지로(小川關治郎) 및 상하이 파견군
참모장 이누마 마모루(飯沼守) 등 기타 많은 증인들도 마찬가지로 도쿄재판소에서
한 거짓 증언은 기억상의 오류가 아니라 목적이 분명한 위증이다. 일본 도쿄재판의
부정파가 주장하는 이른바 변호인 측의 증언이 '사실에 부합되는' '합리적인 증언'이라
는 설은 사실의 검증을 도무지 이겨낼 수 없는 것이다.

제8장 도쿄재판과 국제법치

제2차 세계대전 후, 인류는 처음으로 각국의 주권 위에 국제군사재판소를 설립하여 침략전쟁을 일으킨 국가 지도자들을 재판했으며 침략전쟁과 전쟁 중의 불법행위는 국제범죄임을 장엄하게 선고하였다. 도쿄재판은 인류의 영원한 평화에 대한 추구를 국제형사사법계에 호소했는데, 이는 인류사회의 이성, 문명 및 진보의 반영이다. W. F. 웨브 재판장이 개정사에서 선언한 것처럼 "역사상 이보다 더 중요한 형사재판은 없었다." 도쿄재판과 뉘른베르크 재판은 국제형법과 국제인도법의 발전을 촉진시켰고, 현대 국제형사사법실행의 서막을 열어 놓았으며 법치로 전쟁 후의 국제사회 신질서를 다시 구축하였다. 도쿄재판은 인류 법치문명의 위대한 공적으로 세상 사람들에게 침략전쟁을 일으키는 것은 국제적 범죄행위라는 것을 똑똑히 알려 주었다. 또한 영원한 평화를 위해 반드시 전쟁범죄를 엄벌해야 하며 전쟁 재발을 근절해야 한다는 것을 알려 주었다.

1. 전쟁 불법 관념의 유래와 형성

오랜 기간, 전쟁은 줄곧 영광, 영웅, 명예의 대명사로 간주되어 왔다. 군사 이론가 클라우제비츠(Karl Philip Gottfried von Clausewitz)는 전쟁은 '정치의 또 다른 형식의 연속'이라고 했다. 두 차례 세계대전은 인류 역사의 호전好戰 전통을 완전히 전복顚覆시켰다. 국제사회에는 전쟁에 대한 공감대가 형성되었고 전쟁과 평화는 국제법의 가장 중요한 주제로 자리 잡게 되었다.

제2차 세계대전 이후의 뉘른베르크재판과 도쿄재판은 국제사회에서 새로운 국제형사사법재판을 시도해 전쟁을 제지하고 영원한 세계평화를 쟁취하려는 노력을 보여 주었다. 도쿄재판과 뉘른베르크재판은 전쟁을 국제적인 범죄로 인정하였고 전쟁을 일으킨 개인을 처벌하였다. 이는 법률적인 의미에서 새로운 전쟁법제 관념을 수립한 것으로 국제법치의 이정표였다고 할 수 있다. 유네스코 명문銘文에 기술되어 있는 바와 같이 '전쟁이 인간의 사상에서 시작되었으므로 우리는 인간의 사상으로부터 평화를 구축해 나가야 한다.'

1) 전쟁권 행사와 전시 법칙에 대한 제한

인류의 전쟁과 전쟁법 관념에 관한 사상은 그 역사가 유구하다. 이것을 규명하면 제2차 세계대전 이후의 양대 재판 취지와 역사적 의의를 이해하는 데 도움이 될 것이다.

국제법상에서의 국가의 전쟁권에 대한 제한은 1899년과 1907년 두 차례 헤이그평화회의 때부터 시작되었다고 할 수 있다. 이 두 차례 회의는 국가가 무제한적으로 전쟁을 일으키는 권력 문제에 대하여 신중하게 검토하였다. 1899년 헤이그평화회의에서는 '국제분쟁의 평화적 해결을 위한 조약'이 비준되었는데 국제관계에서 무력 사용을 최대한으로 방지하고 각 조약국은 평화적으로 국제분쟁을 해결하기 위해 최선을 다해야 한다고 규정하였다. 심각한 의견 차이와 분쟁이 생겼을 경우 정세가 허용된다면 무력 사용에 앞서 하나 또는 몇몇 우방국을 통하여 중재하거나 조정해야 한다고 규정했다. 1907년 헤이그평화회의에서는 '국제분쟁의 평화적 해결을 위한 조약'을 수정하였고 '계약상의 채무 회수를 위한 병력 사용의 제한에 관한 조약'을 체결하였다. 이 조약에는 다음과 같이 규정되어 있다. 각 조약국은 한 국가의 정부가 다른 한 국가의 정부를 향하여 계약상의 채무회수를 요구했다고 해서 무력을 사용해서는 안 된다는 데 동의한다. 채무국이 중재 제안을 거절하거나 답변을 주지 않는 경우, 중재 제안을 받아들인 후 중재 협의가 성립하지 못하도록 하거나 중재한 후 판결에 복종하지 않는 경우에만 무력을 사용할 수 있다. '국제분쟁평화처리

조약은 최초로 평화적인 국제분쟁 해결 방법을 총괄하고 규정한 일반적인 조약이다. 그 역할과 의의는 평화적인 국제분쟁 해결 방법을 규정한 것에 그치지 않는다. 이는 인류 역사상 처음으로 국가의 전쟁행사권 또는 전쟁도발권력(jus adbellum)에 대해 제한한 것이다.

국제사회에도 전쟁 중의 교전交戰 행위 제한에 줄곧 힘써 왔으며 교전규칙(jus in bello)을 제정하여 가능한 한 전쟁의 파괴 정도와 잔혹성을 줄이고자 하였다. 최초의 규칙은 1621년에 스위스에서 반포된 '전쟁 중에 지켜야 할 군사법률 조항'에까지 거슬러 올라갈 수 있다. 이 조항에는 '모든 대령, 중위는 사병에게 비합법적인 일을 하라고 명령해서는 안 된다. 이를 위반한 자는 판사의 판결에 따라 처벌할 것이다'라고 전쟁 중의 지휘관의 책임에 대해 분명히 하였다. 1863년 미국 내전 기간에 제정된 '리버규칙'(Lieber Code)은 처음으로 전쟁법규와 관례에 대한 규칙을 정하였다. 링컨 대통령이 반포한 후 '리버규칙'은 미국 군부대에 구속력을 가진 법률문건이 되었으며 1874년 '브뤼셀(Brussel)선언' 및 1899년과 1907년 '헤이그조약'의 출처가 되었다.

1868년의 '상트페테르부르크(Sankt Peterburg)선언'은 처음으로 정식 조약 형식으로 전쟁 시 특정된 무기 사용을 명문明文으로 금지한 선언문이다. 1907년 제4차 헤이그조약의 부속협정인 '육지 전쟁법 및 관습을 존중하는 장정章程' 제46조에는 "가족의 명예와 권리, 인간의 생명, 사유재산 및 종교와 신앙의 자유"는 신성불가침이라고 규정하였다. 이 문건의 다른 조항에서는 문화보호 목표와 평민의 사유재산 보호에 대해 규정하고 있다. '헤이그조약'의 서문은 내용이 미비하다고 인정하면서 완벽한 전쟁법령이 반포되기 전까지 "주민과 교전자는 모두 국제법 원칙의 보호와 관할을 받아야 한다. 왜냐하면 이러한 원칙은 문명국가 간에 제정한 관례, 인도주의 법규와 대중의 양지良知에서 나온 요구들이기 때문이다"라고 했다.

이 같은 일련의 작전 수법과 방식을 규제規制하는 규칙을 '헤이그법'(Hague Law)이라고 부른다. 1913년 카네기 기금회(Carnegie Foundation)에서는 조사위원회를 파견하여 제4차 헤이그조약을 기반으로 전쟁 기간에 발칸반도에서 자행된 만행에 대해 조사를 진행했다. 제1차 세계대전이 막 끝날 무렵, 추축국이 저지른 전쟁범죄를 기소하기 위하여 설립된 전쟁도발자책임과 형벌집행위원회(Commission on the Responsibility of the Authors of the War and on the Enforcement of Penalties)도 이 조약에 기반하여 조사를 진행했다. 뉘른베르크재판과 도쿄재판에 이르러서야 '헤이그조약'을 위반한 행위에 대해 기소했다.

이와 동시에 국제적십자위원회의 추진 하에 1864년 제네바에서 16개국이 참여한 국제회의가 열렸는데 거기에서 첫 번째 '제네바협약'을 통과시켰다. 이 협약은 전장에 있는 군대의 부상자와 환자의 보호 문제에 대해서도 규정하고 있는데 그 취지는 부상자와 환자, 전투에 실제로 참여하지 않는 인원 및 전쟁포로와 민간인 등 전쟁 수난자를 보호하기 위한 것이었다. 이를 바탕으로 훗날 '제네바법'으로 불리는 인도적인 법규가 탄생되었다. 제네바법의 인도주의적인 보호는 전시 작전수단과 방법을 절제해야만이 실현가능하다. 헤이그법의 각항 조약도 원래 인도주의를 바탕으로 체결된 것이므로 제네바법과 헤이그법은 전쟁을 제한하고 인도적인 보호를 실시하는 측면에서 고도의 내적 일치성을 보이고 있다.

2) 전쟁 불법 관념의 형성

유럽 역사상 파괴력이 큰 전쟁이 아주 많았지만 대부분 상황에서 참전국들은 전쟁이 남긴 수많은 상처를 아랑곳하지 않고 또다시 새로운 전쟁에 참여했다. 19세기 유럽의 군국주의자들은 공개적으로 '전쟁의 전략 목적을 제쳐 놓고 전쟁 그 자체만으로도 유익한 활동이다'라고 주장했다. 그들은 전쟁은 퇴폐를 말끔히 씻어내고 민심을 진작시킬 수 있다고 여겼다. 제1차 세계대전이 안겨 준 참혹한 재앙은 서양 주류 사상계에서의 군국주의의 종결을 선언하였을 뿐만 아니라 '전쟁은 일종의 필요에 의한 것이다', '전쟁은 불가피한 것이다'라는 관념을 부정하였다. 사람들은 처음으로 인류가 고의로 전쟁을 도발하는 것이 정당한 행위가 아니라는 보편적인 인식을 지니게 되었다. 그리하여 각국 정상은 전쟁의 재발을 막기 위해 국제연맹을 기획하고 설립했다.

1919년 '국제연맹규약'(이하 '규약'으로 약칭) 서문은 '동맹 조약을 맺은 각국은 국제 간의 협력을 증진하고 평화와 안전을 유지하기 위해 전쟁불참 의무를 이행해야 한다'고 규정하고 있다. 그리고 규약 제13조는 판결 또는 재결을 준수하는 회원국에 대해 전쟁을 도발해서는 안 된다고 규정하고 있고, 규약 제16조는 회원국이 연맹 규약을 무시하고 전쟁을 도발하면 기타 모든 회원국에 대한 전쟁 도발로 간주한다고 규정하고 있다. 또한 기타 회원국은 즉시 전쟁 도발 국가와 각종 상업이나 재정 관계를 단절하고 본국 국민과 기타 국가 국민이 전쟁 도발국 국민과의 상업, 재정 또는 개인 왕래를 금지해야 한다고 규정하였다. 규약의 실시를 수호하기 위해 국제연맹행정원은 각 관계국 정부에 육군, 해군, 공군 역량을 파견하여 군부대를 구축해야 한다고 제안했다. 국제연맹은 국제조직을 기초로 하는 집단안전제도를 통하여 국가의 전쟁 행사 권리를 제한하고자 했다.

침략전쟁이 불법이며 심지어 범죄가 성립된다는 관념은 그 이후 일련의 국제연맹 문서를 통해 반영되었다. 1923년 국제연맹에서 초안을 작성했으나 최종 효력을 발휘하지 못한 '상조(相助)조약초안'은 제1조에서 침략전쟁은 국제범죄라고 규정하고 있고, 회원국들은 '이런 범죄를 범하지 않을 것'이라고 밝혔다.' 1924년 국제연맹대회 에서는 '제네바국제분쟁평화해결의정서'를 통과시켰고 국제사회 회원국 사이에는 연대관계가 존재하며 '침략전쟁은 이런 연대관계를 파괴하는 것이므로 국제 범죄'라 고 인정하였다. 1927년 9월 24일, 국제연맹대회는 폴란드 대표단의 제안을 받아들여 '침략전쟁에 관한 선언'을 통과시켰다. 이 선언에서는 '모든 평화적 수단을 이용하여 각국에서 일어날 수 있는 각종 분쟁을 해결해야 한다. 침략전쟁은 영원히 국제분쟁을 해결하는 방법으로 사용할 수 없으며 이는 국제범죄의 일종이다. 모든 침략전쟁을 금지해야 하고 영원히 금지되어야 한다'고 지적했다. 1928년 2월 18일, 제6회 범아메리 카회의(하바나조약)에서 통과한 결의에서 '침략전쟁은 인류에 대한 범죄가 성립된다. …… 모든 침략은 불법이므로 금지해야 함을 선언한다'라고 지적했다.

1928년의 '켈로크-브리앙조약(즉 파리부전조약)'은 이런 노력의 집대성이라고 해도 과언이 아니다. 이 조약은 전쟁 폐기를 국가정책으로 추진하는 수단으로서의 획기적인 의의를 가지고 있으며, 국제분쟁을 평화적으로 해결하고 무기 사용 금지와 무력으로 서로 위협하는 이 두 국제법 기본 원칙을 확립하는 데 큰 공헌을 하였다.

2. 침략전쟁은 국제범죄

1) 전쟁: 불법에서 범죄로

'파리부전조약'은 전쟁을 전면적으로 금지하는 국제법 발전에 결정적인 절차로, 침략전쟁 도발을 국제 범죄로 확인하는 실재법實在法의 기초가 되었다. 파리부전공약의 서문에는 아래와 같은 구절이 있다.

전쟁 포기를 국가정책의 도구로 삼아야 하는 시대가 이미 다가왔다.…… 국가 간의 관계 개선은 오로지 평화적 방법을 통하여, 또한 평화와 질서 있는 조정 결과를 통하여 실현될 것임을 믿어 의심치 않는다. 앞으로 조약에 서명한 국가가 전쟁을 통하여 자국의 이익을 도모할 경우 본 조약이 가져다주는 혜택을 누릴 수 없다.

'오펜하임(Oppenheim)국제법'에서는 이에 대해 다음과 같이 평가하였다. '파리부전조약'의 체결은 국제법의 근본적인 변화를 상징한다. 이제부터 법률상으로 다시는 조약을 체결하기 이전처럼 전쟁이 법률 구제 수단이나 법률을 바꾸는 도구가 될 수 없게 되었다. '전쟁은 더 이상 조약에 서명한 각 국가가 자유롭게 결정할 수 있는 특권이 아니라 기타 회원국들의 공동 관심 사항이 되었다. 왜냐하면 그들의 법적 권리는 조약을 파괴하는 전쟁에 참여함과 더불어 손해를 입었기 때문이다.'
1939년까지 67개 국가 중 중국과 일본을 포함한 63개 국가가 '파리부전공약'을 비준했다. 그리하여 이 조약은 거의 전 세계적인 적용성을 지니고 있으며 지금까지 그 효력을 발휘하고 있다. 이 조약은 항상 국가 실행의 인정을 받고 있으며 기타 양자 또는 다자 전쟁 금지 조약의 기초가 되고 있다.

'파리부전공약'이 제2차 세계대전의 발발을 막지 못한 원인은 침략적인 정권이 의도적으로 자신의 국제법 의무를 무시하고 전쟁을 도발했기 때문이다. 이 조약은 아래와 같은 약점이 존재한다. 전쟁 수단에 대한 금지 규정은 일종의 편협한 정식 전쟁 개념에 의거한다. 그리고 국제연맹 단체 조치의 일부분으로서 교전성 무기 사용은 여전히 허락된다. 왜냐하면 전쟁은 단지 국가정책의 도구로 포기되었을 뿐 국제정책의 도구로 포기된 것이 아니기 때문이다. 이 밖에 이 조약을 체결할 때 제출한 선언을 통하여 여러 측이 분명하게 이 조약은 자신의 자위권을 제한하지 않는다는 것을 명시했다. 그러나 조약 자체에 합법적인 자위 조치의 정의를 포함하고 있지 않아 자위권 남용 위험을 남기게 되었다.

의심할 여지도 없는 것은 1930년대 말에 전쟁에 대한 국제법의 입장이 급격히 변화되었다는 점이다. 침략전쟁은 더 이상 합리적인 정책성 도구로 간주되지 않았고 상당히 큰 제한을 받게 되면서 이미 법률상의 지위를 잃게 되었으며 국제법에서 범죄로 자리 잡게 되었다. 단지 이 범죄 범위를 반드시 지금까지의 유일한 선례의 기초 위에서 확인을 거쳐야 했는데, 이것이 바로 뉘른베르크재판과 도쿄재판이다.

사람들은 늘 뉘른베르크와 도쿄 국제군사재판에 기소된 모든 범죄 즉 평화에 반하는 범죄, 전쟁죄, 인도에 반하는 범죄가 재판에서 국제법상의 범죄로 인정되었는가를 묻는다. 서로 다른 입장에 기반을 두고 있기에 이 문제에 대한 대답도 확실한 견해 차이를 보인다. 그러나 이 문제를 정확하게 이해하고 대답하려면 반드시 뉘른베르크와 도쿄재판으로 돌아가서 국제형사사법재판의 상황에서 검토해 보아야 한다.

극동국제군사재판소는 국제법 명목 하의 침략전쟁이 갖고 있는 범죄성을 설득력 있게 증명하였다. 검사 측은 침략전쟁이 국제범죄임을 지적하면서, 재판소 설립 당시의 법률문건을 직접 증거로 제출했다. 그리고 논증 단계에서 침략 전쟁 또는 국제조약을 위반한 행위가 국제법을 위반한 행위임을 증명할 수 있는 대량의 증거를 제출했다. 도쿄재판소의 키넌 수석 검사는 '침략'을 세 가지로 정의하였다. 첫째, 침략은 '무단적 공격 또는 적대감을 표현하는 행위이다. 일종의 전쟁을 야기시키거나 분쟁이 있는 상해(傷害) 행동이며 일종의 습격 또는 침입을 실행하는 것'이다. 둘째, 침략은 '한 국가가 분쟁을 해결할 때 중재를 거절하거나 중재판결 또는 기타 어떤 평화적인 방법을 거절하고 무력 사용으로 위협하거나 무력을 행사하는 행위'이다. 셋째, 침략은 '침략자의 일종 상태로, 평화적인 방식으로 사건을 해결하기로 한 협약을 위반하고 전쟁으로 분쟁을 해결하는 것'이다. 이 세 가지 정의는 서로 다른 측면에서 침략의 위법성을 지적하고 있다.

도쿄재판소는 최종적으로 침략 계획, 준비, 도발 및 실시를 개인책임을 판정하는 전제성 사실로 간주하였다. 법정에서는 1931년 '펑톈(奉天)사변' 발발 당시의 군사 정세에 대해 상당히 자세한 검증을 진행했고, '펑톈사변'이 간단한 '개별적인 사건이 아니라 일본이 침략전쟁을 도발한 제일보이며, 그 이후의 중국, 동남아 및 태평양 지역에 대한 군사적 행동과 관련시킬 수 있다는 것을 확정하였다. 도쿄재판소는 '침략전쟁'에 대한 전면적인 정의를 내리기 어렵지만 이런 공격은 침략전쟁으로 특징지을 수밖에 없다고 지적하였다. '극동국제군사재판 판결문'은 침략의 본질에 대해 다음과 같이 확정하였다. 침략전쟁의 목표는 다른 국가를 통치하거나 다른 국가의 영토를 획득하기 위한 데 있다. 이는 뉘른베르크재판 판결문과 입장상의 일치성을 보이고 있다.

이른바 '자위전쟁'은 도쿄재판에서 피고인과 변호인 측의 주요한 반박 이유가 되었다. 예를 들어 변호인 측에서는 관동군이 '만주국' '국경선'에서 소련 및 몽골인민 공화국과 두 차례의 충돌('장고봉 사건' 및 '할힌골 사건')을 일으킨 것은 일본과 만주국 정부의 '자위전쟁'이라고 주장했다. 재판소에서는 일본이 사전에 이 두 가지 '국경선' 분쟁에 관한 전쟁을 계획하고 준비했다고 판정하고 변호인 측의 주장을 반박했다. 이는 도쿄재판이 침략전쟁을 중대한 국제범죄로 간주했고, 그때 당시 이미 모든 문명국가가 받아들인 국제법을 따르는 것 외에 재판소는 윤리적으로 전쟁 책임을 추궁할 의무를 지니고 있었으며, '범죄행위에 대해 너그러이 용서해 주는 것을 묵인하는 것은 인류의 공통된 이익을 짓밟는 것'임을 의미하는 것이다.

2) 국제법의 시각에서 본 전쟁범죄의 본질

두 차례 세계대전은 국제사회의 기초적 가치인 평화, 안전 및 복지를 완전히 파괴시켰다. 이는 전쟁범죄에 대한 국제적인 시각을 제공하였는바, 이로 하여 전쟁을 국제법 법규에 의한 범죄로 인정할 수 있게 되었다. 왜냐하면 이런 범죄는 '전체적인 국제사회'에 영향을 끼쳤으므로 국제사회는 당연히 이런 국제적 범죄에 대해 처벌해야 할 의무가 있게 되었고 국제법상의 각종 규정은 '주권 국가란 허울'을 벗기고 상응한 처벌을 할 수 있게 되었다. 이로 인해 법률과 국제사회의 상호 이익은 국제법에 특수한 합리성을 제공해 주었다.

모든 국제 범죄는 흔히 대규모적인 폭력 사용을 전제로 하고 있다. 일반적으로 말해 이런 폭력 사용에 대해 책임져야 할 대상은 일개 집단인데 그 대표적인 것이 국가라고 할 수 있다. 인도에 반하는 범죄로 말하자면 이런 조직폭력이 존재하는 배경은 일종의 광범위하고 체계적인 평민에 대한 공격으로 구성되는 것이다. 전쟁범죄로 말하자면 조직적인 폭력은 일련의 무장충돌로 구성된 것이고 국가 간의 무장충돌은 필연적으로 세계평화를 파괴할 것이며 범죄행위의 발생을 의미한다. 그러므로 전쟁법률을 위배하는 행위에 대한 범죄와 그 목적은 무장충돌의 영향을 가능한 한 최소로 줄이는 것이며 무장충돌의 진일보 발전을 방지하는 것이다. 평화에 반하는 범죄를 놓고 말하면 조직적인 폭력 사용 자체가 이미 범죄화된 것이다. 그러므로 직접적인 의미에서 침략은 일종 평화에 반하는 범죄이다.

국제사회의 보편적 가치인 평화와 안전 그리고 복지는 국제법률의 보호를 받는다. 전쟁에 대한 국제법의 제재는 그 목적이 전범을 징벌하고 전쟁 재발을 방지하자는 데 있다. 도쿄재판소에서 침략자에 대해 기소하고 징벌을 가한 것은 '국제평화확보'를 실현하려는 더 큰 인류의 공통 목표를 위해서이다. 이런 의미에서 도쿄재판소가 건지한 평화에 반하는 범죄의 법리에 대해서는 적극적인 평가를 주어야 한다. 더 의미 있는 것은 법률수단을 통하여 전범 용의자에 대해 기소하는 전체 과정과 기소하고자 하는 노력이 세계 여론의 형성에 중요한 역할을 할 것이며 장기적인 전쟁 예방과 연결될 수 있어 세계평화에 기여한 것이다. 다시 말하면 뉘른베르크재판과 도쿄재판의 교육을 통하여 사람들은 국제정의를 추구하는 것이 전 세계 모든 이들의 공동이익에 부합된다는 것을 깨닫게 되었다.

3) 합법적 원칙: 정의

뉘른베르크와 도쿄재판의 심리 과정에 대한 주요 반대 의견 중 하나는 정치적 합리성에 대한 의혹이고 다른 하나는 법률 기초에 대한 의혹이다. 법률 관점에서 보면 도쿄재판이 받은 비판은 주로 평화에 반하는 범죄에 대한 심리가 죄형법정주의와 법률불소급의 합법성 원칙을 위반했다는 인식에서이다.

합법성 원칙은 범죄가 실행될 때 성문화되었거나 성문화되지 않은 규범이 반드시 이미 존재해야 하고 범죄행위에 대한 묘사는 반드시 가능한 명확하게 범죄정의 범주 내에 규정되어야 한다. 이래야만 국제법 명목 하의 범죄성이 확립될 수 있다. 합법성 원칙은 관습국제법의 일부분이고 도쿄재판소와 뉘른베르크재판소에서 받아들인 법률적 기초이다. 도쿄재판에서 합법성 원칙이 주요한 역할을 발휘하였다.

사실상 "법에 명문화되지 않을 시 죄로 인정할 수 없다"는 격언은 주권에 대한 제한이 아니라 총괄적인 정의의 원칙이다. 법률불소급의 원칙은 국제법 위반 권리를 남용하여 징벌을 모면하고자 하는 데 이용되어서는 안 된다. 일본 정치학자 구시마켄 사부로(具島兼三郎)가 도쿄재판 판결 발표 전에 발표한 바와 같이 "우리의 생활은 법을 위해 영위되는 것이 아니라 반대로 법률이 우리의 생활을 위하여 존재하는 것이다." 그러므로 "오직 법률이 왜 존재하는지를 모르는 사람들만이 선례가 없다는 핑계로 전 세계를 붕괴시킬 수 있는 폭행의 존재를 허락할 수 있다."

법률의 최고 목표는 정의를 실현하는 것이며 침략자를 고발하는 것은 정의를 실현하기 위해 필수적인 것이다. 비평가는 다만 법률의 불완전한 부분만 보고 제일 중요한 문제인 심리대상이 실질적으로 죄가 있는지 없는지에 대해서는 거들떠보지도 않는다. 행위범죄 본질에 대한 분석에서 중요한 것은 실질을 파악하는 것이다. 실질적으로 범죄 성격을 지니고 있다면 그에 상응한 처벌을 줄 수 있는 이유가 있으므로 법의 기술 입장에서 형식이 불완전하다는 이유로 범죄사실을 무시할 수는 없는 것이다.

합법성 원칙의 전신인 죄형법정주의 원칙은 계몽운동의 중요한 산물로서 핵심 목적은 사법 독단을 제한하여 국가권력을 제한하고자 하는 것이며 근본적인 목적은 인류의 행복을 보호하려는 것이다. 이는 서방 시민들이 불복종 전통 하에서 배양한 산물이다. 죄형법정주의에 대해 평가하자면 평가인 자신의 국가에서 가지고 있는 역사 전통과 결부시켜야 한다. 만약 이를 시민 전통으로 간주하지 않고 상징적인 해석 원리로 간주하여 기계적으로 적용한다면 위험하고 그릇된 결론을 초래하게 될 것이다. 이 밖에 사후법 금지는 원래부터 개인 자유가 국가권력의 침해를 받지 않는 것을 목적으로 하는 상황에 적용되는데, 이런 원칙을 이용하여 국가권력의 남용을 보호하고자 하는 것은 이 법률의 원래 이념과 모순되는 것이다. 그러므로 저명한 법학자이며 도쿄재판 변호인단 구성원 중 한 명인 가이노 미치타카(戒能通孝)는 "죄형법정주의가 현실로 되게 하려는 것은 정치 활동과 사상의 자유를 보장하기 위한 것이다. 그러므로 죄형법정주의를 정당하게 따르려면 반드시 정치 활동과 사상의 자유를 정확하게 보장해 주어야 한다"고 주장하였던 것이다. 일본에서 전쟁 전 혹은 전쟁 중에 국가권력을 행사하며 일본 국민의 정치, 사상 자유를 압제하던 일부 사람들은 전쟁 후에 도쿄재판 시 또 죄형법정주의를 근거로 A급 전범의 징계를 모면하게 하고자 했는데 이는 황당무계한 일임에 분명하다. 도쿄재판은 변호인의 주장을 정확하게 반박하면서 '법에 명문화되지 않을 시 죄로 인정할 수 없다는 격언은 주권에 대한 제한이 아니라 보편적인 정의 원리이다'라고 밝혔다.

도쿄재판의 전쟁법 관념은 오늘날에는 이미 국제사회의 공감대를 이루었다. 즉 전쟁은 국제사회에서 인정하지 않으며 침략전쟁은 국제적인 불법행위로서 국제범죄가 되므로, 침략전쟁을 일으킨 국가의 지도자는 개인형사책임을 추궁당할 것이다. 도쿄재판은 법의 확립과 정의의 실현 이 두 측면에서 구체적인 기여를 하였으며 국제법의 미래추세를 정확하게 예견하였다. 뉘른베르크와 도쿄재판에서 확립된 뉘른베르크-도쿄법률원칙은 관습국제법으로 수립되었고 국제법률제도의 굳건한 구성 부분으로 자리 잡았으며 현대 국제법치에서 중요한 의의를 지니고 있다.

3. 개인 형사책임의 확립

1) 베르사유에서 도쿄까지

세계적인 형사사법체계를 수립하고자 하는 구상은 인류 역사의 초기에서 그 근원을 찾을 수 있다. 진정한 의미의 첫 번째 국제재판은 1474년에 있었다. 피터 폰 하겐바흐(Peter von Hagenbach)는 브라이자흐(Breisach) 성을 점령한 기간에 저지른 폭행으로 기소되어 재판을 받았다. 그는 전쟁죄로 유죄판결을 받아 참수 당했다. 그러나 중세기 국제재판의 계몽적인 실험은 1648년 '베스트팔렌조약'에서 확정된 국가주권은 신성불가침이라는 원칙으로 대체되었다. 1899년과 1907년의 '헤이그조약'은 여러 조약국을 위하여 직책과 의무를 확립하였으나 개인에 대한 형사책임은 정하지 않았다.

국제법에서의 개인형사책임을 추궁하기 위한 노력은 1919년 6월 28일의 '베르사유평화조약'에서 최초로 찾아볼 수 있다. '베르사유평화조약' 제227조에서는 '국제형사재판소를 특별히 설립하여 독일 황제 빌헬름 2세가 전쟁을 도발한 것에 대해 기소한다'라고 규정하였다. 이를 위해 '전쟁도발자책임 및 형벌집행위원회'가 인류 역사상 첫 번째 전쟁범죄국제조사위원회로 성립되었다. 미국, 영국, 프랑스, 이탈리아, 일본 그리고 중국 등 국가의 대표로 구성된 위원회는 제1차 세계대전 책임자와 전쟁과 전쟁 중 행위에 대해 마땅히 책임져야 할 사람을 재판할 것과 법률상의 이유 존재 여부를 전문적으로 조사했다. 다시 말하면 위원회의 직책은 전쟁도발자와 전쟁법규 및 관습을 위반한 자들을 기소하기 위해 그들의 책임을 조사하고 보고서를 제출하는 것이었다.

위원회의 조사보고에서 일본과 미국 대표단은 국제형사재판소를 설립하여 국가원수를 재판하는 문제에 대해서는 의견을 보류했다. 그들의 선구적인 토론은 전쟁도발자에 대한 개인형사책임, 전쟁 중의 지휘관 책임 등 중대한 법률문제 논쟁의 서막을 전망성 있게 열어 놓았다. 이러한 전쟁죄책임 법률문제에 대한 의의와 견해는 소홀히 할 수 없다. 이는 인류가 공동체로서 법률 수단으로 신속하게 전쟁범죄자들을 징벌하는 신중성과 우려를 깊이 반영하고 있다. 이런 우려 중 일부는 승리자의 자득 또는 실패자의 변명에서 나온 것이 아니라 빈틈없는 법률지상주의에서 나온 것이므로 전쟁죄 재판은 대국이 '쇼를 하는 것'이 아니라는 것을 증명했다. 이런 논쟁은 뉘른베르크-도쿄재판까지 지속되었으며 지금까지 계속 발전하고 있고 인류가 전쟁과 평화에 대한 법적 사고에 영향을 주고 있다.

그러나 독일 황제 빌헬름 2세는 네덜란드로 도주하여 비호를 요청했다. 독일은 라이프치히에 위치한 독일 최고 법원에서 피고인 12명에 대해 재판을 진행했는데 대다수 피고인이 방청석의 환호 소리 속에서 무죄를 판결받아 법정에서 석방되는 바람에 재판이 흐지부지해졌다. 연합국은 국제적인 사법제도를 수립하는 방식을 통해 전쟁원흉을 징벌하고 평화질서를 바로잡는 기회를 놓쳐 버리고 말았다.

'베르사유평화조약'에서 구상한 국제재판소를 그 당시에는 설립하지 못했고 독일 황제에 대한 재판도 진행되지 못했지만 '베르사유평화조약'의 선구적 의의를 과소평가해서는 안 된다. 이 조약은 최초로 국제조약에서 전쟁도발자와 전쟁에서 범죄행위가 있는 자들에 대해 개인형사책임을 분명하게 규정하였다. 국가 지도자 개인이 전쟁을 일으킨 결정에 대해 책임을 져야 한다는 관념은 역사상 전대미문의 규정이다. 침략전쟁의 도발자와 주요 지시자를 처벌하자는 의사와 의도는 국제사회에서 이미 싹트기 시작했다.

제2차 세계대전 이후 뉘른베르크와 도쿄의 양대 재판은 혁명적인 입장을 내놓았다. '국제군사재판헌장'과 '극동국제군사재판헌장'에서는 국제법에서 평화에 반하는 범죄, 전쟁죄 및 인도에 반하는 범죄는 모두 개인책임이 뒤따른다고 분명하게 밝혔다. 이는 개인이 국제형사재판에서 전쟁범죄의 형사책임을 부담하게 될 수 있다는 가능성을 의미한다. 또한 이 때문에 피고인과 변호인 측은 법정에서 아래와 같이 범죄관할권에 대한 항변을 내놓았다. 즉 침략전쟁을 일으킨 것은 국가행위이며 국제법은 국가를 주체로 한 것이고 따라서 개인에 대한 제재 법적 근거가 부족하다. 개인이 침략전쟁에 참여한 것은 범죄 성립에 꼭 필요한 '고의적' 조건을 갖출 수 없는 것이므로 개인은 평화에 반하는 범죄의 형사책임을 지지하지 말아야 한다.

뉘른베르크재판소는 '퀴란'(Ex Parte Quirin)을 인용하여 국제법은 개인에 대해서도 마찬가지로 권리와 의무를 규정하였고 형벌로 개인을 처벌한 선례도 부지기수이며, 동시에 모든 사람은 법을 알고 준수할 의무가 있으며 법을 모르는 자도 그 죄를 면할 수 없을 뿐만 아니라 피고인이 조약과 협정을 파괴하고 다른 국가를 침략했을 때 '범죄의 고의성'이 없을 수 없다는 것을 증명하였다. 국제법을 위반한 각종 범죄는 추상적인 실체가 저지른 것이 아니라 인간이 저지른 것이다. 따라서 오로지 이러한 죄를 저지른 개인에 대한 처벌을 통해서만이 국제법의 이러한 조항들이 실행될 수 있다. 그러므로 재판소는 침략전쟁에서의 개인책임원칙의 이론적 기초를 확정하였다. 이 또한 도쿄재판소에서 따르는 선례가 되었다.

2) 공동모의죄와 개인형사책임

'극동국제군사재판헌장' 제5조는 아래와 같이 규정하고 있다.

본 재판소는 개인이나 단체 구성원 신분으로 평화에 반하는 범죄를 포함한 각종 죄를 범하여 기소당한 극동전범들을 재판하고 처벌할 권력이 있다. 아래에 기재한 임의의 행위는 범죄가 성립되므로 본 재판소는 관할권을 지니고 있고 범죄자 개인은 단독으로 그 책임을 부담해야 한다.

(A) 평화에 반하는 범죄: …… 혹은 상술한 임의의 행위를 실현하기 위해 공동계획
　　또는 공동모의에 참여한 죄.
(C) 인도에 반하는 범죄 : …… 무릇 상술한 임의의 범죄를 실행하고자 방법을
　　강구했거나 실시하기 위해 공동으로 계획하거나 모의한 경우 그 지도자, 조직자,
　　교사자 및 종속자는 해당 계획을 달성하기 위해 시행한 자신의 모든 행동에
　　책임을 져야 한다.

이 조항의 마지막 구절은 뉘른베르크헌장과 구별되는데, 도쿄재판에서 이것이
검사 측이 조사하여 규제하는 주요한 근거의 하나로 되었다. 검사 측에서는 공동모의
는 국제 범죄이며 영미법계의 상황에 따르면 이 범죄에 대해 모르는 사람이 없는데
대다수 문명국가에서만 인정한다고 주장하였다. 국제사회는 객관적인 윤리질서를
기반으로 하는데, 공동모의는 자신을 보호하기 위한 일개 신축성 형식이다. 이른바
공동모의는 두 사람 혹은 다수가 일체로 단합하여 협조적인 행동을 취하며 범죄
혹은 불법수단을 통해 범죄 혹은 불법목적을 이루는 것을 말한다. 음모의 목적을
달성하기 위한 여러 가지 행위는 서로 연관될 수도 있는데 여러 차례의 위법행위
혹은 활동 기획으로 진행될 수도 있다. 이를 출발점으로 공소장의 첫 번째 기소
소인 즉 도조 히데키(東條英機)를 포함한 모든 피고인은 1928년 1월 1일부터 1945년
9월 2일, 이 기간에 지도자, 조직자, 교사자 또는 공범자로서 공동기획과 음모
제정에 참여했거나 실시했으므로 그들은 개인 또는 해당 기획집행자의 모든 행위에
대해 책임져야 했다. 검사 측에서는 공동모의는 간접적 증거로 정립할 수 있고
피고인은 다른 사람이 음모를 완수할 것이라는 것을 분명히 안다는 것은 공동모의가
성립되는 필수조건이 아니라고 주장했다. 이는 현 상태에 대해 저항하지 않은
것은 즉 공동모의범죄에 대해 허용한다는 것을 의미한다.
　　검사 측의 이론적 근거는 전쟁범죄가 일종의 특수한 범죄 형태로 흔히 한
개인이 고립적으로 도발한 것이 아니라 전쟁을 준비하는 과정에서 또는 전쟁 상태에서
집단결정, 반포 또는 명령 실시, 집단 활동 등 형식으로 나타난다는 것이다. 그러나

개인의 고의적 행위는 항상 이런 범죄가 나타날 수 있는 필연적인 전제조건으로 된다. 평화에 반하는 범죄에서 규정한 행위는 실질상 계획, 준비, 도발과 최종 침략전쟁 실시에 이르기까지 범죄의 다른 발전단계를 지침으로 삼은 것이다. 침략전쟁이 시작한 다음에야 참전한 사실은 이 범죄 중의 일부분이 침략전쟁 '실시'와 관련되었다는 것에서 나타나므로 이로써 이 죄명에 충분히 해당된다. 이 또한 도쿄재판 중의 평화에 반하는 범죄 피고인이 모두 정치 또는 군사 지도자인 이유이다. 하지만 관건적인 요소는 효과적으로 제어하거나 선도하는 가능성일 뿐 법률적 지위가 아니라는 것을 반드시 명확히 해야 한다. 행동을 하는 장본인은 전쟁과 평화에 대해 실제적인 결정을 내릴 필요가 없으나 주요 의의를 지닌 침략전쟁 계획, 준비, 도발, 실시 등 활동에 반드시 참여해야 한다. 왜냐하면 피고인은 이미 전체 침략전쟁 계획 중의 일부분이므로 그들의 '불찰'이나 무저항은 그때 당시의 잘못이 더 심각해질 수 있는 결과를 초래할 수 있기 때문이다.

변호인 측에서는 이러한 개인의 형사책임추구 원칙이 공동모의의 범위를 넓혀 피고인에 대해 과도하게 엄하게 적용되므로 더욱 제한적인 정의로 대체해야 하고, 공동모의를 핵심 결정 과정 참여 여부로 한정해야 한다고 제의했다. 그러나 재판소는 조사를 기반으로 검사 측의 손을 들어 주었다. W. F. 웨브 재판장은 '공동모의자들이 영원히 직접 혹은 간접적으로 서로를 만나거나 알지 못하거나 소통하지 않았을지도 모르'지만 이것이 전범들이 공동모의나 연락이 결핍한 전제에서 공동으로 반평화범죄를 실시하는 장애가 되지 않았을 것이라고 주장하였다. 그러므로 재판소의 의견은 공동모의하여 침략전쟁을 일으키거나 불법으로 전쟁을 도발한 죄목은 두 명 또는 더 많은 사람이 이 범죄행위를 실시하는 데 동의했다면 성립된다고 보았다. 공동모의가 이루어지면 전쟁은 계획 및 준비 단계에 들어간다. 이 단계 활동에 참여한 범죄행위자들은 최초의 공동모의자일 수도 있고 후에 참여한 추종자일 수도 있다. 만약 추종자가 공동모의와 전쟁 계획의 목적을 받아들이고 이를 실현하는 데 준비활동을 해 왔다면 추종자도 공종모의자로 될 수 있다. 이런 의미에서 모든 피고인은 음모죄의 기소에 직면하였다. 음모를 꾸민 범죄행위자도 계획과 준비활동에 참여했음을 발견할 수 있으므로 양자를 꼭 구분할 필요는 없다. 변호인 측의 '군부와 정부가 상호 대립'이라는 주장은 단지 전체 사실의 부분적 측면에 지나지 않으므로 근시안적인 역사 평가에서 보면 잘못은 없으나 만약 전방위적인 측면에서 다시 재조명한다면 전자가 사실을 왜곡하고 있음을 발견할 수 있다. 문관 중에는 확실히 군부의 주전파를 반대하는 사람도 있었으나 그들은 시종일관 반대 의견을 가지지 않았으며 자발적으로 침략전쟁의 계획과 실시에 참여하고 지도하였다. 이러한 관련 사실들이 법정에서 명확하게 드러난 뒤로 변호인 측에서 문관의 책임을 추궁하지 말아야 하는 주장의 논리적 기초는 사라지고 말았다.

재판소 판결문은 근대사에서 일본이 중국의 태평양 지역을 상대로 장기적인 침략전쟁을 일으킨 역사에 대해 회고했다. 즉 1920년대부터 일본은 정권을 탈취한 후의 군사 확장 정책을 제정하였으며 최종 확장 목표인 '대동아공영권'에 대해 다시 지역을 구분하는 등의 방식을 통하여 한편으로 인도와 미얀마 사이의 모든 영토를 통제하고 다른 한편으로는 호주와 뉴질랜드를 지배하고자 하였다. 판결문은 일본의 군사 확장 정책 내용을 분석하였고 실행으로 옮긴 과정을 밝히고 피고인들이 이 시기 군국주의 팽창을 위해 저질렀던 갖가지 악행들을 설명하고 거기에 따라 이런 사람들의 개인형사책임을 추궁하였다.

침략전쟁을 일으키기 위하여 폭넓게 꾸민 계략과 이를 달성하기 위하여 진행했던 장기적이고 복잡한 준비 작업은 혼자 힘으로는 완성하기 어려운 것이었다. 공동으로 계획한 목표를 달성하기 위해 많은 지도자들이 일련의 작업들을 해야 했다. 그들은 서로 잘 알지 못하거나 같은 방에서 '비밀적으로 모의'하지도 않았으며 심지어는 의견 갈등과 대립도 존재했었지만 공동 목표는 대일본제국의 통치 지위를 확보하기 위한 것이었으므로 이를 위해 책동, 실시 및 침략전쟁 가입을 불사했다. 이런 공동 목표는 그들이 통일 행동을 취할 수 있었던 기초 작업이었으므로 구체적인 연락이 없었어도 모든 피고인들이 전쟁범죄를 지었다는 데는 의심의 여지가 없다.

확실히 침략전쟁을 일으키거나 공동모의하여 침략전쟁을 일으킨 것보다 더 중대한 범죄는 없다. 이러한 공동모의의 실시는 필연적으로 대규모의 죽음과 고통이

동반되기 때문이다.

공동모의에 기초하여 평화에 반하는 범죄의 형사책임을 인정하는 법리는 조직성이 엄밀하지 못하거나 심지어 의견 대립이 존재하는 집단에서도 공동한 전쟁죄가 나올 수 있다는 것을 명시했다. 이런 개인문책원칙은 극동국제군사재판소의 재판 과정에서 시종일관 엄격히 지켜졌다. 심지어 뢸링(Bernard Victor A. Röling) 판사 등 이 원칙에 회의적 태도를 가지고 있던 판사들도 재판소에서 평화에 반하는 범죄에 대한 판결이 일정한 근거가 있다고 인정했으며 문관들도 전쟁범죄 책임을 부담해야 할 것을 분명히 했다. 이는 극동국제군사재판소의 중대한 공헌이다.

3) 개인형사책임을 확정한 법률적 의의

개인형사책임을 확정하는 데는 두 개의 주요한 법률적 장애가 존재한다. 하나는 고전 국제법 이론에서 국가는 유일한 주체라고 했지만, 국제법에서 개인형사책임규범을 제정한다는 것은 개인도 어떤 의미에서 기필코 국제법의 주체가 된다는 것을 의미한다. 다른 하나는 국가가 주권 관념과 이익 중심을 기반으로 생긴 외부에 간섭하는 방위적인 태도를 극복해야 한다는 것이다.

제2차 세계대전 중의 대규모 폭행은 '인류의 지성을 타격하여' 인류문명의 기반을 뒤흔들었다. 이는 국제사회가 전통국제법 이론에 대해 심각하게 반성을 하도록 했다. 사람들은 '징벌하지 않는 문화'가 폭행이 완고하게 재발되는 주된 원인임을 깨닫게 되었다. 국가는 오히려 개인이 주권면제이론 뒤에 숨어 심각한 범죄를 저지르고는 처벌을 면하는 피신처가 되었다. 이러한 법률적인 문제는 반드시 법률의 자체혁신을 통해 해결되어야 한다.

극동국제군사재판소는 기존의 법률이론과 원칙을 기반으로 전쟁범죄의 특수성을 고려하여 전쟁죄책임을 정립하려면 반드시 전통적인 국가 간의 사무를 처리하는 법률원칙을 타파하고 관계국의 국내 영역까지 깊이 들어가서 '주권의 보루'를 타파해야 했다. 국제법을 위반하는 각종 범죄는 추상적 실체인 국가가 아니라 사람이

행한 것이므로 오로지 이러한 죄를 범한 개인을 징벌해야만 진정으로 국제법이 집행되었다고 할 수 있다. 침략결정에 직접 참여한 정부 지도자들은 반드시 국제재판소에서 재판을 받아야 한다. 도쿄재판소는 공동모의, 지휘관 책임, 부작위 공동범죄 등에 관한 법률 원리를 천명했으며 개인형사책임 이론을 위해 많은 창조적인 법률 해석을 제공했다. 또한 증거를 중심으로 한 재판을 통해 피고인의 개인형사책임을 확정하였다.

뉘른베르크와 도쿄 양대 재판은 평화에 반하는 범죄, 전쟁죄와 인도에 반하는 범죄의 범죄행위 완성에 참여한 어떠한 사람도 모두 개인책임을 짊어져야 하며 형사처벌을 받아야 한다는 것을 분명히 하였다. 이러한 '개인책임'은 다음과 같은 내용을 의미한다. 첫째, 무릇 전쟁범죄의 공동계획이나 음모결정 또는 실행에 참여한 지도자, 조직자, 교사자 및 공범자는 이 계획 실행과 더불어 어떠한 사람에게 실시한 모든 행위에 대해 책임을 져야 한다. 둘째, 범인의 관직이 그의 형사책임을 면제하는 이유가 될 수 없다. 즉 국가 원수와 정부 각 부서 관원을 포함한 그 누구도 개인범죄를 실행할 때 국가나 정부를 대표한다는 핑계로 자신의 행위는 개인행위가 아니라 국가행위라고 강조하며 마땅히 감당해야 할 개인책임을 회피해서는 안 된다. 셋째, 구체적으로 전쟁범죄행위를 실시한 개인은 '명령에 따라 행동함'이란 구실로 수행자 개인의 형사책임을 면할 수 없다. 즉 실제 범죄를 행한 자는 그가 소속한 정부나 어느 상사 또는 기관장의 명령을 받들어 행동했다 할지라도 개인범죄의 형사책임을 면하지 못한다. 넷째, 피고인의 행위가 피고인이 속한 국가의 국내법을 위반하지 않았다 해도 개인형사책임을 면하는 이유가 될 수 없다. 물론 이러한 상황에서 범죄 발생 시의 실제상황을 감안하여 처벌 강도의 경감을 고려해 볼 수 있다. 이 또한 국제형법의 발전을 위해 길을 열어 놓았다.

전쟁 시기 일본 사회의 민주는 아직 완성되지 않은 상태였으므로 국가권력은 지도자 손에 집중되어 있었다. 만약 극동국제군사재판소에서 개인형사책임을 추궁할 결심이 없었고 보수적으로 국가책임론과 집단책임론을 취하는 입장이었다면 전쟁 책임은 그 어떤 정치성 언론도 발표하지 못하게 하는 동시에 엄청난 전쟁의 재난을 감당해야만 하는 민중들에게 전가되므로 진정한 책임자는 오히려 은폐하게 된다. 다행인 것은 도쿄재판에서 모든 추상적인 국가법제론을 단호하게 기각했다.

이리하여 앞서 서술한 두 법률의 장애는 성공적으로 극복되었고 뉘른베르크와 도쿄재판소는 국제전쟁범죄 개인형사책임을 확립한 선례가 되었으며 나중의 국제형법의 발전을 위한 길을 열어 놓았다.

4. 인도주의와 인권 관념의 강화

1) 전쟁범죄 재판의 근거-인도주의

전쟁에는 필연적으로 죽음이 뒤따르기 마련이다. 그러므로 전쟁은 자연 비도덕적인 행위다. 더 많은 생명의 부상과 죽음을 저지시키는 엄격한 조건 하에서만 전쟁이 합리성을 띨 수 있다. 전쟁범죄에 대한 처벌은 전쟁 중의 개인 운명에 대한 배려에서 나온 것이다. 개개인에 대해 기본 권리 보호를 중요시할수록 전쟁범죄를 징벌하고자 하는 소망이 더욱 간절해진다.

18세기의 계몽운동은 서양에서 '인도주의혁명'을 유발시켰다. 이 혁명은 인도, 인권, 약자에 대한 동정과 관심 및 타인에 대한 관용을 인간 도덕의식의 핵심적 위치에 배치했다. 19세기에 형성되고 끊임없이 발전해 온 제네바법과 헤이그법은 전쟁행위에 영향을 받은 개인의 조건을 개선시키는 데 힘썼고 무장충돌 중 개인의 기본 권리를 보호하였으며 오늘날의 국제인도법을 형성시켰다. 국제인도법과 전쟁법은 동일한 근거에서 산생했고 전쟁법의 주요 내용이기도 하다. 국제인도법을 크게 위반했을 경우 국제범죄가 구성될 수 있다.

1915년 5월 24일, 프랑스, 영국, 러시아 삼국은 아르메니아에 대한 터키의 대학살을 비판하는 성명에서 '터키 정부의 모든 구성원과 대학살에 관련된 대리인들은 인도에 반하는 범죄와 인류평화를 파괴한 책임을 져야 한다고 선언하였다. 1919년, 베르사유회의 '전쟁도발자 책임과 형벌집행위원회'의 보고서에서는 '모살과 멸종, 조직적인 공포주의 활동, 인질 처결, 평민 고문, 평민의 음식 고의 차단, 부녀 납치와 매음 강요, 평민 축출, 비인도적인 조건에서의 평민 감금, 평민을 강요하여 적대 군사 활동을 위한 노역에 종사, 집단처벌과 방지시설이 없는 지역과 병원을 고의로 폭격하는 행위 등등은 모두 인도에 반하는 범죄에 속한다'고 지적하였다. 비록 미국과 일본 대표단에서는 '인도법' 개념이 아주 모호하다고 지적하였으나 위원회는 보고에서 '인도법'이 확실히 존재한다고 의견을 고수하면서 이 법규를 어길 경우 형사책임을 감당해야 한다고 주장하였다.

오랜 기간 비록 인도 관념이 날이 갈수록 점점 사람들의 마음속에 깊이 각인되고 있었으나, 국제인도법을 위반한 자에 대한 효과적인 제재 시스템과 사법적 실행이 부족했다. 제2차 세계대전 이후 이런 상황은 양대 재판에서 변화를 가져왔다. '국제군사재판헌장'과 '극동국제군사재판헌장'에서는 인도에 반하는 범죄를 법정의 관할권 범위에 모두 포함시켰다.

양대 국제군사재판소에서 모두 인도에 반하는 범죄는 국제법에서 매우 엄중한 국제범죄로 국제사회의 공동이익과 전 인류의 보편적인 가치 관념을 침해했다고 주장했다. 인도에 반하는 범죄는 어느 단체나 개인을 겨냥한 것이 아니라 전 인류를 대상으로 한 범죄행위이다. 만약 이러한 범죄행위들을 처벌하거나 제지하지 않으면 국제사회가 의존하는 기본 가치는 손해를 입기 마련이다.

도쿄헌장의 인도에 반하는 범죄에 대한 규정은 아래와 같은 특징을 갖고 있다. 첫째, 인도에 반하는 범죄는 '전쟁 전 또는 전쟁 시기'를 구분하지 않는다. 둘째, 인도에 반하는 범죄의 구체적 실시 방식은 살해, 멸종, 노역, 이주 강요 등을 포함해서 다양하다. 셋째, 인도에 반하는 범죄를 국제법상 일종의 범죄로 확정한 이상, 어느 국가의 국내법에서 어떤 행위는 합법적이라고 해도 만약 이런 행위가 인도에 반하는 범죄의 요소에 부합된다면 역시 국제법에 따라 처벌을 받아야 한다. 넷째, 뉘른베르크 헌장과 달리 인도에 반하는 행위의 침해 대상은 평민에게만 한정되는 것이 아니며 박해행위는 종교를 기반으로 하는 이유를 포함하지 않는다.

이는 '인도人道'가 어떤 초월성이 있음을 의미한다. 우선 국가와 정권을 초월하여 인간의 권리 자체로 돌아와 전체 인류를 하나의 운명공동체로 간주하고 보호한다. 또한 '인류'의 가치를 '문명' 앞에 두어 문명이 인류의 존재보다 높으면 안 된다고 보았다. 문명부흥, 정권수호의 명의로 또는 '역사의 의지', '미래 발전' 등을 핑계로 국민 또는 종족을 소멸하거나 노예화하는 행위는 모두 범죄에 속한다.

도쿄재판은 공소장에서 전쟁죄와 인도에 반하는 범죄에 대한 명확한 구분을 하지 않고 제3류의 기소 이유인 전쟁죄와 인도에 반하는 범죄로 합병시켜놓았다. 도쿄재판소도 인도에 반하는 범죄에 대해 판결하지 않고 근거를 찾을 수 있는 모든 폭행안건을 전쟁죄로 간주하고 처벌하였다. 그러나 이는 도쿄재판의 인도적 입장을 약화시키지 않았을 뿐만 아니라 반대로 도쿄국제군사재판소의 인도에 반하는 범죄에 대한 생각과 이해를 두드러지게 했다. 도쿄재판소의 입장에서 본다면 인도에 반하는 범죄의 실질은 특별한 범죄 동기, 즉 피해자의 종족, 국적, 민족, 문화공동체, 신앙 등을 기반으로 생긴 차별적인 동기에 있었다. 이러한 동기의 지배를 받아 생긴 체계로 사람의 생명, 신체건강, 자유 등 최저한도의 존엄을 심각하게 침해하는 행위야말로 인도에 반하는 범죄를 구성할 수 있었다.

그 뒤로 '국제형사법원규장'에서는 인도에 반하는 범죄의 정의를 한층 더 보완하였고 인도에 반하는 범죄를 범한 피고인에 대한 형사책임 추궁은 충돌 중의 일방만 겨냥하는 것이 아니라 인도에 반하는 범죄를 범한 행위 자체를 겨냥하는 것이라고 명확하게 규정하였다. 이는 제2차 세계대전 이후 양대 국제군사재판소의 심리행위의 발전이고 인도주의의 보편적 적용성 요구에 대한 표현이었다.

전후 양대 재판이 평화에 반하는 범죄, 전쟁죄와 인도에 반하는 범죄를 징벌하는 과정에서 형성된 규칙 중 일부분은 점차 전쟁국제강행법으로 발전되었고, 국가의 전체 국제사회에 대한 책임 즉 '모든 사람에 대한 의무'(obligatio erga omnes)로 확립되었다. 전 인류의 이익을 위해 한 국가에 조약 형식의 규정이 있든지 없든지를 막론하고 반드시 전체 국제사회에 대한 일종의 의무를 지켜야 한다. 즉 국제범죄를 타격하고 징벌해야 한다.

현대 국제형법이 출현한 것은 실제로 인류가 인도주의를 끊임없이 추구한 결과이다. 또는 국제형법의 제정과 발전의 취지는 인도주의를 수호하는 것이다. 인도주의는 전쟁범죄가 정립될 수 있는 근거이고 도쿄의 전쟁범죄 재판은 인도정신을 더욱 확대 발전시켰다. 비록 그 후의 국제형법, 국제형사규칙의 내용은 날이 갈수록 내용이 풍부해졌으나 전체적으로 본다면 인도주의 정신을 수호하자는 것은 변하지 않는 노력이었다.

2) 인권 관념을 일깨운 재판

도쿄재판에서 확립한 개인형사책임은 국가를 중심으로 하는 전통적인 국제법의 책임 형식과는 구별된다. 뉘른베르크재판과 마찬가지로 도쿄재판에서도 개인의 국제법상 주체적 지위를 명확히 하였다. 즉 개인은 국제법에 기재된 권력을 가질 수 있으며 국제법에서 요구하는 의무도 이행해야 한다. 그러므로 도쿄재판은 이정표적인 국제형사사법사건으로 '인간'의 법률적 지위를 전례 없이 향상시켰다. 국가 국민이 '세계 국민'으로 되었으며 특히 국가의 지도자는 반드시 세계평화를 위해 개인의 법률적 의무를 감당해야 했다. 이는 '국제법상의 혁명일 뿐만 아니라' 국제법 전체의 체계에 근본적인 변동을 가져다주었다.

도쿄재판에서 적용하고 발전시킨 법률과 원칙은 국제형법의 중요한 근거가 되었다. 국제형법은 새로운 법률의 한 유파로서 개인의 행위를 조정 대상으로 삼았고 발생한 법률 책임도 모두 개인책임으로 돌렸다. 재판의 결과는 정의의 승리일 뿐만 아니라 거기에서 개인 권리 의식이 전반적으로 회복하게 되었으며 이로써 암흑한 강권 시대는 끝나고 개인 권리 시대가 도래했음을 선고했다. 따라서 국제형법과 인권법 양자가 모두 획기적인 국제형사사법사건을 통해 각자의 새로운 진전을 이루었다.

도쿄재판은 침략전쟁의 죄질을 명확히 하였고 전범들을 징벌하였는데 이는 법치의 최종적 가치는 개체인 사람임을 의미한다. 이처럼 공개적인 세기의 대재판은 세상 사람들에게 모든 개체의 생명과 권리는 법률의 보호와 존중을 받을 것이고 인류의 운명은 긴밀히 연결되어 있으며 '외딴섬' 같은 사람은 없다는 이념을 전했다. 우리는 반드시 손에 손잡고 평화를 건설해야 한다.

도쿄재판이 추구한 인권에 대한 보호는 전방위적이었다. 재판에서는 피고인의 개인형사책임을 확정하였고 동시에 피고인의 개인 권리를 충분히 보장해 주었다.

당시 일본 국민 중에서는 '전쟁범죄자와 같은 수치스러운 인간은 변호가 필요 없다는 분위기'가 지배적이었다. 하지만 재판에서 피고인을 위해 변호하는 사람들 중에 일본인이 있을 뿐만 아니라 얼마 전까지만 해도 '적국'이었던 미국 변호사들도 있었다. 그들은 피고인을 위하여 전심전력으로 변호하여 많은 국민들과 법학자들을 감동시켰다.

피고인이 검사 측과 마찬가지로 법정에서 변론할 권력을 가지고 있다는 것을 인정하는 이 특징적인 현실은 '권위적인 검사 측과 약세에 처한 피고인을 많이 보아 왔던 일본인에게 강렬한 인상을 남겨 주었다.' 단도 시게미쓰(團藤重光)를 대표로 하는 많은 일본 법학자들은 도쿄재판에 대해 긍정적인 평가를 내렸는데 이를 '일본 형사재판 발전에 있어서의 가장 큰 공헌이며 일본 형사법 역사에 의의가 있다'고 밝혔다. 이는 도쿄재판이 복수극인 것이 아니라 전쟁 후의 국제사회가 법률과 정의를 추구하는 표현력 있는 행동이라는 것을 다시 한 번 증명해 주었다.

5. 사법정의의 실현

도쿄재판을 둘러싸고 사람들은 '승자의 재판', '승자를 초월한 재판', '도의적인 재판', '문명한 재판' 등 다양한 평가를 내렸다. 인류 역사상의 획기적인 국제형사사법 재판으로서 이 재판의 합격 여부, 성공 여부를 판단하려면 반드시 법치주의 원칙에 의해 독립적이고 공정해야 한다는 재판의 요구에 따라 평가해야 한다. 기왕 국제사회가 전범에 대해 법률 방식으로 처벌하기로 하였다면 법률의 형식과 정신은 반드시 존중을 받아야 한다. 도쿄재판소의 앙리 베르나르(Henri Bernard) 판사가 지적한 바와 같이 '도쿄재판에 적용되는 법률의 도의성은 반드시 일종의 절차에 대한 정의적인 존중의 제약을 받아야 하며 도쿄재판소의 합법성은 동맹국가가 피고인에게 공정한 재판을 할 수 있는 능력이 있는가에 달려 있다.' 도쿄재판의 소송절차와 소송과정을 분석해 보면 도쿄재판은 견정하게 법치주의 원칙에 따라 진행되었으며 정당한 절차를 밟았으므로 이 재판은 '정의적인 재판'이었다고 할 수 있다.

1) 도쿄재판소의 특징과 절차 기준

법학계의 공통된 인식으로 극동국제군사재판소는 특징상 국제군사재판소에 속한다.

1948년 11월, 도쿄재판이 끝난 뒤 1심 종심제 재판이었기에 도이하라 겐지(土肥原賢二)와 히로타 고키(廣田弘毅) 등 두 피고인의 미국 변호사는 미국 최고법원에 이른바 '상소'를 하였다. 즉 맥아더는 일본 전범을 재판하는 군사재판소를 설립할 권한이 없다고 주장하면서 도쿄재판소는 단지 '미국의 군사재판소'이므로 피고인을 석방해야 한다고 하였다. 미국 정부에서 가입한 국제협의와 동맹국을 위해 맡은 국제적 의무에 의하면 미국 최고법원은 마땅히 접수를 즉시 거절해야 했으나 미국 최고법원은 예상 밖으로 이 '상소'를 받아들이기로 하였다. 이는 국제여론의 큰 파장을 일으켰는데 각 동맹국에서는 미국 최고법원이 내린 이 결정은 '사람을 경악하게 하는 잘못된 결정'이라고 비판하였다. 만약 국제군사재판소에서 내린 최종 판결이 어느 한 국가 법원의 단독적인 재조사를 거쳐야 한다면 금후 국제간의 결정과 행동은 단독 심사와 취소의 위험에 직면하게 되며 국제간의 협력과 상호 신뢰는 사라지고 만다는 이유에서 이다. 미국 사법부도 미국 최고법원에 '미국이 전쟁 시기 각 동맹국과 공동으로 이룬 전범 처벌에 관한 협정을 다시 심사할 권리가 없다. 미국 최고법원의 부정당한 간섭은 국제 사법 업무와 국제법의 위상에 영향을 주고 협력하고자 하는 노력에 영향을 주는데 그 가운데는 유엔의 업무도 포함되어 있다'고 밝혔다.

신중한 고려와 평가를 거쳐 미국 최고법원은 자기의 결정을 정정하여 도이하라 겐지 등 전범의 '상소'를 더 이상 개정하여 심리하지 않기로 하였다. 그리고 미국 헌법에 근거하여 일본 점령군 최고 사령관인 맥아더 장군을 심사하는 행위에 대해 미국 최고법원은 심사할 권한이 없다고 명확하게 지적하였다. 맥아더는 '포츠담선언'과 '모스크바선언'에 근거하여 성립된 극동위원회(Far Eastern Commissions, FEC)의 정책 지령에 의해 재판소를 대리 설립한 것이다. 비록 도쿄재판소를 설립하는 기본 원리를 '포츠담선언' 제10조 규정에 기재하지 않았으나 '일본투항서'에서 일왕과 정부는 연합군 최고 사령관 또는 연합군이 지정한 기타 대표의 명령과 결정을 준수하고 따르겠다고 승낙했으므로 맥아더는 권한을 초월하여 '포츠담선언'의 조항을 실행할 수 있었다. 도쿄재판의 판결에서도 맥아더는 미국 국민으로서가 아니라 동맹국의 대리 신분으로 재판소를 설립했다는 것을 분명히 했다. '포츠담선언'과 '일본투항서' 및 국제법의 일반 원리에 근거하여 도쿄재판소는 국제 군사 재판소로 거듭났다.

극동 국제재판소의 설립은 미국 국무부와 육군 및 해군조정위원회(The State-War-Navy Coordinating Committee, SWNCC)에서 맡았다. 조정위원회는 극동 전쟁범죄자를 기소하는 지도 문서로 '미국의 극동 전쟁범죄자 체포와 처벌에 관한 방침'을 작성하여 재판 준비를 다그칠 것을 희망했다. 잭슨(Robert H. Jackson) 판사도 뉘른베르크 방식보다 다국적 협상을 기초로 하는 통일적인 검사 체제를 수립하면 재판 준비와 입증 작업에 더욱 유리하고 효율적일 것이라고 주장했다. 그리하여 전범 조사, 기소 특별기관, 재판소 법관 임명, 뉘른베르크 선례에 따라 적절한 법률과 재판 절차 제정 등 일련의 재판 준비 임무는 맥아더가 맡기로 했다. 하지만 그 후의 사실이 증명하듯이 맥아더의 이러한 권한은 사람들이 생각한 것처럼 대권을 독차지하고 손바닥으로 하늘을 가린 것이 아니라 대다수 권한은 명분에 지나지 않았다. 사법 독립성을 감안하여 맥아더는 헌장과 재판소에서 적용되는 법률에 대해 해석권이 없었으며 개정 전의 연설도 거부당했다. 심지어 개정 후 헌장에 규정한 신속하게 재판하는 원칙에 따라 판사와 검사에게 심리 과정을 가속화하라는 독촉도 실제적인 효과를 거두지 못했다. 맥아더가 히로히토 일왕의 기소 면제를 조종했다는 원시적인 문헌 실증도 얻지 못했다. 사실상 맥아더는 공식적이거나 비공식적으로 히로히토 일왕 문제를 결정할 권력이 없었다. 따라서 맥아더가 도쿄재판에 미친 개인적 영향은 매우 미약하다고 할 수 있다.

1946년 1월 하순, 8개 동맹국에서 판사를 지명하였다. 이를 기초로 맥아더는 미국 정부의 명령에 따라 같은 해 1월 19일에 극동국제재판소를 설립하였다고 선언했고 '극동국제군사재판헌장'을 반포했으며 1개월 뒤에는 미국 대표를 포함한 9명의 판사를 임명했다. 성공적으로 재판소를 설립한 후 미국 정부는 극동위원회의 동의를 얻었으며 극동위원회는 도쿄재판소를 승인해 주었다. 이는 도쿄재판소가 국가 간의 의견 일치로 설립되었음을 표명한다.

도쿄재판소의 절차 모델은 간단했다. 즉 미국 군사위원회가 외국인을 재판하기 위해 설치한 재판소를 모델로 한 것인데, 1942년 퀴린(Ex Parte Quirin)에서 사용해 본 적이 있다. 그 후 '뉘른베르크헌장'에 채택되어 법정은 '최대한 기술성에 제한되지 않은 고효율적인 절차를 채택하여 활용'할 수 있다고 규정했다.

이 절차 모델은 1946~1948년에 국제적으로 통용되는 외국인이 본국에서 재판을 받을 때 적용해야 할 기준을 채택했고 그 표준은 정의이다. 1935년 하버드 연구팀의 조약 초안(Harvard Research Group Draft Convention)에 따르면, 만약 '기소 혹은 처벌을 받는 외국인을 공정하고 인도적으로 대하지 않고 독립적인 법정에서 공정하게 재판하지 않으며 과도하게 잔인하거나 흔치 않은 처벌과 불공정한 기시를 한다'면 이 재판은 기필코 불공정한 결과를 초래하게 될 것이라고 한다. 전쟁 후 재판은 외국인이 법정을 자유롭게 드나들고 정식 기소를 당하며 공개적인 심리를 진행해야 하고 변호사를 고용할 권한과 법정에서 대질할 권리 등 정당한 절차를 향유할 수 있는 권리를 반드시 보장해야 한다. 기타 국내 재판의 요구 즉 상소할 권리, 판결 이유를 질문할 권리 및 배심원단 재판을 요구할 권리 등은 국제법에서 필수적인 것이 아니라고 규정하고 있다.

이 절차 모델과 소송 기준은 도쿄재판소헌장에 충분히 반영되었다. 도쿄재판소헌장은 5장 17개 조항으로 나누어 '재판소의 메커니즘', '사법관할권과 일반 규정', '피고인에 대한 공정한 재판', '법정의 권력과 심문의 운영' 및 '판결과 형벌'에 대해 모두 구체적인 규정을 세웠고, 법정조직, 심문절차와 증거규칙 등 중요한 절차 문제를 분명히 했다.

2) 도쿄재판의 사법 독립성

(1) 검사기관의 독립성

도쿄재판은 기소법정起訴法定, 기소편의起訴便宜 및 기소와 심리를 분리하는 원칙을 따랐다.

상술한 바와 같이 기소편의주의를 고려하여 도쿄재판소는 통합성이 더 높은 계단식 통일적인 검사 체제를 채택하였다. 고소 기능은 국제검사국(International Prosecution Section, IPS)에서 맡았다.

1945년 11월 30일, 트루먼 대통령은 키넌을 수석검사로 임명하여 일본의 주요 전범들을 기소하게 했다. 헌장 제8항의 검사 사무에 관한 규정에 따르면 수석검사는 법률관할권 내의 전쟁범죄자에 대한 조사와 기소를 책임지고 최고 사령관에게 필요한 법률 협조를 해 준다. 극동국제군사재판소에 참여한 11개 국가에서는 각각 풍부한 검찰 경험과 법학 지식을 지닌 검사를 한 명씩 파견하여 배석陪席검사를 담당하게 했다. 수석검사와 배석검사의 역할은 각기 다르며 소송의 부동한 단계를 맡는다. 전자는 개정진술과 최종판결 진술을 맡고 후자는 증거자료를 준비하여 안건 내용과 결부시키는 것을 맡는다. 그들은 항상 안건에 대해 길고 지루한 토론을 진행했다.

1946년 4월 29일, 국제검사국은 극동 국제재판소에 고소장을 제출했고 스가모 구치소에 있는 용의자들에게도 보냈다.

1946년 5월 3일, 극동국제재판소가 개정되어 집행관이 법정에서 공소장을 낭독하였다. 공소장에는 이번 기소의 기본 소인 즉 군국주의와 종족집단의 통제를 받은 일본이 독일, 이탈리아와 연합하여 세계를 지배하려고 했다고 진술하였다. 공소장은 3개 상위 분류에 55항의 기소 소인으로 나누었으며, 피고인 28명이 평화에 반하는 범죄, 모살죄와 기타 전쟁죄와 인도에 반하는 범죄를 위반했다고 기소했다. 이는 뉘른베르크를 사례로 모든 피고인이 이번 침략전쟁을 일으키고 발전시키기 위한 행위를 분명하게 진술하였으며 이를 각각 기소하였다. 하지만 뉘른베르크 고소장 부록에서 각항 고소 내용을 통합하여 자세하게 진술한 것과 달리 이번 기소는 피고인 각기의 범죄활동의 내용에 대해 한 조목 한 조목 진술했으므로 중복되는 내용이 많았다. 그리고 공소장 뒤에 부록 5개를 나열하여 기소 소인을 상세하게 설명하였다.

총체적으로 본다면 공소장 내용은 방대하고 편집이 번잡하다보니 각항 기소 소인에 많은 누적 기소가 포함되어 있어 개인 기소가 과잉되었다. 예를 들어 평화에 반하는 범죄 한 항목에 개인 기소가 750여 개나 포함되어 있었다. 검사 측이 공소장을 재판소에 남겨 두고 '법률과 사실에 가장 중요한 부분을 결정'하라는 의도였다. 재판소에서도 사실상 이렇게 해 왔으며 최종 판결서에서는 55항 기소 소인을 10항으로 줄였다.

검사 측은 기본적으로 헌장과 절차 규칙에 따라 기소 재량권을 행했고 기소법적 요구에 부합되게 하였으며 기소 소인 원칙을 엄격하게 따랐고 기소와 심리 분리도 실현하였다.

(2) 판사와 법정독립

도쿄재판소는 '승자의 법정'이라고 비판하는 사람들이 항상 있으나 이런 관점은 사실상 재판소의 외적 형식에만 주목해서 도쿄재판소의 본질의 이해를 소홀히 했거나 오해한 결과에서 나온 것이다.

재판소의 구성상 도쿄재판소의 판사들은 확고한 법률 전공 지식과 풍부한 사법 실무 경험을 지니고 있으며, 더욱 중요한 것은 그들이 모두 공정한 사법 입장을 갖고 있었다는 것이다. 이는 재판이 공정하게 실시하는 데 중대하고 적극적인 영향을 주었다. 판사 11명 중 6명은 영, 미 관습법 전공 배경을 갖고 있으며 법학 지식이 풍부했다. 그들 중 대부분은 국내에서 유명한 형사변호사였다. 윌리엄 플루드 웨브(Sir William Flood Webb) 재판장은 호주 퀸즐랜드법원 원장과 호주 최고법원 판사를 역임했다. 모든 판사들은 개정開廷하기에 앞서 연합 확인서에 서명했고 '법에 따라 직책을 이행하고 공정하게 법을 집행하며 그 어떤 공포, 편향 혹은 감정을 가지지 않겠다'고 승낙했다. 상술한 바와 같이 윌리엄 플루드 웨브 재판장을 비롯한 모든 판사들은 모두 꿋꿋한 사법 독립주의자들이어서, 맥아더가 재판소를 관리하려고 시도하는 노력을 적극적으로 막아냈으며, 끝내 재판소와 심판에 대한 맥아더의 영향을 무시할 수 있는 정도가 되었다.

　일본은 투항국이자 당사국이었으나 판사 구성원 중에는 일본 판사가 한 명도 없었다. 재판 시 피고인인 오시마 히로시(大島浩)의 변호사를 맡은 시마우치 료기(島内龍起)가 말한 바와 같이 "무조건 투항하는 피재판자와 재판자가 판사석에 같은 지위에 선다는 것은 이론상으로나 실제적으로 모두 불가능하다. 지극히 높고 평등한 권력을 지니고 세상 모든 국가를 통합하는 재판소의 존재도 상상하기 어렵다. 중립국에 부탁하여 범죄자를 재판하거나 처벌하는 것도 유토피아적인 환상일 뿐이었다."

　재판 조직상 도쿄재판소와 뉘른베르크재판소는 인류 역사상 처음으로 진정한 국가권력을 초월한 초국가적 재판조직을 건립하였다. 제2차 세계대전이 초래한 파멸적인 결과는 인류로 하여금 국가와 국가주권 등 기본 문제를 다시 생각하게 하였다. 그 결과는 만국 위에 인류가 존재하고 국가 주권은 국제적으로 국제법의 규제를 받아야 하며, 국내에서도 합법성이 보장되어야 하며 규제를 받아야 한다는 것이다. 도쿄재판소와 뉘른베르크재판소는 이런 한계가 있는 국가주권 이론을 토대로 인류가 '국가주권과 관련된' 국제적인 범죄행위를 처벌하는 서막을 본격적으로 열어놓았다. 도쿄재판소의 독립성은 어느 전승국 또는 개별 승리국 집단을 대표하는 것이 아니라 '국제주권'을 갖고 있는 실체로서 국가를 초월한 국제법 공동체의 '위탁관리인'이다. 도쿄재판소는 국가 간 주권평등의 이념 위에 설립되었고 제2차 세계대전 후 국제사회 신질서를 구축하는 중요한 고리로 되었다. 해당 재판권은 충분한 국제법 근거를 가지고 있었고 '점령군 특별재판소'라는 외적 형식으로 인해 사법독립성을 소홀히 하지 않았다.

(3) 피고인의 권리 보장

'극동국제군사재판헌장' 제3장 제목은 '피고인의 공정한 재판'인데 거기서는 공평한 재판을 확보하기 위해 정당한 절차로 피고인을 보호하고 피고인에게 충분한 권력 보장을 부여해야 한다고 규정하고 있다.

헌장 제9조 (A)항 규정에서는, 공소장은 피기소 범죄에 대해 뚜렷하고 정확하며 충분한 설명이 있어야 하고, 일본어로 된 사본도 준비하고 되도록 빨리 모든 피고인에게 전달하여 피고인의 알 권리를 보장해야 하며, 동시에 피고인에게 재판 전에 변호 준비를 하게끔 충분한 시간을 보장해 주어야 한다고 되어 있다. 제9조 (B)항은 영어와 피고인의 언어로 동시에 재판을 진행해야 하고 필요 시 증거와 기타 문서를 번역해야 한다고 요구했다.

뉘른베르크의 선례와 달리 도쿄재판의 피고인은 충분한 변호권을 부여받았다. 헌장 제9조 (C)항에서는 스스로 변호사를 선택할 수 있는 권력은 모든 피고인한테 주어지지만 법률은 심사와 지명을 거부할 권리를 보류한다. 만약 변호해 줄 사람이 없을 경우 재판소는 신청을 근거로 하여 지정할 수 있다고 규정하였다. 제9조 (D)항에서는 증인을 문책할 대질권을 포함한 피고인 개개인이 스스로 변호할 권리를 확립하였으나 이는 단지 기소인이 선택하여 모집한 증인에만 한정된다고 규정하였다. 제9조 (E)항에서는 피고인이 서면신청으로 증인을 소환하는 것과 문서를 열람할 권리를 보장하였다.

도쿄재판의 피고인들은 사치스러운 변호인단을 얻게 되었다. 일본 변호인단 중에는 다카야나기 겐조(高柳賢三)와 기요세 이치로(淸瀬一郎)를 포함한 뛰어난 일본 변호사가 있는가 하면, 오노세이 이치로(小野淸一郎)와 가이노 미치타카(戒能通孝) 등 유명한 법학자도 있었다. 미국 변호인단은 매우 높은 직업 정신과 자질을 갖고 있어 변호 경험이 부족하고 영, 미의 법체제에 익숙하지 않은 일본 국적의 변호사에겐 중대한 의의를 지닌다. 이처럼 방대한 변호인단의 노력 하에 피고인들은 법정의 합법성과 공소장에 진술된 모든 범죄를 의심하는 기회를 얻게 되었으며 피고 측은 법정에서 187일이란 시간을 획득하여 검사 측의 고소에 응답할 시간을 갖게 되었다. 대항제對抗制 소송 모드 하에 검사 측과 피고 측의 평등한 무장을 충분히 실현하게끔 한 셈이다.

당시의 역사 상황을 비추어 보면 이런 권리는 더없이 귀해 보일 수밖에 없다. 1945년 노벨평화상 수상자인 전 미국 국무장관 코델 헐(Cordell Hull)은 당시에 전쟁죄와 관련된 기존의 법률과 공약은 난징대학살과 같은 이런 특징과 규모의 범죄를 처벌하기에는 이미 부족하므로 차라리 법률의 지엽적인 문제를 철저하게 포기하고 '한 방에 죄가 극악무도한 자를 총살해 버리는 것'이 법률의 추구를 실현하는 데 더욱 유리했다고 주장했었다. 그 이유는 그들의 '범죄가 지나치게 가혹하여' 이미 '사법절차 범위를 능가하였다'는 것이었다. 윈스턴 처칠(Winston churchill)도 같은 생각으로 '그들을 한 줄로 세워 총살하는 것이 제일 좋다고 여겼다. 이처럼 즉시 전범들을 처단하자는 강렬한 분위기 속에 피고인들이 변호 기회를 얻을 수 있다는 것은 실로 사람들을 놀라게 하지 않을 수 없었다.

도쿄재판의 길고 재미없는 형사소송 절차는 소위 승리자 복수의 총부리가 불발되게 하였다. 피고인에 대한 변호권의 보장이 바로 '승자의 법정'에 반박하는 유력하고 명백한 증거이다.

3) 도쿄재판의 사법 공정성

도쿄재판은 혼합적인 소송모드를 사용하였는데 영, 미, 불이 적대적인 소송모드를 위주로 규문식 소송 모델의 일부 특징도 지니게 되었다. 전반적인 재판 과정은 '극동국제군사재판헌장' 중의 절차 규정과 증거 규칙에 따랐다.

재판소는 배심원단을 채택하지 않았는데 헌장 제11조 (B)항에 따라 법정에서는 피고인을 심문할 권력이 있으며 만약 피고인이 묵비권을 행사하거나 문제 해답을 거부하면 법정에서는 이에 대해 평가할 권리가 있다. 이는 대륙법계의 판사가 피고인에게 따져 물어 진실을 추구하려는 사법 특징에 부합된다.

법정의 공식 언어는 영어와 일본어였다. 그러나 알 권리를 충분히 보장하기 위하여 부동한 심사단계에서는 각각 불어와 러시아어도 사용했다. 부동한 어족 사이에서 통역하는 난이도가 매우 높았으므로 법정에서는 언어중재위원회를 전문적으로 설립했고 법정에서 동시통역을 사용했으며 서면 증거와 결부하여 심리를 진행했다.

재판소는 헌장 제15조 (B)항의 규정에 따라 검사 측과 피고인 또는 그 변호사 대표가 각 안건의 모든 단계에서 오프닝 진술을 하도록 허락했다. 검사 측과 변호사 측은 모두 각자의 증거를 제출할 수 있었는데 법정에서 채택 여부를 결정했다. 검·변 양측은 법정에서 모두 대질과 변론을 할 수 있었다. 판결을 내릴 때 검·변 양측은 각기 최종 발언을 하고 수석검사관이 최종 진술을 했다.

극동국제군사재판소의 증거규칙은 군사위원회와 영국 황실이 전범을 인정하고 재판할 때 사용한 증거규칙의 종합이어서 매우 번잡했다. 여기서는 증거의 기술규칙의 제한을 받지 않고 자백과 피고인의 진술은 모두 증거로 받아들일 수 있었다. 비록 헌장에는 재판소가 증거규칙을 보완할 권력이 있다고 규정했지만 도쿄재판소는 그렇게 하지 않았다.

사실상 도쿄재판은 더 많은 국가의 힘겨루기, 법률제도의 차이, 문화 차이와 일본이 중요한 문서에 대한 파괴 등 뉘른베르크재판보다 더 큰 곤경에 처해 있었다. 그러나 도쿄재판소는 헌법 중의 '신속'에 관한 기본 요구를 저버리더라도 절차의 정의로 재판의 공정성을 확보하고자 하였다.

도쿄재판은 총 817차례 개정開廷하였고 416일이란 시간이 걸렸다. 그중 검사와 변호인 양측이 재판소에 증거를 제출하는 두 단계가 절반 이상의 시간을 차지하였다. 증인 1,194명 중에 419명이 법정에 나가 증언을 했으므로 법정에 나가 증인을 도쿄재판 중의 변호사. 도쿄재판의 미국 국적 변호사 중에 군인 출신이 많다 보니 법정 심문 초기에 그들은 대부분 군복을 입었다. 변호인 측 입증단계에 들어선 후 그들은 약속이나 한 듯이 양복을 입었다.

군복을 입은 우메즈 요시지로의 변호사 블레이크니 소령과 무토 아키라의 변호사 퍼네스 대위(그 후 소령으로 승진되었음).

양복을 입은 블레이크니

군복을 입은 피고인 하타 슌로쿠의 미국 국적 변호사 라자루스

양복을 입은 라자루스

서는 비율은 35%에 달했다. 법정 심문에서 피고인은 변호권, 묵비권, 대질권을 충분히 행사했으며, 판사에게 회피 신청과 관할이의를 제기하기도 했다. 피고인의 변호사는 역할을 충분히 발휘하여 검변 양측은 심지어 대량의 상관없는 자료를 둘러싸고 지루한 변론을 펼쳤다.

도쿄재판이 정당 절차의 요구에 부합되는 것은 모종 의미에서 말하면 종합 국제형사절차를 창립하려는 노력을 반영한다. 도쿄재판의 소중한 경험과 교훈은 훗날 국제형사법정과 국제형사법원의 규칙, 규약에 흡수되었다. 피고인의 권리에 대한 보장은 특별히 '공민권리와 정치권리의 국제공약' 제14조의 충분한 인정을 받았다.

1949년 3월, 뉴질랜드 출신인 판사 에리마 하비 노스크로프트(Erima Harvey Northcroft)는 「총리에게 드리는 비망록」에서 "재판소의 결정은 모든 얻을 수 있는 증거를 기반으로 한 것이며, 반대 의견에 발표 기회를 충분히 준 이후에 내린 것이므로 저는 그것이 공정하다고 믿습니다"라고 썼다.

소결

만약 법률의 발전이 인류 역사에서 가장 암흑한 한 페이지의 결과라고 한다면 제2차 세계대전 후의 도쿄와 뉘른베르크 전쟁범죄재판은 암흑기가 지난 후 가장 반가운 여명임에 틀림없다.

민족, 종교, 종족, 문화, 국가는 항상 서로 다른 이익추구와 가치이념으로 격렬한 충돌이 생기고 수백 년을 걸친 전쟁 세례는 사람들로 하여금 인류의 일부 공통 이익이 한 국가의 이익을 초월할 수 있다는 것을 의식하게끔 하였다.

20세기 초에 실행할 수 없다고 인정받았던 도덕규범의 전쟁 법칙은 이미 국제법에서 고정적인 지위를 얻게 되었고, 국가와 국가 지도자들이 그 어느 때보다도 국제법 규범을 자각적으로 지키게 하였다. 도덕의 힘, 인도주의적인 관심과 권리 관념은 전쟁불법관에서 전쟁범죄화로 전환하도록 크게 추진하였다. 이와 반대로 전쟁 후의 양대 국제형사재판을 통하여 평화와 정의에 대한 인류사회의 요구 그리고 폭력과 전쟁에 대해 혐오하는 마음도 정점에 도달했다. 이로 하여 전쟁은 국제사회에서 공인되는 국제범죄로 자리 잡게 되었고, 전쟁을 일으킨 국가 지도자는 반드시 세계평화를 파괴함에 관한 개인형사책임을 져야 했다.

법률은 정의의 위해 존재한다. '만약 평화를 원한다면 정의를 위해 일하라.' 도쿄재판과 뉘른베르크재판은 그 시대의 법률공감대를 나타냈는데, 그때 당시의 국제사회 구성원들은 처음으로 '국가를 초월한' 국제형사사법 방식을 선택하였고 위대한 법률실천을 완성했다.

도쿄재판은 절차의 정의적인 요구를 따랐고 심지어 전반적인 과정이 지극히 지루하였다고 평가하는 이도 있었다. 형사소송 절차 하에서 '모든 일은 한 걸음 한 걸음씩 해야 한다.' 증거는 법정 심문의 중심이므로 판사는 법정 내외의 간섭을 배제하고 사법의 독립, 공정, 공개가 보장을 받게 되었다. 피고인의 변호권은 그때 당시 일본에서는 아직 새로운 것이었다. 이처럼 길고 지루한 재판은 한 차례의 법률 공개 수업과 법치 교과서임에 틀림없다. 또한 우리에게 대량의 법률 성과를 남겨 주었는데, 지금까지 심오한 방식으로 우리의 현대국제법에 대한 이해와 발전 속에 관통되고 있다.

도쿄재판은 뉘른베르크재판과 달리 재판소에 참여한 국가가 더 많았을 뿐만 아니라 증거인멸로 인한 범죄 인정도 더욱 어려웠고, 피고인의 공동모의로 형성된 국가침략정책의 과정은 더없이 복잡하고 난해하였으며, 더욱이 이번 재판은 종족과 동서양 문명을 뛰어넘은 재판이었다. 도쿄재판이 직면한 비난 중 대다수는 법률에서 나온 비판이 아니라 언어로 형용할 수 없는 입장과 정서가 많이 섞여 있었다. 이러한 장벽을 무너뜨려야 재판이 추구하는 경고, 용서와 화해가 진정으로 올 수 있을 것이다.

저명한 국제형법학자 바시우니(Mahmoud Cherif Bassiouni) 교수는 법률은 역사의 일부분으로 역사는 긴 강처럼 시간의 강줄기에서 때로는 멈추고 때로는 느리게 흘러가며 때로는 깊고 강한 힘으로 예측할 수 없는 목적지로 돌진한다고 하였다. 법률은 자기만의 생명을 지니고 있고 법률의 발전과 혁신은 인류가 자신의 운명에 대한 사고와 인류의 공통된 가치 추구에 기반을 두고 있다. 사람들은 세상이 평화, 안전과 복지 3대 지주에 의해 세워졌다고 굳게 믿는다. 도쿄재판은 깊고 강한 힘으로 법률의 장애를 밀어내고 역사의 새로운 항로를 개척하였으며 국제법률의 발전 과정과 법치의 새로운 길을 열어 놓았다.

제9장 도쿄재판과 세계평화

　　평화에 대한 추구는 인류의 영원한 주제이다. 제2차 세계대전이 끝나고 70년이 흐른 지금에도 국지적인 국제적 충돌이 빈번히 발생하고 있다. 역사를 돌이켜 그 근원을 따져보면 전후에 진행된 양대 국제 군사재판이 세계평화의 형성에 중요한 역할을 했음을 발견할 수 있다. 뉘른베르크재판과 도쿄재판이 전후 국제평화질서의 형성에 중요한 초석을 마련했다고 해도 과언이 아니다.

　　도쿄재판의 키넌 수석 검사는 '평화를 수호'하는 것이 도쿄재판의 '사명'이라고 밝혔다. 그는 개정사에서 "오늘 우리가 진행하는 것은 일반 재판이 아니라 인류문명이 파멸의 전쟁을 모면하도록 구제하고자 하는 것"이라고 거듭 천명했다. 키넌의 이 말은 도쿄재판의 의의를 밝혀 주었다.

1. 일본의 침략정책 부정 및 군국주의 제거

　　도쿄재판은 근대 이래 일본의 대외침략 역사에 대한 재판을 통해 일본 군국주의의 침략 본질을 폭로하고 일본 국민들이 사상적으로 군국주의를 지양止揚하고 일본 사회가 평화와 민주로 나아가게 하였다. 일본학자 가이노 미치타카(戒能通孝)는 도쿄재판이 '일본 군국주의 세력을 타파하고' '민주주의 부활을 이룬' 혁명재판의 성격을 띠고 있다고 평가했다.

1) 일본 대외침략 사상의 이론적 기초에 대한 부정

일본이 근대에 대외침략을 확장하는 과정에 일본 군국주의 이론 기초인 '황도皇道'
와 '팔굉일우八紘一宇'(일본 왕정제 파시즘의 핵심 사상) 사상이 일본 사회를 지배하고
있었다. 도쿄재판 판결문은 B편 서문에서 일본의 '황도'와 '팔굉일우' 사상이 어떻게
군국주의자들에 의해 이용되었는지에 대해 해석하고 그 성격을 규명했다.

"소위 '팔굉일우'란 전 세계를 통합하여 한 사람의 통치 하에 두거나 또는
전 세계를 하나의 가족이 되도록 합병한다는 것이다. 이것이 바로 소위 제국건국의
이상이었다. 그러나 문자상의 전통적인 의미를 놓고 말하면 인도적인 보편 원칙을
상회하지는 않았다." '황도'는 '도덕적 개념과 행위규범'이고 '팔굉일우'는 '도덕적
목표'이다. '일왕에 대한 충성은 목표를 이루어 나가는 길이며 '팔굉일우'와 '황도'사상
은 전 현대사회 제왕들의 건국 이상이었다. 당시 사회의 발전 수준에 국한되어
소위 '팔굉일우'도 단지 제한된 지리적 공간에서 봉건제국을 세웠을 뿐이었다.
그리고 일왕의 어진 통치로 제국 건설의 목표를 이룰 것을 주장했는데 이것이
바로 '황도'이다.

19세기에 들어 자본주의가 발전되고 식민지 체계가 형성되면서 '천하' 개념이
극대화되었다. 일본 군국주의가 전통시대의 정치적 개념을 20세기 사회정치에
이식시킨 것은 부당하기 그지없다. 1940년 12월, 하시모토 긴고로(橋本欣五郞)는 1936년
8월에 제기했던 관점을 거듭 천명했다. "전국의 병력은 마땅히 황도정신 하에
단결해야 한다. 황도정신은 팔굉일우 또는 천하를 제패할 목표를 실현할 수 있게
할 것이다." 도쿄재판소는 1871년에 메이지 일왕이 선포한 칙령에 '팔굉일우'와
'황도' 사상이 포함되어 있었으며, '이런 사상은 국가의 핵심 역량을 재정비하고
일본 국민들의 애국심을 불러일으키는' 대표적 주장이었다. 하지만 1930년 이전의
10년간 이 두 사상은 세력 확장을 주장하는 일본학자 또는 정치가에 의해 이용되어
일본의 영토 확장 이유가 되었다. '극동국제군사재판소 판결문'에서는 "일본은
이후 다년간 '팔굉일우'와 '황도' 사상을 앞세워 군사침략 정책을 부단히 제안해

왔다. 그리하여 이 두 사상은 무력으로 세계를 지배하는 상징이 되어 버렸다"고
지적했다.

2) 일본 근대 국책의 침략 본질 폭로

도쿄재판은 일본의 '아시아 해방'과 '공존공영'의 '대동아공영권'이라는 침략
본질을 폭로했다.

1936년 8월 7일, 히로타 고키(廣田弘毅) 주재로 '오상회의五相會議'를 열어 일본
정부의 장기적인 국책 기본 방침인 '국책기준'을 확정하였다. 국책의 기본 원칙은
국내 국외 두 가지 측면에서 일본을 공고히 하고 일본제국이 '명목뿐만 아니라
실제적으로도 동아시아의 안정적인 세력이 되도록 하며 동아시아의 평화를 확보하고
세계 인류의 평안과 복지에 기여한다'는 것이었다. 더 나아가 '외교와 국방이 상부상조
하여 제국이 동아시아 대륙에서의 지위를 공고히 하고 남부해양으로 세력을 확장해
나가야 한다'고 하였는데 이것은 일본 국책의 본질이 대외침략이었음을 밝혀 주고
있다.

이 기본 국책 제1조 제1항은 "열강들의 동아시아에서의 패권정책을 배제하고
진정한 공존공영의 주장에 근거하여 행복을 함께 누리는 것이 황도정신의 구체적인
구현이다. 황도정신은 우리나라가 대외 발전 정책에서 반드시 항상 관철해야 할
지도사상"이라고 규정하고 있다. 일본의 '14년 전쟁'에 대한 재판을 통하여 도쿄재판
소는 "우선 이 정책이 동방에서 권익이 있는 각국 간에 필연적으로 분쟁을 야기시킬
수 있었다는 것을 알 수 있다. 그러므로 일본은 반드시 '열강들의 패권정책을 제거하고
일본의 '공존공영' 정책을 준수했어야 했다"고 지적했다. 일본 정부는 자국의 대외
세력 확장이 필연적으로 아시아에서의 '열강'들의 이익에 손해를 줄 수 있다는
사실을 인지하고 있었기 때문에 '공존공영'을 빌미로 아시아에서의 세력 확장의
걸림돌을 제거하고자 했다. 심지어 아시아 각국이 일본의 '공존공영' 정책을 받들어
일본과 함께 서방 각국에 대항해 주기를 희망했다.

'루거우차오(蘆溝橋)사변' 이후 고노에(近衛) 정부의 정책은 분쟁 규모를 확대하지 않는 방침을 고수하고 현지에서 신속하게 문제를 해결하는 것이었다. 하지만 일본 군부는 중국에서의 침략활동을 신속히 확대해 나갔다. 일본 군부가 중국 전쟁터에서 승리를 거듭하자 일본 정부는 군부에 타협하기 시작했다. 1938년 11월 고노에 정부는 중일관계에 결정적인 영향을 미친 성명을 발표했다. 즉 "난징 점령 후, 일본 정부는 중국 국민당 정부에 최후의 반성 기회를 주기 위해 줄곧 인내심을 유지해 왔다. 하지만 이러한 상황을 제대로 파악하지 못한 국민당 정부는 경솔하게 항전을 선동했고 자국의 고난과 동아시아 전역의 평화를 간과했다. 그러므로 일본 정부는 향후 국민당 정부를 더 이상 배려하지 않을 것이며 일본제국과 실질적인 협력을 도모할 수 있는 신흥정권의 성립과 발전을 기대하고자 한다." 일본 정부는 전쟁을 일으키고 동아시아 평화를 파괴한 책임을 중국 정부의 항일투쟁에 전가시켰고 '동아시아 평화 유지를 위한 제국의 책임이 점차 막중해진다'는 이유로 '동아시아 신질서'를 구축해야 한다고 주장했다. 도쿄재판소는 일본이 "이로써 협상의 문을 닫고 새로운 플랫폼 구축 및 침략과 지방정권 육성을 통해 일본에 협력할 수 있는 중국의 '신정권'을 수립하고자 했다"고 밝혔다.

1940년 7월 고노에 후마로(近衛文麿)는 제2차 내각을 구성하여 '기본국책요강'을 확정하였다. 이 요강은 "황국의 국가는 '팔굉일우'의 건국정신을 기반으로 하고, 세계평화 확립을 근본으로 하여, 황국을 중심으로 하고, 대일본제국정부, 만주제국정부 및 중화민국 국민정부의 탄탄한 화합을 기초로 하는 대동아 신질서를 구축해야 한다"고 규정하고 있다. '대동아 신질서'를 구축한 후 다시 말하면 '대동아공영권'의 아태정책 목표를 확립한 후 일본 정부는 실질적으로 남진南進 계획을 실행에 옮겼다. 아시아인을 백인들의 핍박에서 벗어나게 해 준다는 명목 하에 '선린우호善隣友好'와 '공동방공共同防共' 및 '경제제휴經濟提携'와 유사한 원칙을 내세워 중국에서의 일본의 행동을 합법화하고 아시아에서의 세력 확장에 정당성을 부여하고자 했다. 도쿄재판소는 이에 대해 일일이 부정했다. 우선 '선린우호'에 '내포된 기본 전제는 일본의 동아시아에서의 우월한 지위 그리고 동아시아에서의 특권과 책임이었다.' '공동방공'

의 수요에 의해 '일본은 모든 교통 통신 시설의 군사권과 감독권을 보류했고, 화북지역과 몽골에 군대를 주둔시켰다'는 것이다. '경제제휴'는 '일본, '만주국'과 '신중국'이 천연 자원의 부족함을 채우기 위해 서로 혜택을 주는 것이었다. 일본과 만주국에 부족한, 화북지역에 매장되어 있는 자원 특히 광물자원을 얻기 위한 목적'이었으며, 실질적으로 일본이 화북지역과 몽골의 천연자원을 강탈한 것'이라고 강조했다.

1938년 4월 일본은 국책 관련 회사를 두 개 설립했다. 바로 '화북개발회사'와 '화중진흥회사'이다. 이 두 회사는 일상 업무 외에는 일본 정부의 명령에 무조건 복종해야 했고 일본 정부의 지배를 받아야 했으며, 주로 중국의 화북지역과 화중지역의 공공사업, 교통, 자연자원을 관리했다. 1939년 1월 일본 기획국은 '중국 경제발전계획'을 통과시켰지만 '만주국'과 중국에 통보하지 않은 채 일방적으로 결정하고 실시했다. 화북개발회사의 자회사인 용연철광에서 캐낸 일부 철광과 생산된 선철은 모두 일본으로 운송되었다. '430만 톤의 총 생산량 중에서 70만 톤은 선철 생산에 사용하고 140만 톤은 만주로 운송되었다. 일본으로 운송된 수량은 백만 톤이 넘었다.' 그리고 '일본의 석탄 공급 확보를 위해 중국에 대한 공급을 통제하는 방침을 실시했다.' 일본이 실시한 소위 '경제제휴'의 본질은 점령 지역의 자원을 미친듯이 약탈하는 것이었다.

중국의 저항을 와해하기 위하여 일본 정부는 수단과 방법을 가리지 않았다. 중일전쟁이 발발하기 전, 중국 국민당 정부에서는 아편을 금지하기로 결정했다. 1936년 6월 국민당 정부는 관련 법안을 반포하고 아편중독자에 대하여 진압 조치를 실시하여 일정한 성과를 거두었다. 중국 국민의 사기를 떨어뜨리고 일본 각급 정부의 전쟁 자금을 확보하기 위해 일본은 중국에서 마약 무역을 대거 발전시켰다. 검사 측이 제출한 다량의 증거가 이 점을 증명하고 있다. "1937년부터 중국에서의 아편 무역은 일본군, 일본의 외무기관 및 흥아원興亞院과 밀접한 관계가 있다.……크고 작은 도시에 설립된 일본 파병군의 이런 특수한 서비스 기관들은 위탁을 받고 아편을 판매하였다."

1935년부터 일본 정부는 엄격한 뉴스검열제도를 실행했다. 모든 여론에 대해 광범위한 감독을 실시하였으며 신문, 라디오 등 매체는 정부의 대변인이 되었다. 도쿄재판에서 일본의 잔혹행위를 심문하고 폭로하는 과정을 지켜본 일본 국민들은 놀라움을 금치 못했다. 일본 사회는 국가 초석과 본보기로 간주해 온 기본 국책에 대해 의혹의 눈초리를 보내기 시작했다.

3) '14년 전쟁'을 침략전쟁으로 규정

극동국제군사재판소는 1928년을 일본의 침략전쟁범죄를 추궁하는 시발점으로 정하고 1931년 '9·18사변'부터 1945년 일본이 투항할 때까지 총 14년 동안 일본이 일으킨 전쟁에 대해 재판했다.

중국 침략의 시발점인 '9·18사변'(도쿄재판소에서는 '奉天事變'이나 '瀋陽事變'으로 칭함)을 일으킨 후 국제사회의 질책과 징벌을 교묘하게 피하기 위하여 일본 군부는 '9·18사변'의 책임을 중국에 전가시켰다. 대중매체를 이용하여 사실을 날조하고 왜곡하여 대내외적으로 선전하였고 관동군이 의도적으로 조작한 무장침략을 중국군의 공격에 부득이하게 맞선 '자위전쟁'으로 위장하여 침략 행위를 합법화하려고 시도했다. '9·18사변' 이후 국민당 정부의 요청으로 국제연맹은 '리턴(Lytton) 조사단'을 동북지역에 파견하여 사건의 진상을 조사하게 하였다. 그러나 각종 원인으로 인해 리턴 조사단은 사건의 진상을 낱낱이 밝혀내지 못했다. 전후 극동국제군사재판소 검사 측은 법정에 대량의 증거를 제출하여 "선양사변은 참모본부의 장교들, 관동군의 장교, 벚꽃회(櫻會)의 회원과 기타 인원들이 참여하여 사전에 치밀하게 계획하고 실행한 것"임을 증명했다. 법정은 검사 측이 제출한 대량의 설득력 있는 증거를 받아들여 하시모토 긴고로(橋本欣五郎)와 이타가키 세이시로(板垣征四郎) 두 피고인에게 '9·18사변'을 계획하고 협력한 혐의로 유죄판결을 내렸다.

일본 국민들의 지지를 얻기 위해 일본 국내에는 두 갈래 세력이 형성되었다. 한 갈래는 무력으로 목적을 달성해야 한다고 주장했고, 일부 정치인들과 관료들로 구성된 다른 한 갈래는 "평화적 수단으로 혹은 무력을 행사할 시기를 신중하게 선택하여 세력을 확장해야 한다고 주장했다." 무력 확장을 주장하던 파들이 반대 세력을 압도하게 되자 극동을 통치하려는 최종 목표를 이루기 위해 대외침략전쟁을 일으켰다.

'그들은 1931년에 중국에 대한 침략전쟁을 일으켜 만주와 열하를 점령하였다. 그 후 1934년에는 화북지역을 침략하고 주둔군을 배치하였으며 각종 괴뢰정부를 설립하였다. 그리고 1937년부터는 중국에서 지속적으로 대규모 침략전쟁을 발동하여 많은 영토를 점령하고 각종 괴뢰정부를 설립하였다. 그리고 중국의 경제를 발전시키고 천연자원을 개발하여 일본의 군사적 수요와 일반 수요를 만족시켰다.' '이와 동시에 소련에 침략전쟁 일으킬 계획과 준비를 장기간 해 왔다.' '1941년 12월 7일 음모자들은 미국과 영국에 대한 침략전쟁을 일으켰다.'

도쿄재판소에서는 1931년부터 일본이 일으킨 일련의 전쟁은 모두 침략전쟁이라고 규정하였다. 또한 "교활한 음모 수단으로 침략전쟁을 일으킨 것보다 더 심각한 범죄는 없다. 왜냐하면 이러한 음모는 전 세계 국민들의 안전을 위협하고……수많은 사람들에게 죽음과 고통을 안겨 주었기 때문이다"라고 판결하였다. 도쿄재판소는 근대 이래의 일본의 대외 세력 확장을 침략전쟁으로 규정하고 일본의 침략행위가 전 세계에 미친 위해성을 지적했으며 '극동국제군사재판소 판결문'에 기록하여 역사에 길이 남겨 후세에 경종을 울렸다.

도쿄재판소는 법정 심문을 거쳐 근대 이래 일본의 잘못된 국책을 정리하고 일본 전쟁노선의 침략 본질을 까밝혔다. 더욱 중요한 것은 일본의 잘못된 국책과 전쟁노선에 대해 책임을 져야 하는 정부 지도자들에 대한 재판과 단죄, 판결과 처벌을 통해 일본의 잘못된 국책과 전쟁노선을 청산하고 평화롭고 민주적인 새로운 일본을 건설할 수 있는 기반을 마련했다는 것이다.

2. 국제사법 선례 창립 및 전쟁 책임 규명

20세기 두 차례 세계대전은 인류에게 전대미문의 재난을 가져다주었고, 전쟁으로 인한 피해는 인류의 반성을 촉구한다. 두 차례 세계대전 이후 형성된 두 개 국제조직— 국제연맹과 유엔은 인류가 전쟁으로 인한 재난을 반성하고 영원한 평화를 탐구하는 정치적 이상주의의 중요한 실천의 하나이다. 이 두 기구는 전쟁을 예방하고 인류의 영원한 평화를 지켜 줄 수 있는 메커니즘을 구축하기 위해 설립한 것이다. 하지만 국제연맹은 실패했고 그 대가로 제2차 세계대전이 발발했다. 전쟁으로 인한 피해 규모는 유례없이 컸고, 피해 정도 또한 전례 없이 처참했다. 이에 반해 유엔의 설립과 운영은 성공적이고 효과적이다. 세계는 지금까지 70여 년 동안 전반적으로 평화를 유지해 오고 있다. 세계평화는 당연히 사회, 정치, 문화의 발전과 과학기술의 진보 등 많은 요소들이 공동으로 작용한 결과지만 유엔의 역할 또한 무시할 수 없다. 제2차 세계대전 이후 뉘른베르크재판소와 도쿄재판소 두 국제군사재판소가 추축국의 파시스트와 국군주의에 대한 재판으로 선도적 역할을 했다. 또한 유엔을 통해 인정하고 수호하며 발전시킴으로써 전후 세계평화질서의 중요한 기반을 다졌다.

1) '개인형사책임 추궁'의 선례

전술한 바와 같이 전통적인 국제법상 개인은 국제법의 적용 대상이 아니었다. 따라서 전쟁 책임은 일반적으로 국제법의 주체였던 국가에 돌아갔고, 개인은 국제법을 위반해도 형사책임을 질 필요가 없었다. 침략전쟁이라 할지라도 패전국의 지도자가 개인 신분으로 처벌받지 않았다. 패전국은 흔히 영토를 할양해 주거나 배상금을 지불하는 방식으로 승전국의 처벌을 받았다. 1919년 6월 28일 '베르사유평화조약'은 제1차 세계대전을 일으킨 독일 황제 빌헬름 2세의 전쟁 책임을 추궁할 준비를 하고 있었다. 하지만 네덜란드가 독일 황제의 인도를 거절하는 바람에 인류 역사상 최초로 한 국가의 지도자 개인에게 전쟁 책임을 추궁할 수 있는 기회를 놓치고 말았다. 따라서 이 중대한 사명은 제2차 세계대전 후에 설립된 두 국제군사재판소에서 수행하게 되었다. 뉘른베르크재판에서는 개인의 형사책임을 추궁하는 국제법 원칙을 확립하였고, 이 원칙으로 나치 지도자들을 재판하고 형량을 확정했다. 도쿄재판은 뉘른베르크재판의 원칙을 그대로 적용했다. 뉘른베르크재판과 도쿄재판은 침략전쟁에서 개인의 형사적 책임을 추궁하고 처벌하는 국제법 이행의 선례를 남겨 주었다.

유엔의 설립은 국부적인 전쟁을 효과적으로 감소시켰고 세계대전을 모면했으며 세계평화 유지를 위해 커다란 기여를 했다. 유엔 개혁에 관한 고위급 패널 보고서에서 지적한 바와 같이 "만약 유엔이 없었다면 1945년 이후의 세계는 피비린내가 진동하는 세계였을지도 모른다. 20세기 후반기 국가 간의 전쟁은 전반기에 비해 훨씬 적었는데, 이는 유엔의 공로라고 할 수 있다." 유엔의 취지는 다음과 같다.

국제 평화와 안전을 유지한다. 이 목적을 이루기 위해 유효한 집단적인 방법을 취하여 평화에 위협이 되는 존재를 제거하고 방지하며 침략행위 혹은 기타 평화를 파괴하는 행위를 제지한다. 또한 평화적인 방식으로 정의와 국제법 원칙에 따라 평화를 파괴하는 국제적인 분쟁 또는 정세를 조정하거나 해결한다.

그리고 또 다음과 같이 규정하였다.

회원국들은 평화적인 방식으로 국제 분쟁을 해결해야 하며 국제 평화와 안전 및 정의를 위협하는 상황을 피하고…… 각 회원국은 국제관계를 처리함에 있어서 위협 또는 무력을 사용해서는 안 되며 유엔의 취지에 맞지 않는 모든 기타 방식으로 다른 회원국의 국가 영토 보전과 정치 독립을 침해해서는 안 된다.

무력사용을 피하고 평화적으로 분쟁을 해결하여 국제 평화를 유지하는 것은 유엔의 가장 주요한 목표 중의 하나이다.

일찍이 1899년 헤이그 평화회의와 1907년 헤이그 평화회의 및 1928년의 파리부전 조약에도 이와 비슷한 규정이 있었으나 두 차례 세계대전은 여전히 발발했다.

비슷한 규정조항이 유엔의 틀 안에서 대규모 무장충돌을 저지하는 역할을 할 수 있었던 원인은 무엇일까?

이는 제2차 세계대전 이후 설립된 2개 군사재판소에서 전쟁범죄에 대한 재판 덕분이 아닐까 생각한다. 전통적인 국제법 관습에 따르면, 패전국은 일반적으로 영토를 할양하거나 배상금을 지불하는 등의 방식으로 승전국의 처벌을 받는 것이 통상적이었다. 그러나 이런 처벌은 최종적으로 '어떠한 정치적 발언도 할 수 없고 동시에 전쟁 재난의 고통을 깊이 받은 민중, 귀국자, 전쟁 고아 및 과부의 몫'으로 돌아갔고 패전국의 지도자는 '국가'의 보호막 뒤에 숨어 일반적으로 처벌 받지 않고 있었다. 하지만 뉘른베르크재판과 도쿄재판은 지도자 개인에 대한 형사적 책임을 추궁하는 국제법을 실행하였고, 그 어떤 개인도 다시는 '국가'의 보호막 뒤에 숨어 보호를 요청할 수 없게 되었다. 전쟁 수단으로 국가 목적을 달성하고자 하는 지도자들에게 개인이 처벌을 받을 수 있다는 경고 메시지를 보냄으로써 그들로 하여금 전쟁을 포기하고 평화적인 방법으로 국가의 이익을 도모하도록 하였다. 이 원칙은 유엔대회의 결의를 통하여 전 국제사회의 승인을 받았다. 경제를 발전시키고 문화 영향력을 높이며 책임을 다하는 글로벌 이미지를 창조하는 등 평화적인 방법은 오늘날 세계 각국이 국가의 이익을 도모하는 주요 추세가 되었다.

2) '잔혹행위를 제지하지 않은 지휘관의 책임을 추궁한' 선례

서양의 17~18세기 문서 중에도 지휘관은 반드시 부하가 저지른 범죄행위에 대해 책임을 져야 한다는 것과 비슷한 내용이 있다. 그러나 국제군사재판소를 설립하여 침략전쟁을 일으킨 자들의 '잔혹행위를 제지하지 않은 지휘관의 책임'에 대해 단죄하고 처벌하게 된 것, 이런 국제법 이행은 제2차 세계대전 이후 군사재판소 재판을 통해 확립되기 시작한 것이다. 그 전형적인 사례는 '야마시타 도모유키(山下奉文) 사건'이다.

1944년 9월, 야마시타 도모유키(山下奉文)는 필리핀 제14지역 육군총사령으로

발령 받고 필리핀 전체 섬의 국방을 책임지게
되었으며, 미국과 전쟁을 하면서 '말레이의 호랑
이'라는 별명까지 얻었다. 일본이 투항한 지
1달 뒤인 1945년 10월 2일, 마닐라 특별군사재판소
는 야마시타 도모유키를 기소했다. 10월 19일부터
12월 7일까지 약 2개월의 심리 과정을 거쳐 재판소
에서는 야마시타 도모유키에게 교수형을 선고했
다. 일반적인 공소장과 달리 야마시타 도모유키는
'지휘관 책임'으로 기소되었는바 개인의 행위로

야마시타 도모유키

인한 것이 아니었다. 1945년부터 일본군은 마닐라에서 무차별적인 대규모 학살을
진행하였는데 성폭행, 고문, 방화 등 잔혹행위가 수반됐다. 집계에 의하면 마닐라의
약 3/4의 건축이 파괴되었고 12.5만 명의 필리핀인들이 처참하게 살해당했다. 필리핀
인 외에도 참혹하게 잔혹행위를 당한 이들은 현지에 거주 중이던 외국인들이다.
참살 과정 내내 야마시타 도모유키(山下奉文)는 아무런 제재도 가하지 않았을 뿐만
아니라 군대의 행위에 대하여 아무런 단속도 하지 않았다. "미국 및 기타 연합국과
전쟁을 치른 일본군 사령관으로서…… 부하들의 야만적인 잔혹행위와 기타 중범죄를
방관했다. 지휘관이 부하들의 행동을 단속할 의무를 소홀히 한 것이다. 그러므로
야마시타 도모유키는 전쟁법규를 위반했다고 할 수 있다." 이로 하여 그는 교수형을
선고받았다.

　뒤이은 뉘른베르크재판과 도쿄재판에서는 한 걸음 더 나아가 '지휘관 형사책임'
이론을 실행했다.

　뉘른베르크재판소와 도쿄재판소에서 재판소헌장에 '지휘관 형사책임'에 대해
모두 명확히 규정하지는 않았지만 재판 과정에서 지휘관 형사책임에 관련된 판결을
내렸다. 도쿄재판에서는 고이소 구니아키(小磯國昭)와 시게미쓰 마모루(重光葵)에게
이러한 판결을 내렸는데 이 두 사람은 모두 아래와 같은 공소사실로 유죄판결을
받았다.

고의적으로 (각자 직위에 부여된) 자신의 법적 책임을 무시하고 (전쟁법규와 관습을) 준수하기 위한 충분한 조치를 취하지 않았을 뿐만 아니라 그것이 파괴되는 것을 방임했다. 따라서 전쟁법규를 어겼다.

도쿄재판과 뉘른베르크재판의 차이점은 후자는 군사지휘관의 형사적 책임만 추궁할 수 있도록 제한했지만 전자는 형사적 책임을 추궁할 수 있는 지휘관의 범위를 비전투원 즉 문관들에게까지 확대했다는 점이다. 히로타 고키(廣田弘毅) 일본 전 총리가 바로 이 원칙에 의해 유죄판결을 받고 사형 당한 비군사 지휘관이다.

일본의 전면적인 중국 침략전쟁이 시작될 무렵, 히로타 고키는 고노에(近衛) 내각 외상직을 맡았다. 일반적인 의미의 군사지휘관이 아니었으며 중국을 침략하고 있는 일본군에 대한 지휘권을 갖고 있지 않았다. 하지만 도쿄재판 기소 소인 제55항에 근거하여 '위 피고인은 자신의 관직에 상응한 법적 책임을 무시했을 뿐만 아니라 전쟁법규와 관례 준수 및 위반 방지를 위해 그 어떤 조치도 취하지 않았다'고 기소했다. 그리고 재판 중에 검사 측이 제출한 증거에 근거하여 법정은 다음과 같이 판결했다.

일본군이 난징에 진입한 후, 외무대신이었던 히로타 고키는 가장 먼저 잔혹행위에 관한 보고를 받았다. 변호사 측이 제출한 증거에 따르면 그는 이런 보고들이

믿을 만하다고 생각되어 이 문제를 육군성에 반영했다고 한다. 그리고 육군성으로부터 이런 잔혹행위를 제지시키겠다는 약속도 받았다. 하지만 그 후 적어도 1달간은 여전히 이런 잔혹행위에 관한 보고가 들어왔다고 한다. 본 법정이 확보한 증거에 따르면 히로타 고키는 내각회의에서 잔혹행위를 즉각 제지시켜야 한다고 주장하지도 않았고, 잔혹행위를 저지하기 위해 그 어떤 조치도 취하지 않았다. 그는 일본군이 매일 수천 명의 사람을 살해하고 부녀자를 성폭행하

히로타 고키

는 등 잔혹행위를 자행하고 있다는 사실을 알고 있었지만 모든 책임을 육군성에 위임한 채 수수방관했다. 직무 유기죄가 인정되므로 공소사실 제1항과 제27항에 근거하여 히로타 고키를 교수형에 처한다.

히로타 고키가 교수형에 처해진 사건에 대해 지금도 논쟁이 끊이지 않고 있다. 하지만 도쿄재판은 국제법상에서 '지휘관의 책임'이라는 새로운 원칙을 확립했다는 의의를 지닌다.

1993년 5월 25일, 유엔 안전보장이사회에서는 827결의안을 결의하고 전 유고슬라비아국제형사재판소를 설립했다. 이 재판소의 '규약' 제7조 3항에는 다음과 같은 내용이 명시되어 있다.

본 규약은 제2조에서 제5조까지 부하가 저지른 잔혹행위에 대해 상사의 형사책임을 면할 수 없다고 규정하고 있다. 부하가 잔혹행위를 저질렀거나 잔혹행위를 계획하고 있다는 사실을 알고 있거나 알고 있어야 할 위치에 있으면서 그런 행위를 저지하기 위해 그 어떤 조치도 취하지 않았거나 위법자를 처벌하지 않는 경우가 이에 해당된다.

1994년 11월 8일 유엔안전보장이사회에서는 제955번 결의안을 통해 르완다(Rwanda)국제형사재판소를 설립했다. 지휘관책임에 대해서는 전 유고슬라비아형사재판소의 '규약' 내용을 그대로 준용했다.

2002년에 설립된 상설국제형사재판소의 '로마규약' 제28조에는 다음과 같은 내용이 있다.

(1) 군사지휘관 또는 군사지휘관 권력을 행사할 수 있는 사람이 그의 지휘와 통제 하에 있는 군대 혹은 그의 지휘와 통제 하에 있는 해당 군부대에 대한 관리 의무를 이행하지 않은 경우, 아래와 같은 상황에서 해당 군부대가 본 재판소 관할권 내에서 저지른 범죄행위에 대해 형사적 책임을 져야 한다.
......

(2) 제1항에 언급되지 않은 상하급관계에서, 상급자가 자신의 지휘와 통제 하에 있는 하급자에 대한 관리 의무를 이행하지 않은 경우, 아래와 같은 상황에서 해당 하급자가 본 재판소 관할권 내에서 저지른 범죄행위에 대해 형사적 책임을 져야 한다.

......

현행 국제법상 지휘관 형사책임은 군사지휘관뿐만 아니라 기타 상급자(비군사지휘관)에게도 적용되는데 이는 도쿄재판의 판례에서 유래된 것이다. 비록 지휘관 책임이론은 법리상 일부 논쟁이 있고 어려움이 존재하지만 뉘른베르크재판과 도쿄재판 및 그 후의 전범재판은 오늘날 국제형사법 중에서 지휘관의 책임을 묻기 위한 의미가 있는 법률 기초를 제공했다. '폭행을 제지하지 않은 지휘관 책임'을 확정하고 추궁하여 지휘관이 전쟁 중에 군인들이 저지르는 잔혹행위를 미연에 예방하고 저지할 수 있게 했다.

3) 국제 인도주의적 사법보호의 효시

전쟁의 소멸은 인류사회의 아름다운 소망이지만 현재로서는 아직도 갈 길이 멀다. 비록 제2차 세계대전 이후 전 세계적 범위 내에서의 세계대전은 발발하지 않았지만 국지적인 전쟁 또는 무장충돌이 빈번히 발생하고 있다. 전쟁 저지 방안에 비해 국제 인도주의적인 법제가 더 큰 발전을 가져온 셈이다.

'극동국제군사재판헌장'에 규정되어 있는 통상의 전쟁범죄는 '전쟁법규를 위반했거나 전쟁 관례에 위배되는 범죄행위'를 가리킨다. 전통 전쟁법규 혹은 전쟁관례의 내용은 두 부분으로 개괄할 수 있다. 한 부분은 전쟁 또는 무장충돌의 시작과 종료에 관한 것과 전쟁 기간 교전국 사이, 또는 교전국과 중립국 혹은 비교전국 사이의 법률관계의 원칙, 규칙과 규장제도이다. 다른 한 부분은 작전규칙에 관한 것으로, 무기, 기타 작전 수단과 작전 방법 및 민간인을 보호하고 작전 인원과 전쟁 피해자에 관한 원칙이다. 두 번째 부분의 내용은 국제적 실행과 서양국제법 관련 저서들에서 '국제인도주의적법률'이라고 불린다. 통상의 전쟁범죄에는 전쟁 전에 자행한 반인도적인 행위가 포함되어 있지 않다. 인도에 반하는 범죄는 이런 공백을 메우기 위해 전문적으로 설치한 것이라고 할 수 있다.

뉘른베르크재판소와 도쿄재판소의 획기적인 국제사법 실행과 전후 국제법의 발전을 기반으로 2002년 7월 1일 국제형사재판소의 '로마규약'이 정식으로 발효되었고 인류 역사상 최초로 유엔에 상설 국제형사재판소가 설립되었다. 재판소의 주요 기능은 종족학살죄, 인류위해죄, 전쟁범죄, 침략범죄를 범한 개인에 대한 기소와 재판을 진행하는 것이다. 이를 통해 국제사회 공동이익에 심각한 손해를 끼친 범죄행위를 처벌하고 세계평화와 정의를 수호하려는 것이었다.

국제인도주의적법률이란 바로 인도주의적인 배려와 국가의 군사요구 사이의 모순을 신중하고도 균형감이 있게 처리하며 방법을 강구하여 무장충돌이 가져다주는 영향을 가장 적은 범위내로 제한하려는 일련의 규칙들을 가리킨다. 그 목적은 전쟁에 참가하지 않았거나 다시는 적대행위에 참가한 적 없는 사람들을 보호하고 전쟁 수단과 방법을 규제하려는 것이다.

국제인도주의 법률의 핵심은 '보호'인데 그 보호 대상에는 사람, 장소, 물품 및 자연환경이 포함된다. 국제인도주의 법률에는 몇 가지 기본 원칙이 있는데 모든 전쟁 또는 무장충돌에 적용된다.

인도주의적인 원칙: 전쟁 희생자를 보호한다. 비전투원은 반드시 존중과 보호 및 인도적인 대우를 받아야 한다.

구분 원칙: 작전 중에 반드시 전투병과 비전투병을 엄격히 구분해야 한다.

군사수요 원칙: 전쟁 중에 군병력과 목표에 대한 공격은 합법적이지만 가능한 한 그 상해와 손해를 최소한으로 줄여야 한다.

비율 원칙: 절대적인 보호가 이루어질 수 없을 경우 선의를 바탕으로 '인도주의'와 '군사 수요' 이 두 가지 원칙으로 상호 제약해야 한다.

보복금지 원칙: 국제인도주의 법률이 보호하는 대상에 대해 보복 행위를 해서는 안 된다. 이 원칙은 절대적인 것이다. 설사 상대방이 이미 국제인도주의 법률에 위배되는 행위를 저지른 상황에서도 그 어떠한 보복 행위를 취해서는 안 된다.

1864년의 '제네바조약'에서부터 부상자들의 대우에 관한 원칙을 정립하면서 육지전(陸戰) 규약을 '법률화'하는 첫걸음을 내디뎠다. 1899년의 '마르텐스(Martens)조항', 1907년의 '헤이그평화회의 제4조약'(육지전 법규와 관례에 관한 내용), 1927년의 '제네바조약'(전쟁포로 대우에 관한 새로 제정된 법규) 등 일련의 규정은 전쟁 중 포로와 민간인의 대우와 보호에 관한 내용을 보완한 것이다. 그러나 두 차례의 세계대전 중에 여전히 광범위하게 포로를 학살하고 민간인들을 폭행하는 현상이 발생하였으며 이런 조약과 규정은 잘 지켜지지 않았다. 제2차 세계대전 이후 발생한 군사적 충돌 과정에서 전쟁 포로와 민간인 대부분이 적절한 대우를 받았는데 이는 전후 두 국제군사재판소의 재판과 매우 큰 관련이 있다고 해야 할 것이다.

전후 양대 군사재판소의 재판에서 가장 중요하게 다루어진 죄목은 평화에 반하는 범죄였다. 하지만 재판 과정에서 전쟁 기간 잔혹행위를 저질렀거나 전쟁 기간의 잔혹행위에 대해 관리 책임이 있는 피고인들에게만 사형에 처해졌고 형량 역시 그들이 전쟁 기간에 저지른 잔혹행위의 정도와 정비례되었다. 그러므로 두 국제군사재판소는 전쟁 기간의 잔혹행위를 징벌하고 인도주의를 수호하는 측면에서 기념비적인 의미를 갖는다고 할 수 있다. 반세기 후, 선후로 설립된 전 유고슬라비아국제형사재판소와 르완다국제형사재판소가 바로 새로운 시기에 국제인도주의적 법률의 사법 실행이며 전후 양대 재판에 대한 계승과 발전이라고 할 수 있다.

3. 민주주의의 보급과 추진 및 평화질서의 정립

도쿄재판은 일왕에 대한 절대적인 충성을 강요하는 봉건 전통사상에 대한 부정이었고 일본 국민들을 군국주의 속박에서 벗어나게 하는 과정이었으며 일본 사회가 독재로부터 민주주의로 나아가는 과정이었다.

1) '황국사관皇國史觀'의 파멸

일왕의 권력과 지위를 확립하고 보장하기 위해 일본 메이지 정부는 중앙집권화 정책을 실시하는 동시에 일왕의 권위를 강조하였다. 일왕의 통치가 바로 일본의 국체라고 규정하고 일련의 이론을 만들어 군주제 국체의 합리성을 설명하였다. 이 이론의 핵심이 바로 이른바 '황국사관皇國史觀'이다. '황국사관'의 핵심은 일본은 '신의 국가'라는 것인데 이 '신관'은 역사적으로 끊임없이 이어지며 천세만세 신적인 일왕을 중심으로 일왕을 숭배하고 신앙해야 한다는 것이다. 일왕은 하늘과 일반 사람 사이를 이어 주는 신성한 책임을 짊어지고 있으므로 일본 민중의 교화를 담당하고 있을 뿐만 아니라 아직 개화되지 않았거나 반문명의 기타 각국 즉 중국, 조선 등 국가를 지도할 자격을 가지고 있다. 일왕을 국가원수로 둔 황국 일본은 '팔굉일우八紘一宇'의 일본 정신을 전 세계로 일반화할 신성한 책임을 지고 있으므로 저항에 부딪치면 일본 국민은 마땅히 어떠한 대가를 치르더라도 신성한 전쟁과 일왕이 지도하는 영광스럽고 성스러운 사업에 헌신해야 한다고 역설하였다.

일본 국민의 의식과 신념에 '황국사관'을 심어 주기 위하여 1890년에 일본 정부에서는 칙명으로 일왕의 교육에 대한 지시를 내렸는데 그것이 일본 근대 교육과 교과서 편찬의 기본 지침이 되었다. 이것이 바로 일본 사회의 사상 교육을 반세기 동안이나 지배해 온 '교육칙어教育勅語'이다. '교육칙어'의 가장 핵심적인 내용은 다음과 같다. '사건이 발생하면 반드시 용감하게 헌신하는 정신으로 천지에 무한한 황운皇運을 사수해야 하고' '전쟁이 발발했을 경우에는 반드시 일왕에게 충성과 책임을 다하여 국체國體를 수호해야 한다.' 이런 '교육칙어'의 지도 하에 일본인들은 어릴 때부터 일왕에게 충성하고 일왕을 위해 헌신하는 정신을 길러 왔다. 대가족제도를 기본으로 하는 일본의 '가족국가관' 사상 체계는 이렇게 확립되었고 무조건 일왕을 따르고 일왕을 위해 헌신하는 국민도덕규범이 형성되었다.

1935년, 일본 정부에서는 엄격한 뉴스검열제도를 실시하기 시작했다. 따라서 신문이나 라디오 등 매스컴에서는 정부의 심사 비준을 받은 기사들만 내보낼 수 있었다. 게다가 어릴 때부터 '황국사관' 교육을 받은 일본 국민들은 침략전쟁을 위해 사망한 망자들을 '국가를 위해 목숨을 바친 영웅'으로 추앙하면서 일본이 아시아를 향해 일으킨 침략전쟁을 '자존자위'와 '아시아 해방'을 위한 '정의로운 전쟁', 역사사명을 완성하기 위한 '성전'으로 여겼다.

따라서 쇼와 일왕이 '옥음전송'으로 '종전'을 선포했을 때, 일본 사회의 반응은 '허무함' 그 자체였다. 일본 백화파 작가 나가요 요시로(長與善郎)의 기록에 의하면 8월 13일 일본 중의원 도서관에서 일하는 친구가 중대한 소식을 발표할 것이라고 하였다. 그때 당시 이미 전쟁 상황 발전이 일본에 불리하게 돌아가고 있다는 사실을 알고 있었던 일본 국민들은 일왕이 자기 자신을 반성하면서 국민들에게 전력을 다해 전쟁에 임해 달라고 격려할 것이라고 생각했다. 만약 일왕이 그렇게 했더라면 일본 국민들은 일왕에게 감격하며 더 적극적으로 참전했을 것이다. 그러나 8월 15일의 '옥음방송'을 들은 일본 국민들은 깊은 실의에 빠졌다. 좌익 사회민주주의자 아라하타 간손(荒畑寒村)은 자신의 자서전에 "일왕의 옥음방송을 들은 사람들의 심정은 말로 형언할 수 없었다. 전쟁이 정녕 끝났단 말인가? 사람들은 참을 수 없는 허무감에 빠져 일말의 흥분도 느끼지 못했다"라고 적었다.

이로 미루어 보아 어릴 때부터 '황국사관' 교육을 받고 통제된 뉴스만 접하고 있던 일본인들은 일왕을 위해 헌신할 준비가 되어 있었고 또 그것을 무한한 영광으로 여기고 있었다. 따라서 일왕이 '종전'을 선포했을 때 막연한 불안감을 느꼈을 것이다.

도쿄재판 전에 일본 사회는 정치적으로 군주집권의 입헌군주제를 실행하고 있었고 사상적으로는 '황국사관'을 신봉하고 있었으며 전반 사회가 군국주의의 통제 하에 있었다. 이런 사회 체제는 대외침략을 확장하여 지역 및 세계의 불안정을 초래할 가능성이 크다. 도쿄재판은 일본인들로 하여금 사상적으로 '황국사관'의 굴레에서 벗어나게 하였고 정치적으로는 군주집권제를 부정하게 했다. 또한 전범재판과 처벌을 통해 일본 사회의 군국주의를 척결함으로써 일본 사회가 민주와 평화를 향해 나아갈 수 있는 여건을 마련해 주었다.

2) 일본 사회에서의 민주주의의 보급과 추진

도쿄재판의 또 하나의 중요한 의의는 일본 사회에서 민주주의를 보급하고 추진했다는 점이다. '포츠담선언'에 이미 일본 민주주의의 실현에 대한 규정이 명시되어 있었다.

일본 정부는 반드시 일본 국민의 민주화 의식과 발전을 저해하는 모든 장애를 제거하고 언론, 종교와 사상자유 및 기본 인권을 존중하는 인식을 수립해야 한다.

일본 사회에서의 민주화 실현은 유엔군이 일본을 점령한 중요한 목적 중의 하나이다. 미국을 비롯한 유엔군은 일본의 정치, 경제, 사회 각 영역에서 민주화를 보급시키고 개혁을 실행하여 일본 사회의 적극적인 평가를 받았다.

일반적으로 외국에서 주도하는 정치 개혁과 사회 개혁은 그 어느 민족이라도 받아들이기 어려운 것이다. 하지만 일본에서는 외부 세력이 주도하는 민주개혁이 매우 순조롭게 진행되었고 빠른 속도로 안정을 되찾았다. 이러한 특이한 상황의 출현은 도쿄재판에서 비롯된 것이라고 해도 과언이 아니다.

도쿄재판을 통해 일본 군국주의의 소위 '아시아 해방'을 위한 '성스러운 대동아전쟁은 사실상 아시아 기타 각국에 대한 침략전쟁이었으며, 그 목적은 '아시아 해방'이 아니라 서방 열강들을 대신해 아시아 각국을 일본의 식민지 체계로 끌어들이려는 것이었음이 밝혀졌다. 전쟁의 진상이 드러나자 군국주의에 대한 일본 민중들의 태도는 절대적 지지로부터 멸시와 혐오로 바뀌었다. 미국의 유명한 일본통 에드윈 라이샤워(Edwin O. Reischauer)는 『일본인』이란 저서에서 당시 일본 민중들의 심리 상태를 다음과 같이 분석하였다.

> 지도자는 일본 국민의 우월한 의지력으로 전쟁 승리를 기대했고 국민들은 강한 의지력과 정신력으로 기대에 부응하였다. 타버린 것은 도시뿐이 아니다. 국민들의 마음도 까맣게 불타 재로 변해 버렸다.
> 일본 민중들은 전쟁, 국가를 도탄에 빠뜨린 지도층 그리고 자신들의 과거에 대한 강한 반감을 드러냈다. 그들은 자책감에 빠진 것이 아니라 농락당했다고 느꼈다. 그들은 아시아에서 일본군이 해방자로서 환영을 받기보다는 증오와 공포의 대상이 었다는 사실에 놀라워했다. 사심 없는 애국자, 일왕의 충신으로 추앙받던 군인들이 증오와 멸시의 대상으로 전락되었다.

'황국사관'과 군국주의에 대한 부정은 사상상 일본 국민들을 변화시켰고 민주주의의 발전에 유리한 사회 환경을 조성하였으며 〈대일본제국헌법〉의 실시와 일본 민주사회의 형성을 위한 기반이 되었다.

메이지 정부는 군주집권의 입헌군주제를 수립하고 '대일본제국헌법'(즉 메이지헌법, 1871년 '독일 제국헌법' 즉 '비스마르크 헌법'을 모방했음)을 시행하였다. 이때부터 통치권, 입법권, 통솔권, 의회의 대권과 외교권을 장악한 일왕이 국가의 절대적 통치권자로 군림하였다. 메이지유신을 통해 일본은 열강들의 능욕에서 벗어났고 부국강병의 길에 들어섰으며 근대 아시아에서 유일한 현대화 국가로 도약하여 세계 강대국의 반열에 오르게 되었다. 일본 정부가 국민들에게 어릴 때부터 '황국사관'을 주입한 탓에 국가가 훼멸성적인 타격을 받은 상황에서도 일왕과 메이지헌법에 대한 일본 민중들의 태도는 긍정적이었다. 이러한 사실은 시데하라(幣原) 정부가 제출한 헌법 수정 초안을 통해 입증되었다.

1945년 10월 11일, 맥아더는 시데하라 기주로(幣原喜重郎)와의 제1차 회담에서 메이지 헌법에 대한 '자유주의 개혁'을 요청했다. 1946년 2월 8일, 시데하라 정부는 헌법 수정 초안을 제출했다. 그런데 이 수정 초안은 메이지헌법에 대해 매우 미세한 조정만 했을 뿐이었다. 즉 제11조의 "육해군"을 "군"으로, "일왕께서 통솔하는 육해군"을 "일왕이 통솔하는 군"으로, 제12조의 "일왕께서 육해군의 편제와 상비군의 인원수를 정한다"를 "법률이 결정한다"고 수정하였다. 이는 미국이 바라던 수정안이 아니었고 일본 민주화를 책임진 유엔군 민정국에서 받아들일 수 없는 것이었다. 그리하여 1946년 2월 13일, 유엔군 사령부에서는 '맥아더 초안'이라 불리는 비교적 진보적인 일본 헌법 초안을 일본에 보내 받아들일 것을 강요하였다. 이것이 바로 일본이 현재 시행중인 〈대일본제국헌법〉의 초안이다. 시데하라 정부는 이에 미세한 조정을 거쳐 국회에서 통과시켰다.

이 헌법은 일본의 군주제도를 보류했지만 전쟁 전에 '신성불가침'의 존재였던 일왕이 '일본국의 상징'으로 전락되었고 어떠한 실질적인 국가 통치권도 갖지 못하게 되었다. 그리고 제9조에서 일본이 전쟁권과 교전권을 갖고 있지 않으며 전쟁 무장력을 가질 수 없다고 규정하였다. 이 헌법은 '평화 헌법' 또는 '맥아더 헌법'으로 불린다. 1946년 11월 3일, 이 헌법의 수정 초안이 공식적으로 반포되었고 이어서 일본 각지에서 토론이 진행되었다. 1947년 5월 3일에 '대일본제국 헌법'이 공식 발효되었다. 초안이 공식적으로 반포되어 전국적인 토론이 진행되는 기간에 도쿄재판 검사 측의 범죄 입증 과정이 마무리 단계에 들어가(6월 4일 검사 측 입증 단계 진입, 12월 24일 검사 측 입증 완료) 일본군이 저지른 대량의 잔혹행위와 대외침략전쟁의 본질이 백일하에 드러났다. 개정 초기, 도쿄법정은 거의 매일 빈자리가 없을 정도였고 복도에도 방청객들이 가득 차 있었으며 일본 매체들은 앞다투어 도쿄재판의 법정 현황과 진전 상황을 보도했다. 따라서 도쿄재판은 '평화 헌법'이 순조롭게 통과되는 데 중요한 역할을 했다고 할 수 있다.

일반적으로 한 국가의 정치 개혁에서 외부 세력의 간섭은 강렬한 배척을 받기 마련이다. 그러나 일본 사회는 이 '평화 헌법'에 대해 지대한 관심을 나타냈는데 이러한 현상의 출현은 도쿄재판과 밀접한 관련이 있다. 그리고 이 헌법의 공포와 실행은 일본 사회의 민주화 진척을 가속화시켰고 일본이 평화적인 길로 나아갈 수 있는 토대를 마련하였다.

3) 동아시아 평화질서의 토대 마련

도쿄재판에서 중요한 죄목으로 다룬 평화에 반하는 범죄는 평화를 파괴하는
행위에 대한 국제사회의 엄벌 욕구를 잘 나타내고 있다. 평화에 반하는 범죄란
‘선전포고를 했거나 또는 선전포고를 하지 않고 침략전쟁을 계획하고 준비하여
전쟁을 일으킨 행위, 또는 국제법, 조약, 협정 및 서약을 위반하고 전쟁을 일으킨
행위, 또는 상술한 행위를 실현시키고자 공동계획 또는 공동모의에 참여하는 행위’를
가리킨다. 도쿄재판소는 침략전쟁을 ‘일으키는’ 것뿐만 아니라 ‘준비’하는 것도
전쟁범죄라고 판단하였다. “준비는 범죄행위가 진짜로 진행되기 전의 각종 계획을
실시하는 단계이다.” 도쿄재판소에서는 일본 군국주의자들이 어떻게 일본 정부를
장악하고 어떻게 국가정책을 통해 전체 일본 사회를 총동원하여 전쟁을 준비했는가를
면밀히 살폈고, 독일, 이탈리아와 3국 협정을 체결하고 침략전쟁을 공모한 사실을
기소했다. 그리고 마쓰이 이와네(松井錫根), 오카 다카즈미(岡敬純), 오시마 히로시(大島
浩), 시게미쓰 마모루(重光葵), 시마다 시게타로(島田繁太郎)와 도고 시게노리(東鄕茂德)를
제외한 25명 A급 전범 중 19명이 침략전쟁 준비에 참여했다고 판결했다.

평화에 반하는 범죄는 침략전쟁의 범위를 ‘선전포고를 하지 않은 전쟁’까지
확대시켰고 ‘선전포고 여부’를 막론하고 모두 침략전쟁으로 판정했다. 일부 학자들은
진주만 습격 전에 중국 정부가 일본에 선전포고를 하지 않았기 때문에 진주만
습격을 침략전쟁의 시작으로 봐야 한다고 주장한다. 만약 도쿄재판소에서 이 주장을
받아들였다면 일본이 중국에서 저지른 중대한 전쟁범죄가 재판범위를 벗어나게
될 것이고 ‘난징대학살과 같은 만행도 역사에서 사라지고 말 것이며 전쟁 중에
발생한 믿을 수 없는 풍문이 되고 말았을 것이다. 만약 도쿄재판소가 태평양전쟁
이전에 중국에서 저지른 범죄를 재판하지 않았다면 아마 더 많은 전쟁범죄자들이
처벌을 면하게 되었을 것이고 일본 사회와 국제사회에서 일본 군국주의의 잔인한

본질을 이해하는 데 불리하게 작용했을 것이며 근본적으로 군국주의를 뿌리를 뽑는 데 불리했을 것이다.

침략전쟁의 범위를 '선전포고를 하지 않은 전쟁'까지 확대시키면 침략전쟁을 일으킨 국가가 '선전포고를 하지 않고' 침략하는 행위를 저지할 수 있으며 작은 마찰에서 통제 불가능한 전쟁으로 발전할 가능성도 일정한 정도 모면할 수 있어 전쟁 발발 확률을 낮출 수 있을 것이다.

다음으로 국제군사재판소를 설립하여 패전국에 대해 군사재판을 진행한 것은 평화에 대한 갈망에서 비롯된 것이다. 1945년 '포츠담선언'은 전쟁범죄자들에 대하여 "법적으로 엄격한 처벌을 내릴 것"이라고 선언하면서 처벌 목적은 복수가 아니며 "일본 민족을 노예화할 생각도 그들의 국가를 멸망시킬 의도도 없다"고 천명하였다. 전통적인 국제법상 패전국에 대한 처벌은 일반적으로 전패한 장군을 죽이고 영토를 떼어 주는 방식이었다. 이런 처벌 방식은 즉시적이고 간단하지만 폭력적이고 야만적이며 복수심을 심어 주기 십상이다. 패전국은 일단 국력이 회복되면 기회를 보아 다시 복수에 착수하기 때문에 보복의 악순환에 빠지게 되고 세계는 끝없는 전쟁과 동란에 휘말리게 될 것이다.

패전국에 대해 국제재판을 진행하자는 제안이 처음 제기되었을 때부터, 국가 간의 협력, 시간, 인력, 물력, 재력의 투입 등 문제가 대두되었다. 추축국에 대한 처벌과 관련하여 연합국 내부에서는 즉결처분과 국제재판을 진행하자는 두 가지 의견이 팽팽하게 맞섰다. '즉결처분'이 더 효율적일 수도 있었지만 연합국은 최종적으로 재판이라는 험난한 길을 선택했다. 국제군사재판소를 설립하여 패전국에 대한 '문명 재판'을 진행하는 것이었다. 이는 한편으로는 '정의를 과시하기' 위한 것이었고 다른 한편으로는 평화적으로 국제 사무를 처리하는 본보기를 수립하기 위한 것이었다.

도쿄재판은 피고인들에게 충분한 변호권을 주었고 평화적인 재판으로 패전국의 전범을 처벌했으며 전후 국제질서를 새롭게 구축했다. 이를 통해 전쟁으로 국가 이익을 도모하는 방식은 지양해야 하고 국제질서의 형성은 평화로운 방식을 통해서도 가능하다는 것을 보여 주었다. 도쿄제국대학의 단도 시게미쓰(團藤重光) 교수는 "도쿄

도쿄재판소 전경

재판은 세계적인 여론형성에 아주 큰 역할을 했다. 이는 세계평화에 간접적으로 매우 큰 기여를 한 것이다"라고 했다. 도쿄재판과 뉘른베르크재판을 통해 구축된 국제 문제에 대해 평화적인 해결 방법을 도모하는 이념은 세계적인 여론을 형성하였고 이 여론은 전쟁을 미연에 방지하는 역할을 했다.

그 다음 도쿄재판은 역사를 총화하고 미래에 경종을 울리는 역할을 했다. 국제군사재판소를 설립하여 국제재판의 방식으로 패전국을 응징하는 방안은 헨리 루이스 스팀슨(Henry Lewis Stimson) 미국 육군부장의 노력으로 실현된 것이다. 루스벨트 대통령에게 국제재판 방식을 설득하는 과정에 스팀슨은 다음과 같이 국제재판의 필요성을 설명했다. "우리는 반드시 예방성적인 처벌 방식을 강구해야 합니다. 우리가 추구하는 것은 교육성적인 처벌이지 보복이 아니기 때문입니다." 법적 절차를 통해 전범피의자를 기소하는 과정은 한편으로 역사를 총화하여 일본 군국주의가 저지른 범죄를 법정 심문을 통해 역사에 길이 남기고 이로써 세계에 경종을 울리고자 한 것이다. 다른 한편, 이는 또한 민중에 대한 교육이기도 하다. 도쿄재판 개정 당시, 법정은 매일 판사, 피고인, 변호사, 법률사무원, 일본과 외국 기자, 일반 민중을 포함한 1,000명 좌우의 사람들로 북적였다. 1948년 11월 3일의 『아사히신문』에는 다음과 같은 사설이 실렸다. "도쿄재판의 판결은 일본의 역사와 세계 역사에서 매우 중요한 의의를 지닌다. 왜냐하면 이것은 평화를 지향하는 전 세계인의 의지의 발로이기 때문이다." 도쿄재판은 "피고인들이 군국주의를 특징으로 하는 구일본에서 완전히 탈피할 것을 요구하면서, 앞으로 평화로운 국가를 건설해야 한다고 촉구했다." 도쿄재판은 일본과 세계에 화해의 기회를 제공해 주었다. 1951년 일본은 '샌프란시스코 강화 조약'을 통해 국제사회에 복귀했다. 하지만 그 전제는 일본에 대한 극동국제군사재판소의 재판을 승인하는 것이었다.

소결

　제2차 세계대전 이후 국제사회는 두 개의 국제군사재판소를 설립하여 전쟁범죄를 처벌하는 국제형사재판을 실행했는데, 이를 통해 전후 평화로운 국제질서의 기반이 마련되었다. 연합국이 간단명료한 즉결처분 방식을 포기하고 시간이 걸리고 힘든 '국제재판'을 선택한 것은 전쟁을 미연에 방지하고 세계평화를 수호하기 위해서였다. 국제군사재판소의 재판은 '사악한 무리를 진압한 투쟁의 기록일 뿐만 아니라 세계를 정의롭고 공정한 규범으로 이끈 거대한 사건이었다.'

　도쿄재판과 뉘른베르크재판은 개인의 국제형사책임을 추궁하는 선례를 개척하여 '국가가 더 이상 개인의 '보호막'이 될 수 없다는 것을 보여 주었다. 이는 전쟁을 일으키려는 국가 지도자들에게 강력한 경고메시지가 되었고 전쟁을 효과적으로 예방할 수 있었다. 국제적인 재판을 진행한 것은 전쟁 책임자를 처벌하기 위한 것이었으며 역사를 기록하고 전쟁의 진상을 밝혀 민중을 교육하고 효과적인 예방체계를 구축하기 위한 것이었다.

　극동국제군사재판은 일본 민중들에게 역사적 진실을 밝혀 주었고, 일본으로 하여금 전쟁권과 교전권, 자국 군대를 포기하고 민주와 평화의 길로 나아갈 수 있게 하였다. 또한 자칫 역사의 뒤안길에 영원히 묻힐 뻔한 사건들을 기록에 남겼다. 제2차 세계대전 기간 일본이 일으킨 침략전쟁은 아시아 각국에 대한 잔혹한 침략행위였다는 사실이 도쿄재판의 심리와 판결을 통해 부정할 수도 왜곡할 수도 없는 역사기록으로 남게 된 것이다. 전후 동아시아 지역의 평화질서의 수립은 전쟁역사에 대한 도쿄재판의 판결과 일본이 평화의 길을 선택함으로써 가능해졌다. 도쿄재판의 판결 결과를 인정하는 것은 일본이 국제사회로 복귀하는 전제조건이 되었다. 도쿄재판의 성과를 수호하는 것은 동아시아 나아가 세계의 평화 정립에 있어서 중요한 의의를 지닌다.

부록

1. 인물 소개

1) 판사 소개

1. 윌리엄 플루드 웨브(William Flood Webb)

호주 판사, 재판장. 퀸즐랜드 중재법원 판사 겸 법원장, 퀸즐랜드 법원장 등 직을 역임. 1942년 작위 수여. 1943년부터 선후로 세 번이나 호주 일본군 범죄행위 조사위원회 주석직 역임. 1946년 1월 극동국제군사재판소 재판장으로 부임.

2. 에드워드 스튜어트 맥더걸(Edward Stuart McDougall)

캐나다 판사. 퍼트리샤 공주 경보병대 복역. 퀘벡황좌법원 판사, 노사갈등 황실조사위원회 위원 역임. 1946년 캐나다 대표 판사로 극동국제군사재판소 재판에 참여.

3. 메이루아오(梅汝璈)

중국 판사. 시카고대학교에서 법학박사학위 취득 후 중국 국민당 정부 참사 겸 행정소원위원회 위원, 입법원立法院 위원, 국방최고위원회 특별위원 역임. 1948년 12월 국민당 정부 사법행정부 부장. 중화인민공화국 성립 후 외교부 고문 및 제1회 전국인민대표대회 대표, 전국인민대표대회 상무위원회 법안위원회 위원.

4. 앙리 베르나르(Henri Bernard)

프랑스 판사. 프랑스 육군 복역. 제2차 세계대전 기간 드골 장군이 지도하는 자유프랑스군 참가. 그리스 사비에르 군사재판소 검사장. 전후 파리 제1군사재판소 근무, 오스트리아 주재 프랑스 점령군 근무. 1946년 프랑스 대표 판사로 도쿄재판에 참여.

5. 베르나르트 빅토르 알로이시위스 륄링(Bernard Victor A. Röling)
네덜란드 판사. 위트레흐트대학교 법학박사학위 취득. 미들버그법원 판사, 위트
레흐트법원 판사 및 위트레흐트대학교 형법교수. 네덜란드 대표 판사로 극동국제
군사재판소에 파견. 도쿄재판 후 여러 대학교의 형법과 국제법 교수로 활약.

6. 이반 미헤예비치 자랴노프(Ivan Mikheevich Zaryanov)
소련 판사. 소련 최고법원 구성원, 소련 최고법원 군사재판소 판사, 홍군군법학교
교장. 1935년과 1938년 판사 신분으로 트로츠키(Trotsky)파와 부하린(Bukharin)파
재판에 참여.

7. 윌리엄 도널드 패트릭(William Donald Patrick)
영국 판사. 영국 변호사협회 주석, 스코틀랜드 최고법원 판사. 1946~1948년
영국 판사 신분으로 극동군사재판소 전범재판에 참여, 1949년 추밀원 고문관,
1950년 에든버러왕립학원 원사.

8. 존 패트릭 히긴스(John P. Higgins)
미국 판사. 1937년부터 줄곧 매사추세츠주 최고법원 수석판사. 1946년 1월
대통령 트루먼의 명으로 극동국제군사재판소 미국 판사로 부임. 같은 해 6월
사직한 후 크레이머 장군이 그 자리를 이어받음.

9. 마이런 케이디 크레이머(Myron C. Cramer)
미국 판사. 워싱턴 군법총감부 군법감, 필리핀 사무사事務司 군법감, 미국 육군군법
총감. 1946년 7월 10일, 국내로 소환되어 극동군사재판소 판사로 부임, 재판장
웨브가 귀국한 후 대리 재판장을 맡음.

10. 라다비노드 팔(Radhabinod Pal)
인도 판사. 인도 콜카타(Kolkata)대학교 법학박사. 1940년 콜카타고등법원 판사.
도쿄재판에 참가한 11명 판사 중 유일하게 전체 피고인의 무죄를 주장한 판사.

11. 에리마 하비 노스크로프트(Erima Harvey Northcroft)
뉴질랜드 판사. 뉴질랜드 육군 군법총감, 뉴질랜드 최고법원 판사 역임. 1946~
1948년 뉴질랜드 판사 신분으로 도쿄재판에 참가. 그 공로로 1949년에 기사로
진급.

12. 델핀 헤부시온 하라니아(Delfin Jebución Jaranilla)
필리핀 판사. 필리핀 총검사, 필리핀 군법총감, 필리핀 임시정부 사법부 부장,
필리핀 최고법원 판사 역임. 제2차 세계대전 기간 '죽음의 바탄 행진'을 직접
겪음.

2) 검사 소개

1. 조지프 베리 키넌(Joseph Berry Keenan)
수석검사. 미국 검찰총장 특별보좌관, 미국 검찰총장 보좌관 겸 사법부 형사처
주임 역임. 1945년 11월에 트루먼 대통령에 의해 일본전쟁범죄 수사 법률고문단
단장으로 임명, 이듬해 극동군사재판소 수석검사로 파견.

2. 샹저쥔(向哲濬)
중국 검사. 1925년 조지 워싱턴대학교 법학학사. 베이징대학, 베이징교통대학,
허베이대학, 베이징법정대학 교수 역임. 1927년 사법부 및 외교부 비서, 장쑤성
우(吳)현 지방법원 원장, 상하이 제1 특별지역 지방법원 수석검사, 국방최고위원회
비서, 최고법원 샹웨(湘粤)분원1) 수석검사, 상하이 고등법원 수석검사 역임.
1949년 4월 1일 사법원司法院 대판사로 부임. 도쿄재판 검사 역임 후 대학교에서
교편을 잡음. 역저로 『인도의 발견』 등이 있음.

3. 아서 스트레텔 코민스 카(Arthur. S. Comyns Carr)
영국 검사. 1908년 런던 4대 변호사동업조합 그레이동업조합 변호사 담당.

---

1) 역자 주: 湖南省과 廣東省 법원.

1924년 황실 법률고문, 1938년 그레이동업조합 운영 위원. 1946년 영국 검사 신분으로 도쿄재판에 참가하여 수석검사로 부임, 뛰어난 업무능력으로 각계 호평 받음. 1949년 왕실로부터 기사 수여.

4. 세르게이 알렉산드로비치 골룬스키(Sergei Alexandrovich Golunsky)
소련 검사. 모스크바 검찰총장. 1943~1952년 소련 외교부 법률조약사法律條約司 근무. 1944년 덤버턴오크스 회의, 1945년 샌프란시스코 회의 참석, 포츠담회담 시 소련 대표단 번역 및 법률 자문 담당. 극동국제군사재판소 개정 후 소련 검사로 재판에 참석.

5. 앨런 제임스 맨스필드(Alan James Mansfield)
호주 검사. 퀸즐랜드 대법원 판사, 호주 전쟁조사위원회 위원, 유엔 전쟁범죄조사 위원회 구성원. 1946~1947년 호주 검사 신분으로 극동국제군사재판소 재판에 참여. 재판 후 퀸즐랜드주 주지사로 부임. 1970년 황실 빅토리아 고급훈작 수여.

6. 헨리 그래턴 놀런(Henry Grattan Nolan)
캐나다 자치령 검사. 제2차 세계대전 기간 육군법무 차감. 1946년 극동국제군사재판소 캐나다 검사로 지명파견. 1956년 캐나다 최고법원 판사.

7. 로베르 뤼시앵 오네토(Robert L. Oneto)
프랑스공화국 검사. 프랑스 세인(Seyne)과 말린(Malines) 배심법원 수석검사, 프랑스 사법부 관원. 1944년 독일 침략 저항단체 구성원. 프랑스 해방 후, 베르사유 특별법원 수석검사로 나치와 비시 전범자와 부역자의 재판에 참여.

8. 빌럼 헤오르허 프레데릭 보르헤르호프 뮐더르(W. G. Frederick Borgerhoff Mulder)
네덜란드 검사. 전쟁 전 자카르타에서 변호사로 활약. 네덜란드 검사로 극동국제 군사재판소에 지명파견 되기 전 헤이그 특별전범재판소 판사. 다른 검사들보다 좀 늦게 부임(1946년 3월 4일)됐지만 공소장에 명시된 네덜란드 관련 안건에 관한 증거자료 확보를 위해 최선을 다함.

9. 로널드 헨리 퀼리엄(Ronald Henry Quilliam)
전 뉴질랜드 연방검사. 1891년생, 1946~1948년에 극동국제군사재판소 검사로 부임하기 전 뉴질랜드 군부대리 부관장(1939~1945), 준장. 도쿄재판 후반기 먼저 귀국한 호주 검사의 업무까지 수행.

10. 파남필리 고빈다 메논(P. P. Govinda Menon)
인도 검사. 1946년 인도 검사로 극동국제군사재판소 재판에 참여했다가 중도에 사직. 그 업무는 영국 검사 코민스 카(Comyns Carr)가 겸임. 1947년 마드라스 고등법원 판사로 부임.

11. 페드로 로페스(Pedro Lopez)
필리핀 검사. 필리핀 국회의원.

부: 각국 보조검사 명단
국제검사국의 직원들은 11개국에서 파견되어 왔는데 미국인이 제일 많았다. 검사 측을 대표하여 출정한 검사 중, 미국 검사 키넌이 수석검사이고 기타 각국에서 한 명씩 파견한 대표 검사(예를 들어 중국 검사 샹저쥔)는 배석검사(Associate Counsel)이고, 나머지는 모두 보조검사(Assistant Counsel)였다.

어선(Ao, Daniel S.)	헬렌 G. 램버트(Lambert, Helen G.)
W. G. F. 보르헤르호프 밀더르 (Borgerhoff-Mulder, W. G. F.)	A. T. 레버지(Laverge, A. T.)
존 W. 브라버나스미스(Brabner-Smith, John W.)	류쯔젠(劉子健, Liu, James T. C.)
제임스 H. 브록(Brock, James H.)	그레이스 카노데 뤼웰린 (Llewellyn, Grace Kanode)
W. 글랜빌 브라운(Brown, W. Glannville)	윌리스 E. 마호니(Mahoney, Willis E.)

추사오형(裴勛恒, Chiu, Henry)	월터 I. 매켄지(McKenzie, Walter I.)
찰스 T. 콜(Cole, Charles T.)	보스 E. 매키니(McKinney, Worth E.)
스미스 N. 크로(Crowe, Smith N.)	K. 크리스나 메논(Menon, K. Krisna)
플로이드 W. 커닝엄(Cunningham, Floyd W.)	F. A. 미그농(Mignone, F. A.)
T. R. 델라니(Delaney, T. R.)	로이 모건(Morgan, Roy)
J. S. 신닝 담스터(Damste, J. S. Sinninghe)	토마스 F. 모르나메(Morname, Thomas F.)
존 다르시(Darsey, John)	토마스 H. 모로(Morrow, Thomas H.)
레지날드 스펜서 데이비스 (Davies, Reginald Spencer)	레프 니콜라에비치(Nikolaevich, Lev)
로제 데포(Depo, Roger)	니정위(倪征燠, Nyi, Judson T. Y.)
로베르 M. 도니시(Donihi, Robert M.)	에드워드 E. 오닐(O'Neill, Edward E.)
하리만 도시(Dorsey, Harryman)	케네스 N. 파킨슨(Parkingson, Kenneth N.)
레스터 C. 더니건(Dunigan, Lester C.)	파슈코스키 A. 알렉스(Pashkovsky, Alex A.)
윌리암 E. 에드워즈(Edwards, William E.)	귀도 피그나텔리(Pignatelli, Guido)
요제프 F. 잉글리시(English, Joseph F.)	프라우트 윌리엄(Prout, William C.)
존 W. 피헬리(Fihelly, John W.)	제임스 J. 로빈슨(Robinson, James J.)
로우랜드 W. 픽셀(Fixel, Rowland W.)	S. J. 로젠블리트(Rosenblit, S. J.)
자크 구엘루(Gouelou, Jacques)	헨리 A. 새켓(Sackett, Henry A.)
발렌타인 C. 함맥(Hammack, Valentine C.)	아서 A. 산드스키(Sandusky, Arthur A.)
그루버 C. 하딩(Hardin, Grover C.)	존 D. 쉐어(Shea, John D.)
헨리 A. 하우푸르스트(Hauxhurst, Henry A.)	A. T. 스미르노프(Smirnov, A.T.)
휴 B. 헬름(Helm, Hugh B.)	커트 스타이너(Steiner, Kurt)
칼라일 W. 히긴스(Higgins, Carlisle W.)	C. R. 스트루커(Strooker, Mrs. C.R.)
솔리스 호비츠(Horwitz, Solis)	데이베드 N. 서튼(Sutton, David N.)
존 F. 험멜(Hummel, John F.)	V. 타데보시안(Tadevosyan, V.)
크리스마스 험프리스(Humphreys, Christmas)	프랭크 S. 태버너(Tavenner, Frank S.)
오스몬 G. 하이디(Hyde, G. Osmond)	A. N. 바실리예프(Vasiliev, A. N.)
엘튼 M. 하이드(Hyder, Elton M., Jr.)	로버트 M. 워트(Vote, Robert M.)
A. T. 이바노프(Ivanov, A. T.)	로버트 L. 윌리(Wiley, Robert L.)
V. 카플란(Kaplan, V.)	앨버트 윌리암스(Williams, Albert)
A. V. 쿠닌(Kunin, A. V.)	유진 D. 윌리암스(Williams, Eugene D.)
구이위(桂裕, Kwei, Yu)	길버트 S. 울위스(Woolworth, Gillbert S.)

3) 변호인단 소개

1. 수석변호인

미국 측 변호인단: 베벌리 M. 콜먼(Beverly M. Coleman. 해군대령. 1946년 6월 18일에 사임)

일본 측 변호인단: 단장 우자와 후사아키(鵜澤總明), 부단장 기요세 이치로(淸瀨一郎)

2. 피고인 개인변호인

피고인	일본인 변호인	미국인 변호인	보좌 변호인
아라키 사다오 (荒木貞夫)	스가와라 히로시 (菅原裕)	로런스 P. 맥매너스 (1946.6.1~)	하스오카 다카아키 (蓮岡高明) 도쿠오카 지로 (德岡二郎)
도이하라 겐지 (土肥原賢二)	츠카사키 나오요시 (塚崎直義. ~1946.6.4) 오타 긴지로 (太田金次郎. 1946.6.13~)	프랭클린 E. 워런 (1946.6.1~)	가토 다카히사 (加藤隆久) 기무라 시게하루 (木村重治)
하시모토 긴고로 (橋本欣五郎)	하야시 이쓰로 (林逸郎)	E. R. 해리스 (1946.9.9~)	가나세 군지 (金瀨薰二) 이와마 고헤이 (巖間幸平) 스가이 도시코 (菅井俊子)
하타 슌로쿠 (畑俊六)	고자키 마사요시 (神崎正義)	아리스티데스 G. 라자루스 (1946.6.3~) 제임스 N. 프리먼 (1948.7.12~)	고쿠부 유지 (國分友治) 이마나리 야스타로 (今成泰太郎)
히라누마 기이치로 (平沼騏一郎)	우사미 로쿠로 (宇佐美六郎)	새뮤얼 J. 클레이만 (1946.5.11) 프랭클린 E. 워런	사와 구니오 (澤邦夫) 모리 요이치 (毛利興一)
히로타 고키 (廣田弘毅)	하나이 다다시 (花井忠)	데이비드 F. 스미스 (1948.3.5~) (1946.6.1~1947.9.5, 1947.3.5~1947.9.5 법정에 서 축출당함) 조지 야마오카	안도 요시로 (安東義良) 모리시마 고로 (守島五郎)

호시노 나오키 (星野直樹)	후지이 고이치로 (藤井五一郎)	조지 C. 윌리엄스 (1946.6.1~1947.9.24) 조지프 C. 하워드 (1946.9.10~)	미기타 마사오 (右田政夫) 마쓰다 레이호 (松田令輔)
이타가키 세이시로 (板垣征四郎)	야마다 한조 (山田半蔵)	프로이드 J. 마티스 (1946.6.28~)	사사가와 도모하루 (佐佐川知治) 사카노 준키치 (阪野淳吉)
가야 오키노리 (賀屋興宣)	다카노 쓰루오 (高野弦雄)	로저스 S. 루칙 마이클 레온 (1946.6.13~) E. 리처드 해리스 (1948.8.16~)	다나카 야스미치 (田中康道) 후지와라 겐지 (藤原謙治) 야마기와 마사미치 (山際正道)
기도 고이치 (木戶幸一)	호즈미 시게타케 (穂積重威)	윌리엄 로건 (1946.6.1~)	기도 다카히코 (木戶孝彦, 木戶幸一의 아들)
기무라 헤이타로 (木村兵太郎)	시오바라 도키사부로 (塩原時三郎)	조지프 C. 하워드 (1946.6.1~)	고레쓰네 다쓰미 (是恒達見) 아베 아키라 (安部明)
고이소 구니아키 (小磯國昭)	산몬지 쇼헤이 (三文字正平)	알프레드 W. 브룩스 (1946.6.1~1947.6) 조지프 C. 하워드 (1947.6~)	다카기 가즈야 (高木一也) 미마치 쓰네히사 (三町恒久) 고바야시 교이치 (小林恭一) 마쓰자카 도키히코 (松阪時彦)
마쓰이 이와네 (松井石根)	우자와 후사아키 (鵜澤總明, ~1946.6.4) 이토 기요시 (伊藤淸, 1946.6.13)	프로이드 J. 마티스 (1946.6.28~)	가미시로 다쿠젠 (上代琢禪) 오무로 료이치 (大室亮一)
마쓰오카 요스케 (松岡洋右)	고바야시 순조 (小林俊三)	프랭클린 E. 워런 (Franklin E. Warren)	
미나미 지로 (南次郎)	다케우치 긴타로 (竹内金太郎, ~1946.6.4) 오카모토 도시오 (岡本敏男, 1946.6.13~)	윌리엄 J. 매코맥 (1946.6.13~10.15) 알프레드 W. 브룩스 (1946.6.1~1947.6) 조지프 C. 하워드 (1947.6~)	마쓰자와 다츠오 (松澤龍雄) 곤도 기이치 (近藤儀一)

무토 아키라 (武藤章)	오카모토 쇼이치 (岡本尚一)	조지 A. 퍼네스 (1946.5.12~7.13) 로저스 F. 커 (1946.6.13~)	사에키 지히로 (佐伯千仞) 하라 기요하루 (原清治) 마쓰자키 다카시 (松崎巍)
나가노 오사미 (永野修身)	오쿠야마 와치로 (奥山八郎)	존 G. 브래넌 (1946.6.13)	야스다 시게오 (安田重雄)
오카다 가즈미 (岡敬純)	무네미야 신지 (宗宮信次)	프랭클린 E. 워런 (1946.7.1~1947.2.19) 앨런 로버츠 새뮤얼 (1947.2.19~)	오노 세이치로 (小野清一郎) 이나가와 다쓰오 (稻川龍雄)
오카와 슈메이 (大川周明)	오하라 신이치 (大原信一)	알프레드 W. 브룩스 (1946.5.21~)	가네우치 료스케 (金内良輔) 후쿠오카 아야코 (福岡文子)
오시마 히로시 (大島浩)	츠카사키 나오요시 (塚崎直義. ~1946.6.4) 시마우치 다쓰오키 (島内龍起. 1946.6.13~)	어빙 커닝엄 (1946.5.3~)	우치다 후지오 (内田藤雄) 우시바 노부히코 (牛場信彦)
사토 겐료 (佐藤賢了)	기요세 이치로 (清瀬一郎. ~1946.6.4) 구사노 효이치로 (草野豹一郎. 1946.6.13)	제임스 N. 프리먼 (1946.6.3~1947.1) 존 G. 브래넌 (1947.1~)	야부 우마이사부로 (藪伊三郎) 후지사와 지카오 (藤澤親雄)
시게미쓰 마모루 (重光葵)	다카야나기 겐조 (高柳賢三. ~1946.7.26) 야나이 쓰네오 (柳井恒夫. 1946.7.29~)	조지 A. 퍼네스 대위 (후에 소령으로 진급. 1946.5.5~)	가나야 시즈오 (金谷静雄) 미우라 가즈이치 (三浦和一)
시마다 시게타로 (島田繁太郎)	다카하시 요시쓰구 (高橋義次)	에드워드 P. 맥더모트 (1946.6.3) E. 리처드 해리스 존 G. 브래넌 (1947.1~)	다키가와 마사지로 (瀧川政次郎) 이와이 시마오 (祝島男) 스즈키 오 (鈴木男)
시라토리 도시오 (白鳥敏夫)	우자와 후사아키 (鵜澤總明. ~1946.6.4) 나리도미 노부오 (成富信夫. 1946.6.13~)	찰스 B. 코들 (1946.6.3~)	사쿠마 노부 (佐久間信) 히로타 요오지 (廣田洋二)
스즈키 데이이치 (鈴木貞一)	하세가와 겐키치 (長谷川元吉. ~1946.7.29) 다카야나기 겐조 (高柳賢三. 1946.9.23~)	마이클 레온 (1946.6.13~)	가이노 미치타카 (戒能通孝) 가토 잇페이 (加藤一平)

도고 시게노리 (東鄉茂德)	호즈미 시게타케 (穗積重威. ~1946.9.20) 니시 하루히코 (西春彦. 1946.9.23~)	찰스 T. 영 (~1946.7.15) 조지 야마오카 (1946.5.5~1946.7) 벤 브루스 블레이크니 소령 (1946.7.22~)	가토 덴지로 (加藤傳次郎) 니이로 가츠미 (新納克己)
도조 히데키 (東條英機)	기요세 이치로 (淸瀬一郎)	베벌리 M. 콜먼 대령 (~1946.6.19) 조지 F. 브루윗 (1946.8.29~)	마쓰시타 마사토시 (松下正壽)
우메즈 요시지로 (梅津美治郎)	미야케 쇼이치로 (三宅正一郎) 미야타 미쓰오 (宮田光雄. 1946.7.30~)	벤 브루스 블레이크니 소령 (1946.5.13~)	오다 기사쿠 (小田喜作) 이케다 준히사 (池田純久) 우메즈 요시카즈 (梅津美一. 梅津美治郎의 아들)

3. 기타 일부 변호인 소개

• 우자와 후사아키(鵜澤總明)

일본 변호인 단장. 1872년 일본 지바(千葉)현 출생. 1899년 도쿄제국대학 독일법률학과 졸업. 1906년 법학박사학위 취득, 메이지대학 총장 3회. 1930~1937년 일본 귀족원 의원. 변호사의 신분으로 '고토쿠 슈스이(幸德秋水) 사건', '데이진(帝人) 사건' 등 유명 안건 변호사. 도쿄재판에서 마쓰이 이와네(松井石根), 시라토리 도시오(白鳥敏夫)를 변호.

• 기요세 이치로(淸瀬一郎)

1884년생, 일본 효고(兵庫)현 출신. 1908년 교토제국대학 법대 졸업, 법학박사학위 취득, 영국, 독일, 프랑스 등에 유학. 1920년부터 일본 패전 직후까지 15회 중의원 의원 당선. 유명한 형사전문변호사. 정치적 입장은 초기에는 '자유좌파'에 속했지만 후에는 점차 국가주의로 변질. 1932년부터 국민동맹 간사장, 대정익찬회 총무 등 역임. 일본 패전 후 도쿄재판에서 일본 측 변호인단 부단장, 도조 히데키의 주임변호사 역임. 그의 변호는 강력한 국가 변호 경향성을 띠고 있으며, 일본이 일으킨 전쟁의 침략성을 부인하고 있음. 전범재판이 끝난 후, 정계에 복귀하여 개진당 간사장, 문부대신 등을 역임. 중의원 의장을 지내며 교육위원회 임명제, 안보 조약, 분쟁이 있는 조약을 강행처리. 1967년 사망.

• 하야시 이쓰로(林逸郎)
일본 변호인단 연락부장. 도쿄재판에서 하시모토 긴고로(橋本欣五郎) 담당변호사. 1891년 일본 오카야마(岡山)현 출생. 1920년 도쿄대학 졸업, 형사변호사. 도쿄 변호사협회 회장, 일본 변호사총회 총무이사, 일본 법정대학 교수. '5·15 사건', '혈맹단 사건' 등 담당변호사.

• 벤 브루스 블레이크니(Ben Bruce Blakeney)
1908년 미국 오클라호마주에서 태어나 오클라호마대학교 및 하버드대학교 졸업. 오클라호마주 석유회사 법률고문. 1942년 육군에 소집되어 전시포로심문과 책임자로 지낸 경력으로 일본 사무에 정통. 도쿄재판 시작 시 미국 육군 소령 신분으로 도고 시게노리(東郷茂德)와 우메즈 요시지로(梅津美治郎)의 변호를 담당. 일본인들이 익숙히 알고 있는 미국 측 자료를 이용하여 피고인을 위해 변호. 미국의 원폭 투하도 일본이 전쟁을 일으킨 것과 마찬가지로 육전조약(陸戰條約) 위반이라며 재판부와 팽팽히 맞섬. 이로 하여 피고인 변호인단의 중요한 일원이 됨. 도쿄재판 후 도쿄에 법률사무소 설립. 1963년 비행기 사고로 사망.

• 조지 A. 퍼네스(George A. Furness)
1896년 미국 뉴저지주에서 태어나 하버드대학교 졸업, 보스턴에서 개업 변호사로 활약. 태평양전쟁 발발 후 육군에 가담. 종전 후 마닐라군사재판소에서 혼마 마사하루(本間雅晴) 중장과 다나베 모리타케(田邊盛武) 중장의 변호를 담당, 도쿄재판에서 피고인 시게미쓰 마모루(重光葵)의 변호를 담당. 재판 과정에서 기요세 이치로(清瀬一郎)를 부추겨 재판장에게 회피 동의안(動議案)을 제출하게 하고, 시게미쓰 마모루에게 유리한 증거를 많이 수집. 도쿄재판 후 블레이크니와 함께 도요다 소에무(豊田副武)의 변호를 맡아 도요다 소에무를 무죄석방시킴. 그 후 일본 정착, 1950년에 로펌 설립. 1985년 사망.

• 데이비드 F. 스미스(David F. Smith)

미국 워싱턴에서 태어나 조지타운대학교 졸업, 1925년 법학박사학위 수여. 도쿄재판에서 히로타 고키(廣田弘毅)의 담당변호사. 일본의 '경제적 압박'을 변호의 중점으로 삼음. 법정 운영에 수차례 부당함 제기. 1947년 3월 5일 부적절한 발언으로 법정을 비난하고, 부적절한 발언의 철회 및 사과를 거부한 탓에 법정에서 추방. 이듬해 2월 미국으로 귀환. 도쿄재판 후 변호사 로건과 함께 미국 최고법원에 상소를 제기하여 도쿄재판 피고인 석방을 청구했으나 기각됨.

4) 중국 대표단 소개

1. 중국 대표단 명단

판사: 메이루아오(梅汝璈)

판사 비서: 팡푸수(方福樞), 양서우린(楊壽林), 뤄지이(羅集誼)

검사: 샹저쥔(向哲濬)

검사 비서: 추사오헝(裘劭恒), 류쯔젠(劉子健), 주칭루(朱慶儒), 가오원빈(高文彬. 겸임)

고문: 니정위(倪征噢. 수석고문), 어썬(鄂森), 구이위(桂裕), 우쉐이(吳學義)

번역: 저우시칭(周錫卿), 장페이지(張培基), 정루다(鄭魯達), 류지성(劉繼盛), 가오원빈(高文彬)

2. 기타 일부 구성원 소개

• 어썬(鄂森)

1902년 장쑤성 양저우(揚州)에서 태어남. 1919년 링컨대학교 법학학사학위 취득, 1928년 동우(東吳)대학 법학과 졸업, 1929년 미국 스탠퍼드대학교 법학박사학위 취득. 귀국 후 상하이에서 개업변호사로 활약하면서 동우대학 법대교수 겸임. 1945년 상하이 사회국 제1처 처장. 1946년 도쿄재판에 증원된 4명의 고문 중의 한 사람. 니정위(倪征噢)와 함께 베이징으로 가서 재판에 필요한 증거와 수집하고 증인을 물색. 그중에 난징대학살의 생존자인 상더이(尙德義), 우창더(伍長德), 목격자인 미국적 의사 로버트 윌슨, 존 매기(John G. Magee) 목사 등도 포함되어 있음. 1948년 난징 국민당 정부 행정원 참사로 부임, 5개월 후 사직하고 상하이로 돌아가 교편을 잡음. 1949년 이후 동우대학 법대 교무처장, 원무위원院務委員을 역임 상하이시 밀가루공업협동조합 주임비서 겸임. 1956년 상하이시 공상연합회 사료과史料科 직원, 상하시 문사관文史館 직원. 1970년 사망.

• 팡푸수(方福樞)

1914년생으로 베이징사범대학부속중학교 이수, 동우대학에서 법률학 전공. 졸업 후 상하이 시정위원회 법률부 대표변호사로 활약. 도쿄재판 기간 중국 판사 메이루아오(梅汝璈)의 비서. 그 후 상하이 자딘 매디슨(Jardine Matheson Limited)에서 근무하다가 홍콩으로 가 Jebsen그룹 행정매니저를 역임하면서 방직, 기계 업무 주관. 1976년 사망.

• 가오원빈(高文彬)

1920년생. 1945년 동우대학 법대 졸업. 1946년 일본 도쿄에 설치된 극동국제군사재판소 일본 A급 전범재판에 지원 참여. 선후로 국제검사처 통역관, 중국 검사사무실 비서 역임, 일본군이 중국을 침략한 증거 수집, 정리하고 그 증거들을 영어로 번역하는 일을 담당. 법학을 전공한 그는 후에 샹저쥔의 비서로 됨. 연합군이 봉인하여 보관한 일본군 기록자료 중 『도쿄 니치니치신문』(東京日日新聞, 현 『마이니치신문』)에서 「누가 먼저 100인을 참수하는가」를 겨루었다」라는 기사를 발견. 1952년 상하이 군사관제위원회 외사과 근무 중 연루되어 체포. 장시(江西)에서 27년간 노동 교화에 시달리다가 1979년에 오판을 시정받고 상하이에 돌아가 상하이해운대학 교수로 부임. 현재 상하이 거주.

• 구이위(桂裕)

1902년 저장성 닝보(寧波)시 출생. 1927년 동우대학 법대 졸업. 상하이 상무인서관 편역編譯, 상하이 제1특구 법원 판사, 상하이 고등법원 판사, 최고국방위원회 비서, 사법원 참사參事 역임. 1946년에 중국이 극동국제군사재판소에 파견한 법률고문 단 4명 중의 한 명으로 일본 A급 전범재판에 참여. 도쿄재판 후 타이완대학, 판사훈련소, 동우대학, 푸런(輔仁)대학, 중국문화학원 전임교수, 객원교수 역임. 저서로는 『해상법신론海商法新論』, 『미국 해사법海事法 개론』(영문), 『보험법론』(영문) 등이 있음. 1958년 제1차 유엔 해상법海商法 회의 참석. 타이완의 대법관은 대부분 구이위의 제자. 2002년에 타이베이에서 사망.

• 류쯔젠(劉子健)

1919년생, 구이양(貴陽)에서 태어나 상하이에서 자랐으며, 칭화대학 졸업. 일본이 베이징을 점령한 후, 칭화대학이 남쪽으로 이전하게 되면서 옌징대학에 다니게 됨. 일본 패전 후 극동국제군사재판소 중국 검사단의 일원으로 일본으로 감. 일본어를 잘했기 때문에 일본어로 작성된 기록자료에서 증거를 수집하는 데 많은 도움을 줌. 1946년 미국으로 유학. 1950년 피츠버그대학교에서 박사학위를 취득하고 피츠버그대학교와 다른 학교에서 교편을 잡음. 1959년 『왕안석과 그의 변법』을 출간하여 송나라 역사 연구 분야에서의 지위를 확립. 1960년 스탠퍼드대학교 교수, 1965년 프린스턴대학교 역사학과 교수 및 동아시아 연구소 소장. 1993년 미국 뉴저지주에서 병으로 사망.

• 뤄지이(羅集誼)

1896년 산시성 푸펑(扶風)현 출생. 1921년 칭화대학 경제학과 졸업 후, 일본 유학, 경제학과 국제법 전공. 일본어, 독일어, 영어, 프랑스어를 자유롭게 구사. 귀국 후 주중국 대한민국영사관 영사, 주중국 일본영사관 영사, 난징 국민당 정부 외교부 외교담당관을 역임. 중일전쟁이 발발한 후 홍콩으로 가 주홍콩 영국 총독 비서관 역임. 신분 편의를 이용하여 홍콩에 거주하고 있던 유명 인사들을 충칭으로 철수시켜 일본 침략자들의 박해로부터 벗어나게 함. 도쿄재판이 시작된 후 극동군사재판소 중국대표단 판사 비서로 부임되어 일본 전범재판에 참여. 재판 후 홍콩으로 가 홍콩대학 교수로 부임함. 1976년 사망.

• 니정위(倪征噢)

1906년 장쑤성 쑤저우(蘇州)에서 출생. 1928년 상하이 동우대학을 졸업하고 법학 학사학위 취득. 1929년 미국 스탠퍼드대학교 법학박사학위 취득, 1930~1931년 미국 홉킨스대학교 법학연구소 명예연구원으로 임용. 1931~1945년 상하이 동우대학, 대하대학大夏大學, 지지대학持志大學에서 국제법, 국제사법國際私法, 비교 민법, 법리학 등을 강의. 1946~1948년 중국 검사단 수석법률고문 신분으로 도쿄재판에 참여하여 도이하라 겐지(土肥原賢二), 이타가키 세이시로(板垣征四郎), 마쓰이 이와네(松井石根) 등의 개인변호에 날카로운 반격을 가함. 1948년 상하이 동우대학 교수 겸 법률학부 주임으로 임명, 1956년 외교부 조약條約위원회 전문위원, 조약법률사條約法律司 법률고문으로 임명. 1981년 제36차 유엔총회에서 국제법 위원회 위원으로 선출, 1982년 외교부 법률고문으로 임명. 1984년 유엔 국제법원 판사로 선출, 1987년 국제법연구원의 연락원사로 선출, 1991년에 공식 원사로 진급. 2003년 사망.

• 추사오헝(裘劭恒)

1913년 장쑤성 우시(無錫) 출생. 1933년과 1935년 선후로 동우대학 문리文理대와 법대 졸업. 1934년 변호사사무소 근무, 상하이 빙궁(秉公)변호사사무소 변호사 역임. 동우대학 상법商法과 영국법 강좌 담당, 은행과 민영공상업계에 근무. 1946년 2월부터 1946년 12월까지 극동국제군사재판소 중국 검사 비서로 활약, 일본 기록자료 중에서 주톈진 일본영사관 총영사가 일본 외무성에 보낸 비밀 전보를 찾아냄. 전보 내용은 푸이(溥儀)를 톈진에서 비밀리에 선양으로 압송하여 '만주국'을 설립하게 하자는 것. 1946년 후 상하이에 돌아가 빙궁(秉公)변호사사무소 변호사로 활약. 1949년 후 변호사사무소가 문을 닫게 되자 상하이 마오펑항(貿豐行) 지배인으로 전근, 후에 민관 합작 경영회사인 상하이국제무역회사 총관리사무소에 취직. 1957년 상하이대외무역간부학교에서 교편을 잡았고, 1961년 상하이대 외무역대학으로 전근하여 교편을 잡았으며, 1962~1964년, 1972~1981년 기간 상하이외국어대학 교수. 1981년 12월부터 1984년 1월까지 상하이대외무역대학 부학장 역임, 그 후 줄곧 이 대학 명예학장 역임. 1985년 4월부터 1990년 4월까지 홍콩특별행정구 기본법 기초위원회 위원 역임, 2009년 사망.

• 양서우린(楊壽林)

1912년 장쑤 우(吳)현 출생. 1934년 동우대학 법대 졸업. 1946년 9월 극동국제군사
재판소 중국 판사 비서로 부임. 재판 후 연합군 본부 준 A급 재판(도요다·다무라
재판) 중국 판사 역임. 그 후 동우대학, 푸단(復旦)대학 교수 역임. 1956년 상하이외국
어대학으로 전근하여 영어학부 번역교수연구실 주임, 『외국어』 편집, 상하이교
육출판사 부편집장직을 역임. 장기간 번역 교수와 교재 편찬, 학보 학술지의
편집에 종사. 저서로 『번역교정』, 역저로는 『인도의 발견』 등이 있음. 1991년
사망.

• 우쉐이(吳學義)

1902년 장시성 푸저우(撫州)시 출생. 중학교 졸업 후, 일본 유학, 일본 교토제국대학
법대에서 공부. 석사학위를 취득하고 귀국한 후, 난징중앙대학과 우한대학
법대교수 역임. 쑹쯔원(宋子文) 행정원장, 왕스제(王世傑) 외교부 장관의 보좌관.
도쿄재판이 시작되자 중국에서 증파한 4명의 법률고문의 일원으로 도쿄로
건너가 재판 준비 사업에 참여, 대량의 일본어 기록자료 속에서 증거를 수집.
재판 후 난징중앙대학 법과대학 교수 역임. 1966년 난징에서 사망.

• 장페이지(張培基)

1921년 푸젠성(福建省) 푸저우(福州)시에서 출생. 1945년 상하이세인트존대학 영국
문학과 졸업, 같은 해 『상하이자유서보』(上海自由西報) 영문 기자, 『중국평론주보(中
國評論周報』 특별기자 겸 『중국연감』 부편집장. 1946년 일본 도쿄에 가 극동국제군
사재판소 영어 통역을 담당. 그 후 미국으로 유학, 1949년 미국 인디애나대학교
영국문학학부를 이수하고 귀국. 베이징외국어출판사 편집, 중국인민해방군 뤄양
외국어학원 교수, 베이징대외경제대학 교수. 역저로는 『노예를 위한 어머니』,
차오위(曹禺)의 『명랑한 하늘』, 양즈린(楊植霖)의 『왕뤄페이(王若飛)가 옥중에서』,
왕스징(王士菁)의 『루쉰전』, 랴오징원(廖靜文)의 『쉬베이훙(徐悲鴻)의 일생』, 『중국

현대산문선집 영역본』 등이 있음.『중국현대산문선집 영역본』중국번역가학회 1등상 수상. 당대 중국의 유명한 번역가. 현재 베이징에 거주.

• 저우시칭(周錫卿)

1915년 후난성(湖南省) 닝샹(寧鄉)에서 출생. 1936년 상하이교통대학 관리학부 졸업, 1938년 미국 펜실베이니아대학교에서 경제학 석사학위를 취득. 같은 해 귀국하여 선후로 후난성 항일통일전선사업위원회 설계팀 부팀장, 창사(長沙)시 행정관리서(行政署) 비서, 성정부 전문요원 겸 후난『국민일보』편집 총책임자를 역임, 항일전쟁이 승리할 때까지 연합군 접대 및 자금조달, 식량조달, 인력지원 등 업무를 담당. 1946년 5월 극동국제군사재판소에 초빙되어, 일본 A급 전범 기소에 필요한 인증, 물증 번역을 담당. 1947년 7월부터 1952년 3월까지, 국민당 정부의 '주일대표단 보상 및 반환물자환수위원회'에 서기와 비서 기술전문가로 근무. 1954년 귀국 후, 중국 국민당혁명위원회에 가입하여 전국화교연락위원회, 구미歐美동문회 회원 등을 지냄. 1964년 베이징외국어전문대학 영어학부 교수로 부임, 1973년 베이징제2외국어대학 영문학부 교수로 부임. 2004년 베이징에서 사망.

5) A급 전범소개

1. 아라키 사다오(荒木貞夫)

육군 대신. 1877년 와카야마(和歌山)현 출생. 남작 작위 하사받음. 사무라이 가정에서 태어나 일본 육군사관학교 및 육군대학 졸업. 주러시아 무관, 헌병사령관, 육군대학 총장, 제6사단장, 육군 교육총감부 본부장을 역임. '3월 사건'과 '10월 사건' 등 정변 후에 이누카이 쓰요시(犬養毅) 내각內閣 및 사이토 마코토(齋藤實) 내각의 육군대신으로 부임. 1936년 '2·26 사건' 후, 황도파皇道派가 숙청되면서 예비역에 편입. 후에 군사참의관, 내각참의, 제1차 고노에(近衛) 내각 및 히라누마 (平沼) 내각의 문부대신 역임. 마사키 진자부로(眞崎甚三郎), 하야시 센주로(林銑十郎) 대장 등과 함께 일본 '황도파' 지도자로 활약. 침략전쟁 공동모의죄 및 중국

318

침략을 발동한 죄로 종신형을 선고받음. 8년 후 출옥, 1966년 사망.

2. 도이하라 겐지(土肥原賢二)

일본 교육총감. 1883년 오카야마(岡山)현 출생. 일본 육군사관학교와 육군대학교 졸업. 육군 내 민첩한 중국통이고, 중국어로 "만주의 로렌스"라고 불림. '만주국' 펑텐奉天(지금의 瀋陽) 및 하얼빈 스파이 기관장, 펑텐시장, 화베이 '자치정부' 수석고문, 육군 항공총감, 동부군사령관, 일본 싱가포르 주재 제7 방면군 총사령 관, 육군 교육총감 등 역임. 가장 중요한 경력은 중국에서 스파이로 활약한 것. 화베이(華北) '자치'를 적극 추진, '진토秦土협장' 체결 강요. 화베이를 중국에서 분리시키기 위하여 기동방공자치정부冀東防共自治政府를 수립하도록 지시하고 화베이를 '만주국'에 인접한 다른 하나의 '소만주국'으로 설립하려고 기획. 도쿄재 판에서 교수형 선고.

3. 하시모토 긴고로(橋本欣五郎)

대정익찬회大政翼贊會 총무. 1890년 오카야마(福岡)현 출생. 육군대학 졸업, 참모본 부 러시아반장, 하이라얼(海拉爾) 및 만저우리(滿洲里) 스파이 기관장 역임, 1927년 주터키 일본대사관에 파견되어 무관보좌관으로 임명. 귀국 후 기타 청년 군인들과 함께 벚꽃회(櫻會)를 결성. 케말(터키의 민족해방운동가)의 근대 민족국가운동 및 '천황귀일天皇歸一'주의 국가체제를 적극 제창. 1936년 '2·26 사건' 후 예비역에 편입되었다가 '루거우차오(橋蘆溝橋)사변'이 일어난 후 현역으로 복귀. 영국 군함 '레이디버드' 호 포격 사건으로 퇴역한 후, 대일본청년당(후에 大日本赤誠會로 변경)을 발족. 1942년 대정익찬회 총무. 도쿄재판에서 종신형 선고. 석방 후 참의원 선거에 참여했다가 실패, 1957년 폐암으로 사망.

4. 하타 슌로쿠(畑俊六)

중국 파견군 총사령관. 1979년 후쿠시마(福島)현 출생. 1910년 일본 육군대학 졸업, 우수한 '군토구미'(軍刀組) 구성원. 제1차 세계대전 발발 전 주독일 일본대사 관 무관으로 파견되었다가 귀국 후에 참모본부에 근무. '2·26사변' 후 황도파皇道

派인 야나가와 헤이스케(柳川平助)를 대신하여 타이완군 사령관으로 부임. 1937년 8월 교육총감, 1938년 신설된 화중華中파견군 사령관. 1939년 아베 내각의 육군대신, 요나이(米內) 내각에 유임. 육군 강경파의 강압에 못 이겨 사직, 이로 인해 친영미파인 요나이 내각이 와해됨. 1941년부터 1944년 사이 중국 파견군 최고사령관으로 부임. 도쿄재판에서 종신형을 선고받았다가 1954년 가석방. 1962년 사망.

5. 히라누마 기이치로(平沼騏一郎)

총리. 1867년 오카야마(岡山)현 출생. 남작. 도쿄제국대학 법대 졸업. 1910년 대역사건大逆事件에서 주임검사로 활약한 공로를 인정받아 진급. 1923년 제2차 야마모토 곤노효에(山本權兵衛) 내각의 사법대신으로 임명되어 정계에 진출. 국본사國本社(고쿠혼샤)를 창설하고 총재를 역임. 1939년 총리로 부임. 오시마 히로시(大島浩) 주독일 대사, 시라토리 도시오(白鳥敏夫) 주이탈리아 대사의 삼국 군사동맹 체결 주장을 찬성. 제2차 고노에(近衛) 내각에서 무임소無任所 대신, 내무대신으로 부임. 일본 패전 직전 포츠담선언의 수락 문제를 논하는 중신重臣회의에서 일본의 무조건 항복을 반대하면서 계속 작전을 주장. 도쿄재판에서 종신형 선고. 1952년 사망.

6. 히로타 고키(廣田弘毅)

총리. 1878년에 후쿠오카(福岡)현 출생. 도쿄제국대학 법대 졸업. 1933년 사이토 마코토(齋藤實) 내각의 외무대신으로 임명, 오카다 게이스케(岡田啓介) 내각에 유임. 임기 내에 중국에 대한 외교 삼원칙(히로타[廣田] 삼원칙)을 추진하려다가 국민당 정부에 거절당함. 1936년 '2·26사변' 후에 총리로 부임. 육군과 타협한 국면을 맞아 히로타 내각은 군부대신 현역 무관제를 회복. 고노에(近衛) 내각에서 외무대신으로 부임, 일본, 독일, 이탈리아 삼국 방공협정防共協定을 체결, 중일전쟁에 깊숙이 개입. 일본 패전 직전 외무대신 도고 시게노리(東鄕茂德)의 위탁을 받고 소련을 통해 연합군과 평화협상을 도모하려 했지만 얼마 지나지 않아 소련이 일본과의 전쟁을 선언하면서 교섭에 실패. 도쿄재판에서 교수형 선고. 사형 선고받은 7명 중 유일한 문관.

7. 호시노 나오키(星野直樹)

기획원 총재. 1892년 가나가와(神奈川)현 출생. 도쿄제국대학 정치학부 졸업. 재정관리 능력이 출중하여 1932년 '건국'한 지 얼마 안 된 '만주국'에 파견. 만주국 재정부 차장, 재정부 부장 역임, 1937년에 국무원 총무청장을 부임. 1940년 제2차 고노에(近衛) 내각의 싱크탱크 구성원, 기획원 총재 겸 무임소無任所 대신. 자본과 경영을 분리시킨 파시스트 경제 신체제를 실시. 1941년 10월에 도조(東條) 내각에 들어가 서기관장 담당, 그 기간에 총력전연구소總力戰研究所 소장, 국가총동원심의회國家總動員審議會 위원 등 겸임. 도쿄재판에서 종신형을 선고. 1958년 사면 후 계속 일본 재계에서 활약하다가 1978년에 사망.

8. 이타가키 세이시로(板垣征四郎)

중국 파견군 총참모장. 1885년에 이와테(巖手)현 출생. 일본 육군사관학교와 육군대학 졸업. 1929년 관동군 참모장. 관동군 작전주임 참모인 이시와라 간지(石原莞爾)와 공모하여 '9·18사변'을 일으킴. '만주국' 집정執政 고문, 평톈(奉天. 지금의 중국 瀋陽) 스파이 기관장, '만주국' 군정부 최고고문, 관동군 총참모장 역임. 1938년 제1차 고노에(近衛) 내각 육군대신을 역임. 일본, 독일, 이탈리아 삼국 군사동맹체결을 주장했고 왕징웨이(汪精衛) 정부와 장제스(蔣介石) 정부 사이에서 교섭을 주선하기도 했음. 1939년 중국 파견군 총참모장으로 부임. 1941년 조선군 사령관, 제7 방면군 사령관으로 전임. 1946년 5월 3일 싱가포르에서 도쿄로 압송되어, 피고인 신분으로 재판을 받았는데 교수형 선고.

9. 가야 오키노리(賀屋興宣)

대장大藏대신. 1889년에 히로시마(廣島)현에서 태어나 도쿄제국대학 졸업. 주계국 主計局 과장, 예산결책과장, 주계국장 역임. 제1차 고노에(近衛) 내각과 도조(東條) 내각에서 대장대신으로 임명, 중일전쟁과 미일전쟁을 위해 예산을 편성. 전시 공채 대량 발행과 세금 부가 징수를 통하여 도조 내각의 막대한 군사비 지출을 지원. 이로 인해 A급 전범으로 지목되었고 도쿄재판에서 종신형 선고받음. 1958년 석방 후 다시 정계에 돌아와, 제2차, 제3차 이케다(池田) 내각에서 법무대신을 지냄. A급 전범 중에 전후 일본 정계에서 활약한 시간이 가장 긴 인물.

10. 기도 고이치(木戸幸一)

내무대신. 1889년 도쿄 출생. 1917년 작위를 승계. 1915년 교토대학 법대 졸업
후 농상무성農商務省에 들어가 공무국工務局 공무과장工務課長, 회계과장, 산업합리
국産業合理局 부장 등 직을 역임. 1930년 친구 고노에 후미마로(近衛文麿)의 추천을
받아 내무대신 비서관으로 부임. 1937년 제1차 고노에(近衛) 내각 문부대신 겸
후생성厚生省 대신. 1939년 히라누마(平沼) 내각 내무대신. 사이온지 긴모치(西園寺公
望)가 일왕에게 기도 고이치를 추천. 일본 패전 때까지 줄곧 내무대신. 도조(東條)
내각, 고이소(小磯) 내각, 스즈키 간타로(鈴木貫太郎) 내각의 배후에서 막강한 영향력
행사. 도쿄재판에서 쇼와(昭和) 일왕이 전범으로 몰리는 것을 막기 위해 자신의
일기를 증거자료로 제출하여 일왕이 호전好戰주의자가 아님을 강조. 도쿄재판에
서 종신형 선고. 1955년 가석방.

11. 기무라 헤이타로(木村兵太郎)

미얀마 방면군 사령관. 1988년 사이타마(埼玉)현 출생. 일본 육군사관학교와
육군대학 졸업. 주독일 일본대사관 무관, 정비국整備局 통제과장, 일본 대본영
야전병기사령관 등 직을 역임. 1929년 수행원 신분으로 런던 군축회의에 참석하여
일본의 자주적인 군비발전을 적극 고취. 1936년 육군성 병기兵器국장, 1939년
관동군 참모장, 육군대신 도조(東條)의 차관. 1944년 8월 미얀마 방면군 사령관.
1945년 영국군이 양곤(Yangon)을 공격하자 패주. 일본 패전 후 싱가포르에서
전범으로 체포되어 영국군에게 구금. A급 전범으로 지명되어 도쿄재판이 시작된
당일 도쿄로 압송, 교수형 선고.

12. 고이소 구니아키(小磯國昭)

총리. 1880년 야마가타(山形)현 출생. 육군사관학교와 육군대학 졸업. 1926년
육군정비整備국장, 군무국장 등 역임. 1932년 2월 아라키 사다오(荒木貞夫) 육군대신
의 차관, 8월 관동군 참모장으로 부임. 중국에서 자원을 얻는 전제 하에 총력전總力

戰 체제에 적합한 국방경제체계 확립을 주장. 조선해협을 연결하는 해저터널을 건설하여 자원 및 인적자원의 자유로운 운송을 주장. 1935년 12월 조선군사령관으로 부임. 1939년 히라누마(平沼) 내각의 척식대신, 1942년 조선총독. 1944년 9월 내각을 구성, 충칭 국민당 정부와 평화 교섭을 시도했으나 실패. 이듬해 4월 내각총리직 사직. 도쿄재판에서 종신형 선고. 1950년 식도암으로 옥중 사망.

13. 마쓰이 이와네(松井石根)
중국 방면군 사령관. 1878년 아이치(愛知)현 출생. 육군사관학교와 육군대학교 졸업. 1922년 하얼빈 스파이 기관장, 참모본부 제2부부장. 1928년 황고둔皇姑屯 사건 후, 사건의 주모자인 고모토 다이사쿠(河本大作)의 처벌을 요구함으로써 관동군에 대한 불리한 여론에서 벗어나려 시도. 1933년 8월 타이완군 사령관으로 부임. 1937년 10월 중국 방면군 사령관 겸 상하이 파견군 사령관, 그 기간 난징대학살을 포함한 중국인에 대한 폭행사건 발생. 일본 육군 내 보기 드문 '중국통'. 젊은 시절 쑨원(孫文)의 '대아시아주의' 사상의 영향을 받아 신해혁명 지지. 도쿄재판에서 난징대학살 최고 지휘관 책임과 '조약 준수를 무시한 책임'을 물어 교수형에 선고.

14. 마쓰오카 요스케(松岡洋右)
외무대신. 1880년 야마쿠치(山口)현 출생. 오리건(Oregon)주립대학교 법대 졸업, 1902년 귀국하고 외교관이 됨. 1919년 전권수행원의 신분으로 베르사유회의에 참석. 1933년 국제연맹 제네바회의에서 일본의 국제연맹탈퇴 통보 연설을 통해 '9·18사변' 이래의 '리턴(Lytton) 보고서' 조사결론에 항의. 그 후 남만주철도주식회사 총재, 제2차 고노에(近衛) 내각 외무대신을 역임. 일본, 독일, 이탈리아 3국의 군사동맹 적극 추진. 1941년 히틀러를 회견하고 귀국하는 길에 모스크바에 들러 스탈린과 일소불가침조약 체결. 두 달 후 소련과 독일 간 전쟁이 발발하고 헐(Hull) 비망록에 대한 그의 강경한 태도가 일미담판의 장애가 되자 총리 고노에 후미마로(近衛文麿)는 내각 전원을 사직시키는 방법으로 마쓰오카 요스케를 해고. 실의에 빠진 마쓰오카 요스케는 A급 전범으로 지명되었는데 판결 선고 전

병사함.

15. 미나미 지로(南次郎)

관동군 사령관. 1874년 오이타(大分)현 출생. 일본 육군사관학교와 육군대학 졸업. 관동도독부關東都督府 육군참모, 육군 군무국 기병과장騎兵課長, 중국 주둔군 사령관, 기병학교 교장, 육군사관학교 총장, 사단장, 참모차장 등 역임. 만주와 몽골에 대한 강경론 및 군사를 우선으로 하는 국방책 실행을 일관되게 주장. '9·18사변'이 일어나기 전 제2차 와카쓰키(若槻) 내각 육군대신으로 부임. 사전에 음모를 눈치 채고 비밀리에 관동군에게 앞당겨 행동하라고 통보, 일왕과 내각의 승인도 받지 않고 사사로이 일본의 조선주둔군 사령관 하야시 센주로(林銑十郞)에게 군대를 선양에 파견하여 관동군을 지원하라고 명령. 1934년 관동군 사령관으로 부임, '2·26 사건' 후 조선총독으로 부임. 도쿄재판에서 종신형 선고. 1954년 가석방으로 출옥.

16. 무토 아키라(武藤章)

제14 방면군 참모장. 1892년 구마모토(熊本)현 출생. 육군사관학교와 육군대학 졸업. 1937년 참모본부 작전과장. 루거우차오(蘆溝橋)사변 후, 이시와라 간지(石原莞爾)의 불확대전략을 강력하게 반대하면서 중국에 대한 강경책을 주장. 같은 해에 중국에 가서 중국 방면군 참모차장으로 부임. 1939년에 육군성 군무국장으로 부임, 아베(阿部), 요나이(米內), 고노에(近衛), 도조(東條) 내각을 역임. 임기 내 군부권력이 급속하게 팽창되었고 일본의 대외침략이 가속화 됨. 이에 반해 일본의 정상적인 정당 활동 및 의회 정치는 침체상태에 빠짐. 1941년 근위近衛 사단장, 근위 제2사단장으로 부임, 1944년 필리핀 일본 제14 방면군 총참모장으로 부임. 도쿄재판에서 교수형 선고. 교수형을 선고받은 7명 피고인 중에서 계급이 제일 낮은 전범.

17. 나가노 오사미(永野修身)

군령부장. 1880년 고치(高知)현 출생. 일본 해군병학교와 해군대학 졸업. 주미국 일본대사관 무관 보좌관, 군령부 참모, 제3작전대 사령관, 해군병학교 총장, 군령부 차장을 역임. 해군 확충을 적극 주장. 1933년에 요코스카(横須賀) 주둔 사령관 부임, 1933년 제2차 런던군축회의에 참석, 일본의 군축회의 탈퇴를 통보. 1936년 히로타(廣田) 내각 해군대신, 이듬해 연합함대 사령장관. 1941년 4월 9일 군령부 총장으로 부임했다가 1944년 2월에 도조 히데키(東條英機)의 배척을 받고 사직, 일왕의 최고해군고문으로 부임. 1943년에 원수 칭호를 하사받음. 해군 중에서 강력히 전쟁을 주장한 대표 인물로서 일본의 진주만 기습과 태평양전쟁 발동에 중대한 책임이 있음. 1947년 도쿄재판 법정 심문 중 병사.

18. 오카와 슈메이(大川周明)
우익 사상가. 1886년 야마가타(山形)현 출생. 일본 파시스트문인의 대표 인물. 1911년 도쿄제국대학 문학부 철학과 졸업. 남만주南滿洲 철도회사 동아경제조사국 과장, 동아경제조사국 편집과장 역임, 유존사(猶存社), 고지샤(行地社) 등 초국가주의 단체 창설에 참여. 그 후 조사과장에서 주사主事, 국장으로 연이어 진급. 1929년 조사국이 남만철도회사에서 분리되면서 이사장으로 취임. 1931년 젊은 군인들과 함께 벚꽃회(櫻會)를 결성, '3월 사건'과 '6월 사건'을 획책하고 지도. 1932년에 고지샤를 개편하여 신무회神武會를 설립하고 '일본정신'과 대아시아주의를 고취. '5·15 사건'에 가담하였다가 판결받고 투옥. 1937년 가석방. 출옥 후 고노에 후미마로(近衛文麿) 등 사람들의 정치 브레인이 됨. 도쿄재판에서 정신병으로 확진받고 기소 면제. 1957년 사망.

19. 오시마 히로시(大島浩)
주독일 대사. 1886년 기후(岐阜)현 출생. 육군사관학교와 육군대학 졸업. 주독일 일본대사관, 주오스트리아 일본대사관, 주헝가리 일본대사관의 무관보좌관을 역임. 일본·독일 방공협정防共協定, 독일·이탈리아·일본의 3국 방공협정을 성사시킴. 주독일 일본대사를 역임하면서 일본·독일·이탈리아 추축국 외교에 전력. 3국 군사동맹을 체결한 후, 1940년 12월 재차 주독일 일본대사를 역임. 독일 패전 후 미군에 체포. 1946년 미국을 경유하여 일본으로 돌아오게 되는데 자신이 A급 전범 용의자로 지명된 사실을 알게 된 오시마 히로시는 뉴욕의 여관에서 휴대하고 있던 공문서, 일기 등 자료를 화장실에서 없애 버림. A급 전범으로 선정된 원인은 외교에서 핵심적 역할을 했기 때문임. 도쿄재판에서 종신형 선고. 석방 후에도 끝까지 함구. 1975년 사망.

20. 오카 다카즈미(岡敬純)

해군성 차관. 1890년 야마쿠치(山口)현 출생. 해군병학교와 해군대학 졸업. 1932년 제네바군축회의에 참가. 해군성 군무국장, 해군 차관, 진해경비부鎭海警備府 사령관 역임. 중일전쟁과 태평양전쟁 기간에 일본 해군 군정책임자로서 강경파 군관들을 모아 국방정책을 결정하는 군무국 제2과를 신설하고 침략과 전쟁을 주장하는 이시카와 신고(石川信吾) 대좌를 과장으로 임명. 제3차 고노에(近衛) 내각 말기 일본이 평화와 전쟁의 선택 갈림길에 놓인 중요한 시기에 해군부 내부의 반대 의견을 무시하고 해군에게 개전 명령을 내림. 해군대신 시마다 시케타로(嶋田繁太郎)와 함께 해군부 내 강경파의 대표 인물. 도쿄재판에서 종신형 선고. 1973년 사망.

21. 사토 겐료(佐藤賢了)

육군성 군무국장. 1895년 이시카와(石川)현 출생. 육군사관학교와 육군대학 졸업. 야중포野重炮 제6연대 대대장, 육군대학 교관, 군무국 과원課員 역임. 1938년 3월 일본 중의원 회의에서 국가총동원법위원회 법안 설명 중 중좌의 신분으로 반대 의견을 발표하는 의원들에게 "닥쳐!"라고 호통. '닥쳐 사건'은 일본 군부의 강압적 태도를 보여 주는 전형적 사건. 1941년 육군 군무과장, 이듬해에는 도조(東條) 내각의 육군 군무국장을 역임. 1944년 12월 중국 파견군 참모부장으로 전임. 도쿄재판에서 종신형 선고. 1956년 석방 후 말년에도 "대동아전쟁은 성스러운 전쟁이었다"고 주장. 1975년 사망.

22. 시게미쓰 마모루(重光葵)

외무대신. 1887년 오이타(大分)현 출생. 도쿄제국대학 독일법률학부 졸업, 외교관

이 됨. 1930년 주중국 일본대사로 부임. 1932년 상하이에서 진행된 천장절天長節
축하행사에 참석했다가 조선 독립운동가 윤봉길이 던진 폭탄에 부상을 입음.
정전협정 체결에 참석하였을 뿐만 아니라 정전협정을 성공적으로 체결. 이
일로 그는 군부의 호감을 얻었을 뿐만 아니라 일본 국민들에게 강경파 외교관이라
는 깊은 인상을 남김. 1933년 후 외무부차관, 주소련 일본대사, 주영국 일본대사,
주중국 일본대사를 역임. 1943년부터 도조(東條) 내각, 고이소(小磯) 내각, 히가시쿠
니노미야(東久邇宮) 내각의 외무대신 역임. 패전 후 일본제국 정부 대표의 일원으로
미즈리 호 군함에서 일본 항복문서에 서명. 도쿄재판에서 7년형 언도 받음.
형기가 만료되어 석방된 후 제1차 하토야마(鳩山) 내각의 부총리 겸 외무대신을
역임. 1956년 일본의 연합국 가입에 일조. 1957년 사망.

23. 시마다 시게타로(嶋田繁太郎)

해군 대신. 1883년생, 도쿄도(東京都) 출신. 일본 해군병학교와 해군대학 졸업.
1928년 일본 해군 순양함巡洋艦 '다마'(多摩), 전열함戰列艦 '히에이'(比睿)의 함장으로
부임. 1930년 일본 연합함대 참모장, 1931년 잠수학교 교장. '1・28사변' 중
제3함대 참모장으로 부임. 1935년 12월 군령부 차장. 후에 제2함대, 구레 진수부(吳
鎭守府) 부장을 역임. 1940년 5월 중국 방면군 함대 사령관으로 부임, 그해 11월에
해군대장으로 진급, 요코스카(橫須賀) 주둔 사령관으로 부임. 1941년 미일전쟁이
발발하기 전 도조(東條) 내각의 해군대신으로 부임하여 도조 보좌에 최선을
다함. 도조 내각이 무너진 후 예비역에 편입. 도쿄재판에서 종신형 선고. 1955년
석방, 1976년 사망.

24. 시라토리 도시오(白鳥敏夫)

주이탈리아 일본대사. 1887년 지바(千葉)현 출생. 1915년 도쿄제국대학 법대
졸업, 외무성에 취직. 중국 홍콩, 미국, 중국, 독일 등 국가에서 직무를 맡음.
1930년 외무성 정보부 부장. 군부 및 오카와 슈메이(大川周明) 등 파쇼문인들과
친분을 유지하면서 영국과 미국에 대한 강경외교를 선도. '9・18사변' 후, 내각
서기관장 모리 가쿠(森恪), 육군의 스즈키 데이이치(鈴木貞一)와 함께 국제연맹의

규탄에 강경하게 대응하면서 일본의 국제연맹 탈퇴에 여론을 조성. 1938년 주이탈리아 일본대사, 재임 기간 오시마 히로시(大島浩)와 함께 일본, 독일, 이탈리아 삼국 동맹을 추진 그 후 중의원 의원, 대정익찬회人政翼贊會 총무, 동맹국동지회盟邦同志會 회장 등을 역임. 도쿄재판에서 종신형 선고, 1949년 감옥에서 병사.

25. 스즈키 데이이치(鈴木貞一)

기획원企畵院 총재. 1888년 지바(千葉)현 출생. 육군사관학교와 육군대학 졸업. '9·18사변' 후 일본의 국제연맹 탈퇴를 주장. 1938년부터 제3군 참모장, 흥아원興亞院 정무부장, 국무대신 겸 기획원 총재 역임, 도조(東條) 내각에서 1943년 10월까지 유임. 기획원 총재로 있던 시기는 일본이 국방국가 체제 및 전력 증강 계획을 확립하던 중요한 시기. 1941년 10~12월 어전회의에서 일본 경제 및 군사역량에 관한 양적 분석 상황을 보고하면서 미국 및 영국과의 개전 및 남방 자원 점유를 주장. 일본 패전 직전까지 일본 산업보국회 회장을 역임, 일본의 방위생산 유지에 주력. 도쿄재판에서 종신형 선고. 1955년 가석방되고 1958년에 사면됨. 출옥 후 공직을 맡지 않음. 1989년 100세의 고령으로 사망.

26. 도고 시게노리(東郷茂徳)

외무대신. 1882년 가고시마(鹿儿島) 출생. 선조 박씨 조선인. 도쿄제국대학 독문과 졸업. 구미국歐美局 제1과장, 주미국 일본대사관 1등 서기관, 주독일 일본대사관 참사관 등 직을 역임. 1933년 2월 외무성 구미국장, 이듬해 6월 구아국장歐亞局長으로 부임. 1937년 주독일 일본대사로 부임, 재임 기간 독일과 동맹을 체결하는 문제로 오시마 히로시(大島浩)와 심각하게 대립하여 이듬해 주소련 일본대사로 전임. 1941년 10월 도조(東條) 내각의 외무대신 겸 척무拓務대신. 대동아성 설치 문제로 도조 총리와 갈등을 빚음. 대동아성 설치를 반대했던 시게노리는 도조 내각에서 단독 사임. 1945년 스즈키 간타로(鈴木貫太郎) 내각의 외무대신 겸 전에 설치를 반대했던 대동아대신으로 부임. 도쿄재판에 무려 130페이지에 달하는 자백서를 제출하여 자신은 3국 동맹을 반대하였고, 일본이 영국 및 미국과의 평화로운 관계 유지를 찬성했다고 변명, 결국 20년형 선고. 1950년 감옥에서 병사.

27. 도조 히데키(東條英機)

총리. 1884년 이와테(巖手)현 출생, 일본 육군사관학교와 육군대학 졸업. 육군성 정비국 동원과장, 참모본부 편제과장, 관동헌병대 사령관, 관동군 참모장 역임. 중일전쟁 발발 시 하얼빈 파병단 책임자. 1938년 5월 육군 차관으로 부임, 2년 후 육군대신으로 승진. 1941년 총리, 육군대신, 내무대신, 참모총장을 겸임하면서 '도조 독재체제'를 구축. 재임 기간 일본의 대외확장이 계속. 아시아 전역에서 천만 명 이상의 민간인 사망, 수만 명의 연합군 포로 학대 등 전쟁범죄의 최고 책임자로 지명. 도쿄재판에서 검사 측이 기소한 55건 소인(訴因) 중 54건에 기소되어 사형 확정.

28. 우메즈 요시지로(梅津美治郎)

총참모장. 1882년 오이타(大分)현 출생. 육군사관학교와 육군대학 졸업. 참모본부 총무부장, 1934년 중국 주둔군 사령관, 제2사단장. 이듬해 '우메즈-허응친(何應欽) 협정' 체결을 주도하여, 중국이 허베이성(河北省)의 모든 주권을 상실하게 함. '2·26사변'이 일어나자 반란 진압을 주장. 육군 차관으로 임명. 재임 기간에 육군대신 데라우치 히사이치(寺內壽一) 및 교육총감 스기야마 하지메(杉山元)와 함께 육군의 신통제파(新統制派)가 됨. 1939년 9월~1940년 10월까지 관동군 사령관 역임. 임기 내 동북항일연합군을 진압하고 중국 노동자들을 강제로 부려 중소변방에 방어시설 구축. 1944년 참모총장. 일본 패전 후 일본 대표로 미국 군함 미주리(Missouri) 호에서 일본 항복문서에 서명. 도쿄재판에서 종신형 선고. 1949년 1월 8일 사망.

2. 관련 지식

도쿄재판의 법적 근거

'극동국제군사재판소 판결문' 서문에는 "본 재판소는 1943년 12월 1일의 카이로선언, 1945년 7월 26일의 포츠담선언, 1945년 9월 2일의 항복문서 및 1945년 12월 26일의 모스크바회의 정신에 근거하여 설립되었다"고 명시되어 있다. 극동국제군사재판소는 미국, 중국, 영국 및 맨 마지막에 대일선전포고를 한 소련이 1943~1945년 사이에 체결한 일련의 협정 및 결의에 근거하여 설립되고 운영되었다. 1943년 11월 하순, 중국, 미국, 영국 3국 정상은 이집트 카이로에서 회의를 소집하고 대일본 작전전략과 전후 처리 문제에 대해 논의했다. 12월 1일, 충칭, 워싱턴, 런던에서 각각 '카이로선언'이 발표되었다. 카이로선언은 3국의 대일전의 기본 목적은 "일본의 침략 행위를 제지하고 징벌하기 위함"이라고 규정하고 있다. 1945년 7월 26일, 미국, 중국, 영국 등 3국은 '포츠담선언'을 발표하고 여전히 저항하고 있는 일본에 무조건 항복을 권고했다. 포츠담선언의 제8항 "카이로선언의 모든 조항은 이행되어야 한다"는 카이로선언의 정신을 재확인한 것이다. 제6항 "일본 인민들을 기만하고 잘못 이끌어 망령되게 세계를 정복하려 한 자들의 권력과 영향력을 영원히 제거해야 한다"는 일본 군국주의 처벌 조치를 명시했다. 제10항 "우리는 일본인을 노예화하거나 일본이란 나라를 멸망시키지 않을 것이다. 그러나 우리의 포로들을 학대한 자를 포함해서 일체의 전범들은 엄중한 재판을 받아야 할 것이다"는 법률적 수단으로 전쟁범죄자를 처벌하자고 명시하고 있다. 8월 15일, 일본은 무조건 항복을 선포했다. 9월 2일, 일본과 연합국 대표들이 도쿄 만에서 '일본항복서'에 서명했다. 1945년 12월 27일, 미국, 영국, 소련 3국 외무장관은 '모스크바선언'을 발표하고 극동 연합군 총사령관 맥아더 원수에게 일본 전범재판 권한을 부여했다. 1946년 1월 19일, 맥아더는 국제검사국에서 기초한 '극동국제군사재판헌장'을 승인하고 '극동국제군사재판소 설립에 관한 특별 포고'에 서명하여 극동국제군사재판소를 정식으로 설립시켰다.

아래 문서들은 도쿄재판의 가장 중요한 근거였다.

·헤이그 제4조약

이 조약은 도쿄재판 법적 근거의 하나였다. 이 조약과 그 부속협정인 '육지
전쟁법 및 관습을 존중하는 장정章程'은 1907년의 제2차 헤이그평화회의에서
개정된 것이다. 조약에는 전쟁법규의 기본 원칙과 구체적인 규정이 포함되어
있는데 그 내용과 문맥이 1899년 '헤이그 제2조약' 및 부속서와 거의 같아
전자로 후자를 대체할 수 있지만 1899년 '헤이그조약'의 일부 체결국들에서
1907년 '헤이그조약'을 서명, 비준하지 않아 두 개 '헤이그조약'이 병존하게
되었다. 두 조약의 전문에는 "본 조약에 명문으로 된 규정이 없어도 민간인과
전투원들은 여전히 '문명국들이 제정한 관례와 인도주의 법규 및 도덕적 이념
요구' 등 국제법 원칙의 보호와 구속을 받는다"는 중요한 조항이 명기되어
있다. 이것이 바로 유명한 '마르텐스조항'이다. 이 조항은 전쟁법규의 효력에
매우 중요한 의의를 가진다. 그 후 많은 전쟁법 조약에 이 내용이 포함되어
있다.

·파리부전不戰조약

이 조약의 전칭은 '국가정책으로서의 전쟁 포기 공약'으로 '켈로그-브리앙조
약(Kellogg-Briand Pact)'이라고도 불린다. 이 조약은 도쿄재판의 중요한 법적 근거로,
1928년 8월 27일 파리에서 체결되었다. 이 조약은 국가정책 으로서 전쟁을
포기하고 전쟁이 아닌 평화적 수단으로 국제분쟁을 해결하자는 내용을 담고
있다. 이 조약은 이상주의적 국제관계이론에 입각해 체결되었기에 실질적인
역할을 발휘하지 못했다. 하지만 이 조약은 인류가 최초로 전쟁 포기를 국가의
외교정책으로 규정한 것이다. 이 조약은 프랑스 외교부 장관 브리앙(Briand)과
미국의 국무장관 켈로그(Kellogg)의 제의에 의해 1927년에 체결된 것으로, 프랑스와
미국이 힘을 합쳐 독일의 역량을 저지하기 위한 목적으로 제정되었다. 이 조약에
최초로 서명한 국가는 프랑스, 미국, 캐나다, 영국, 아일랜드, 독일, 이탈리아,

벨기에, 폴란드, 체코슬로바키아, 일본, 인도, 뉴질랜드, 호주, 남아프리카를 포함한 열다섯 개 국가이다. 중국은 1929년 5월 8일에 이 조약에 가입하였다. 1929년 7월 24일에 조약이 정식 발효되었고, 1934년 5월에 이르기까지 64개국이 이 조약에 가입하였다.

· 모스크바선언

1943년 10월, 미국, 영국, 소련 3개국이 모스크바에서 외무장관 회의를 개최하였다. 회의 후 11월 1일, 루스벨트 미국 대통령, 윈스턴 처칠 영국 총리, 스탈린 소련 대원수가 서명한 '모스크바선언'이 발표되었다. 모스크바선언은 전후 독일 전쟁범죄자 및 나치스 당원들이 각각의 행위가 행해진 국가에서 재판을 받을 것과 피해국의 국내법에 따라 처벌하도록 규정하였다. 이 선언은 추축국 전범 처벌 문제에 있어서 3국의 일치한 입장을 보여 준 것이다. 이 선언에 전범 처벌에 대한 구체적인 내용은 정해져 있지 않았지만 그 후의 국제재판에 매우 중요한 의의를 가지는 선언이었다. 미국 국무장관인 코델 헐이 제안하고 3국 외무장관이 당시 주소련 중국대사 푸빙창(傅秉常)이 위임받아 서명하는 데 동의하였기에, 모스크바선언은 결국 4국 선언이 되었다.

· 카이로선언

도쿄재판 법적 근거의 하나이다. 1943년 11월 23부터 11월 27일까지 미국 대통령 루스벨트, 중국 작전구역 최고 책임자 장제스, 영국 총리 윈스턴 처칠이 이집트 수도 카이로에 모여 회담을 가진 후, 1943년 12월 1일에 발표한 대일전선언이다. 그 주요 내용은 다음과 같다. 첫째, 중국, 영국, 미국 등 3국은 일본이 저항을 멈출 때까지 대일전을 지속한다. 둘째, 제1차 세계대전 후 일본이 탈취한 태평양 제도諸島를 박탈한다. 셋째, 일본이 중국으로부터 탈취했던 모든 영토를 중화민국에 반환한다. 넷째, 조선에 자유와 독립을 준다. 이 선언의 내용은 1945년 7월 26일에 미국, 중국, 영국 등 3국 연합국이 포츠담에서 발표한 '포츠담선언'과 1945년 9월 2일에 연합국과 일본이 미주리 전함에서 체결한 '일본항복서'에서 다시 한 번 확인되었다. 카이로선언은 전후 일본 처리 문제에 대한 공동선언이자 전후 아시아 신질서를 구축하는 중요한 문서이다.

· 포츠담협정

'포츠담선언'이라고도 불리는데, 도쿄재판 법적 근거 중의 하나이다. 1945년 7월 26일 독일 포츠담에서 미국의 해리 트루먼(Harry Truman) 대통령, 중화민국 국민당 정부 장제스(蔣介石) 주석, 영국의 윈스턴 처칠(Winston Churchill) 총리 등이 정상회담을 가지고 발표한 연합국의 대일 공동선언이다. 그 주요 내용은 3국이 나치독일을 전승한 후 함께 대일전에 주력하고 카이로선언의 조항은 이행될 것이라고 천명하는 등 제2차 세계대전 후의 일본에 대한 전후 처리 방침을 표명했다. 소련은 그해 8월 8일에 일본에 선전포고를 하고 이 선언문에 함께 서명하였다. 일본 쇼와(昭和) 일왕은 8월 10일에 중국, 미국, 영국, 소련 등 4국에 포츠담선언 수락 의사를 전달했다. 충칭(重慶) 시간으로 1945년 8월 15일 7시에 중국, 미국, 영국, 소련 등 4국 정부가 일본 정부의 항복을 접수한다고 동시에 선포하여 제2차 세계대전이 결속되었다.

· 런던협정

전칭은 '유럽 추축국의 주요 전쟁범죄인 소추와 처벌을 위한 협정'이다. 1945년 8월 8일, 미국, 영국, 프랑스, 소련 등 4개국이 런던에서 체결한 협정으로 같은 날에 발효되었으며 유효기간은 1년이었다. 그러나 유효기간이 만료된 후에도 계속 효력을 발생했다. 후에 호주, 벨기에, 폴란드, 유고슬라비아 등 19개 연합국이 이 협정에 가입하였다. 이 협정에는 전문, 7건의 본문 및 부속서로 '국제군사재판 관헌장'이 포함되어 있다. 그 주요 내용은 다음과 같다. 국제군사재판소를 설립하여 특정의 지리적 장소에 한하지 않는 전쟁범죄자를 재판한다. 국제군사재판소의 조직, 관할, 임무는 협정에 부속된 헌장에서 규정한다. 체결국은 중대한 전쟁범죄인이 저지른 범죄행위에 대한 수사와 재판에 필요한 조치를 취해야 한다. 이 협정은 전쟁범죄자를 범죄를 저지른 해당국으로 보내 그 국가의 재판소에서 재판받게 된다는 모스크바선언의 원칙을 준수하며 전쟁범죄인의 심리와 처벌을 위하여 임의의 연합국 영토 내, 독일 및 임의의 국가나 점령군이 설립한 재판소의 관할 혹은 권력에 영향 주지 않는다고 규정하고 있다. 런던협정은 제2차 세계대전 이후 전쟁범죄를 처벌할 국제책임제도를 수립한 중요한 국제문서이다. 이 협정에서 확정한 평화죄와 인도죄 두 가지 새로운 전쟁범죄는 전쟁법과 국제법의 발전에 중대한 의의를 가진다. 이 협정에 부속되어 공포된 '유럽국제군사재판소헌장'은 국제재판소의 설립과 재판에 중요한 근거를 제공해 주었다

· 잭슨보고서

리처드 H. 잭슨은 뉘른베르크 재판의 수석검사이다. 미국을 대표하여 런던회의에 참석하였으며, 선후하여 전범재판 관련 보고서를 3부 제출하였다. 그중에서 가장 중요한 것은 1945년 6월 6일에 해리 트루먼 미국 대통령에게 제출한 뉘른베르크재판 공소 준비 작업 관련 보고서이다. 이 보고서는 해리 트루먼의 승인을 받아 뉘른베르크재판에 관한 미국 정부의 기본 입장이 되었고, 후에 도쿄 국제검사국의 지도 문서가 되었다. 이 보고서에서 잭슨은 전쟁범죄에 대한 재판구상을 논술하였다. 잭슨은 침략전쟁을 범죄행위로 인정하는 국제법에서 평화에 대한 죄를 처벌할 법적 근거를 찾았다. 이 보고서는 뉘른베르크재판과 도쿄재판에 극히 중요한 법적 근거를 제공하였다. 두 번째 잭슨보고서(1946.10.7)는 뉘른베르크재판 결과에 관한 것이고, 세 번째 잭슨보고서(1947.12.15)는 런던회의 및 그 협정의 체결 과정에 관한 것이다.

연합국전범조사위원회

1942년 10월 7일, 영국 사이먼(Simon) 대법관과 미국 루스벨트(Roosevelt) 대통령이 연합국전범조사위원회(The United Nations war Crimes Commission) 설립 성명을 발표하였다. 이 성명은 연합국의 찬성을 받았고 이듬해 런던에서 열린 외교사절단회의에서 채택되었다. 그러나 소련은 그 회의에 불참하였다. 위원회는 1944년 1월 18일에 제1차 회의를 열었다. 그리고 그해 5월에 중국의 제안을 받아들여 충칭에

극동소위원회를 설립하고 국방최고위원회 비서장 왕충후이(王寵惠)를 위원장으로 임명했다. 위원회의 기능은 증거자료의 수집과 기록, 전범 명단 작성, 법률문제 검토, 관련 정부에 제안서 제출 등이었다. 위원회는 수사와 기소 집행 권한과 재판 실행 권한은 갖고 있지 않았다.

· 극동국제군사재판헌장

1946년 1월 19일에 '극동국제군사재판헌장'이 '연합군 최고사령부 특별선언'의 부속헌장으로 발표(1946년 4월 26일 개정)되었다. 헌장은 극동국제군사재판소의 중요한 법률 조항으로 총 5장 17조이다. 헌장은 재판소의 조직과 관할 등 문제를 규정하고 영국법과 미국법을 위주로 하는 소송절차를 확립하였다. 이 헌장은 뉘른베르크재판의 '극동국제군사재판헌장'을 모델로 연구하여 만들고 극동국제군사재판 진행 상황에 따라 일부 내용을 변경하였다. 헌장은 "평화에 대한 죄"라는 죄명에 대한 중시 및 재판에 대한 주도적인 미국의 태도를 체현하였다. '극동국제군사재판헌장'은 '국제군사재판헌장'과 마찬가지로 중요한 국제법 원칙과 제도를 확립하고, 평화에 대한 죄와 인도에 대한 죄라는 두 가지 새로운 전쟁범죄 유형을 확정하여 전쟁법 및 전체 국제법 발전에 중대한 의의를 지닌다.

판사 선정

1946년 1월 19일에 발표된 '극동국제군사재판헌장'에는 극동국제군사재판소의 판사수가 5명보다 많아야 하고 9명보다 적어야 한다고 규정되어 있다. 1945년 10월 18일에 미국 국무부에서 각 연합국에 국제재판 개화과 준비 상황에 대해 통보하고 각 연합국에서 판사와 검사 각 1명씩 파견할 것을 요청했다. 1946년 2월 5일에 더글러스 맥아더 연합군 최고 사령관이 호주 판사 웨브를 극동군사재판소 재판장으로 선임하고 기타 8명의 판사를 임명하였다. 이 9명의 판사들은 일본항복문서의 9개 서명국을 대표한다. 4월 26일에 '극동국제군사재판헌장'이 개정되면서 판사 수를 극동위원회 회원국 수와 일치하게 하기 위해 인도와 필리핀 판사를 추가로 임명하였다. 이 두 판사는 도쿄재판이 시작된 뒤에야 취임했다.

국제검사국

국제검사국(International Prosecutution Section)은 1945년 12월 8일 맥아더의 지시에 의해 발족되었다. 국제검사국은 주로 일본의 전범에 대한 수사, 증거 수집 및 기소를 담당하였다. 국제검사국 국장으로는 미국 검사단 수석검사 키넌이 선임되었다. 1946년 1월 2일에 코민스 카가 이끄는 영국 측 검사단 일행이 제일 일찍 일본에 도착한 데 이어 미국 측 검사단이 두 번째로 일본에 도착했으며 그 후 각국 검사단이 잇따라 일본에 도착하였다. 2월 16일 검사국 회원국 회의에 영국, 중국, 캐나다, 호주, 싱가포르 등 각국 검사단이 참석했다. 그 전에 미국 측 검사단이 이미 조사를 시작했으나 지지부진하여 전범 명단을 확정하지 못했다. 이러한 국면은 코민스 카가 이 작업에 전면적으로 개입하면서 개선되었다. 1947년까지 국제검사국 총 인원은 487명에 달하였다. 그중 미국인이 압도적으로 많았고, 기타 국가의 검사단은 대부분 2~3명의 법률 전문가와 사무원으로 구성되었다. 국제검사국의 전범 수사 활동도 전직 미국 연방수사국(FBI) 요원 두 명이 담당하였다.

도쿄재판소

도쿄재판소는 도쿄 이치가야(市谷)에 위치해 있는 전 일본 육군성에 설치되었기 때문에 '이치가야재판소'라고도 불린다. 이곳은 예전에는 일본 육군사관학교였고, 태평양전쟁이 발발한 후에는 일본 육군성 본부였다. 이 건물은 모두 3층으로 되어 있는데, 1층에는 재판홀이 있고 그 옆에는 피고인 휴게실, 증인 휴게실, 변호사 회의실과 휴게실, 기자실과 휴게실, 방청객 대기실 등이 있다. 이 밖에 서기관실 및 산하 각 기구 직원 사무실 및 법정기록, 통역, 인쇄직원, 경호원, 안내원, 잡역부 등 인원의 사무실과 휴게실도 1층에 위치해 있다. 2층은 주로 판사 사무실, 휴게실, 회의실로 사용되었다. 3층은 주로 국제검사국 직원들의 사무실 및 회의실로 사용되었다.

극동국제군사재판소에 위치한 재판홀은 일본 육군사관학교 강당을 개조하여 만들었다. 판사석은 재판홀 벽 쪽의 높은 곳에 배치하고, 앞쪽 조금 낮은 곳에는 재판소 등기관, 서기관 및 판사 개인비서용 테이블을 배치했다. 피고인석은 재판홀 아래쪽에 배치했다. 재판홀 정중앙에는 증인석, 원고와 피고 쌍방 변호사 발언석, 원고와 피고 쌍방 변호인석, 번역 인원석 및 언어중재팀석이 배치되어 있고, 재판홀 양측에는 귀빈 방청석과 기자석이 배치되어 있었다. 이 밖에 기자석 위쪽에는 녹음실과 일반 방청석이 배치되어 있었다. 일반 방청석은 600~700명을 수용할 수 있었는데, 그중 일부는 일본인 방청객을 위해 마련한 것이었다. 많은 피고인 친족 및 민간인들이 재판 과정을 지켜보고 싶어 하였기에 일반 방청석 입장권을 구하기가 어려웠다.

일본 정부의 재판 대책

패전 후 일본 정부가 곧 닥칠 군사재판을 대비하여 마련한 방책은 세 가지이다. 첫째, 연합군 최고지휘부가 A급 전범 용의자 체포 작업을 시작하자 일본 정부는 신속히 종전처리회의와 임시내각회의를 소집하여 연합군재판이 공정한 재판이 될 수 있도록 일본 정부가 먼저 '자주재판'을 진행하기로 했다. 그러나 이 결의는 연합군 최고지휘부에 의해 즉각 부결되었다. 둘째, 일왕의 전쟁 책임 문제는 일본 정부의 최대 관심사였다. 일왕의 전쟁 책임을 은폐하기 위해 내각은 일본 정부와 군부의 '전쟁 책임에 관한 문서'를 통과시켰다. 셋째, 1945년 11월 23일에 소집된 종전처리회의에서 국가변호를 위주로 하는 변호 책략을 확정하고, 정부가 직접 국가변호를 주도하려 하였다. 그런데 수석검사가 정부는 변호인단에 자료를 제공해 줄 수는 있지만 정부가 직접 나서 변호하는 것은 '포츠담선언'에 위배된다고 지적하였다. 도쿄재판의 변호인단은 최종적으로 민간인들로 구성되었지만 자료의 수집과 조사에 외무성과 해군을 포함한 각 정부 부처가 깊이 관여하였다.

국가변호와 개인변호

일본은 1945년 9월 12일에 소집된 종전처리회의에서 도쿄재판의 최고 변호 책략에 대한 세 가지 결의를 채택하였다. 첫째, 일왕이 전쟁 책임으로부터 면책되게 한다. 둘째, 국가를 위해 변호한다. 셋째, 앞의 두 가지가 가능한 범위 내에서 개인을 위해 변호한다. 1946년 6월 18일에 일본 변호인단 총회가 제출한 '변호 근본 책략'도 일본 정부의 입장과 일치하게 우선적으로 국가를 위해 변호해야 함을 강조하고 있다. 하지만 이 책략은 변호인단의 합의점을 도출해 내지 못했다. 일부 변호인이 국가변호를 개인변호보다 우선시하는 것에 대해 이의를 제기하였다. 많은 변호인들이 일부 피고인과 개인적으로 친분이 있으므로 개인변호를 원했고, 일부 변호사들은 원래부터 국가와 정부에 비판적인 입장을 갖고 있었기 때문이었다. 심리재판 과정에 피고인 각자의 입장이 반영되면서 개인을 위한 변호 경향이 점점 강해졌다. 특히 개인 반증反證 과정에 피고인 각자의 변호 책략에 현저한 차이가 나타났다. 예를 들어 진주만 기습 사건을 심리할 때 피고인 도고 시게노리(東鄕茂德)와 시마다 시게타로(島田繁太郎)의 변호가 대립하는 국면이 나타났는데 이는 당시 외무성과 군부 간 대립의 반영이었다.

도쿄재판 변호인단

도쿄재판의 변호인단은 초기에는 전범 용의자가 소속되어 있는 정부관련부처(외무성·육군부 등)나 변호사단체 인원들로 구성되었다. 1946년 4월 29일에 28명의 피고인이 확정된 후, 5월 4일에 '극동국제군사재판소 일본 변호인단'이 구성되었다. 우자와 후사아키(鵜澤總明)가 변호인단장을 맡고 기요세 이치로(淸瀨一郎)가 부단장을 맡았다. 도쿄재판의 변호 준비를 위해 도쿄재판변호위원회를 설립하고 산하에 여섯 분과를 설치하여 증거 수집, 변호 기획과 연락 등 사무를 담당하게 했다. 이 외에 도쿄재판에서는 뉘른베르크재판과 달리 미국 변호사가 피고인 변호를 맡을 수 있도록 허락하였다. 1946년 5월 중순에 해군대령 콜먼이 이끄는 미국인 변호인단이 일본에 도착하였다. 그 후 주일미군 중에서 변호인 2명을 증가하였다. 그들의 참여는 변호 경험이 부족하고 영국과 미국 법률체계에 익숙하지 않은 일본 변호사들에게 큰 도움이 되었다. 기요세 이치로 등 소수 변호사를 제외하고 법정발언은 대부분 미국 변호사들이 담당하였다.

도쿄재판의 번역

'극동국제군사재판헌장' 제3장 제9조에 명시된 "공정한 재판이 이루어져야 한다"는 규정에 따라, 도쿄재판의 언어는 영어와 피고인들의 모국어로 진행되었다. 번역은 통역과 번역 두 가지로 진행되었다. 재판이 시작되면 매일 당직을 맡은 통역사가 영어와 일본어 간의 통역을 담당하였다. 증인이나 변호인이 중국어, 러시아어, 독일어, 프랑스어, 몽골어 등 다른 언어를 사용하면 또 이 언어들을 영어와 일본어로 통역해야 했다. 마찬가지로 재판부에 제출하는 모든 서류도 사전에 일본어나 영어(혹은 동시에 일본어와 영어)로 번역해야 했다. 통역이나 번역 담당자는 대부분 영어에 정통한 일본인들이었다. 가끔 재판부에서는 기타 부서의 도움을 받았다. 예를 들어 중국인이 증인으로 출석하면 대부분 주일 주재 중국군 사대표단에서 파견한 인원이 통역을 담당했고, 가끔은 중국 판사의 개인 비서가 통역을 담당했다. 검사단과 변호인단 사이에 통역이나 서류번역 문제로 인한 분쟁이 생겨 법정에 중재를 요구하면 3인으로 구성된 '언어중재위원회'가 토론을 거쳐 즉각 재판부에 해결책을 제시했다. 때문에 언어중재위원회는 재판의 전반 과정을 함께해야 했다. 재판 진행 과정에 번역 문제는 시종 중요하고 골치 아픈 난제의 하나였다. 주로 번역인원의 심각한 부족, 영어와 일본어 간의 정확한 번역, 심문 과정에 가끔씩 등장하는 기타 언어의 번역 등에서 나타났다.

공소장

도쿄재판의 공소장은 국제검사국에서 책임지고 작성하였다. 1946년 4월 29일 오후 4시에 수석검사 키넌이 모든 연합국 검사들이 서명한 공소장 원본을 재판부에 제출했다. 재판부는 공소장과 헌장 사본을 모든 피고인에게 전달할 것을 명령했다. 공소장은 전문, 죄목, 부속서 등 세 가지로 구성되었다. 기소 기한은 1928년 1월 1일부터 1945년 9월 2일까지로, 기소 대상은 개인으로 한정했다. 뉘른베르크 재판에서 다루었던 '범죄조작'은 기소 대상에 포함시키지 않았다. 전문에서는 각 피고인 및 일본통치집단의 범죄활동의 특징과 정치적 의의에 대해 간략하게 소개하였다. 공소장의 주요 구성 부분인 두 번째 부분에서는 55가지 기소 소인을 밝혔다. 거기에는 모든 피고인에게 해당되는 것도 있고, 일부 피고인에게만 해당되는 것도 있었다. 기소 소인은 평화에 반하는 범죄, 살인죄, 통상의 전쟁범죄와 인도에 반하는 범죄 등 세 가지로 나누었다. 세 번째 부분에서는 각 기소 죄목을 설명하고 보완할 수 있는 중요한 참고 자료로 5개의 부속서를 첨부하였다. 하지만 공소장의 방대한 편폭과 어수선한 편성이 문제가 되어 재판부는 최종 판결문에서 기존의 기소 소인 55개를 10개로 줄였다.

도쿄재판의 기소 소인

국제검사국에서 작성한 공소장은 크게 세 가지 유형, 55개 기소 소인으로 구성되어 있다. 그중 첫 번째 유형 '평화에 반하는 범죄'는 도합 36개(기소 소인 1~36)로, 침략전쟁 또는 국제법·조약을 위배한 전쟁을 계획·개시·수행하는 과정에서 범한 죄 또는 그 계획·모의에 가담한 개인·단체구성원이 범한 죄가 해당한다. 두 번째 유형인 '살인죄'는 도합 16개(기소 소인 37~52)로, 도시를 점령하는 과정에 민간인과 무장해제한 군인에 대하여 대규모 살육을 지시하거나 수행한 개인·단체구성원이 범한 죄가 해당한다. 세 번째 유형 '통상의 전쟁범죄와 인도에 반하는 범죄'에는 전쟁법규에 위반되는 행위를 계획·모의한 개인·단체구성원이 범한 죄, 적극적(명령, 인가, 허락) 또는 소극적(법률을 무시하고 제지하지 않음)으로 수하가 전쟁법규에 위반되는 범죄를 저지르도록 방임한 죄가 해당되었다. 공소장이 분류한 세 가지 유형의 기소 소인은 극동국제군사재판헌장에서 규정한 세 가지 죄목(평화에 반하는 범죄, 인도에 반하는 범죄, 통상의 전쟁범죄)과 일치하지 않았고 통상의 전쟁범죄 중의 살인죄를 하나의 유형으로 분류하였다. 그리고 세 번째 유형인 통상의 전쟁범죄는 살인죄 이외의 기타 범죄를 별도로 기소했기 때문에 도쿄재판 공소장에는 단순히 인도주의에 대한 죄를 명시한 공소장은 없었다. 재판부는 이 공소장이 논리와 형평성이 부족하다고 판단하고 최종 판결서를 작성할 때 기소 소인을 10가지로 줄였다.

도쿄재판 절차

도쿄재판의 실제 심문은 '극동국제군사재판헌장' 제15조에 명시된 절차에 따라 진행되었다. (1) 검사가 피고인들에 대한 공소사실이 적힌 공소장을 낭독한다. (2) 재판부가 각 피고인에게 유죄, 무죄에 대한 답변을 듣는다. (3) 수석검사가 개정진술을 한다. (4) 검사가 인증과 물증을 제출한다. (5) 변호인들이 검사의 증거를 반박하는 인증과 물증을 제출한다. (6) 검사가 변호인들이 제출한 증거를 반박하고 변호인이 제출한 증거를 반박할 수 있는 새로운 증거를 제출한다. (7) 변호인들이 검사가 제출한 증거를 반박하고 검사가 제출한 증거를 반박할 수 있는 새로운 증거를 제출한다. (8) 검사가 최종진술을 한다. (9) 변호인들이 최종진술을 한다. (10) 수석검사가 최종진술을 한다. (11) 재판부가 판결을 내리고 판결문을 낭독한다. 도쿄재판은 재판헌장, 재판부 구성원 등에서 뚜렷한 영미법계 특징을 띠고 있으며 그 증거법 또한 아주 복잡했다. 도쿄재판의 심문절차는 무려 2년 반 동안이나 지속되었는데 검사 측과 변호인 측 쌍방이 재판부에 증거를 제출하고 법정에서 그 증거의 가치 유무를 토론하는 데 많은 시간이 할애되었다.

증인 다나카 류키치(田中隆吉)

다나카 류키치는 '중국통'으로, 일본 육군대학을 졸업하였다. 1924년에 일본참모본부 '지나반(支那班)'에 소속되어 1927년부터 장기간 중국에서 첩보활동에 종사하였다. 그는 1932년 '1·28사변'과 1936년 '수원(綏遠) 사건'을 획책하였다. 1940년에 제1군 참모장으로서 타이위안(太原)에 가서 옌시산(閻錫山) 공작에 종사하였으며 그해 육군성 병무국장으로 부임하였다. 후에 전쟁에 대한 입장 문제로 도조 히데키와 갈등을 빚어 예비역에 편입되었다. 1942년에는 '초로우울병'으로 고노다이(國府台)병원에 입원하였다. 도쿄재판 때 검사 측 증인으로 여러 차례 출정하여 도조 히데키(東條英機), 무토 아키라(武藤章), 기무라 헤이타로(木村兵太郎), 우메즈 요시지로(梅津美治郎), 이타가키 세이시로(板垣征四郎), 하시모토 긴고로(橋本欣五郎) 등 피고에게 불리한 증언을 하였고 당시 여론은 그를 '일본의 배신자'로 불렀다. 그는 또 1947년 5월과 9월에 '장고봉 사건'과 하타 슌로쿠(畑俊六) 재판 때 변호인 측의 증인으로 출정하였다. 재판이 끝난 후 다나카 류키치는 정신병 증세를 보였고 1949년에 자살을 시도했다가 미수에 그쳤다. 유서에는 "일본군벌의 일원으로 나는 마땅히 대동아전쟁에서 죽어야…… 나도 주요 전범 중의 한 사람이다. 특히 북지나와 만주에서 나는 씻지 못할 죄를 지었다"라고 쓰여 있다. 1972년 6월 5일 78세로 직장암으로 사망했다.

증인 푸이(溥儀)

아이신줴뤄 푸이(愛新覺羅溥儀)는 중국 청나라 마지막 황제다. 신해혁명으로 퇴위하였고, 1917년에 12일 부활한 적이 있다. '9·18사변' 후 일본의 획책에 넘어가 위만주국 황제로 되었고 연호를 강덕康德으로 고쳤다. 일본이 패전한 후, 푸이는 소련 하바롭스크의 수용소에 억류되었다. 도쿄재판이 시작된 후 중국 대표단을 비롯한 각계의 노력으로 1946년 8월 16일에 도쿄에 가서 국제검사국의 제일 중요한 증인 중의 한 사람으로 연속 8일간 증인으로 출석하여 극동국제군사재판소 증인 출석 최장 기록을 창조하였다. 푸이는 일본이 중국 동북지역에서 진행한 주권 분열, 동북지역에서 실행한 군사, 경제, 문화 침략활동 및 자신이 받은 일본 측의 압박, 자유 박탈 등에 대해 증언하였다. 그러나 푸이 증언의 신뢰도에 대한 의혹이 제기되었다. 푸이는 그 후 출간한 자서전 『나의 전반생』에서 전범으로 중국에 인도되어 재판받을 것이 두려워 도쿄재판에서 고의로 모든 책임을 일본 정부에 전가하고 자신의 범죄 행적을 숨기기 위해 일부 사실을 은폐하여 법적인 처벌을 피했다고 기술하였다.

도쿄재판 판결선고

1948년 4월 16일, 2년에 걸친 도쿄재판 심문절차가 종결되었다. 6개월의 휴정 후 도쿄재판은 그해 11월 4일에 다시 개정되었고, 재판장이 판결 결과를 선포하였다. 도쿄재판의 판결문은 '재판소의 설립 및 심리', '법률', '각종 조약에 규정된 일본의 권리와 의무', '군부 지배하의 일본과 전쟁 준비', '중국에 대한 일본의 침략', '소련에 대한 일본의 침략', '태평양전쟁', '통상의 전쟁범죄', '공소장 기소 소인에 대한 ○○○○인정', '판결' 등 열 개 부분으로 구성되었는데 판결 선고에 7일이나 소요되었다. 28명의 피고 중 병으로 사망한 나가노 오사미(永野修身)와 마쓰오카 요스케(松岡洋右), 정신병에 걸린 오카와 슈메이(大川周明)를 제외한 모든 전범에게 유죄가 선고되었다. 전범 중에서 도이하라 겐지(土肥原賢二), 히로타 고키(廣田弘毅), 이타가키 세이시로(板垣征四郎), 기무라 헤이타로(木村兵太郎), 마쓰이 이와네(松井石根), 무토 아키라(武藤章), 도조 히데키(東條英機) 등 7명에게는 교수형이 선고되었고, 아라키 사다오(荒木貞夫), 하시모토 긴고로(橋本欣五郎), 하타 슌로쿠(畑俊六), 히라누마 기이치로(平沼騏一郎), 호시노 나오키(星野直樹), 가야 오키노리(賀屋興宣), 기도 고이치(木戸幸一), 고이소 구니아키(小磯國昭), 미나미 지로(南次郎), 오카 다카즈미(岡敬純), 오시마 히로시(大島浩), 사토 겐료(佐藤賢了), 시마다 시게타로(島田繁太郎), 시라토리 도시오(白鳥敏夫), 스즈키 데이이치(鈴木貞一), 우메즈 요시지로(梅津美治郎) 등 16명에게는 종신형이 선고되었으며, 도고 시게노리(東郷茂德), 시게미쓰 마모루(重光葵) 2명은 각각 20년과 7년의 금고형을 선도 받았다. 7일에 걸쳐 진행된 도쿄재판 판결 선고는 재판부 다수파(미국, 중국, 영국, 호주, 싱가포르, 필리핀, 캐나다)의 기본 의지의 반영이다. 소수의견을 낸 판사들은 별도로 소수의견서를 제출하였으나 법정에서는 낭독하지 않았다.

다수의견과 소수의견

도쿄재판 재판정에서 낭독한 판결문은 재판부 다수파 판사들의 의견의 반영이다. 프랑스 판사와 인도 판사 등 소수의견을 낸 판사들은 토론에는 참석하지 않았지만 다수파 판결문 초안 작성에는 참여하였기 때문에 도쿄재판의 판결문은 전체 판사의 공동 심의를 거쳐 채택된 것이라고 할 수 있다. 프랑스 판사 앙리 베르나르, 인도 판사 라다비노드 팔, 네덜란드 판사 베르나르트 뢸링이 반대 의견서를 작성했고, 필리핀 판사 하라니야는 반대 입장에 동조하는 의견서를 작성하였다. 재판장인 호주 판사 윌리엄 웨브는 다수파의 판결의견에 동의했지만 여전히 개인의견서를 작성하였다. 이러한 소수의견은 주로 도쿄재판의 관할권, 절차, 사실 인정, 판결 등 중요한 문제에 관한 것이었는데 당시에는 공개 발표되지 않았다. 1977년에 도쿄재판에 참여했던 네덜란드 판사 뢸링이 전체 판사들의 의견을 편집하여 출판하였다.

재판장의 개별 의견

재판장 웨브는 피고인들의 유죄 주장 근거가 다수 판사들의 의견과 달랐다. 그리하여 별도로 21페이지 분량의 개별의견서를 제출하였다. 개별의견서에서 웨브는 '공동모의'죄에 대한 정의가 법정에서의 적합성에 의혹을 제기하면서 이를 위한 법적 자문을 구했다. 양형 문제에서 웨브는 통상의 전쟁범죄와 인도에 반하는 범죄를 범한 피고에게 사형을 선고하는 것에 반대하면서 더 적절한 형벌은 종신해외귀양을 보내는 것이라고 주장하였다. 웨브가 피고인들에게 사형 선고를 반대하는 이유는 최고급 피고인인 일왕이 이미 면책을 받았기 때문이었다. 웨브는 줄곧 일왕이 마땅히 재판을 받아야 한다고 주장하였다.

필리핀 판사의 보충의견

필리핀 판사 델핀 하라니야는 35페이지 분량의 보충의견서를 제출하였다. 보충의견서는 '공동모의죄', '침략전쟁 계획 및 준비 부분의 기소 소인 부족', '살인 및 기타 잔혹행위 관련 기소 소인', '일본과 독일의 공동모의', '변호인 측이 재판부에 제기한 질의', '개인책임 관련 문제', '원폭투하문제', '인도 판사의 반대 의견', '적절하지 않은 형벌' 및 결론으로 구성되어 있다. 델핀 하라니야는 도쿄재판의 헌장 및 관할권의 중대한 문제에 대하여 전면적으로 긍정하면서 미국의 원자폭탄 사용이 정당하다고 주장했다. 델핀 하라니야는 도쿄재판의 형량이 너무 가벼워 부당하다고 하면서 모든 피고인을 사형에 처해야 한다고 주장했다. 델핀 하라니야는 일본군이 필리핀에서 저지른 '바탄 죽음의 행진'의 생존자 중 한 사람이다.

344

네덜란드 판사의 개별 의견

　네덜란드 판사 베르나르트 뢸링은 343페이지 분량의 개별의견서에서 재판소 관할권과 피고의 양형에 대한 자신의 의견을 피력하였다. 뢸링은 재판부의 모든 사업은 헌장의 제약을 받지 말아야 하고 재판소의 관할권은 태평양전쟁에 한정되어야 한다고 주장했다. 또한 러일국경충돌(장고봉 사건과 할한골 사건)은 도쿄 재판에서 배제되어야 한다고 강조했다. 양형 문제에서는 웨브와 유사한 주장을 펼쳤다. 국제법에 입각하면 '공동모의' 죄목은 영국, 미국, 프랑스 국가의 제도이기 때문에 '평화에 반하는 범죄'를 범한 전범에게 사형을 선고하지 말아야 한다고 주장했다. 다만 통상의 전쟁범죄까지 범한 범죄에 한해서는 예외를 두었다. 그는 평화에 반하는 범죄와 통상의 전쟁범죄 두 가지 죄목으로 히로타 고키(廣田弘毅)를 기소하는 것이 부당하다고 하면서 마땅히 무죄석방해야 한다고 주장하였다. 그리고 종신형이 선고된 오카 다카즈미(岡敬純), 사토 겐료(佐藤賢了), 시마다 시게타로(島田繁太郎)에 대해서는 통상의 전쟁범죄를 범하였기 때문에 마땅히 사형을 선고해야 한다고 주장했다. 그 외 하타 슌로쿠(畑俊六), 기도 고이치(木戸幸一), 시게미쓰 마모루(重光葵), 도고 시게노리(東郷茂德)는 무죄석방되어야 한다고 주장했다.

프랑스 판사의 소수의견

　프랑스 판사 베르나르는 23페이지 분량의 반대 의견서를 제출하였다. 그의 반대 의견은 크게 네 가지로 분류된다. (1) 침략전쟁의 불법성은 검사 측이 인용한 파리부전조약이 아니라 자연법 원칙에 근거하여 판단해야 한다. (2) '통상의 전쟁범죄' 중 '부작위'에 대한 검사 측의 책임 인정이 부당하다. (3) 극동국제군사재판소의 법적 절차에 심각한 문제점이 존재한다. 예를 들어 피고인의 변호 조건이 충분하지 않고 다수파 의견에 근거하여 판결을 선고한 것 등이다. (4) 일왕이 면책을 받아서는 안 된다.

인도 판사의 반대 의견

인도 판사 라다비노드 팔은 도쿄재판의 판사 중 유일하게 모든 피고인의 무죄를 주장한 판사로 천 페이지 분량의 소수의견서를 제출하여 자신의 관점을 피력하였다. (1) '공동모의죄'라는 죄목은 존재하지 않는다. (2) 침략전쟁을 유죄로 인정하는 것에 반대한다. (3) 평화에 반하는 범대한 죄는 법정 사후법의 결과이다. (4) 개인은 국제법이 규정한 형사책임을 지지 않는다. (5) 부작위는 범죄가 아니다. (6) 일본의 진주만 습격은 침략전쟁이 아니라 자위전쟁이다. 팔의 의견서를 살펴보면 일본군이 저지른 잔학행위에 대해 부인하지는 않고 있다. 그럼에도 불구하고 기타 판사들과 완전히 상반되는 주장을 하는 것은 그가 식민지에서 성장한 배경과 관련이 있는 것 같다. 네덜란드 판사는 "그(팔)가 법률적 관점을 인용하여 일본 전범을 무죄를 주장하고 있지만 그의 논리를 뒷받침하는 것은 아이러니하게도 반제국주의 정치논리이다"라고 지적하였다.

GHQ 재판

1948년 10월에 연합국최고사령부(GHQ)는 도쿄의 마루노우치(丸之內)에 재판소를 설립하고 해군대장 도요다 소에무(豊田副武)와 육군중장 다무라 히로시(田村浩)에 대한 재판을 진행하였다. 재판소 소재지 명을 따서 '마루노우치재판' 혹은 '아오야마(青山)재판'이라고도 불린다. 이번 재판은 연합국에서 전범에 대한 후속재판을 포기한 상황에서 도요다와 다무라 두 피고인을 처벌하기 위해 특별히 진행된 군사재판이기 때문에 '준A급 재판'으로 취급되고 있다. 두 피고인의 공소장은 10월 19일에 제출되었다. 재판부는 마루노우치(丸之內)의 미쓰비시나카(三菱仲) 11호관에서 개정하였다가 1949년 4월 26일에 아오야마(青山)에 위치한 일본청년관으로 옮겨 도요다에 대한 재판을 진행하였다. 장장 10개월의 재판을 거쳐 결국 도요다에게 무죄가 선고되었다. 다무라에 대한 재판은 상황이 좀 달랐다. 전에 요코하마(橫濱)재판소에 공소장을 제기했었는데 검사 측에 의해 기각되었다. 그 후 마루노우치 재판부에 다시 공소장을 제출하였다. 3개월 반의 재판을 거쳐 다무라에게 8년 금고형이 선고되었다.

도쿄재판에 대한 일본 여론의 반향

도쿄재판 판결이 선고된 후, 히로타 고키(廣田弘毅)에 대한 판결이 이례적이라는 반응 외에 대부분 여론은 도쿄재판에 대해 긍정적으로 평가하였다. 일본 대표 언론매체인 『아사히신문』은 다음과 같은 사설을 실었다. (1) 도쿄재판은 전쟁 선동자가 국제사회의 재판을 받는 선례를 확립하였다. (2) 도쿄재판은 문명한 재판이다. (3) 파시즘은 반드시 법적제재를 받아야 한다. (4) 전쟁은 개인의 책임이 아니라 국가의 책임이다. (5) 전범에 대한 재판은 "법률이 없으면 범죄도 없고, 법률이 없이는 형벌도 없다"는 죄형법정주의 원칙을 따라야 한다. 세계평화 수호는 전승국과 패전국의 공통의 염원이다. 도쿄재판 이후의 3년간 일본 국내 언론에 보도된 기사의 수량 및 텍스트에 대해 미군 정보부처가 진행한 분석이 이를 증명해 주고 있다. 세월이 흐르면서 도쿄재판에 대한 일본 국내 여론의 동향도 정치 분위기의 변화에 따라 변해 왔다. 최근에는 우경화 경향이 뚜렷하다. 1990년대 이후, 특히 최근에는 도쿄재판을 부정하는 여론이 우위를 차지하고 있다.

교수형의 집행

1948년 12월 20일, 미국 연방최고법원은 도쿄재판 몇 명 피고인들의 상소를 기각한다고 선언했다. 이튿날 맥아더 장군이 제8군 사령관에게 교수형 집행 명령을 내렸다. 12월 23일 교수형이 선고된 피고 7명을 처형하는 날, 의사와 스가모 감옥의 교도관 외에 대일이사회의 4개국 대표와 일본인 사제(chaplain) 하나야마 신쇼(花山信勝)가 그 자리에 있었다. 피고인의 시신을 사진을 찍어 보관한 뉘른베르크재판과는 달리 도쿄재판에서는 가족들이 지켜보는 가운데 7명 피고인의 유골을 바다에 뿌렸다. 하지만 변호인 산몬지 쇼헤이(三文字正平)가 일부 피고인의 유골을 몰래 훔쳐 지타(知多)반도 산가네산(三根山) 정상에 묻은 후 묘비에 '순국칠사묘殉國七士墓'라고 새겨 놓았다.

3. 인명 대조표

한국어	영어
릴리 아베크	Abegg, Lily
존 M. 앨리슨	Allison, John M.
토마스 아퀴나스	Aquinas, Thomas
베니그노 아키노	Aquino, Benigno Sr.
아리스토텔레스	Aristotle
아웅 산	Aung San
마흐무드 셰리프 바시우니	Bassiouni, Mahmoud Cherif
마이너 설 베이츠	Bates, Miner Searle
앙리 베르나르	Bernard, Henri
프랜시스 비들	Biddle, Francis
벤 브루스 블레이크니	Blakeney, Ben Bruce
빌럼 헤오르허 프레데릭 보르헤르호프 뮐더르	Borgerhoff Mulder, W. G. Frederick
제임스 번스	Byrnes, James
벤저민 카도조	Cardozo, Benjamin N.
알바 C. 카펜터	Carpenter, Alva C.
안토니오 카세세	Cassese, Antonio
윈스턴 S. 처칠	Churchill, Winston S.
마르쿠스 툴리우스 키케로	Cicero, Marcus Tullius
데이비드 코언	Cohen, David
아서 스트레텔 코민스 카	Comyns Carr, Arthur. S.
찰스 커즌스	Cousins, Charles
로버트 크레이기	Craigie, Robert
마이런 케이디 크레이머	Cramer, Myron C.
J. S. 신닝 담스터	Damste, J. S. Sinninghe
엘머 데이비스	Davis, Elmer
제임스 해럴드 둘리틀	Doolittle, James Harold
F. 틸먼 더딘	Durdin, F. Tilman
보후슬라프 에체르	Ečer, Bohuslav
로버트 앤서니 이든	Eden, Robert Anthony
허버트 비어 에버트	Evatt, Herbert Vere

제임스 포러스털	Forrestal, James
조지 A. 퍼네스	Furness, George A.
세르게이 알렉산드로비치 골룬스키	Golunsky, Sergei Alexandrovich
휘호 흐로티위스	Grotius, Hugo
루돌프 헤스	Hess, Rudolf Walter Richard
존 패트릭 히긴스	Higgins, John P.
아돌프 히틀러	Hitler, Adolf
토마스 홉스	Hobbes, Thomas
코델 헐	Hull, Cordell
세실 허스트	Hurst, Cecil
프레더릭 이버슨	Iverson, Frederick
로버트 H. 잭슨	Jackson, Robert H.
델핀 하라니야	Jaranilla, Delfin
줄스·빈센트 오리올	Jules-Vincent Auriol
임마누엘 칸트	Kant, Immanuel
조지프 베리 키넌	Keenan, Joseph Berry
새뮤얼 G. 클레이만	Kleiman, Samuel G.
휴 크내치불 휴게센	Knatchbull-Hugessen, H. M.
알프레드 크레치머	Kretschmer, Alfred
윌리엄 로건	Logan, William
페드로 로페스	Lopez, Pedro
루앙 위칫와타깐	Luang Wichitwathakan
앨런 제임스 맨스필드	Mansfield, Alan James
조지 마셜	Marshall, George
제임스 매컬럼	McCallum, James
에드워드 스튜어트 맥더걸	McDougall, Edward Stuart
요제프 앨버트 마이징거	Meisinger, Josef Albert
파남필리 고빈다 메논	Menon, P. P. Govinda
뱌체슬라프 몰로토프	Molotov, Vyacheslav
라드너 무어	Moore, Lardner
헨리 모겐소	Morgenthau, Henry
루이스 마운트배튼	Mountbatten, L. Louis
베니토 무솔리니	Mussolini, Benito

헨리 그래턴 놀런	Nolan, Henry Grattan
에리마 하비 노스크로프트	Northcroft, Erima Harvey
존 W. 오브라이언	O'Brien, John W.
로베르 뤼시앵 오네토	Oneto, Robert L.
라사 프랜시스 로렌스 오펜하임	Oppenheim, Lassa Francis Lawrence
라다비노드 팔	Pal, Radhabinod
윌리엄 도널드 패트릭	Patric, William Donald
패트릭 훈작	Patrick, William Donald
허버트 펠	Pell, Herbert
존 폴란드	Poland, John
마헨드라 프라탑	Pratap, Mahendra
사무엘 푸펜도르프	Pufendorf, Samuel
로널드 헨리 퀼리엄	Quilliam, Ronald Henry
욘 라베	Rabe, John
에드윈 라이샤워	Reischauer, Edwin O.
로버트 라이트	Robert Wright
베르나르트 빅토르 알로이시위스 룄링	Röling, Bernard Victor A.
프랭클린 D. 루스벨트	Roosevelt, Franklin D.
하틀리 윌리엄 쇼크로스	Shawcross, Hartley William
존 사이먼(제1대 사이먼 자작)	Simon, John(1st Viscount Simon)
하인리히 슈타머	Stahmer, Heinrich
이오시프 스탈린	Stalin, Joseph
헨리 루이스 스팀슨	Stimson, Henry L.
스트리터	Streeter
마웅 테인	Thein Maung
엘리엇 R. 소프	Thorpe, Elliot R.
해리 S. 트루먼	Trumen, Harry S.
요시아스 반 디엔스트	Van Dienst, Josias
바르가스	Vargas, Jorge
카를 폰 클라우제비츠	Von Clausewitz, Karl Philip Gottfried
피터 폰 하겐바흐	Von Hagenbach, Peter
윌리엄 플루드 웨브	Webb, William Flood
존 M. 위어	Weir, John M.

크리스티안 울프	Wolff, Christian
로버트 라이트	Wright, Robert
이반 미헤예비치 자랴노프	Zaryanov, Ivan Mikheevich

4. 약칭 일람표

FEAC	Far Eastern Advisory Commission	극동자문위원회
FEC	Far Eastern Commission	극동위원회
GHQ	General Headquarters	연합군최고사령부
IPS	International' Prosecution Section	국제검사국
JCS	Joint Chiefs of Staff	합동참모본부
SCAP	Supreme Commander for the Allied Powers	주일연합군최고사령관
SFE	Subcommittee for the Far East	SWNCC의 극동소위원회
SWNCC	The State-War-Navy Coordinating Committee	국무－육군－해군협력위원회
UNWCC	the United Nations War Crimes Commission and the Development of the Laws of War	연합국전쟁범죄조사위원회
ALFSEA	Allied Land Force South East Asia	동남아연합군사령부